ANNALES

DES

CONTRIBUTIONS INDIRECTES

ET DES OCTROIS.

———

PUBLICATIONS ACCESSOIRES.

LÉGISLATION

DES

CONTRIBUTIONS INDIRECTE

DES TABACS

ET DES OCTROIS,

DE 1790 A 1816;

PRÉCÉDÉE D'UNE TABLE CHRONOLOGIQUE

et

SUIVIE D'UNE TABLE SOMMAIRE DES MATIÈRES.

PARIS,

IMPRIMERIE ADMINISTRATIVE

DE PAUL DUPONT,

Hôtel des Fermes, rue de Grenelle-Saint-Honoré, n° 55.

Octobre 1845.

AVERTISSEMENT.

On lit dans un avis du conseil d'état du 7 janvier 1813 (1), relatif au *Recueil des lois de
l'Empire*, qu'il conviendrait, pour la commo-
dité des fonctionnaires et des citoyens, de
disposer un recueil qui, sous le nom d'*Extrait* ou d'*Abrégé du Bulletin des lois*, ne
renfermerait que les dispositions réputées encore en vigueur, etc., et classées par ordre de
matières pour les diverses branches de l'administration publique. Toutefois, les fonctionnaires chargés de l'application des lois devraient
être avertis « qu'ils ne doivent s'arrêter
« aux inductions qu'on voudrait tirer de cet
« extrait ou abrégé, touchant l'abrogation ou
« le maintien d'anciennes dispositions légis-
« latives, qu'autant que ces inductions leur
« sembleraient d'ailleurs concordantes avec le
« texte et l'esprit du Bulletin ou Recueil au-
« thentique, lequel sera toujours seul consi-
« déré comme obligatoire. »

---

(1) Voir le *Bulletin des lois annoté*, 12ᵉ volume, page 455.

Nous avons essayé de réaliser le vœu exprimé dans cet avis du conseil d'état, en publiant, pour les branches de l'administration financière qu'embrassent les contributions indirectes, les tabacs et les octrois, un Recueil général des lois, arrêtés, décrets et ordonnances qui régissent l'impôt, et en y rattachant, soit en entier, soit par extrait, quelques dispositions législatives d'une application habituelle dans tous les services publics, entre autres la contrainte par corps, la circulation des monnaies et les poids et mesures.

Seulement nous n'avons rappelé que par leur titre les lois ou actes officiels qui ne contiennent que des dispositions transitoires ou temporaires, ou qui se rapportent à des impôts dont la perception a été modifiée ou supprimée, notamment l'ancienne taxe d'entretien des routes, les tarifs primitifs des droits de navigation sur les fleuves, rivières et canaux; les décrets et ordonnances concernant les départemens détachés du territoire français, l'établissement et la suppression de bureaux de garantie, les canaux concédés, les tarifs abrogés, le droit d'entrée sur les huiles, et généralement tout ce qui n'offre plus d'in

térèt pour le service des contributions indirectes, des octrois et des tabacs. C'est ainsi
que, pour ces derniers, nous avons pris notre
point de départ au décret du 29 décembre
1810, qui a attribué exclusivement à l'état la
fabrication et la vente du tabac, et que la législation antérieure n'a été que brièvement
indiquée par ordre de dates. Nous avons agi de
la même manière à l'égard des pensions de
retraite, notre intention étant, lorsque la loi
projetée aura paru, d'en faire l'objet d'une
publication spéciale.

Le texte des documens insérés dans ce recueil a été revu avec soin sur celui des bulletins
officiels. Beaucoup de notes succinctes mar-
quent leur corrélation. Des caractères différens
font ressortir les articles ou les fragmens d'articles abrogés par des dispositions subséquentes.

Ce volume, que nous avons adressé en deux
livraisons à nos souscripteurs comme deux numéros des *Annales*, contient la législation de
1790 à 1816.

Plus tard, nous donnerons une suite à cette
publication.

TABLE CHRONOLOGIQUE

DES

LOIS, ARRÊTÉS, DÉCRETS ET ORDONNANCES

CONTENUS DANS CE VOLUME

PAGES

16 août 1790.=Décret.—Organisation judiciaire......... **1**

1er décembre 1790.=Décret.—Institution d'un tribunal de cassation................................ **1**

6-22 août 1791.=Décret.—Douanes.—Acquits-à-caution... **2**

5 septembre 1792.=Décret.—Tabacs.—Saisies sur inconnus.................................... **6**

16 juillet 1793.=Décret.—Jugemens attaqués par voie de cassation.— Cautions.................. **7**

16 fructidor an 3 (2 septembre 1795).=Décret.—Défense aux tribunaux de connaître des actes administratifs............................ **7**

2 brumaire an 4 (24 octobre 1795).=Décret.—Organisation du tribunal de cassation................. **7**

14 brumaire an 5 (4 novembre 1796).=Loi.— Appels en cassation.—Consignation d'amende...... **8**

16 brumaire an 5 (6 novembre 1796).=Loi.—Fixation des droits de bacs et de passages sur la rivière de Seine dans les communes de Paris et de Passy............................. **8**

13 fructidor an 5 (30 août 1797).=Loi.—Fabrication et vente des poudres et salpêtres.......... **8**

28 fructidor an 5 (14 septembre 1797).=Loi.—Droit de navigation sur le canal du Centre........ **12**

9 vendémiaire an 6 (30 septembre 1797).=Loi de finances.—Voitures publiques.—Timbre sur les cartes.................................. **13**

19 brumaire an 6 (9 novembre 1797).=Loi.—Marque d'or et d'argent.............................. **13**

26 frimaire an 6 (16 décembre 1797).=Loi.—Nouvelle rédaction d'un article de la loi du 19 brumaire. **40**

3 pluviose an 6 (22 janvier 1798).=Arrêté.—Mode de perception et droit de timbre sur les cartes à jouer.................................... **40**

17 pluviose an 6 (5 février 1798).=Arrêté.—Rétablissement de l'argue à Trévoux.................. **43**

PAGES

25 ventose an 6 (15 mars 1798) =Arrêté.—Rétablissement
    de l'argue à Lyon................................... 43
13 germinal an 6 (2 avril 1798).—Loi.—Traitement des es-
    sayeurs.. 43
19 floréal an 6 (8 mai 1798).==Arrêté.—Timbre des cartes
    à jouer.. 44
15 prairial an 6 (3 juin 1798).=Arrêté.—Etablissement de
    bureaux de garantie................................ 47
1er messidor an 6 (19 juin 1798).=Arrêté.—Ouvrages de
    joaillerie en or et en argent dispensés de
    l'essai.. 47
21 vendémiaire an 7 (12 octobre 1798) =Arrêté.—Fabrica-
    tion et vente des cartes à jouer................... 48
27 vendémiaire an 7 (18 octobre 1798).=Loi.—Perception
    d'un octroi à Paris................................ 48
13 brumaire an 7 (3 novembre 1798).=Loi.—Timbre de
    l'administration de l'enregistrement...... 48
14 brumaire an 7 (4 novembre 1798).=Loi.-Juges de paix;
    compétence... 49
22 brumaire an 7 (12 novembre 1798).= Loi.—Taxe sur les
    tabacs... 49
6 frimaire an 7 (26 novembre 1798).=Loi.—Bacs et ba-
    teaux.. 50
11 frimaire an 7 (1er décembre 1798).=Loi.—Etablissement
    de taxes municipales............................... 64
22 frimaire an 7 (12 décembre 1798) =Loi.—Poursuites et
    instances en matière de droit d'enregistre-
    ment... 66
6 prairial an 7 (25 mai 1799).=Loi.—Etablissement du dé-
    cime de guerre..................................... 67
9 prairial an 7 (28 mai 1799).=Loi.—Taxe sur le tabac... 68
13 prairial an 7 (1er juin 1799).= Arrêté.—Fonctions des
    employés de la garantie............................ 68
16 prairial an 7 (4 juin 1799).=Arrêté.—Ouvrages en dépôt
    chez les orfévres; inscription sur un re-
    gistre spécial..................................... 68
25 messidor an 7 (13 juillet 1799 .=Arrêté.-Circulation
    des poudres dans l'intérieur....................... 69
2 vendémiaire an 8 (24 septembre 1799).=Loi.—Instances
    en matière d'octroi................................ 69
3 vendémiaire an 8 (25 septembre 1799).=Arrêté.—Manu-
    factures d'horlogerie des départemens du
    Doubs et du Mont-Terrible.......................... 70
13 frimaire an 8 (4 décembre 1799).=Loi.—Mode de pour-
    suites pour le recouvrement des débets
    des comptables..................................... 70
27 frimaire an 8 (18 décembre 1799).=Loi.—Etablissement
    d'octrois municipaux dans quelques com-
    munes.. 72

PAGES

27 pluviose an 8 (16 février 1800).=Arrêté.—Importation
        du salpêtre...................................... 76
5 ventose an 8 (24 février 1800).=Loi.—Etablissement d'oc-
        trois municipaux................................ 76
25 ventose an 8 (16 mars 1800). = Loi.—Notaires.—Ne
        peuvent être receveurs des contributions. 77
15 thermidor an 8 (1er août 1800).=Arrêté.—Mode d'ap-
        probation des tarifs et réglemens d'oc-
        trois... 77
18 fructidor an 8 (5 septembre 1800).=Arrêté.—Caisses pu
        bliques... 78
21 ventose an 9 (12 mars 1801).=Loi.—Portion saisissable
        du traitement des fonctionnaires........ 78
27 ventose an 9 (18 mars 1801).=Loi.—Instruction des
        instances en matière de perceptions..... 78
19 messidor an 9 (8 juillet 1801).=Arrêté.—Recense des
        lingots affinés................................ 79
8 floréal an 10 (28 avril 1802).=Arrêté.—Sûreté des caisses
        publiques....................................... 79
14 floréal an 10 (4 mai 1802.=Loi.—Droits sur les bacs
        et sur les ponts................................ 80
29 fl.réal an 10 (19 mai 1802).= Loi.—Droit d'entrée sur
        les tabacs en feuilles, etc................. 80
50 floréal an 10 (20 mai 1802).=Loi.—Etablissement d'un
        droit de navigation intérieure.......... 80
6 messidor an 10 (25 juin 1802). = Arrêté.—Insolvabilité ou
        absence des redevables................. 82
4 thermidor an 10 (23 juillet 1802).=Arrêté.—Convocation
        extraordinaire des conseils municipaux.. 82
24 frimaire an 11 (15 décembre 1802).=Arrêté.—Prélève-
        ment sur le produit des octrois pour des
        distributions de pain aux troupes....... 82
25 nivose an 11 (13 janvier 1803). = Arrêté. — Extension
        de l'arrêté du 24 frimaire an 11 qui pré-
        cède... 83
5 germinal an 11 (26 mars 1803).=Arrêté.—Approvision-
        nemens en vivres pour le service de la
        marine... 83
5 floréal an 11 (25 avril 1803).=Loi.—Contribution foncière
        des canaux..................................... 84
13 floréal an 11 (3 mai 1803).=Loi.—Jugement des con-
        trebandiers.................................... 85
13 floréal an 11 (3 mai 1803).=Loi.—Taxe temporaire sur
        les vins et eaux-de-vie dans le port de
        Cette.. 86
8 prairial an 11 (28 mai 1803).=Arrêté.—Navigation inté-
        rieure... 86
10 prairial an 11 (30 mai 1803).=Arrêté.—Circulation du
        salpêtre, etc.................................. 90

PAGES

29 therm'dor an 11 (17 août 1803).=Arrêté.—Mise en jugement des préposés d'octroi.......... 91

5 ventose an 12 (25 février 1804).=Loi.—Etablissement de la régie des droits réunis.—Impôts dont la perception lui est attribuée............ 91

28 ventose an 12 (19 mars 1804).=Arrêté.—Lois et réglemens dont l'exécution est attribuée au ministre des finances.................... 97

5 germinal an 12 (26 mars 1804).=Arrêté.—Organisation de la régie des droits réunis........... 97

5 germinal an 12 (26 mars 1804).=Arrêté.—Nomination des directeurs dans les départemens.... 102

6 germinal an 12 (27 mars 1804).=Arrêté.—Nomination du directeur général et des cinq administrateurs composant le conseil d'administration. 103

29 germinal an 12 (19 avril 1804).—Arrêté.—Révision annuelle des tarifs d'octrois municipaux... 103

8 floréal an 12 (28 avril 1804).=Arrêté.—Mise en ferme des bacs et passages d'eau..... 103

17 messidor an 12 (6 juillet 1804).=Décret.—Obligations cautionnées des brasseurs............ 106

11 thermidor an 12 (30 juillet 1804).=Décret.—Marque des cartes à jouer......... 106

30 thermidor an 12 (18 août 1804).=Décret.—Remboursement des droits sur les cartes exportées. 106

30 thermidor an 12 (18 août 1804).=Décret.—Licences des débitans de tabac.................... 107

14 fructidor an 12 (1er septembre 1804).=Décret.--Voitures publiques 108

14 fructidor an 12 (1er septembre 1804).=Décret.—Distillateurs qui cessent leur profession...... 110

3 vendémiaire an 13 (25 septembre 1804).=Décret.—Distillateurs de grains suivant le procédé hollandais.................... 111

26 vendémiaire an 13 (18 octobre 1804). = Décret. — Droit de 5 p. 0/0 sur le produit des villes au-dessus de 4,000 habitans.............. 112

21 brumaire an 13 (12 novembre 1804).=Décret.—Frais de régie des octrois des villes ayant plus de 20,000 francs de revenu.... 112

26 brumaire an 13 (17 novembre 1804).=Décret.—Réglement provisoire des taxations des préposés de la régie...................... 113

22 frimaire an 13 (13 décembre 1804).=Décret.—Cautionnemens provisoires des directeurs-receveurs généraux de la régie.............. 114

3 nivose an 13 (24 décembre 1804).=Décret.—Déclaration et marque des tabacs dépourvus du type. 114

PAGES

25 nivose an 13 (15 janvier 1805).=Loi.—Cautionnemens. 115
25 pluviose an 13 (12 février 1805).=Décret.—Interdiction
        de la vente des poudres de guerre...... 115
2 ventose an 13 (21 février 1805).=Loi.—Réglemens d'ad-
        ministration publique pour assurer la
        perception.................... 116
6 ventose an 13 (25 février 1805).=Loi.—Cautionnemens.—
        Privilége de second ordre............. 117
1er germinal an 13 (22 mars 1805).=Décret.—Manière de
        procéder sur les contraventions....... 117
20 floréal an 13 (10 mai 1805).=Décret.—Droit sur la fabri-
        cation des bières................... 126
28 floréal an 13 (18 mai 1805).=Décret.—Délits et contra-
        ventions en matière de garantie........ 126
4 prairial an 13 (24 mai 1805).=Décret. — Contraventions
        aux lois sur les cartes............... 127
17 prairial an 13 (6 juin 1805).=Décret qui réunit aux pro-
        duits de l'octroi de navigation les revenus
        de la location des places occupées par di-
        vers établissemens, tant sur le courant
        que sur les ports et berges de la rivière de
        Seine, dans l'étendue de la ville de Paris. 127
4 messidor an 13 (23 juin 1805). = Décret.— Licence des
        marchands ou commissionnaires de ta-
        bac............ 128
16 messidor an 13 (5 juillet 1805).=Décret.—Lettres de voi-
        ture............................ 128
28 messidor an 13 (17 juillet 1805).=Décret.—Mise en ju-
        gement des préposés de la régie........ 129
28 messidor an 13 (17 juillet 1805) =Décret.—Emploi des
        grains dans la distillation des pommes de
        terre............................ 129
thermidor an 13 (27 juillet 1805).=Décret.—Réglement
        pour le Mont-de-Piété de Paris........ 129
15 fructidor an 13 (31 août 1805).=Décret.—Brasseries do-
        mestiques.—Exemption du droit........ 150
15 fructidor an 13 (31 août 1805).=Abonnement du droit
        de dixième sur les voitures de terre.... 131
15 fructidor an 13 (31 août 1805).=Décret.—Prix du papier
        filigrané.—Prohibition des cartes de fa-
        brication étrangère.................. 131
26 fructidor an 13 (13 septembre 1805).=Décret.—Mini-
        mum de la licence des débitans de tabac. 133
4e jour complémentaire an 13 (21 septembre 1805).=Décret.
        —Produits des droits de navigation inté-
        rieure........................... 133
4e jour complémentaire an 13 (21 septembre 1805).=Décret.
        —Licence des fabricans de tabac....... 133
1er vendémiaire an 14 (23 septembre 1805). - Décret.—In-

PAGES

ventaire et récolement des vins, cidres et poirés. 133

1er vendémiaire an 14 (23 septembre 1805).=Décret.—Exportation des eaux-de-vie de grains. (Ce décret est imprimé en note du décret du 5 mai 1806).......................... 143

10 brumaire an 14 (1er novembre 1805).=Décret. —Contraintes décernées par les préposés de la régie...... 131

16 mars 1806.=Décret.—Droits à percevoir sur les sels... 134

27 mars 1806.=Décret.—Inventaire des sels............. 134

24 avril 1806.=Loi.—Budget de l'an 14 et de 1806........ 135

5 mai 1806.=Décret.—Réglement sur les boissons....... 139

11 juin 1806.=Décret.—Dispositions générales sur les sels. 145

16 juin 1806.=Décret.—Préposés des octrois.—Ponts à bascule..................................... 148

22 juillet 1806.=Décret.—Introduction des affaires contentieuses au conseil d'État................. 148

9 août 1806.=Décret.—Mise en jugement des agens du gouvernement 149

31 août 1806.=Décret.—Dépôt des empreintes du timbre des expéditions de la régie.............. 149

16 septembre 1806.=Décret.—Compagnie des salines de l'Est.—Addition à son bail............. 150

23 janvier 1807.=Décret.—Surveillance des douanes sur la circulation des sels.................... 150

16 février 1807.=Décret.—Liquidation des dépens........ 151

16 février 1807.=Décret.—Etat nominatif des salpêtriers. 152

11 mai 1807.=Décret.—Monnaies de cuivre et de billon de fabrique étrangère..................... 152

1er juin 1807.—Décret.—Entreposeurs et magasiniers de sels.. 153

6 juin 1807.=Décret.—Surveillance des douanes sur la circulation des sels...................... 153

18 août 1807.=Décret.—Saisies-arrêts ou oppositions..... 154

18 août 1807.=Décret.—Enlèvemens d'eaux salées........ 155

29 août 1807.=Décret.—Cautionnemens des receveurs particuliers de la régie.................... 156

1er septembre 1807.=Décret.—Prélèvement de 25 p. 0/0 sur les produits de l'octroi de navigation. 156

5 septembre 1807. = Loi. — Recouvrement des frais de justice.................................. 156

11 janvier 1808. = Décret. — Adjudication des coupes de bois.. 158

4 mars 1808.=Décret.—Alimens des détenus...... 159

4 mars 1808.=Décret.—Bâtimens à quille servant au cabotage, etc............................. 159

29 mai 1808.=Décret.—Police générale de la rivière de Sèvre. 162

PAGES

16 juin 1808.=Décret.—Cartes à jouer................... 162
16 juin 1808.=Décret.—Culture, fabrication et vente du
       tabac.................................... 164
11 août 1808.=Décret.—Bâtimens destinés à un service pu-
       blic.—Exemption de la contribution fon-
       cière.................................... 164
28 août 1808.=Décret.—Cautionnemens des receveurs par-
       ticuliers de la régie.................... 165
28 août 1808.=Décret.—Culture du tabac................ 166
21 novembre 1808.=Loi.—Droits sur les vins et eaux-de
       vie dans quelques ports................. 166
25 novembre 1808.=Loi.—Budget de 1809. – Boissons..... 166
21 décembre 1808.=Décret.—Réglement sur les boissons.. 172
5 janvier 1809.=Décret.—Timbre des lettres de voiture... 175
17 mai 1809.=Décret.—Obligations et responsabilité des ad-
       ministrateurs et directeurs généraux des
       régies.................................. 176
17 mai 1809.=Décret.—Réglement sur les octrois munici-
       paux de bienfaisance................... 177
28 mai 1809.=Décret.—Bières converties en vinaigre..... 199
1er juillet 1809.=Décret.—Retenue pour passe de sacs.... 200
13 octobre 1809.=Décret.—Exemption de l'impôt sur le sel
       employé dans les fabriques de soude.... 200
7 décembre 1809.=Décision impériale. — Adjudication des
       octrois dans les communes au-dessous
       de 5,000 ames. (Cette décision est impri-
       mée en note sur l'article 110 du régle-
       ment du 17 mai 1809)................... 190
5 février 1810.=Décret.—Introduction d'eaux-de-vie, esprits
       et liqueurs dans Paris, etc............. 202
9 février 1810.=Décret.—Fabrication de nouvelles cartes à
       jouer.................................. 203
20 avril 1810.—Loi.—Distilleries de grains............... 203
18 juin 1810.=Décret.—Franchise du droit sur le sel em-
       ployé dans la fabrication de la soude.... 203
7 août 1810.=Décret.—Communes à octrois.—Lits mili-
       taires.................................. 206
13 août 1810 =Décret.—Objets délaissés chez les entrepre
       neurs de roulage ou de messageries..... 206
18 août 1810.=Décret.—Monnaie de cuivre admise comme
       appoint................................ 207
18 août 1810. =Décret. — Contraventions en matière de
       grande voirie, de poids des voitures et de
       police sur le roulage................... 207
25 septembre 1810.=Décret.—Canaux, produits de pêche,
       francs-bords, etc...................... 203
15 octobre 1810.==Décret.—Emploi frauduleux d'une pince
       à marquer les tabacs................... 208
15 novembre 1810.=Décret.—Mode de recouvrement des

PAGES

droits d'octroi sur les régisseurs, fermiers, etc............................ 208

29 décembre 1810.=Décret.—Achat, fabrication et vente des tabacs par la régie............... 209

29 décembre 1810.=Décret.—Tabacs existant chez les cultivateurs, fabricans et débitans........ 212

12 janvier 1811.=Décret.—Organisation du nouveau service des tabacs........................ 214

23 mars 1811.=Décret.—Dotation des invalides. – Prélèvement sur les octrois................... 224

24 avril 1811.=Décret.—Remplacement des contributions indirectes dans la Corse.............. 225

9 mai 1811.=Décret.—Tarif du prix des tabacs des manufactures pour 1811................... 225

18 juin 1811.=Décret.—Vente d'animaux abandonnés et d'objets périssables.—Frais de justice: exécution des jugemens et arrêts....... 226

23 juillet 1811.=Décret.—Mode de perception du prélèvement sur les octrois au profit de l'hôtel des militaires invalides................. 228

19 décembre 1811.=Décret.—Primes pour les saisies de tabac et arrestations de colporteurs....... 228

28 décembre 1811.=Décret.—Tarif du prix des tabacs pour 1812........................... 229

15 janvier 1812.=Décret.—Encouragement donné à la fabrication du sucre de betterave......... 229

8 février 1812.=Décret.—Perception des droits d'octroi par la régie.......................... 229

4 mai 1812.=Décret.—Perception des octrois par abonnement 231

24 août 1812.=Décret.—Recherche des poudres de fraude. 231

12 octobre 1812.=Décret.—Formalités pour la circulation des boissons spiritueuses.............. 232

29 décembre 1812.=Décret.—Tarif du prix des tabacs pour 1813............................. 233

5 janvier 1813.=Décret.—Tarif des droits sur les boissons. 234

16 mars 1813.=Décret.—Surveillance sur la fabrication, la circulation et la vente des salpêtres.....237

29 août 1813.=Décret.—Cautionnemens des employés de la régie et des octrois................. 240

23 septembre 1813.=Décret.—Prorogation des divers modes établis pour la perception des octrois... 241

11 novembre 1813.=Décret.—Augmentation de diverses contributions.—Décime de guerre..... 241

27 avril 1814.=Décret du lieutenant général du royaume concernant les droits réunis............ 241

17 mai 1814.=Ordonnance.—Réunion des directions générales des douanes et des droits réunis... 243

17 mai 1814.=Ordonnance.—Fixation du prix réduit du tabac des troupes..................... 243

PAGES

8 juin 1814.=Ordonnance.—Remplacement local des droits réunis.. 245

8 décembre 1814.= Loi.—Perception de l'impôt sur les boissons.. 245

9 décembre 1814.=Ordonnance.—Réglement sur les octrois... 267

17 décembre 1814.= Loi.—Dispositions concernant les douanes en matière de sels................... 291

24 décembre 1814.=Loi.—Tabacs....................... 292

13 janvier 1815.=Ordonnance.—Amnistie accordée aux individus poursuivis, détenus ou condamnés... 298

10 février 1815.=Ordonnance. —Exemption des droits d'octroi sur les matériaux destinés à la réparation des ponts, routes, etc............ 298

17 février 1815.=Ordonnance.—Boissons destinées pour les colonies françaises. — Exemption des droits... 298

25 mars 1815.=Décret.—Séparation de la direction générale des douanes de celle des contributions indirectes............................... 299

8 avril 1815.=Décret.—Perception des droits sur les boissons... 299

27 avril 1815.=Décret.—Prélèvement et emploi de fonds publics non régulièrement autorisés..... 302

19 mai 1815.=Décret.—Primes pour saisies de tabacs et arrestation des colporteurs.............. 302

29 juillet 1815.=Ordonnance.—Maintien provisoire du décret du 8 avril 1815................... 303

20 septembre 1815.=Ordonnance.—Primes pour saisies de tabac et arrestation des colporteurs..... 303

11 octobre 1815.=Ordonnance.—Prorogation de la perception des octrois par abonnement........ 304

27 mars 1816.=Ordonnance.—Pensions des employés des octrois.................................... 304

27 mars 1816.= Ordonnance.— Suppression des entrepôts principaux de tabac................... 304

OBSERVATION ESSENTIELLE.

Le texte des lois, décrets et ordonnances a été revu sur le *Bulletin officiel* ou sur les documens authentiques : les dispositions abrogées, remplacées ou modifiées sont imprimées *en petits caractères*, lorsqu'elles forment un article ou un paragraphe complet; et *en italiques*, lorsqu'elles ne s'appliquent qu'à une partie du texte.

ERRATUM.

Page 156, à la date de la loi relative au mode de recouvrement des frais de justice, etc., rétablissez le quantième, et lisez : 5 septembre 1807.

LÉGISLATION

DES

CONTRIBUTIONS INDIRECTES,

DES TABACS ET DES OCTROIS.

1790 A 1816.

16 AOUT 1790. = **Décret sur l'organisation judiciaire** (Extrait du).

Art. 13. Les fonctions judiciaires sont distinctes et demeureront toujours séparées des fonctions administratives (1). Les juges ne pourront, à peine de forfaiture, troubler, en quelque manière que ce soit, les opérations des corps administratifs, ni citer devant eux les administrateurs pour raison de leurs fonctions.

1er DÉCEMBRE 1790. = **Décret portant institution d'un tribunal de cassation (2) (Extrait du).**

Art. 2. Les fonctions du tribunal de cassation seront de prononcer sur toutes les demandes en cassation, contre les jugemens rendus en dernier ressort.....

Art. 3. Il annulera toutes procédures dans lesquelles les formes auront été violées, et tout jugement qui contiendra une contravention expresse au texte de la loi... Sous aucun prétexte et en aucun cas, le tribunal ne pourra connaître du fond des affaires; après avoir cassé les procédures ou le jugement, il renverra le fond des affaires aux tribunaux qui devront en connaître ....

(1) Cette disposition est la première qui, dans notre nouvelle législation, ait proclamé le principe de la séparation du pouvoir administratif et du pouvoir judiciaire. Voir le décret du 16 fructidor an 3.

(2) Voir le décret du 2 brumaire an 4.

Art. 14. En matière civile, le délai pour se pourvoir en cassation ne sera que de trois mois, du jour de la signification du jugement à personne ou domicile, pour tous ceux qui habitent en France, et sans que, sous aucun prétexte, il puisse être donné des lettres de relief de laps de temps.....

Art. 16. En matière civile, la demande en cassation n'arrêtera pas l'exécution du jugement, et, dans aucun cas et sous aucun prétexte, il ne pourra être accordé de surséance.

6-22 AOUT 1791. = **Décret pour l'exécution du tarif des droits d'entrée et de sortie dans les relations du royaume avec l'étranger (Extrait des titres III et XIII du).**

Celles des dispositions de ce décret dont il doit être fait plus particulièrement application aux contributions indirectes sont reproduites ou rappelées dans l'ordonnance du 11 juin 1816.

TITRE III. — DES ACQUITS-A-CAUTION.

Art. 2. Les marchandises sujettes à des droits de sortie seront déclarées, vérifiées et expédiées par acquits-à-caution. Ces acquits contiendront la soumission de rapporter, dans le délai qui sera fixé, suivant la distance des lieux, un certificat de l'arrivée ou du passage des marchandises au bureau désigné, ou de payer le double des droits de sortie. Les expéditionnaires donneront caution solvable, qui s'obligera solidairement avec eux au rapport du certificat de décharge. Si les expéditionnaires préfèrent de consigner le montant des droits de sortie, les registres des déclarations portant lesdites soumissions énonceront, ainsi que les acquits-à-caution, la reconnaissance des sommes consignées.

Art. 5. Dans le cas où les marchandises devront être expédiées sous plomb, les cordes seront aux frais des expéditionnaires, qui paieront, en outre, chaque plomb...

Art. 6. Les maîtres et capitaines de bâtimens, et les voituriers, seront tenus de présenter les marchandises dont ils seront chargés : savoir, celles expédiées par

mer, au bureau de leur destination ; et celles expédiées
par terre, aux bureaux de leur passage, en même qualité et quantité que celles énoncées dans l'acquit-à-caution dont ils seront porteurs. Cet acquit ne pourra être
déchargé par les préposés auxdits bureaux, qu'après
vérification faite de l'état des cordes et plombs, du
nombre des ballots et des marchandises y contenues ;
et il ne sera rien payé pour les certificats de décharge
qui devront être inscrits au dos des acquits-à-caution,
et signés au moins de deux desdits préposés dans les
bureaux où il y aura plusieurs commis. Il est défendu
auxdits préposés, à peine de tous dépens, dommages
et intérêts, de différer la remise desdits certificats,
lorsque les formalités prescrites par les acquits-à-caution auront été remplies, ou qu'il sera rapporté des procès-verbaux dans la forme indiquée par l'article 8 ci-
après ; et, pour justifier du refus, le conducteur des
marchandises sera tenu d'en faire rédiger acte, qui sera
signifié sur-le-champ au receveur du bureau, et aucune
preuve par témoins ne sera admise à cet égard.

Art. 7. Les préposés de la régie ne pourront délivrer de certificats de décharge pour les marchandises
qui seront représentées au bureau de la destination ou
du passage, après le temps fixé par l'acquit-à-caution ;
et s'il s'agit de marchandises expédiées par mer ou par
terre, en empruntant le territoire de l'étranger, elles
acquitteront, au bureau où elles seront présentées après
ledit délai, les droits d'entrée, comme si elles venaient
de l'étranger, sans préjudice du double droit de sortie
dans le cas où il en sera dû, et dont le paiement sera
poursuivi, au lieu du départ, contre les soumissionnaires.

Art. 8. Les capitaines et maîtres de bâtimens seront
admis à justifier qu'ils auront été retardés par des cas
fortuits, comme fortune de mer, poursuite d'ennemis
et autres accidens, et ce, par des procès-verbaux rédigés à bord, et signés des principaux de l'équipage, ou
par des rapports faits aux juges du tribunal qui remplacera celui d'amirauté au lieu de destination, ou aux

officiers de la municipalité, à défaut de ce tribunal; et
les procès-verbaux ou rapports seront affirmés devant
lesdits juges. Les marchands ou conducteurs des marchandises transportées par terre, seront également admis à justifier des retardemens qu'ils auront éprouvés
pendant la route, en rapportant au bureau de la régie
des procès-verbaux en bonne forme, faits par les juges
des lieux où ils auront été retenus; et, à défaut d'établissement d'aucune juridiction, par les officiers municipaux desdits lieux, lesquels procès-verbaux feront
mention des circonstances et des causes du retard :
dans ces cas, les acquits-à-caution auront leur effet, et
les certificats de décharge seront délivrés par les préposés de la régie. Il ne pourra être suppléé par la preuve
testimoniale au défaut desdits rapports ou procès-verbaux, qui ne seront admis qu'autant qu'ils auront été
déposés au bureau de destination ou de passage, en
même temps que les marchandises y auront été représentées.

Art. 9. Dans le cas où, lors de la visite au bureau de
destination ou de passage, les marchandises mentionnées dans l'acquit-à-caution se trouveront différentes
dans l'espèce, elles seront saisies ; et la confiscation en
sera prononcée contre les conducteurs, avec amende
de 100 livres, sauf leur recours contre les expéditionnaires. Si la quantité est inférieure à celle portée dans
l'acquit-à-caution, il ne sera déchargé que pour la quantité représentée; en cas d'excédant, il sera soumis au
double droit, en observant ce qui est réglé par l'article 19 du titre II (1). Si les marchandises représentées
sont prohibées à l'entrée, elles seront confisquées avec

____

(1) *Article* 19. La déclaration du poids et de la mesure ne sera
point exigée pour les marchandises sujettes à coulage ; les capitaines ou maîtres de bâtimens et voituriers devront énoncer seulement, dans leur déclaration, le nombre de futailles, leurs marques et les numéros, les représenter en même quantité que celles
portées aux déclarations, lettres de voiture, connaissemens et autres expéditions relatives au chargement, et la perception des
droits ne sera faite que sur le poids et sur la contenance effectifs.

amende de 500 livres ; le tout indépendamment des condamnations qui seront poursuivies au bureau du départ contre les soumissionnaires et leurs cautions, et d'après leurs soumissions.

Art. 10. Les soumissionnaires qui rapporteront dans les délais les acquits-à-caution déchargés, certifieront, au dos desdites expéditions, la remise qu'ils en feront ; ils seront tenus de déclarer le nom, la demeure et la profession de celui qui leur aura remis le certificat de décharge, pour être procédé, s'il y a lieu, comme à l'égard des falsifications ou altérations de tout genre d'expéditions, soit contre les soumissionnaires ou porteurs des expéditions. Dans ce dernier cas, lesdits soumissionnaires et leurs cautions ne seront tenus que des condamnations purement civiles, conformément à leurs soumissions. Le délai pour s'assurer de la vérité du certificat de décharge, et pour intenter l'action, sera de quatre mois ; et, après ledit délai, la régie sera non recevable à former aucune demande.

Art. 11. Les droits consignés seront rendus aux marchands, et les soumissions qu'eux et leurs cautions auront faites seront annulées en leur présence et sans frais sur le registre, en rapportant par eux les acquits-à-caution revêtus des certificats de décharge en bonne forme, sauf le cas prévu par l'article précédent.

Art. 12. Si les certificats de décharge qui devront être délivrés dans les bureaux de la destination ou du passage, ne sont pas rapportés dans les délais fixés par les acquits-à-caution, et s'il n'y a pas eu consignation du simple droit à l'égard des marchandises qui y sont soumises, es préposés à la perception, dans les bureaux, décerneront contrainte contre les soumissionnaires et leurs cautions, pour le paiement du double droit de sortie.

Art. 14. Néanmoins, si les soumissionnaires rapportent, dans le terme de six mois après l'expiration du délai fixé par les acquits-à-caution, les certificats de décharge en bonne forme, et délivrés en temps utile, ou les procès-verbaux du refus des préposés, les droits,

1.

amendes ou autres sommes qu'ils auront payés, leur seront remis ; ils seront néanmoins tenus des frais faits par la régie, jusqu'au jour du rapport desdites pièces. Après ledit délai de six mois, aucunes réclamations relatives auxdites sommes consignées ou payées ne seront admises, et il en sera compté par la régie au trésor public.

TITRE XIII.—DE LA POLICE GÉNÉRALE.

Art. 33. L'exécution des contraintes ne pourra être suspendue par aucune opposition ou autre acte, si ce n'est quant à celles décernées pour défaut de rapport de certificats de décharge des acquits-à-caution, en consignant le simple droit. Il est défendu à tous juges, sous les peines portées en l'article précédent (1), de donner contre lesdites contraintes aucunes défenses ou surséances, qui seront nulles et de nul effet, sauf les dommages et intérêts de la partie.

---

5 SEPTEMBRE 1792. = **Décret qui réduit les droits d'entrée sur les tabacs (Extrait du).**

Art. 5. Lorsque plusieurs saisies de tabacs auront été faites séparément sur des inconnus, dans le ressort d'un même tribunal de district, *et que la valeur de chaque partie saisie n'excèdera pas 50 livres en argent,* la régie pourra en demander la confiscation par une seule requête, laquelle contiendra l'estimation de chaque partie de tabac ; il sera statué sur ladite demande par un seul et même jugement.

Art. 6. Les dispositions de l'article précédent seront exécutées à l'égard de toutes les saisies faites, sur des inconnus, d'objets qui n'auraient pas été réclamés.

---

(1) Aux termes de l'article 32, ils répondent, en leur propre et privé nom, des objets pour lesquels les contraintes ont été décernées.

16 JUILLET 1793. = **Décret** portant qu'il ne sera fait
aucun paiement en exécution de jugemens attaqués par
la voie de cassation, sans une caution préalable.

Il ne sera fait par la trésorerie nationale, et par les
caisses des diverses administrations de la république,
aucun paiement en vertu de jugemens qui seront attaqués par voie de la cassation, DANS LES TERMES PRES-
CRITS PAR LE DÉCRET (1), qu'au préalable, ceux au
profit desquels lesdits jugemens auraient été rendus,
n'aient donné bonne et suffisante caution pour sûreté
des sommes à eux adjugées.

18 FRUCTIDOR AN 3 (2 SEPTEMBRE 1795). =
**Décret qui défend aux tribunaux de connaître des actes
d'administration et annule toutes procédures et jugemens
intervenus à cet égard.**

Article unique. Défenses itératives sont faites aux
tribunaux de connaître des actes d'administration, de
quelque espèce qu'ils soient, aux peines de droit, sauf
aux réclamans à se pourvoir devant le comité des finances pour leur être fait droit, s'il y a lieu, en exécution des lois et notamment de celle du 13 frimaire
dernier.

2 BRUMAIRE AN 4 (24 OCTOBRE 1795). = Décret
concernant l'organisation du tribunal de cassation (Extrait du).

Art. 14. Le recours en cassation contre les jugemens
préparatoires et d'instruction ne sera ouvert qu'après
le jugement définitif; mais l'exécution, même volon-
taire, de tel jugement, ne pourra en aucun cas être
opposée comme fin de non-recevoir.

---

(1) Du 1ᵉʳ décembre 1790. Les mots en petites capitales ont
été ajoutés par un décret du lendemain 17 juillet.

Art. 15. Il ne sera point admis de relief de laps de temps pour se pourvoir en cassation.

Art. 17. La requête ou mémoire en cassation, en matière civile, ne sera pas reçue au greffe, et les juges ne pourront y avoir égard, à moins que la quittance de consignation d'amende n'y soit jointe (1).....

---

14 BRUMAIRE AN 5 (4 NOVEMBRE 1796). = Loi portant que les demandes en cassation seront toujours précédées d'une consignation d'amende (Extrait de la).

Art. 1er. L'article 5 du titre IV de la première partie du réglement de 1738, qui assujétit les demandeurs en cassation à consigner l'amende de 150 livres, ou de 75 livres, selon la nature des jugemens (2), sera strictement observée, tant en matière civile qu'en matière de police correctionnelle et municipale.

L'article 2 est supprimé (voir la note mise à la fin du décret du 2 brumaire an 4).

---

16 BRUMAIRE AN 5 (6 NOVEMBRE 1796). = Loi qui fixe les droits de bac et de passage sur la rivière de Seine dans les communes de Paris et de Passy (3).

---

13 FRUCTIDOR AN 5 (30 AOUT 1797). = Loi relative à l'exploitation, à la fabrication et à la vente des poudres et salpêtres (Extrait de la).

TITRE 1er. — DE LA RÉCOLTE EN SALPÊTRE.

Art. 1er. L'exploitation des salpêtres continuera d'être faite pour le compte de la république, ou ne pourra l'être que sous l'inspection et avec l'autorisation du gouvernement (4).

---

(1) La disposition qui suivait, et que l'article 2 de la loi du 14 brumaire an 5 avait reproduite, dispensait de la consignation les agens de la république et les indigens ; mais cette disposition se trouve abrogée de fait, pour les derniers, par l'article 404 du Code de procédure civile. (*Arrêt du conseil d'état du 20 mars 1810.*)

(2) 150 livres pour les jugemens contradictoires, 75 livres pour les jugemens par défaut ; plus le décime, dans l'un et l'autre cas.

(3) Voyez la loi du 6 frimaire an 7.

(4) Voyez la loi du 10 mars 1819.

Art. 12. Les salpêtriers devant porter dans les magasins nationaux tout le salpêtre qu'ils exploitent, de la manière et aux époques qui leur seront prescrites, ceux qui se permettraient d'en disposer autrement, de le vendre ou donner en échange à qui que ce soit, seront dénoncés au tribunal de police correctionnelle, et encourront, outre l'abolition de leur atelier, la confiscation des matières détournées, et une amende de 500 francs.

Art. 14. Les possesseurs de nitrières existantes, et qui voudront en former de nouvelles, sont autorisés à les exploiter, à la condition expresse d'en livrer tout le salpêtre dans les magasins de la république........

Art. 15. Tout citoyen qui exploitera, sans l'autorisation spéciale du gouvernement, des matériaux salpêtrés naturellement, ou par des nitrières artificielles, encourra la confiscation des matières et ustensiles qu'il y emploie, et, en cas de récidive, il sera condamné à une amende de 500 francs.

TITRE II. — DE LA FABRICATION DES POUDRES ET DE LEUR DISTRIBUTION.

Art. 16. Les poudres continueront d'être fabriquées pour le compte *de la république*, et ne pourront l'être que sous la direction et la surveillance de l'administration chargée de cette partie (1)....

Art. 20. Les armateurs et corsaires continueront d'être approvisionnés par *l'administration des poudres* (2), en raison de la quantité de leurs armes à feu, et sur des états certifiés par le commissaire de la marine du lieu de l'armement.

Art. 21. La loi du 11 mars 1793 est rapportée. En conséquence, il est défendu à qui que ce soit d'introduire aucunes poudres étrangères dans la *république*, sous peine de confiscation de la poudre, des chevaux et voitures qui en seraient chargés, et d'une amende de 20 francs 44 centimes par kilogramme de poudre (ou 10 francs par livre). Si l'entrée en fraude est faite par la voie de la mer, l'amende sera double, en outre de la confiscation de la poudre.

Art. 23. Les poudres ou salpêtres saisis par les em-

---

(1) Artillerie. (*Ordonnance du 19 novembre 1817.*)

(2) Par la régie des contributions indirectes. (Voyez l'ordonnance du 19 juillet 1829.)

ployés des douanes seront par eux déposés au magasin national le plus prochain affecté à ces matières....

Art. 24. La *fabrication* et la vente des poudres continueront d'être interdites à tous les citoyens autres que
ceux qui y seront autorisés par une commission spéciale
de l'administration nationale des poudres (1).

Il est également interdit aux citoyens qui n'y seraient pas autorisés, de conserver chez eux de la poudre au delà de la quantité de cinq kilogrammes....

Art. 27. Ceux qui feront fabriquer illicitement de la
poudre seront condamnés *à* 3,000 *francs d'amende* (2).
La poudre, les matières et ustensiles servant à sa confection, seront confisqués ; et les ouvriers employés à
sa fabrication seront détenus pendant trois mois pour
la première fois, et pendant un an en cas de récidive.
Le tiers des amendes appartiendra au dénonciateur ;
le surplus, ainsi que les objets confisqués, seront versés au trésor public et dans les magasins nationaux.

Art. 28. Tout citoyen qui vendrait de la poudre sans
y être autorisé, conformément à l'article 24, sera condamné à une amende de 500 *francs* (3); et celui qui en
conserverait chez lui plus de cinq kilogrammes, à une
amende de 100 francs.

Dans l'un et l'autre cas, les poudres seront confisquées et déposées dans les magasins nationaux.

Art. 29. Il est aussi défendu aux gardes des arsenaux de terre et de mer, à tous militaires, ouvriers et
employés dans les poudreries, de vendre, donner ou
échanger aucune poudre, sous peine de destitution, et
d'une détention qui sera de trois mois pour les gardes-
magasins et militaires, et d'un an pour les ouvriers et
employés des poudreries.

Les ouvriers des raffineries et ateliers nationaux de
salpêtre qui en détourneraient les produits encourront

---

(1) De l'administration des contributions indirectes. (*Conséquence de l'article* 1er *de l'ordonnance du* 25 *mars* 1818.)
(2 et 3) 500 francs à 1000 francs d'amende. Voyez la loi du
25 juin 1841, art. 24.

les mêmes peines que les ouvriers de poudreries en pareil cas.

Art. 30. Tout voyageur ou conducteur de voitures, qui transportera plus de cinq kilogrammes de poudre, sans pouvoir justifier de leur destination par un passe-port de l'autorité compétente, revêtu du visa de la mu-nicipalité du lieu du départ, sera arrêté et condamné à une amende de 20 francs 44 centimes par kilogramme de poudre saisie (ou 10 francs par livre), avec confis-cation de la poudre et des chevaux et voitures ; mais si le conducteur n'a pas eu connaissance de la nature du chargement, il aura son recours contre le chargeur qui l'aurait trompé, et qui sera tenu de l'indemniser.

Néanmoins, dans la distance de deux lieues des fron-tières, les citoyens resteront soumis à tout ce qui est prescrit par les lois pour la circulation dans cette étendue.

Art. 31. Les capitaines de navires, de quelque lieu qu'ils viennent, à leur entrée dans des ports maritimes, seront obligés, dans les vingt-quatre heures, de faire, au bureau des douanes, ou, à défaut, au commissaire de la marine, la déclaration des poudres qu'ils auront à bord, et de les déposer, dans le jour suivant, dans les magasins nationaux (1), sous peine de 500 francs d'amende : ces poudres leur seront rendues à leur sor-tie desdits ports.

TITRE III.—DISPOSITIONS GÉNÉRALES.

Art. 33. La vente des salpêtres et poudres se fera pour le compte *de la république*, soit dans les magasins nationaux, soit par des débitans pourvus de commis-sions de l'administration *des poudres*.....

Art. 36. Si un débitant était convaincu de tenir en dépôt ou vendre de la poudre de contrebande, il en-courrait, outre la révocation de sa commission, la con-

---

(1) Voir l'article 7 de l'ordonnance du 19 juillet 1829.

fiscation des matières prohibées, et une amende de 1000 francs (1).

---

28 FRUCTIDOR AN 5 (14 SEPTEMBRE 1797). —
Loi ordonnant la perception d'un droit de navigation sur le canal du Centre (ci-devant Charolais) (Extrait de la).

Art. 1er. Il sera perçu à l'avenir, et à commencer dix jours après la publication de la présente, sur le canal du Centre, un droit de navigation, lequel sera distinct et séparé du prix de voiture, fourniture et conduite des bateaux, pour lesquelles les conventions entre les chargeurs et les propriétaires et patrons de bateaux continueront d'être libres.

Art. 2. Néanmoins, les bateaux destinés au transport des voyageurs, ou coches d'eau, s'il est jugé utile d'en établir, seront fournis par l'administration du canal, et le prix de voiture réuni au droit de navigation.

Art. 3. Il sera payé par toute personne voyageant sur lesdits coches, 15 centimes pour cinq kilomètres (2,566 toises, ancienne mesure).

Le même droit sera payé par toute personne voyageant sur d'autres bateaux, excepté les patrons et gens de l'équipage. Il ne sera perçu que moitié dudit droit pour les militaires et matelots en activité de service.

Art. 4. Toutes matières et marchandises transportées par ledit canal paieront le droit de navigation fixé *par le tari; annexé à la présente* (2).

Art. 5. Ledit tarif sera imprimé et affiché dans le lieu le plus apparent des bureaux établis pour la perception; et les distances marquées par des bornes indicatives numérotées.

Art. 6. Les barques servant aux riverains pour le transport de leurs denrées d'un bord à l'autre, dans l'é-

---

(1) Voir la note 2 de la page 10.

(2) Ce tarif, qui avait été modifié en partie par un décret du 23 janvier 1806, n'est pas reproduit. Le nouveau mode de perception le rend inutile. Voyez la loi du 9 juillet 1836.

tendue d'une même commune, ne seront sujettes à aucun droit ; à la charge, par les propriétaires, de tenir la main à ce que lesdites barques n'embarrassent la voie d'eau, et de se conformer aux réglemens de police de la navigation.

Art. 7. Les produits de la perception des droits de navigation, ainsi que de l'exploitation des étangs, fonds ruraux et autres dépendances du canal, seront spécialement affectés aux dépenses de constructions, réparations et entretien ainsi qu'aux frais d'administration, et l'excédant versé dans la caisse du receveur des revenus des domaines nationaux.

---

9 VENDÉMIAIRE AN 6 (30 SEPTEMBRE 1797).= **Loi relative aux fonds nécessaires pour les dépenses générales, ordinaires et extraordinaires de l'an 6 (Extrait de la).**

Par l'article 56 de cette loi, les cartes à jouer étaient assujéties au timbre fixe ou de dimension. Voyez l'arrêté du 3 pluviose an 6.

TITRE VII.

Art. 68. A compter du 1ᵉʳ brumaire prochain, il sera perçu, au profit du trésor public, un dixième du prix des places dans les voitures exploitées par des entrepreneurs particuliers (1). *Il ne sera rien perçu sur les effets et marchandises portés par lesdites voitures ni sur les places établies sur l'impériale.*

Art. 69. Tout citoyen qui entreprendra des voitures publiques, de terre ou d'eau, partant à jour et heure fixes, et pour des lieux déterminés, sera tenu de fournir aux préposés *de la régie d'enregistrement* sa déclaration contenant :

1° L'énonciation de la route ou des routes que sa voiture ou ses voitures doivent parcourir ;

2° L'espèce, le nombre des voitures qu'il emploiera,

---

(1) Jusqu'alors il avait existé une régie dite *des messageries nationales,* pour le compte du gouvernement.

et la quantité de places qu'elles contiennent dans l'intérieur de la voiture, et du cabriolet qui y tiendrait;

3° Le prix de chaque place par suite de laquelle déclaration lesdites voitures seront vérifiées, inventoriées et estampées.

Art. 70. Tout entrepreneur de voitures suspendues, partant d'occasion ou à volonté, sera tenu de fournir la déclaration de sa voiture ou de ses voitures, et de payer chaque année, pour tenir lieu du dixième imposé sur les autres voitures publiques, ainsi qu'il suit :

Pour une voiture

- à 2 roues et 2 places.................. 20 fr.
- à 2 roues et 4 places................. 35
- à 2 roues et 6 places................. 45
- à 2 roues et 8 places................. 60
- à 2 roues et 9 places et au-dessus... 70
- à 4 roues et 4 places................. 40
- à 4 roues et 6 places. 50
- à 4 roues et 8 places................. 65
- à 4 roues et 9 places et au-dessus... 75

Ce tarif a été changé. Voir la loi du 28 juin 1833.

Art. 71. Le calcul du produit de chaque voiture sera fait dans la supposition que toutes les places seraient occupées : l'entrepreneur sera tenu de verser, chaque décade , au *receveur du droit d'enregistrement*, le dixième de ce produit, sous la déduction, abonnée par la présente loi, d'*un quart* (1) pour tenir lieu d'indemnités pour les places vides que pourraient éprouver lesdites voitures.

Art. 72. Tout entrepreneur convaincu d'avoir omis de faire sa déclaration ou d'en avoir fait une fausse, sera condamné à la confiscation des voitures, harnais, et à une amende qui ne pourra être moindre de 100 francs, et plus forte de 1,000 francs (2).

Art. 73. Quant aux voitures d'eau, *la régie de l'enregistrement* est autorisée à régler leur abonnement, d'après le nombre moyen des voyageurs qu'elles trans-

---

(1) Un tiers. (*Art. 4 de la loi du 17 juillet* 1819.)

(2) En cas de récidive, le minimum de l'amende est de 500 fr. (*Art. 122 de la loi du 25 mars* 1817.)

portent annuellement; et dans le cas de contestation ou de difficulté sur la quotité de cet abonnement, le ministre des finances prononcera.

---

19 BRUMAIRE AN 6 (9 NOVEMBRE 1797). == Loi relative à la surveillance du titre et à la perception des droits de garantie des matières et ouvrages d'or et d'argent.

TITRE Ier.

Section 1re. — *Des titres des ouvrages d'or et d'argent.*

Art. 1er. Tous les ouvrages d'orfévrerie et d'argenterie fabriqués en France doivent être conformes aux titres prescrits par la loi, respectivement suivant leur nature.

Art. 2. Ces titres, ou la quantité de fin contenue dans chaque pièce, s'exprimeront en millièmes. Les anciennes dénominations de karats et de deniers, pour exprimer le degré de pureté des métaux précieux, n'auront plus lieu.

Art. 3. Il est cependant permis pendant un an, à compter de la date de la présente loi, d'employer dans les actes ou écrits qui sont dans le cas de passer sous les yeux d'un officier public, les anciennes expressions de *karats, deniers,* ou leurs subdivisions, mais seulement à la suite du nombre de millièmes qui devra exprimer la vraie qualité du métal précieux.

Art. 4. Il y a trois titres légaux pour les ouvrages d'or, et deux pour les ouvrages d'argent; savoir pour l'or :

Le premier, de 920 millièmes (ou 22 karats 2/32 et 1/2 environ) ;

Le second, de 840 millièmes (20 karats 5/32 et 1/8);

Le troisième, de 750 millièmes (18 karats);

Et pour l'argent :

Le premier, de 950 millièmes (11 deniers 9 grains 7/10) ;

Le second, de 800 millièmes (9 deniers 11 grains 1/2).

Art. 5. La tolérance des titres pour l'or est de trois millièmes ; celles des titres pour l'argent est de cinq millièmes.

Art. 6. Les fabricans peuvent employer, à leur gré, l'un des titres mentionnés à l'article 4, respectivement pour les ouvrages d'or et d'argent, quelle que soit la grosseur ou l'espèce des pièces fabriquées.

SECTION 2. — Des poinçons.

Art. 7. La garantie du titre des ouvrages et matières d'or et d'argent est assurée par des poinçons ; ils sont appliqués sur chaque pièce, ensuite d'un essai de la matière, et conformément aux règles établies ci-après.

Art. 8. Il y a pour marquer les ouvrages, tant en or qu'en argent, trois espèces principales de poinçons, savoir :

Celui du fabricant,

Celui du titre,

Et celui du bureau de garantie.

Il y a d'ailleurs deux petits poinçons, l'un pour les menus ouvrages d'or, l'autre pour les menus ouvrages d'argent trop petits pour recevoir l'empreinte des trois espèces de poinçons précédentes.

Il y a de plus un poinçon particulier pour les vieux ouvrages dits de HASARD (1);

Un autre pour les ouvrages venant de l'étranger ;

Une troisième sorte pour les ouvrages doublés ou plaqués d'or et d'argent ;

Une quatrième sorte, dite POINÇON DE RECENSE, qui s'applique par l'autorité publique, lorsqu'il s'agit d'empêcher l'effet de quelque infidélité relative aux titres et aux poinçons ;

Enfin, un poinçon particulier pour marquer les lingots d'or ou d'argent affinés.

Art. 9. Le poinçon du fabricant porte la lettre ini-

---

(1) Le poinçon pour les vieux ouvrages dits *de hasard* a été supprimé par l'ordonnance du 5 mai 1819, art. 2.

tiale de son nom, avec un symbole : il peut être gravé par tel artiste qu'il lui plaît de choisir, en observant les formes et proportions établies par l'administration des monnaies (1).

Art. 10. Les poinçons de titre ont pour empreinte *un coq* (2), avec l'un des chiffres arabes 1, 2, 3, indicatif des premier, second et troisième titres, fixés dans la précédente section. Ces poinçons sont uniformes dans toute *la république*. Chaque sorte de ces poinçons a d'ailleurs une forme particulière qui la différencie aisément à l'œil.

Art. 11. Le poinçon de chaque bureau de garantie a un signe caractéristique particulier, qui est déterminé par l'administration des monnaies.

Ce signe est changé toutes les fois qu'il est nécessaire, pour prévenir les effets d'un vol ou d'une infidélité.

Art. 12. Le petit poinçon destiné à marquer les menus ouvrages d'or a pour empreinte *une tête de coq*; celui pour les menus ouvrages d'argent porte *un faisceau* (3).

Art. 13. *Le poinçon de vieux destiné uniquement à marquer les ouvrages dits* de hasard, *représente une hache.*

Celui pour marquer les ouvrages venant de l'étranger contient *les lettres E T* (4).

Art. 14. Le poinçon de chaque fabricant de doublé ou de plaqué a une forme particulière déterminée par l'administration des monnaies. Le fabricant ajoute en outre sur chacun de ses ouvrages, des chiffres indicatifs de la quantité d'or et d'argent qu'il contient.

Art. 15. Le poinçon de recense est également déterminé par l'administration des monnaies, qui le différencie à raison des circonstances.

Art. 16. Le poinçon destiné à marquer les lingots d'or ou d'argent affinés est aussi déterminé par l'adminis-

------

(1, 2, 3 *et* 4) Les empreintes des poinçons ont été changées par diverses ordonnances et, en dernier lieu, par celle du 30 juin 1835.

tration des monnaies : il est uniforme dans toute la France.

Art. 17. Tous les poinçons désignés dans les articles 10, 11, 12, 13, 15 et 16, sont fabriqués par le graveur des monnaies (1), qui les fait parvenir dans les divers bureaux de garantie, et en conserve les matrices.

Le poinçon destiné pour les lingots affinés n'est déposé que dans les bureaux de garantie dans l'arrondissement desquels il se trouve des affineurs, et à la chambre de délivrance de la monnaie de Paris, pour l'affinage national.

Art. 18. Lorsqu'on ne fait point usage de ces poinçons, ils sont enfermés dans une caisse à trois serrures, et sous la garde des employés des bureaux de garantie, comme il sera dit ci-après (2).

Art. 19. Les fabricans de faux poinçons et ceux qui en feraient usage seront condamnés *à dix années de fers* (3), et leurs ouvrages confisqués.

Art. 20. Les poinçons servant actuellement à constater les titres et l'acquit des droits de marque seront biffés immédiatement après que les poinçons ordonnés par la présente loi (4) seront en état d'être employés.

---

(1) Sous la surveillance de l'administration des monnaies. Voyez la loi du 26 frimaire an 6.

(2) Articles 45 et 55.

(3) *Code pénal*, art. 140. Ceux qui auront contrefa't ou falsifié, soit un ou plusieurs timbres nationaux, soit les marteaux de l'état servant aux marques forestières, soit le poinçon ou les poinçons servant à marquer les matières d'or ou d'argent, ou qui auront fait usage des papiers, effets, timbres, marteaux ou poinçons falsifiés ou contrefaits, seront punis des travaux forcés à temps, dont le maximum sera toujours appliqué dans ce cas.

Art. 141. Sera puni de la réclusion quiconque s'étant indûment procuré les vrais timbres, marteaux ou poinçons ayant l'une des destinations exprimées en l'article 140, en aura fait une application ou usage préjudiciable aux droits ou intérêts de l'état.

(4) De même aussi par les ordonnances subséquentes.

TITRE II. — DES DROITS DE GARANTIE SUR LES OUVRAGES
ET MATIÈRES D'OR ET D'ARGENT.

Art. 21. Il sera perçu un droit de garantie sur les ouvrages d'or et d'argent de toute sorte, fabriqués à neuf.

Ce droit sera de 20 francs par hectogramme (trois onces deux gros douze grains) d'or, et de 1 franc par hectogramme d'argent, non compris les frais d'essai ou de touchaud (1).

Art. 22. Il ne sera rien perçu sur les ouvrages d'or et d'argent, dits *de hasard*, remis dans le commerce ; ils ne sont assujétis qu'à être marqués une seule fois *du poinçon de vieux ordonné par l'article 8 de la présente loi* (2).

Art. 23. Les ouvrages d'or et d'argent venant de l'étranger devront être présentés aux employés des douanes sur les frontières de *la république*, pour y être déclarés, pesés, plombés et envoyés au bureau de garantie le plus voisin, où ils seront marqués *du poinçon E T*, et paieront des droits égaux à ceux qui sont perçus pour les ouvrages d'or et d'argent fabriqués en France.

Sont exceptés des dispositions ci-dessus, 1º les objets d'or et d'argent appartenant aux ambassadeurs et envoyés des puissances étrangères ;

2º Les bijoux d'or à l'usage personnel des voyageurs, et les ouvrages en argent servant également à leur personne, pourvu que leur poids n'excède pas en totalité cinq hectogrammes (seize onces deux gros soixante grains et demi).

Art. 24. Lorsque les ouvrages d'or et d'argent venant de l'étranger, et introduits en France en vertu des exceptions de l'article précédent, seront mis dans le commerce, ils devront être portés aux bureaux de ga-

---

(1) Plus un décime par franc. (*Lois des 6 prairial an 7, art. 1ᵉʳ, et 28 avril 1816, art. 232.*)

(2) Voyez la note de la page 16.

rantie, pour y être marqués du poinçon destiné à cet effet; et il sera payé, pour lesdits ouvrages, le même droit que pour ceux fabriqués en France.

Art. 25. Lorsque les ouvrages neufs d'or et d'argent fabriqués en France, et ayant acquitté les droits, sortiront de *la république* comme vendus ou pour l'être à l'étranger, les droits de garantie seront restitués au fabricant, sauf la retenue d'un tiers (1).

Art. 26. Cette restitution sera faite par le bureau de garantie qui aura perçu les droits sur lesdits ouvrages, ou, à défaut de fonds, par une traite sur le bureau de garantie de Paris (2). Cette restitution n'aura lieu cependant que sur la représentation d'un certificat de l'administration des douanes, muni de son sceau particulier, et qui constate la sortie de France desdits ouvrages.

Ce certificat devra être rapporté dans le délai de trois mois.

Art. 27. Le *directoire exécutif* désignera les communes maritimes et continentales par lesquelles il sera permis de faire sortir de *la république* les ouvrages d'or et d'argent (3).

Art. 28. Les ouvrages déposés au mont-de-piété, et dans les autres établissemens destinés à des ventes ou à des dépôts de ventes, sont assujétis à payer les droits de garantie, lorsqu'ils ne les ont pas acquittés avant le dépôt (4).

Art. 29. Les lingots d'or et d'argent affinés paieront un droit de garantie avant de pouvoir être mis dans le commerce (5).

---

(1) L'exportation peut, sous certaines conditions, avoir lieu en franchise complète du droit. (*Loi du* 10 *août* 1839, *art.* 16.)

(2) Comme toutes les autres restitutions de droits, celle-ci s'opère maintenant par les caisses de la régie des contributions indirectes, en vertu d'un ordonnancement du ministre des finances.

(3) Voyez *Annales* 1843-45, page 525, le tableau indicatif des bureaux de sortie.

(4) Voyez le décret du 8 thermidor an 13.

(5) Voir l'arrêté du 19 messidor an 9.

Ce droit sera :

Pour l'or, de 8 francs 18 centimes par kilogramme (ou 2 francs par marc) ;

Et pour l'argent, de 2 francs 4 centimes par kilogramme (ou 10 sous par marc) ;

Les lingots dits *de tirage* ne paieront qu'un droit de 82 centimes par kilogramme (ou 4 sous par marc) (1).

TITRE III.—SUPPRESSION DES MAISONS COMMUNES D'ORFÈVRES.

Art. 30. Les maisons communes d'orfèvres sont supprimées ; leurs biens et effets sont déclarés appartenant à la nation.

Art. 31. Les employés des bureaux de ces maisons continueront d'exercer leurs fonctions jusqu'au complément de l'organisation prescrite par la présente loi.

Art. 32. Il sera fait inventaire des registres et papiers à l'usage de ces bureaux, ainsi que des ustensiles et effets, pour les papiers et registres être envoyés à l'administration des monnaies, et les ustensiles et effets être mis sous la surveillance des administrations de département, jusqu'à ce qu'il puisse en être fait un emploi avantageux à la république.

Art. 33. Les quatre invalides orfèvres qui habitent actuellement la maison commune des orfèvres à Paris seront placés aux Incurables ; le ministre de l'intérieur est chargé d'effectuer ce transport.

TITRE IV. — DES BUREAUX DE GARANTIE.

Art. 34. Il y aura des bureaux de garantie établis pour faire essai et constater les titres des ouvrages d'or et d'argent, ainsi que des lingots de ces matières qui y seraient apportés, et pour percevoir, lors de la marque de ces ouvrages ou matières, les droits imposés par la loi.

Art. 35. Ces bureaux seront placés dans les communes où ils seront le plus avantageux au commerce ; le nombre en est fixé provisoirement *à deux cents au plus* (2) pour toute la France. Le placement de ces bu-

---

(1) Ces droits sont accrus d'un décime. Voyez la note 1 de la page 19.

(2) Réduit à quatre-vingt-onze par l'ordonnance du 5 février 1835. Voyez *Annales* 1835, pages 75 et suivantes, la désignation des bureaux conservés.

reaux et les lieux compris dans leur arrondissement seront déterminés par le *directoire exécutif*, sur la demande motivée des administrations de département et sur l'avis de celle des monnaies (1).

Art. 36. Les bureaux de garantie seront composés de trois employés, savoir : un essayeur, un receveur et un contrôleur; mais, à Paris, et dans les communes populeuses, le ministre des finances pourra autoriser un plus grand nombre d'employés, à raison des besoins du commerce.

Art. 37. L'administration des monnaies surveillera les bureaux de garantie relativement à la partie d'art et au maintien-de.l'exactitude des titres des ouvrages d'or et d'argent mis dans le commerce.

Art. 38. La régie *de l'enregistrement* (2) surveillera les bureaux de garantie relativement aux dépenses et au recouvrement des droits à percevoir.

Art. 39. L'essayeur de chaque bureau de garantie sera nommé par l'administration du département (3) où ce bureau est placé; mais il ne pourra en exercer les fonctions qu'après avoir obtenu de l'administration des monnaies un certificat de capacité (4), aux mêmes conditions prescrites par l'article 59 de la loi du 22 vendémiaire, sur l'organisation des monnaies (5).

Art. 40. La régie *de l'enregistrement* nommera le re-

---

(1) Ainsi que de celle des contributions indirectes. (*Induction de l'ordonnance du 5 mai 1820.*) Par l'effet de cette ordonnance, la régie des contributions indirectes exerce aujourd'hui la plupart des attributions que la loi ci-dessus conférait à celles de l'enregistrement et des monnaies.

(2) La régie des contributions indirectes. (*Art. 80 de la loi du 5 ventose an 12.*)

(3) Le préfet.

(4) Voyez la loi du 13 germinal an 6, art. 2.

(5) Texte de l'article 59 de la loi du 22 vendémiaire an 4 :

« Les citoyens qui se présenteront pour exercer les fonctions d'essayeur pour le commerce subiront le même examen sans concours.—Lorsqu'ils auront été jugés posséder les qualités requises pour leurs fonctions, l'administration leur délivrera un certificat de capacité. »

ceveur de chaque bureau de garantie, ou en fera faire les fonctions par l'un de ses préposés, dans les communes où cette cumulation de fonctions ne serait nuisible ni à l'un ni à l'autre service.

Art. 41. Les contrôleurs des bureaux de garantie seront nommés par le ministre des finances, *sur la proposition* de l'administration des monnaies (1).

Art. 42. Les receveurs n'auront d'autre rétribution que celle qui leur est allouée pour les frais de chaque essai d'or et d'argent (2), ainsi qu'il sera dit dans le titre suivant.

Art. 43. Les traitemens des receveurs et des contrôleurs seront gradués à raison de l'importance et de l'étendue de leurs fonctions : ces traitemens ne pourront excéder, savoir: 3,000 francs à Paris, 2,400 francs dans les communes au-dessus de cinquante mille ames, et 1,800 francs dans les autres.

Art. 44. L'essayeur se pourvoira, à ses frais, de tout ce qui est nécessaire à l'exercice de ses fonctions ; l'administration des monnaies fournira au bureau les poinçons et la machine à estamper : les frais de registres et autres seront réglés par la régie *de l'enregistrement*, sous l'approbation du ministre des finances ; l'administration du département procurera un local convenable au bureau, qui devra être placé, autant que possible, dans celui de la municipalité du lieu.

Art. 45. L'essayeur, le receveur et le contrôleur du bureau de garantie auront chacun une des clés de la caisse dans laquelle seront renfermés les poinçons.

Art. 46. Les employés des bureaux qui calqueraient les poinçons, ou qui en feraient usage sans observer les formalités prescrites par la loi, seront destitués et condamnés à un an de détention.

Art. 47. Aucun employé aux bureaux de garantie ne laissera prendre de calque, ni ne donnera de descrip-

---

(1) De concert avec l'administration des contributions indirectes. (*Art. 3 de l'ordonnance du 5 mai 1820.*)
(2) Voir l'article 1ᵉʳ de la loi du 13 germinal an 6.

tion, soit verbale, soit par écrit, des ouvrages qui sont au bureau, sous peine de destitution.

TITRE V. — DES FONCTIONS DES EMPLOYÉS DES BUREAUX DE GARANTIE.

Art. 48. L'essayeur ne recevra les ouvrages d'or et d'argent qui lui seront présentés pour être essayés et titrés, que lorsqu'ils auront l'empreinte du poinçon du fabricant et qu'ils seront assez avancés pour qu'en les finissant ils n'éprouvent aucune altération.

Art. 49. Les ouvrages provenant de différentes fontes devront être envoyés au bureau de garantie dans des sacs séparés, et l'essayeur en fera l'essai séparément.

Art. 50. Il n'emploiera dans ses opérations que les agens chimiques et substances provenant du dépôt établi dans l'hôtel des monnaies de Paris ; mais les frais de transport de ces substances et matières seront compris dans les frais d'administration du bureau.

Art. 51. L'essai sera fait sur un mélange des matières prises sur chacune des pièces provenant de la même fonte. Ces matières seront grattées ou coupées, tant sur les corps des ouvrages que sur les accessoires, de manière que les formes et les ornemens n'en soient pas détériorés.

Art. 52. Lorsque les pièces auront une languette forgée ou fondue avec leur corps, c'est en partie sur cette languette, et en partie sur le corps de l'ouvrage, que l'on fera la prise d'essai.

Art. 53. Lorsque les ouvrages d'or et d'argent seront à l'un des titres prescrits respectivement pour chaque espèce par l'article 4 de la présente loi, l'essayeur en inscrira la mention sur un registre destiné à cet effet, et qui sera coté et paraphé par l'administration départementale : lesdits ouvrages seront ensuite donnés au receveur, avec un extrait du registre de l'essayeur, indiquant le titre trouvé.

Art. 54. Le receveur pèsera les ouvrages qui lui seront ainsi transmis, et percevra le droit de garantie qu'ils doivent conformément à la loi. Il fera ensuite mention, sur son registre, qui sera coté et paraphé comme celui de l'essayeur, de la nature des ouvrages, de leur titre, de leur poids, et de la somme qui lui aura été payée pour l'acquittement du droit; enfin il inscrira sur l'extrait du registre de l'essayeur le poids des ouvrages, la mention de l'acquittement du droit, et remettra le tout au contrôleur.

Art. 55. Le contrôleur aura un registre coté et paraphé comme ceux de l'essayeur et du receveur ; il y transcrira l'extrait du registre accompagnant chaque pièce à marquer ; et, conjointement avec le receveur et l'essayeur, il tirera de la caisse à trois serrures le poinçon du bureau et celui indicatif du titre, soit de l'or, soit de l'argent, ou le poinçon dont les menus ouvrages doivent être revêtus, et il les appliquera en présence du propriétaire (1).

Art. 56. Les ouvrages d'or et d'argent qui, sans être au-dessous du plus bas des titres fixés par la loi, ne seraient pas précisément à l'un d'eux, seront marqués au titre légal immédiatement inférieur à celui trouvé par l'essai, ou seront rompus, si le propriétaire le préfère.

Art. 57. Lorsque le titre d'un ouvrage d'or ou d'argent sera trouvé inférieur au plus bas des titres prescrits par la loi, il pourra être procédé à un second essai, mais seulement sur la demande du propriétaire.

Si le second essai est confirmatif du premier, le propriétaire paiera le double essai, et l'ouvrage lui sera remis après avoir été rompu en sa présence.

Si le premier essai est infirmé par le second, le propriétaire n'aura qu'un seul essai à payer.

Art. 58. En cas de contestation sur le titre, il sera fait une prise d'essai sur l'ouvrage pour être envoyée sous les cachets du fabricant et de l'essayeur, à l'administration des monnaies, qui la fera essayer dans son laboratoire en présence de l'inspecteur des essais.

Art. 59. Pendant ce temps, l'ouvrage présenté sera

____

(1) Voyez l'arrêté du 13 prairial an 7, qui attribue au contrôleur la direction du service et la police du bureau.

laissé au bureau de garantie, sous les cachets de l'essayeur et du fabricant ; et lorsque l'administration des monnaies aura fait connaître le résultat de son essai, l'ouvrage sera définitivement titré et marqué conformément à ce résultat.

Art. 60. Si c'est l'essayeur qui se trouve avoir été en défaut, les frais de transport et d'essai seront à sa charge : au cas contraire, ils seront supportés par le propriétaire de l'objet.

Art. 61. L'orsqu'un ouvrage d'or, d'argent ou de vermeil, quoique marqué d'un poinçon indicatif de son titre, sera soupçonné de n'être pas au titre indiqué, le propriétaire pourra l'envoyer à l'administration des monnaies, qui le fera essayer avec les formalités prescrites pour l'essai des monnaies.

Si cet essai donne un titre plus bas, l'essayeur sera dénoncé aux tribunaux, et condamné pour la première fois à une amende de 200 francs ; pour la seconde, à une amende 600 francs, et la troisième fois il sera destitué.

Art. 62. Le prix d'un essai d'or, de doré, et d'or tenant argent, est fixé à trois francs, et celui d'argent à quatre-vingt centimes (16 sous).

Art. 63. Dans tous les cas, les cornets et boutons d'essai seront remis au propriétaire de la pièce.

Art. 64. L'essai des menus ouvrages d'or par la pierre de touche sera payé neuf centimes par décagramme (deux gros quarante-quatre grains et demi environ) d'or.

Art 65. Si l'essayeur soupçonne aucun des ouvrages d'or, de vermeil ou d'argent, d'être fourré de fer, de cuivre ou de toute autre matière étrangère, il le fera couper en présence du propriétaire. Si la fraude est reconnue, l'ouvrage sera saisi et confisqué, et le délinquant sera dénoncé aux tribunaux, et condamné à une amende de vingt fois la valeur de l'objet.

Mais, dans le cas contraire, le dommage sera payé sur-le-champ au propriétaire, et passé en dépense comme frais d'administration.

Art. 66. Les lingots d'or et d'argent non affinés qui seraient apportés à l'essayeur du bureau de garantie pour être essayés, le seront par lui, sans autres frais que ceux fixés par la loi pour les essais. Ces lingots, avant d'être rendus au propriétaire, seront marqués du poinçon de l'essayeur, qui en outre insculpera son nom des chiffres indicatifs du vrai titre, et un numéro particulier.

L'essayeur fera mention de ces divers objets sur son registre, ainsi que du poids des matières essayées.

Art. 67. L'essayeur qui contreviendrait au précédent article serait condamné à une amende de 100 francs pour la première fois, de 200 francs pour la seconde, et la troisième fois il serait destitué.

Art. 68. L'essayeur d'un bureau de garantie peut prendre, sous sa responsabilité, autant d'aides que les circonstances l'exigeront (1).

Art. 69. Le receveur et le contrôleur du bureau de garantie feront respectivement mention sur leurs registres de l'apposition qu'ils auront faite, *soit du poinçon de vieux,* soit de celui d'étranger, soit de celui de recense, sur les ouvrages qui auront dû en être revêtus, ainsi que du poinçon de garantie sur les lingots affinés, de la perception des droits qui aura pu en résulter, et du poids de chaque objet.

Art. 70. Le contrôleur visera les états de recettes et de dépenses du bureau.

Art. 71. Les employés des bureaux de garantie feront les recherches, saisies ou poursuites, dans le cas de contravention à la présente loi, comme il sera dit au titre VIII.

TITRE VI.

SECTION 1re. — *Des obligations des fabricans et marchands d'ouvrages d'or et d'argent.*

Art. 72. Les anciens fabricans d'ouvrages d'or et

---

(1) Voyez l'ordonnance du 26 juillet 1842.

d'argent, et ceux qui voudront exercer cette profession, sont tenus de se faire connaître à l'administration de département et à la municipalité du canton où ils résident, et de faire insculper dans ces deux administrations leur poinçon particulier, avec leur nom, sur une planche de cuivre à ce destinée. L'administration de département veillera à ce que le même symbole ne soit pas employé par deux fabricans de son arrondissement.

Art. 73. Quiconque se borne au commerce d'orfévrerie sans entreprendre la fabrication, n'est tenu que de faire sa déclaration à la municipalité de son canton, et est dispensé d'avoir un poinçon.

Art. 74. Les fabricans et marchands d'or et d'argent ouvrés ou non ouvrés auront, un mois au plus tard après la publication de la présente loi, un registre coté et paraphé par l'administration municipale, sur lequel ils inscriront la nature, le nombre, le poids et le titre des matières et ouvrages d'or et d'argent qu'ils achèteront ou vendront, avec les noms et demeures de ceux de qui ils les auront achetés.

Art. 75. Ils ne pourront acheter que de personnes connues ou ayant des répondans à eux connus.

Art. 76. Ils sont tenus de présenter leurs registres à l'autorité publique toutes les fois qu'ils en seront requis.

Art. 77. Ils porteront au bureau de garantie, dans l'arrondissement duquel ils sont placés, leurs ouvrages, pour y être essayés, titrés et marqués, ou, s'il y a lieu, être simplement revêtus de l'une des empreintes de poinçon prescrites à la deuxième section du titre Ier.

Art. 78. Ils mettront dans le lieu le plus apparent de leurs magasins ou boutiques, un tableau énonçant les articles de la présente loi, relatifs aux titres et à la vente des ouvrages d'or et d'argent.

Art. 79. Ils remettront aux acheteurs des bordereaux énonciatifs de l'espèce, du titre et du poids des ouvrages qu'ils leur auront vendus, en désignant si ce sont des ouvrages neufs ou vieux.

Ces bordereaux, préparés d'avance, et qui seront

fournis au fabricant ou marchand par la régie *de l'enregistrement*, auront, *dans toute la république*, le même formulaire, qui sera imprimé (1). Le vendeur y écrira à la main la désignation de l'ouvrage vendu, soit en or, soit en argent, son poids et son titre, distingués par ces mots : PREMIER, SECOND OU TROISIÈME, suivant la réalité ; il y mettra de plus le nom de la commune où se fera la vente, avec la date et sa signature.

Art. 80. Les contrevenans à l'une des dispositions prescrites dans les huit articles précédens, seront condamnés, pour la première fois, à une amende de 200 francs ; pour la seconde à une amende de 500 fr. avec affiche, à leurs frais, de la condamnation, dans toute l'étendue du département ; la troisième fois, l'amende sera de 1,000 francs, et le commerce de l'orfévrerie leur sera interdit, sous peine de confiscation de tous les objets de leur commerce.

Art. 81. Les articles 73, 74, 75, 76, 78, 79 et 80 sont applicables aux fabricans et marchands de galons, tissus, broderies ou autres ouvrages en fil d'or ou d'argent.

Ceux qui vendraient pour fins des ouvrages en or ou argent faux encourront, outre la restitution de droit à celui qu'ils auraient trompé, une amende qui sera de 200 francs pour la première fois ; de 400 francs pour la seconde fois, avec affiche de la condamnation, aux frais du délinquant, dans tout le département ; et la troisième fois, une amende de 1,000 francs, avec interdiction de tout commerce d'or et d'argent (1).

Art. 82. Les fabricans et marchands orfévres sont tenus, *dans*

---

(1) Cette disposition est depuis long temps sans exécution.

(2) Article 423 du Code pénal : « Quiconque aura trompé l'acheteur sur le titre des matières d'or ou d'argent, sur la qualité d'une pierre fausse vendue pour fine, sur la nature de toutes marchandises ; quiconque, par usage de faux poids ou de fausses mesures, aura trompé sur la quantité des choses vendues, sera puni de l'emprisonnement, pendant trois mois au moins, un an au plus, et d'une amende qui ne pourra excéder le quart des restitutions et dommages-intérêts ni être au-dessous de 50 francs.

« Les objets du délit ou leur valeur, s'ils appartiennent encore au vendeur, seront confisqués. Les faux poids et les fausses mesures seront aussi confisqués, et de plus seront brisés. »

le délai de six mois, à compter de la publication de la présente loi, de porter au bureau de garantie de leur arrondissement leurs ouvrages neufs d'or, d'argent et de vermeil, marqués des anciens poinçons, pour y faire mettre l'empreinte d'un poinçon de recense, qui sera déterminé à cet effet par l'administration des monnaies.

Ces ouvrages d'ancienne fabrication ne seront soumis à d'autre vérification préalable que celle de la marque et des poinçons anciens, et cette vérification sera sans frais; mais, le délai expiré, les ouvrages seront soumis à l'essai, titrés s'il y a lieu, et paieront le droit de garantie.

Art. 83. Les ouvrages non revêtus de l'ancien poinçon qui opérait la décharge, seront pareillement présentés au bureau de garantie de l'arrondissement, à l'effet d'être marqués du poinçon du titre et de celui du bureau. Ces ouvrages paieront alors le droit de garantie.

Art. 84 Ces droits seront pareillement exigibles pour les ouvrages dits *de hasard,* qui, après le même délai fixé par l'article 82, ne se trouveraient marqués que des anciens poinçons.

Art. 85. La loi garantit les conditions des engagemens respectifs des orfèvres et de leurs élèves.

Art. 86. Les joailliers ne sont pas tenus de porter aux bureaux de garantie les ouvrages montés en pierres fines ou fausses, et en perles, ni ceux émaillés dans toutes les parties, ou auxquels sont adaptés des cristaux (1); mais ils auront un registre coté et paraphé comme celui des marchands et fabricans d'ouvrages d'or et d'argent, à l'effet d'y inscrire, jour par jour, les ventes et les achats qu'ils auront faits.

Art. 87. Ils seront tenus, comme les fabricans et marchands orfèvres, de donner aux acheteurs un bordereau, *qui sera également fourni par la régie de l'enregistrement,* et sur lequel ils décriront la nature, la forme de chaque ouvrage, ainsi que la qualité des pierres dont il sera composé, et qui sera daté et signé par eux.

Art. 88. La contravention aux deux articles précédens sera punie des mêmes peines portées en pareil cas contre les marchands orfèvres.

Art. 89. Il est aussi interdit aux joailliers de mêler dans les mêmes ouvrages des pierres fausses avec les fines, sans le déclarer aux acheteurs, à peine de res-

---

(1) Voyez l'arrêté interprétatif du 1er messidor an 6.

tituer la valeur qu'auraient eue les pierres si elles
avaient été fines, et de payer en outre une amende de
300 francs ; l'amende sera triple la seconde fois, et la
condamnation affichée dans tout le département, aux
frais du délinquant ; la troisième fois, il sera déclaré
incapable d'exercer la joaillerie, et les effets composant son magasin seront confisqués.

Art. 90. Lorsqu'un orfèvre mourra, son poinçon sera
remis dans l'espace de cinq décades après le décès, au
bureau de garantie *de son arrondissement*, pour y être
biffé de suite.

Pendant ce temps, le dépositaire du poinçon sera
responsable de l'usage qui en sera fait, comme le sont
les fabricans en exercice.

Art. 91. Si un orfèvre ou fabricant quitte le commerce, il remettra son poinçon au bureau de garantie
de l'arrondissement pour y être biffé devant lui ; s'il veut
s'absenter pour plus de six mois, il déposera son poinçon au bureau de garantie, et le contrôleur fera poinçonner les ouvrages fabriqués chez lui en son absence.

Section 2.—*Des obligations des marchands d'ouvrages d'or et
d'argent ambulans.*

Art. 92. Les marchands d'ouvrages d'or et d'argent,
ambulans ou venant s'établir en foire, sont tenus, à
leur arrivée dans une commune, de se présenter à l'administration municipale, ou à l'agent de cette administration dans les lieux où elle ne réside pas, et de lui
montrer les bordereaux des orfèvres qui leur auront
vendu les ouvrages d'or et d'argent dont ils sont porteurs.

A l'égard des ouvrages qu'ils auraient acquis antérieurement
à la présente loi, ou seulement deux mois après sa publication,
ils seront tenus de les déclarer au bureau de garantie de l'arrondissement, pour les faire marquer de suite, soit du poinçon de
vieux, soit de celui de recense, suivant l'espèce des objets ; et
cette obligation remplie les dispensera de justifier de l'origine
desdits ouvrages.

Art. 93. La municipalité ou l'agent municipal fera
examiner les marques de ces ouvrages par des orfèvres, ou, à défaut, par des personnes connaissant les

marques et poinçons, afin d'en constater la légitimité.

Art. 94. L'administration municipale, ou son agent, fera saisir et remettre au tribunal de police correctionnelle du canton les ouvrages d'or et d'argent qui ne seraient pas accompagnés de bordereaux, ou ne seraient pas marqués *du poinçon de vieux ou* de recense, ainsi qu'il est prescrit à l'article 92, ou les ouvrages dont les marques paraîtraient contrefaites, ou enfin ceux qui n'auraient pas été déclarés conformément audit article 92.

Le tribunal de police correctionnelle appliquera aux délits des marchands ambulans les mêmes peines portées dans la présente loi, contre les orfèvres, pour des contraventions semblables.

TITRE VII. — DE LA FABRICATION DU PLAQUÉ ET DOUBLÉ D'OR ET D'ARGENT SUR TOUS MÉTAUX.

Art. 95. Quiconque veut plaquer ou doubler l'or et l'argent, sur le cuivre ou sur tout autre métal, est tenu d'en faire la déclaration à sa municipalité, à l'administration de son département et *à celle des monnaies.*

Art. 96. Il peut employer l'or et l'argent dans telle proportion qu'il le juge convenable.

Art. 97. Il est tenu de mettre sur chacun de ces ouvrages son poinçon particulier, qui a dû être déterminé par l'administration des monnaies, ainsi qu'il est dit article 14 de la présente loi. Il ajoutera à l'empreinte de ce poinçon celle de chiffres indicatifs de la quantité d'or ou d'argent contenue dans l'ouvrage, sur lequel il sera en outre empreint, en toutes lettres, le mot DOUBLÉ.

Art. 98. Le fabricant de doublé transcrira, jour par jour, les ventes qu'il aura faites, sur un registre coté et paraphé par l'administration municipale. *Il lui sera fourni par la régie de l'enregistrement des bordereaux en blanc, comme aux orfèvres et joailliers;* et il sera tenu de remettre à chaque acheteur un de ces bordereaux, daté et signé par lui, et rempli de la désignation de l'ouvrage, de son poids, et de la quantité d'or et d'argent qui y est contenue.

Art. 99. En cas de contravention aux deux articles précédens, les ouvrages sur lesquels portera la contravention seront confisqués, et en outre le délinquant sera condamné à une amende qui sera, pour la première fois, de dix fois la valeur des objets confisqués : pour la seconde fois, du double de la première, avec affiche de la condamnation dans toute l'étendue du département, aux frais du délinquant ; enfin, la troisième fois, l'amende sera quadruple de la première, et le commerce ainsi que la fabrication d'or et d'argent seront interdits au délinquant, sous peine de confiscation de tous les objets de son commerce.

Art. 100. Le fabricant de doublé est assujéti, comme le marchand orfèvre, et sous les mêmes peines, à n'acheter des matières ou ouvrages d'or et d'argent que de personnes connues ou ayant des répondans à eux connus.

TITRE VIII. — Des formes a observer dans les recherches, saisies et poursuites relatives aux contraventions a la présente loi.

Art. 101. Lorsque les employés d'un bureau de garantie auront connaissance d'une fabrication illicite de poinçons, le receveur ou le contrôleur, accompagnés d'un officier municipal (1), se transporteront dans l'endroit ou chez le particulier qui leur aura été indiqué, et y saisiront les faux poinçons, les ouvrages et lingots qui en seraient marqués, ou enfin les ouvrages achevés et dépourvus de marque qui s'y trouveraient : ils pourront se faire accompagner, au besoin, par l'essayeur ou par un de ses agens.

Art. 102. Il sera dressé à l'instant, et sans déplacer, procès-verbal de la saisie et de ses causes, lequel contiendra les dires de toutes les parties intéressées, et sera signé d'elles ; ledit procès-verbal sera remis dans le délai d'une *décade* au plus, au *commissaire du directoire exécutif* (*procureur du roi*) près le tribunal de police

---

(1) Ou d'un commissaire de police, en vertu de la loi du 28 pluviose an 8.

correctionnelle, qui demeure chargé de faire la poursuite, également dans le délai d'une *décade (dix jours)*.

Art. 103. Les poinçons, ouvrages ou objets saisis, seront mis sous les cachets de l'officier municipal, des employés du bureau de garantie présens, et de celui chez lequel la saisie aura été faite, pour être déposés, sans délai, au greffe du tribunal de police correctionnelle.

Art. 104. Dans le cas où le tribunal prononcerait la confiscation des objets saisis, ils seront remis au receveur de la régie *de l'enregistrement*, pour être vendus.

Il sera prélevé, sur le prix qui en proviendra, un dixième qui sera donné à celui qui aura le premier dénoncé le délit, et un second dixième partageable, par portions égales, entre les employés du bureau de garantie. Le surplus, ainsi que les amendes, seront versés dans la caisse du receveur *de l'enregistrement*.

Art. 105. Les mêmes formes et dispositions prescrites par les quatre articles précédens auront lieu également pour toutes les recherches, saisies et poursuites relatives aux contraventions à la présente loi.

Art. 106. Les recherches ne pourront être faites qu'en se conformant à l'article 359 de la constitution (1).

Art. 107. Tout ouvrage d'or et d'argent achevé et non marqué, trouvé chez un marchand ou fabricant, sera saisi, et donnera lieu aux poursuites pardevant le tribunal de police correctionnelle. Les propriétaires des objets saisis encourront la confiscation de ces objets, et en outre les autres peines portées par la loi.

Art. 108. Seront saisis également et confisqués tous les ouvrages d'or et d'argent sur lesquels les marques des poinçons se trouveront entées, soudées ou contre-tirées en quelque manière que ce soit; et le possesseur avec connaissance sera condamné à six années de fers.

Art. 109. Les ouvrages marqués de faux poinçons seront confisqués dans tous les cas; et ceux qui les

____

(1) Abrogé par l'article 81 de la loi du 5 ventose an 12.

garderaient ou les exposeraient en vente avec connaissance seront condamnés, la première fois, à une amende de 200 francs ; la deuxième à une amende de 400 francs, avec affiche de la condamnation dans tout le département, aux frais du délinquant ; et la troisième fois, à une amende de 1,000 francs, avec interdiction de tout commerce d'or et d'argent.

Art. 110. Tous citoyens, autres que les préposés à l'application des poinçons légaux, qui en emploieraient même de véritables, seront condamnés *à un an de détention* (1).

TITRE IX.

SECTION 1re. — *De l'affinage.*

Art. 111. La ferme de l'affinage national, qui comprend l'affinage de Paris et celui de Lyon, est et demeure supprimée.

Art. 112. La profession d'affiner et de départir les matières d'or et d'argent, est libre dans toute l'étendue de *la république.*

Art. 113. Quiconque voudra départir et affiner l'or et l'argent pour le commerce, est tenu d'en faire la déclaration, tant à sa municipalité qu'à l'administration du département, et à celle des monnaies ; il sera tenu registre desdites déclarations, et délivré copie au besoin.

Art. 114. L'affineur ne pourra recevoir que des matières qui auront été essayées et titrées par un essayeur public autre que celui qui devra juger des lingots affinés.

Art. 115. L'affineur délivrera au porteur de ces matières une reconnaissance qui en désignera la nature, le poids, le titre tel qu'il aura été indiqué par l'essayeur, et le numéro.

Art. 116. Les affineurs tiendront un registre coté et paraphé par l'administration de département, sur lequel

---

(1) Aux peines portées par l'article 141 du Code pénal. Voyez la note 3 de la page 18.

ils inscriront jour par jour, et par ordre de numéros, la nature, le poids et le titre des matières qui leur seront apportées à affiner, et de même pour les matières qu'ils rendront après l'affinage.

Art. 117. Ils seront tenus d'insculper leurs noms en toutes lettres sur les lingots affinés provenant de leurs travaux; et avant de les rendre aux propriétaires, ils porteront lesdits lingots affinés au bureau de garantie, pour y être essayés, marqués, et y acquitter le droit prescrit par la loi.

Art. 118. Les lingots affinés, apportés au bureau de garantie, ne seront passés en délivrance que dans le cas où ils ne contiendraient pas plus de cinq millièmes d'alliage, si c'est de l'or, et vingt millièmes, si c'est de l'argent.

Art. 119. Lorsque les lingots seront reconnus bons à passer en délivrance, le receveur, après avoir perçu les droits, et le contrôleur, tireront le poinçon de garantie de la caisse où il doit être renfermé, et ce poinçon sera appliqué par le contrôleur, en multipliant les empreintes de manière que l'une des grandes surfaces de chaque lingot en soit entièrement couverte.

Art. 120. L'affineur acquittera les frais d'essai et les droits au bureau de garantie, et en prendra récépissé, pour pouvoir s'en faire rembourser par les propriétaires des lingots.

Art. 121. L'affineur qui contreviendrait aux dispositions des articles 113, 114, 115 et 116, encourra les mêmes peines portées en l'article 80 contre les marchands orfèvres.

Art. 122. Les lingots et matières d'or et d'argent affinés, qui seraient trouvés dans le commerce sans être revêtus du poinçon du bureau de garantie, seront confisqués ; et l'affineur qui les aurait délivrés sera condamné à 500 francs d'amende.

Art. 123. Le contrôleur du bureau de garantie est autorisé à prélever des prises d'essai sur les matières fines apportées au bureau ; ces prises d'essai seront mises en réserve sous une enveloppe portant le numéro du lingot d'où elles proviennent, et scellées du cachet de l'affineur et de celui de l'essayeur.

Le contrôleur aura la garde du paquet contenant ces prises d'essai.

Art. 124. Si dans le courant d'un mois, il ne s'élève aucune réclamation sur la validité du titre indiqué par l'essayeur du bureau de garantie, le contrôleur remettra le paquet cacheté contenant les prises d'essai, à l'affineur, qui lui en donnera décharge : dans le cas contraire, le paquet sera adressé à l'administration des monnaies qui fera vérifier l'essai sans délai.

Art. 125. Si cette vérification fait connaître une erreur sur le titre indiqué, l'essayeur qui aura commis cette erreur sera tenu de payer à la personne lésée la totalité de la différence de valeur qui en sera résultée.

L'essayeur d'un bureau de garantie qui aura été pris trois fois en faute de cette manière sera destitué.

SECTION 2. — *De l'affinage national.*

Art. 126. L'affinage national est conservé à Paris pour le service des monnaies. Le public a la faculté d'y faire affiner ou départir des matières d'or et d'argent contenant or.

Le *directoire exécutif* pourra établir d'autres affinages nationaux, si les besoins de la fabrication des monnaies l'exigent, et sur la demande de l'administration chargée de ce service.

Art. 127. L'affineur national sera nommé par l'administration des monnaies, sous l'approbation du ministre des finances.

Art. 128. Les matières apportées à l'affinage national seront inscrites sur un registre coté et paraphé par le commissaire du *directoire exécutif* près l'administration des monnaies.

Art. 129. L'affineur national se conformera, relativement à l'affinage des matières qui lui seraient apportées par des particuliers, à tout ce qui est prescrit dans la section précédente aux affineurs libres pour le commerce : les peines portées contre ceux-ci, en cas de

contravention, seront applicables à l'affineur national.

Art. 130. L'affineur national sera tenu d'avoir un
fonds en matières d'or et d'argent capable d'assurer le
service national.

Art. 131. Il ne pourra garder les lingots à affiner
plus de cinq jours, non compris les jours d'entrée et de
sortie de ces lingots.

Art. 132. L'affineur national fournira un cautionnement en immeubles de la valeur de 100,000 francs,
pour répondre des matières d'or et d'argent qui lui seront livrées.

Art. 133. Lesdites matières affinées par l'affineur
national seront portées à la chambre de délivrance des
monnaies, et remises au caissier, où elles seront empreintes du poinçon national dans toute l'étendue de
l'une des grandes surfaces du lingot.

Art. 134. Les lingots affinés appartenant à *la république* porteront le nom d'affineur national, et le titre
en sera déterminé suivant la forme prescrite par l'article 51 de la loi sur l'organisation des monnaies.

Art. 135. L'affineur national est autorisé à porter en
compte, pour frais d'affinage ou départ des matières
nationales ;

SAVOIR :

Pour les lingots d'or (et sont réputés tels ceux qui
contiennent plus que la moitié de leur poids en or).
24 francs 53 centimes par kilogramme d'or fin passé en
délivrance ;

Pour les matières d'argent doré contenant or,
10 francs 22 centimes par kilogramme de matière
brute, c'est-à-dire telle qu'elle était avant l'affinage ;

Et, pour les lingots d'argent, 3 francs 27 centimes
par kilogramme d'argent pur.

Lesdits frais seront acquittés par le caissier de la
monnaie.

TITRE X. — DE L'ARGUE.

Art. 136. Il y a, dans l'enceinte de l'hôtel des mon-

naies de Paris, une argue destinée à dégrossir et tirer
les lingots d'argent et de doré.

Lorsque les besoins de la fabrication l'exigeront, *le
directoire exécutif* pourra établir des argues dans d'autres lieux, sur la demande motivée de l'administration de département, et sur l'avis de celle des monnaies (1).

Art. 137. Les tireurs d'or et d'argent sont tenus de porter leurs lingots aux argues nationales, pour y être dégrossis, marqués et tirés.

Art. 138. Ils y paieront pour prix de ce travail ;

SAVOIR :

Pour les lingots de doré, et lorsque les propriétaires auront leurs filières, 50 centimes par hectogramme (trois onces deux gros douze grains) ; et lorsqu'ils n'auront pas de filières, 75 centimes (2) ;

Pour les lingots d'argent, 12 centimes par hectogramme, lorsque les propriétaires auront des filières ; et, quand ils n'en auront pas, 25 centimes.

Art. 139. L'administration *des monnaies* est chargée de l'établissement et entretien du service de l'argue, sans cependant pouvoir ajouter de nouveaux préposés à ceux qu'elle a déjà sous son autorité : elle passera en dépense les frais de l'argue, et en fera verser les produits *dans la caisse du caissier de la monnaie* (3) : *et, chaque année, elle rendra sur le tout un compte séparé au ministre des finances, qui le mettra sous les yeux du directoire exécutif, pour être transmis au corps législatif*

---

(1) Les arrêtés des 17 pluviose et 25 ventose an 6 ont rétabli les argues de Trévoux et de Lyon.

(2) Voir l'article 13 de la loi du 4 août 1844, qui réduit ces droits à 30 et à 45 centimes. (*Annales* 1844, page 322.)

(3) Ces produits font partie des recettes générales; depuis que la loi du 23 septembre 1814 a fait disparaître toute affectation spéciale des recettes de l'état.

26 FRIMAIRE AN 6 (16 DÉCEMBRE 1797). = Loi contenant une nouvelle rédaction de l'article **17 de la loi du 19 brumaire an 6**, relative à la perception des droits sur les matières d'or et d'argent.

L'article 17 de la loi du 19 brumaire dernier, relative à la perception des droits sur les matières d'or et d'argent, est rapporté, et il y sera substitué la rédaction suivante :

« Tous les poinçons désignés dans les articles 10,
« 11, 12, 13, 15 et 16, sont fabriqués par le graveur
« des monnaies, sous la surveillance de l'administra-
« tion des monnaies qui les fait parvenir dans les di-
« vers bureaux de garantie, et en conserve les matri-
« ces. »

3 PLUVIOSE AN 6 (22 JANVIER 1798). = Arrêté qui détermine le mode de perception et fixe le montant du droit de timbre sur les cartes à jouer.

Art. 1er. Le droit de timbre sur les cartes à jouer sera perçu, en vertu et d'après les dispositions de la loi du 9 vendémiaire dernier, à raison de 20 centimes par jeu de quarante cartes et au dessous ; de 50 centimes par jeu au-dessus de quarante cartes jusqu'à soixante exclusivement, et de 40 centimes par jeu de soixante cartes et au-dessus. (*Voir, pour la quotité du droit, l'article* 160 *de la loi du* 28 *avril* 1816.)

Art. 2. Le timbrage des cartes sera fait par un filigrane particulier, sur lequel la régie de l'enregistrement fera fabriquer le papier employé, dans les jeux non excédant quarante cartes, pour l'as de carreau ; dans les jeux au-dessus de quarante cartes jusqu'à soixante, pour l'as et le deux de carreau ; et dans les jeux de soixante cartes et au-dessus, pour les trois cartes qui seront indiquées par la régie.

Art. 3. Le papier filigrané destiné à former le devant des cartes désignées ci-dessus, sera fabriqué et fourni par la régie ; les fabricans ne pourront point en employer d'autre (1).

Art. 4. Les droits de timbre seront acquittés par les fabricans, au moment qu'ils feront la levée du papier filigrané au bureau de distribution de la régie.

Art. 5. Après l'emploi du papier filigrané et la formation des jeux, les fabricans les présenteront au bureau de la direction du

(1) Voyez l'article 162 de la loi du 28 avril 1816.

timbre ; les jeux y seront vérifiés et revêtus d'une bande sur laquelle sera apposé le timbre de la régie ; cette formalité sera remplie sans frais.

Art. 6. Le nombre des cartes formant le jeu, et le nom du fabricant, seront inscrits à côté de l'empreinte du timbre ; le nom et la demeure du fabricant se trouveront gravés au moins à l'une des cartes à figure de chaque jeu.

Art. 7. Le préposé à la distribution des feuilles timbrées en filigrane, tiendra registre de sa distribution ; celui qui appliquera le timbre sur la bande scellant chaque jeu, inscrira aussi sur un registre le nombre des jeux, et les noms des fabricans qui les auront présentés.

Art. 8. Nul ne pourra vendre des cartes, même frappées du filigrane de la régie, que sous la bande timbrée.

Art. 9. Nul citoyen ne pourra fabriquer des cartes qu'après avoir fait inscrire ses nom, prénoms, surnoms et domicile, à la régie (1), et en avoir reçu une commission qu'elle ne pourra refuser : les particuliers qui voudront vendre des cartes seront soumis à la même obligation.

Art. 10. Chaque fabricant de cartes tiendra trois registres cotés et paraphés par le directeur de la régie, *et timbrés conformément à la loi* (2) : *le premier pour inscrire, jour par jour, les achats des feuilles timbrées en filigrane qu'il aura levées au bureau de la régie; le second, pour y porter les fabrications à mesure qu'elles seront parachevées ;* et le troisième, pour les ventes qu'il fera, soit en détail, soit aux marchands commissionnés (3).

Art. 11. Le marchand non fabricant tiendra deux registres également cotés et paraphés par le directeur de la régie, *et en papier timbré* (4) : sur l'un seront portés ses achats ; il ne pourra les faire que chez le fabricant directement ; l'autre servira pour la vente journalière.

---

(1) Voyez l'article 12 de l'arrêté du 19 floréal an 6, qui exige de plus d'autres indications.

(2) Il n'est plus fait usage de registres timbrés. (*Art. 4 de la loi du 20 juillet* 1857.)

(3) Les comptes portatifs tenus par les employés des contributions indirectes ont rendu inutiles les deux premiers registres.

(4) Voir, ci-dessus, la note 2.

4.

Art. 12. Les entrepreneurs et directeurs des bals, fêtes champêtres, réunions, clubs, billards, cafés et autres maisons où l'on donne à jouer, auront également un registre coté et paraphé, sur lequel seront inscrits tous leurs achats de jeux de cartes, avec indication des noms et domiciles des vendeurs (1).

Art. 13. Les préposés de la régie *de l'enregistrement* sont autorisés à se présenter, toutes les fois qu'ils le trouveront convenable, chez les fabricans et marchands de cartes, et dans les lieux désignés dans l'article précédent, pour s'y assurer de l'exécution du présent arrêté, et prendre communication des registres dont l'exhibition leur sera faite, et en retirer telles notes ou extraits qu'ils aviseront.

Art. 14. Dans la huitaine de la publication du présent arrêté, les fabricans et marchands de cartes, maîtres ou locataires des maisons désignées dans l'article 12 ci-dessus, seront tenus de présenter au bureau de la direction du timbre, tous les jeux existant sous les bandes entre leurs mains, afin que le timbre de la régie y soit appliqué dans la forme prescrite par l'article 5 ci-dessus, sauf qu'il sera en couleur rouge : ce délai passé, l'amende et les peines ci-après portées seront encourues.

Art. 15. Les jeux mentionnés dans l'article précédent pourront être timbrés en débet, si celui qui les présente le requiert : dans ce cas, il sera fait inventaire double des quantités de jeux de chaque espèce qui auront été timbrés ; le porteur donnera, sur l'un d'eux, la soumission de compter aux préposés de la régie, à l'expiration de chaque trimestre, du droit de timbre des quantités qu'il se trouvera, par la représentation des jeux restans, avoir débitées.

Art. 16. La faculté de vendre ou employer les jeux provenant d'anciennes fabrications et timbrés seulement sur les bandes, ne pourra s'étendre au delà du 30 fructidor prochain ; passé ce jour, les jeux portés aux inventaires, qui pourront rester, seront brûlés ; il en sera dressé procès-verbal pour opérer la décharge des droits.

Art. 17. Les préposés des douanes ne laisseront sortir ni entrer aucunes cartes à jouer qu'autant qu'elles seront revêtues du filigrane et du timbre *ci-dessus ordonnés*.

---

(1) Voyez l'article 14 de l'arrêté du 19 floréal an 6.

Art. 18. La régie établira les employés nécessaires pour l'exercice et la perception du droit de timbre sur les cartes, à la charge d'en faire arrêter l'état, ainsi que les traitemens, par le directoire exécutif.

Art. 19. Les contraventions aux dispositions de la loi du 9 vendémiaire, portant établissement du droit de timbre établi sur les cartes à jouer, donneront lieu aux peines portées dans les lois concernant la perception des droits de pareille nature.

---

17 PLUVIOSE AN 6 (5 FÉVRIER 1798). = Arrêté qui rétablit à **Trévoux** l'argue destinée à dégrossir et tirer les lingots d'argent et de doré.

---

25 VENTOSE AN 6 (15 MARS 1798). = Arrêté qui rétablit dans la commune de **Lyon** l'argue destinée à dégrossir et tirer les lingots d'argent et de doré.

---

13 GERMINAL AN 6 (2 AVRIL 1798).=Loi relative au traitement des essayeurs dans les bureaux de garantie du titre des matières d'or et d'argent.

Art. 1er. Le ministre des finances pourra, *sous l'autorisation du directoire exécutif,* accorder aux essayeurs des bureaux de garantie un traitement qui pourra être porté jusqu'à la somme de 400 francs par an, lorsque le produit des essais faits pendant l'année ne sera pas élevé à 600 francs, déduction faite des frais.

Art. 2. Les citoyens qui se présenteront dans les départemens pour y remplir la place d'essayeur dans un bureau de garantie pourront, jusqu'au 1er vendémiaire de l'an 8 (1), être examinés par des artistes connus qui se trouveraient les plus à portée, et commis à cet effet par l'administration des monnaies, sous l'autorisation du ministre des finances. L'administration des monnaies, sur le rapport de l'examinateur désigné par elle, pourra accorder au candidat un certificat de

---

(1) L'ordonnance du 5 mai 1820, art. 1er, a conservé cette disposition.

capacité, qui lui tiendra lieu de celui exigé par l'article 38 de la loi du 19 brumaire an 6.

Art. 3. Lorsqu'il ne se sera pas présenté, pour un bureau de garantie, d'essayeur assez instruit, le contrôleur en tiendra lieu, et procédera de la manière suivante :

1° Il fera l'essai au toucheau des pièces qui doivent être soumises à cet essai.

2° Il formera des prises d'essai des autres pièces, et les enverra, sous son cachet et sous celui du fabricant, au bureau de garantie le plus voisin qui sera pourvu d'un essayeur. Celui-ci fera les essais et enverra sa déclaration des résultats.

3° Cette déclaration reçue, le contrôleur et le receveur apposeront les poinçons, en conformité de la loi du 19 brumaire an 6.

Art. 4. Les fonctions d'essayeur dans un bureau de garantie ne pourront, en aucun cas, être remplies par un citoyen exerçant la profession de fabricant d'ouvrages d'or et d'argent.

---

19 FLORÉAL AN 6 (8 MAI 1798). = Arrêté du directoire exécutif, concernant le timbre sur les cartes à jouer.

Art. 1er. Le papier de devant de toutes les cartes à jouer sera fourni par la régie, et timbré à son filigrane.

Art. 2. Il ne pourra être fabriqué aucune carte à jouer, tarots et autres, avec d'autre papier que celui ci-dessus désigné.

Art. 3. Ce papier sera de la dimension de celui contenant vingt cartes par feuille, dont il est fait usage pour les jeux de cartes ordinaires, c'est-à-dire de trente-deux centimètres de hauteur sur quarante-huit centimètres de largeur.

Art. 4. Le droit de timbre sera d'un décime ou dix centimes pour chacune desdites feuilles.

Art. 5. Les fabricans seront tenus, conformément à l'article 10 de l'arrêté du 3 pluviose dernier, de tenir registre de toutes les feuilles timbrées en filigrane qu'ils auront levées au bureau de la régie.

Art. 6. Les jeux fabriqués seront, en outre, timbrés en noir *sur bande*, sans aucuns frais, ainsi qu'il est porté à l'article 5 dudit arrêté.

Art. 7. Le jour où les bureaux de distribution seront pourvus de papier filigrané, le directeur de la régie en préviendra l'administration centrale du département, qui le fera annoncer sur-le-champ par une publication, et par des affiches, qui contiendront en même temps la mention, par extrait, des dispositions du présent arrêté.

Art. 8. Du jour de cette publication, les fabricans ne pourront employer, pour le devant de leurs cartes, que le papier au filigrane de la régie.

Art. 9. Dans la huitaine de ladite publication, tous fabricans et marchands de cartes, maîtres ou locataires des maisons de jeux et autres désignées à l'article 12 de l'arrêté du 3 pluviose, seront tenus de présenter au bureau de la direction du timbre, tous les jeux, soit revêtus ou non revêtus de bandes, qu'ils auront en leur possession, pour y faire apposer le timbre en rouge sur la bande de la régie. sauf, s'ils le requièrent, à ne payer le droit qu'après la consommation, suivant le mode prescrit par les articles 14 et 15 de l'arrêté du 3 pluviose.

Art. 10. Le droit pour les jeux existant sur papier non filigrané, sera perçu à raison d'un demi-centime par carte, suivant la fixation portée à l'article 4 ci-dessus, et sans distinction des jeux et des tarots.

Art. 11. Il est défendu, conformément à l'article 8 de l'arrêté du 3 pluviose, *aux commis des maisons de jeux*, aux serviteurs et domestiques, et à tous particuliers, de vendre aucun jeu de cartes, soit sous bandes ou sans bandes, neuves ou ayant servi.

Art. 12. Chaque fabricant de cartes sera tenu de déclarer non-seulement ses noms et son domicile, conformément à l'article 9 de l'arrêté du 3 pluviose, mais encore les différens endroits où il entend fabriquer, le nombre des moules qu'il a en sa possession, et celui de ses ouvriers actuels, dont il donnera les noms et signalemens. Il ne pourra fabriquer en d'autres lieux que ceux qu'il aura déclarés.

Art. 13. Il est défendu aux graveurs tant en cuivre qu'en bois, et à tous autres, de graver aucun moule ou aucune planche propre à imprimer des cartes (1), sans avoir déclaré au bureau de la régie les noms et demeure du fabricant qui aura fait la demande, et avoir pris la reconnaissance du préposé sur la remise de ladite déclaration.

---

(1) Voyez l'article 1er du décret du 16 juin 1808.

Art. 14. Les marchands non fabricans, *et les maîtres de jeux* et locataires des maisons désignées à l'article 12 de l'arrêté du 3 pluviose, seront tenus, lorsqu'ils feront leurs achats chez les fabricans, de présenter le registre qui leur est prescrit par les articles 11 et 12, sur lequel le fabricant inscrira les quantités qui auront été levées.

Art. 15. La faculté accordée par l'article 16 de l'arrêté du 3 pluviose, de vendre ou employer les jeux provenant d'anciennes fabrications, et timbrés seulement sur les bandes, est prorogée jusqu'au 30 brumaire prochain.

Art. 16. Il est fait défense à toute personne de tenir dans ses maisons et domiciles aucun moule propre à imprimer des cartes à jouer, d'y retirer ni laisser travailler à la fabrique et recoupe des cartes et tarots, aucuns cartiers, ouvriers et fabricans qui ne seraient pas pourvus d'une commission de la régie.

Art. 17. Les jeux de cartes fabriqués dans *la république*, qui ne sont pas dans la forme usitée en France, et qui sont destinés uniquement pour l'étranger, ne seront pas assujétis au timbre. Les fabricans seront seulement tenus de tenir registre de leurs fabrications et de leurs envois, pour justifier aux préposés de la régie que la totalité de la fabrication passe à l'étranger, et de joindre aux envois un permis du directeur de la régie *de l'enregistrement*, lequel lui sera rapporté, dans le mois, revêtu du certificat de sortie délivré par les préposés des douanes (1).

Art. 18. L'amende pour les cas de contravention aux dispositions ci-dessus, *sera de* (2) 100 *francs pour chaque contravention, outre la lacération des cartes non timbrées, conformément à l'article* 60 *de la loi du 9 vendémiaire dernier.* La régie pourra conclure, suivant l'exigence des cas, à ce que le jugement de condamnation soit imprimé et affiché. En cas de récidive par

---

(1) Voyez le décret du 30 thermidor an 12.
(2) Voyez le décret du 4 prairial an 13 et l'article 166 de la loi du 28 avril 1816.

un fabricant ou marchand, il ne pourra continuer son exercice, et la commission de la régie lui sera retirée.

Art. 19. Les commissaires du directoire exécutif près les administrations municipales sont chargés de concourir à la recherche des fabrications et ventes clandestines, et à l'exécution des dispositions, tant du présent arrêté que de celui du 3 pluviose.

Art. 20. L'arrêté du 3 pluviose dernier aura son exécution pour toutes les dispositions auxquelles il n'est pas dérogé par le présent.

---

15 PRAIRIAL AN 6 (3 JUIN 1798).=Arrêté qui ordonne l'établissement de bureaux de garantie pour faire l'essai et constater les titres des matières et ouvrages d'or et d'argent.

Art. 1ᵉʳ. Il sera établi dans les communes comprises dans l'état annexé au présent arrêté (1), des bureaux de garantie pour faire l'essai et constater les titres des lingots ainsi que des ouvrages d'or et d'argent, et pour percevoir les droits établis par la loi.

Art. 2. Les arrondissemens desdits bureaux seront tels qu'ils sont désignés dans le même état.

1ᵉʳ MESSIDOR AN 6 (19 JUIN 1798).=Arrêté contenant désignation des ouvrages de joaillerie en or et en argent qui sont dispensés de l'essai et du paiement des droits de garantie.

Art. 1ᵉʳ. Les ouvrages de joaillerie dont la monture est très légère et contient des pierres ou perles fines ou fausses, des cristaux dont la surface est entièrement émaillée, ou enfin qui ne pourraient supporter l'empreinte des poinçons sans détérioration, continueront d'être seuls dispensés de l'essai et du paiement du droit de garantie, qui a remplacé ceux de contrôle et de marque des ouvrages d'or et d'argent.

Art. 2. Tous les autres ouvrages de joaillerie et d'or-

---

(1) Cet état est remplacé par le tableau annexé à l'ordonnance du 5 janvier 1835.

févrerie, sans distinction ni exception, auxquels seraient adaptés, en quelque nombre que ce soit, des
pierres ou des perles fines ou fausses, des cristaux, ou
qui seraient émaillés, seront sujets à l'essai et au paiement du droit dont il s'agit, ainsi qu'il est prescrit par
la loi précitée (1).

---

21 VENDÉMIAIRE AN 7 (12 OCTOBRE 1798). =
Arrêté concernant la fabrication et la vente des cartes
à jouer.

Des retards survenus dans la fabrication du papier filigrané et
dans l'établissement des bureaux ont été le motif de cet arrêté, qui
a prorogé jusqu'au 3o nivose an 7 la faculté de vendre les jeux de
cartes provenant d'anciennes fabrications.

---

27 VENDÉMIAIRE AN 7 (18 OCTOBRE 1798). =
Loi qui ordonne la perception d'un octroi pour l'acquit
des dépenses locales de la commune de Paris.

Cette loi, dont la plupart des dispositions ont été reproduites
dans celle du 27 frimaire an 8, est le premier acte qui ait marqué
positivement le retour au système des impositions indirectes sur les
consommations locales, système que le décret de l'assemblée con-
stituante du 2-17 mars 1791 avait aboli, mais qui néanmoins fut
ensuite autorisé en principe par la loi du 9 germinal an 5.

---

13 BRUMAIRE AN 7 (3 NOVEMBRE 1798). = Loi
sur le timbre (Extrait de la).

Art. 1er. La contribution du timbre est établie sur
tous les papiers destinés aux actes civils et judiciaires,
et aux écritures qui peuvent être produites en justice
et y faire foi. — Il n'y a d'autres exceptions que celles
nommément exprimées dans la présente.

Art. 12. Sont assujétis au droit du timbre........
les pétitions et mémoires, même en forme de lettres,

---

(1) Cette loi, citée dans le préambule de l'arrêté ci-dessus, est
celle du 19 brumaire an 6.

présentés au *directoire exécutif* (1), aux ministres, à toutes autorités constituées........... et aux administrations ou établissemens publics........

---

14 BRUMAIRE AN 7 (4 NOVEMBRE 1798). = Loi additionnelle à celles relatives à la taxe d'entretien des routes (**Extrait de la**).

Art. 25. Le juge de paix du canton prononcera sans appel et en dernier ressort, lorsque, non compris le droit, la taxe fixe n'excèdera pas *cinquante francs;* et, pour le surplus, il renverra aux tribunaux compétens (2).

Art. 26. Les procès-verbaux des inspecteurs et percepteurs de la taxe d'entretien seront affirmés dans les trois jours devant le juge de paix du canton, ou devant l'un de ses assesseurs, à peine de nullité.

Ces procès-verbaux feront foi jusqu'à inscription de faux en matière de fraude et de contravention; et, en matière de police correctionnelle, jusqu'à la preuve contraire.

Dans les cas qui excèderont la compétence du juge do paix, il sera tenu de renvoyer les procès-verbaux au tribunal qui doit en connaître, pour être l'affaire poursuivie à la diligence du *commissaire du directoire* près le tribunal.

Les actions résultantes des procès-verbaux seront poursuivies dans le mois aussi à peine de nullité.

---

22 BRUMAIRE AN 7 (12 NOVEMBRE 1798).=Loi portant établissement d'une taxe sur les tabacs.

> Dans le système de cette loi, la culture, la fabrication et le commerce du tabac étaient libres, conformément au décret de l'assemblée constituante du 20-27 mars 1791 ; seulement les tabacs en

---

(1) Le chef du gouvernement.
(2) La loi du 25 mai 1838 a étendu la compétence des juges

feuilles étaient taxés à l'importation ; l'entrée des tabacs fabriqués était prohibée et les fabricans à l'intérieur étaient assujétis à une taxe. Cette législation ayant été remplacée par le décret impérial du 29 décembre 1810, qui a réservé exclusivement pour le compte de l'état la fabrication et la vente des tabacs de toute sorte, et qui a limité la culture de cette plante à un certain nombre de départemens, nous nous bornerons à citer les lois ou arrêtés antérieurs à ce décret, qui est la base du régime actuel.

6 FRIMAIRE AN 7 (26 NOVEMBRE 1798). = Loi relative au régime, à la police et à l'administration des bacs et bateaux sur les fleuves, rivières et canaux navigables.

§ 1er. — *Des bacs existans.*

Art. 1er. Les dispositions des lois du 25 août 1792, sur les bacs et bateaux établis pour la traverse des fleuves, rivières ou canaux navigables, et du 25 thermidor an 3, sur les droits à percevoir auxdits passages, ainsi que toutes autres lois, tous usages, concordats, engagemens, droits communs, franchises qui pourraient y être relatifs ou en dépendre, sont abrogés.

Art. 2. Aussitôt la publication de la présente loi, les propriétaires, détenteurs, conducteurs de bacs, bateaux, passe-cheval, et autres passeurs sur les fleuves, rivières et canaux navigables, seront tenus de faire connaître leurs titres à l'administration de leur canton, qui recevra leur déclaration en présence du préposé de la régie *de l'enregistrement;* ils justifieront à quel titre ils jouissent desdits bacs, bateaux et agrès, ainsi que des logemens, magasins, bureaux et autres objets y relatifs ; s'ils en ont acquitté la valeur, soit au trésor public, soit à des particuliers : et, dans ce dernier cas, ceux qui auront reçu, justifieront de leurs pouvoirs et du compte qu'ils auront rendu. A défaut de preuves écrites, il y sera suppléé par une enquête.

Art. 3. Dans le cas où lesdits propriétaires, détenteurs et conducteurs ne feraient pas lesdites déclara-

de paix jusqu'à la valeur de 100 francs en dernier ressort, et 200 francs à charge d'appel.

tions et justifications dans le mois qui suivra la publication de la loi, et, ledit mois passé, ils seront considérés comme rétentionnaires d'objets appartenant *à la république*, et dépossédés sans indemnité.

Art. 4. Aussitôt que les administrations se seront assurées du nombre des passages existans et du lieu de leur établissement, elles feront constater l'état des bacs, bateaux, agrès, logemens, bureaux, magasins et autres objets relatifs à leur service.

Art. 5. Il sera procédé de suite à leur estimation, par deux experts, dont l'un sera choisi par le détenteur ou propriétaire, l'autre par le préposé de la régie ; et, en cas de partage, par un tiers qui sera nommé par l'administration du département.

Art. 6. Cette estimation fixera la valeur des objets dont le remboursement sera dû au détenteur ou propriétaire ; elle sera acquittée dans le mois de l'adjudication définitive.

Art. 7. Immédiatement après la clôture du procès-verbal d'estimation, les préposés de la régie prendront possession, au nom de la nation, des objets y désignés.

Art. 8. Ne sont point compris dans les dispositions des articles précédens, les bacs et bateaux non employés à un passage commun, mais établis pour le seul usage d'un particulier, ou pour l'exploitation d'une propriété circonscrite par les eaux.

Ils ne pourront toutefois être maintenus, il ne pourra même en être établi de nouveaux qu'après avoir fait vérifier leur destination, et fait constater qu'ils ne peuvent nuire à la navigation ; et, à cet effet, les propriétaires ou détenteurs desdits bacs et bateaux établis ou à établir, s'adresseront *aux administrations centrales* (1) qui, sur l'avis de l'administration municipale, pourront en autoriser provisoirement la conservation ou l'établissement, qui toutefois devra être confirmé par *le*

____

(1) Aux préfets.

directoire exécutif, sur la demande qui lui en sera faite par *l'administration centrale*.

Art. 9. Ne sont point non plus compris dans les précédens articles, les barques, batelets et bachots servant à l'usage de la pêche et de la marine marchande montante et descendante; mais les propriétaires et conducteurs desdites barques, batelets et bachots ne pourront point établir de passage à heures ni lieux fixes.

§ 2.—De la régie provisoire.

Art. 10. Les bacs, bateaux, agrès, logemens, bureaux, magasins et autres objets dont les préposés de la régie auront pris possession au nom de la nation, seront provisoirement, et jusqu'aux nouvelles adjudications, confiés, sous bonne et solvable caution et à titre de séquestre, à des abonnataires qui seront acceptés par les administrations municipales.

Ils pourront toutefois être laissés au même titre, et sous les mêmes conditions, aux détenteurs actuels.

Art. 11. Le prix de l'abonnement sera fixé par les *administrations centrales*, sur l'avis des administrations municipales, et acquitté au bureau du receveur *de l'enregistrement* dans l'arrondissement duquel le passage est situé.

Art. 12. L'abonnataire sera chargé, autant qu'il sera possible, des entretiens usufruitiers et des réparations locatives, ainsi que du balayage des ports et cales dans les crues d'eau ou marées périodiques.

Dans le cas où il ne serait pas possible d'en charger l'abonnataire, ces frais d'entretien, de réparations et de balayage seront prélevés sur le prix de l'abonnement jusqu'aux adjudications définitives.

Art. 13. Immédiatement après l'arrivée de la loi en chaque chef-lieu de département, et avant la fixation de l'abonnement, l'administration centrale se fera représenter les tarifs perçus avant la loi du 15 mars 1790, et ceux en usage au moment de la présente loi : celui des deux dont les taxes seront les moins fortes sera le seul maintenu jusqu'à la publication du tarif à fixer par le corps législatif ; à cet effet, il sera affiché de l'un et de l'autre côté de la rivière, sur un poteau placé en lieu apparent.

Art. 14. Dans le cas d'infidélité, de perception arbitraire, de vexation ou d'insulte, quel que soit le séquestre, il pourra être destitué et remplacé par les administrations, sans préjudice des autres peines qu'il aurait encourues en raison du délit pour lequel il aurait été destitué.

Art. 15. Si les détenteurs actuels sont séquestres, les augmentations qui pourraient avoir lieu pendant leur abonnement, et dont ils auront fait les avances, accroîtront d'autant la somme qui leur sera due par suite de l'estimation ordonnée par l'article 6; de même elle décroîtra en raison des dégradations qui seraient survenues pendant ledit temps.

Art. 16. Si les détenteurs actuels ne sont pas séquestres, le prix total de l'estimation ordonnée par l'article 6 leur sera également remboursé par le nouvel adjudicataire, dans le mois de l'adjudication : sauf à faire tenir compte par le séquestre intermédiaire, à ce nouvel adjudicataire, des dégradations; et au séquestre, par l'adjudicataire, des augmentations qui pourraient avoir eu lieu pendant le temps de l'abonnement.

Art. 17. Pour l'exécution des deux articles précédens, il sera fait un récolement des objets mentionnés au procès-verbal; s'il y a des différences, il sera procédé à une nouvelle estimation par experts, dont l'un sera choisi par le préposé de la régie, les autres par chacune des parties intéressées, et, en cas de partage, par un tiers choisi par *l'administration centrale* du département.

§ 3. — Opérations préliminaires à la mise en ferme.

Art. 18. Sans préjudice des opérations précédemment et simultanément prescrites, les administrations centrales, sur l'avis des administrations municipales, formeront le tableau des tarifs qu'elles croiront pouvoir être perçus sur les bacs, bateaux, passe-cheval, établis pour la traverse des fleuves, rivières et canaux navigables de leurs arrondissemens.

Art. 19. Elles joindront à ces projets les tarifs antérieurs à 1790 ; ceux faits, si aucuns l'ont été, en exécution de la loi du

23 août 1792; ceux enfin qui se trouveraient en usage au moment de la publication de la loi.

Art. 20. Elles joindront encore à ces projets les motifs qui les auront déterminées : en conséquence,

1° Elles indiqueront la largeur des fleuves et rivières, leur niveau lors des hautes, moyennes et basses eaux ;

2° Elles proposeront, s'il est nécessaire, un supplément de taxe proportionnel aux travaux lors des débordemens ; à l'effet de quoi elles désigneront le niveau où le supplément pourrait être exigible ;

3° Elles comprendront dans la somme à percevoir les frais d'entrée et de sortie des voitures et marchandises.

Art. 21. Elles ajouteront aussi à ces renseignemens un aperçu divisé par natures de dépenses relatives aux bacs, bateaux, agrès, bureaux, magasins, etc. :

1° De premier établissement;

2° D'entretien;

3° De dépenses imprévues.

Art. 22. Il sera aussi fait un aperçu séparé, et divisé dans le même ordre que le précédent, des dépenses relatives aux ports, abordages, chemins pour y arriver, quais, francs-bords et halages, ainsi que de celles qui seront nécessitées par le curage et le balisage des rivières, balayage des cales, l'extraction des roches, et les avaries occasionnées par les inondations, glaces et gros temps.

Art. 23. Dans le cas où les terrains et bâtimens servant à l'exploitation des passages et au logement des passeurs, auraient été aliénés en vertu et conformément aux lois sur la vente des domaines nationaux, il sera pourvu à leur remplacement, soit par des marchés faits de gré à gré, soit par des constructions nouvelles ; et si ces deux moyens ne peuvent être employés, il y sera pourvu, conformément à l'article 358 de la constitution, après que la nécessité en aura été constatée : le remboursement s'en opérera comme celui des objets compris en l'article 6. A cet effet, les administrations centrales auront soin de joindre les devis, marchés, procès-verbaux relatifs à cette circonstance particulière.

Art. 24. Tous les projets, états et aperçus prescrits par les articles précédens, seront en conséquence, dans le plus bref délai, adressés au directoire exécutif, qui les transmettra au corps législatif.

§ 4.— Des adjudications et fermes.

Art. 25. Aussitôt que les tarifs déterminés *par le corps législatif* seront parvenus aux *administrations centrales*, il sera procédé suivant les formes prescrites pour la location des domaines nationaux, à l'adjudication des droits de passage, bacs, bateaux, passe-cheval, établis sur les fleuves, rivières et canaux navigables, pour trois, six ou neuf années (1).

Art. 26. Le procès-verbal d'adjudication contiendra les clauses, charges et conditions qui, conformément à la présente loi, auront par *le directoire* été jugées les plus convenables à l'intérêt public, les plus utiles à la nation et aux localités (2); il fixera également le nombre des mariniers nécessaires à chaque bateau, celui des bateaux utiles au service de chaque passage, leur forme, leur dimension, leur construction, ainsi que la quantité et la nature des agrès dont ils devront être pourvus.

Art. 27. Les dispositions des articles précédens n'auront cependant lieu, pour les baux existans et faits par les administrations dans les formes prescrites pour la location des domaines nationaux, que dans le cas où les fermiers actuellement en jouissance refuseraient de se soumettre, pour le temps qui restera à expirer de leur bail, aux nouveaux tarifs et aux conditions exprimées dans la loi, sans diminution de prix ; mais s'ils souscrivent auxdites conditions, ils seront maintenus : dans le cas contraire, les baux demeurent résiliés, sauf l'indemnité qui pourra être due, à dire d'experts.

Art. 28. Les remboursemens et indemnités résultant des dispositions des articles 6, 15, 16, 17, 23 et 27, seront acquittés par l'adjudicataire dans le mois de son adjudication, soit entre les mains des détenteurs qui auraient justifié de leurs droits, soit au trésor public dans le cas de non justification.

Art. 29. Au moyen de cet acquit, les nouveaux adjudicataires seront propriétaires desdits objets, tenus de les entretenir et transmettre en bon état, à l'expiration de leur bail, au nouveau fermier qui leur en paiera le prix suivant l'estimation qui en sera faite lors de ladite expiration.

Art. 30. Aussitôt l'entrée en jouissance des adjudicataires, les tarifs provisoires établis conformément à l'article 13 cesseront, et le fermier sera tenu de faire

---

(1) Et même pour douze, quinze ou dix-huit ans. (*Art. 3 de l'arrêté du 8 floréal an 12.*)

(2) Il a été fait, plus tard, un modèle général de cahier des charges.

placer les nouveaux sur un poteau, en lieu apparent, de l'un ou de l'autre côté de la rivière, fleuve ou canal, sur lequel sera aussi tracé le niveau d'eau au delà duquel le supplément de taxe sera exigible.

§ 5. — De la police.

Art. 31. Les opérations relatives à l'administration, la police et la perception des droits de passage sur les fleuves, rivières et canaux navigables, appartiendront aux *administrations centrales* de département dans l'étendue desquelles se trouvera situé le passage, sans préjudice de la surveillance de l'administration municipale de chaque lieu : la poursuite des délits criminels et de police continuera, conformément au Code *des délits et des peines* (1), à être de la compétence des tribunaux.

Art. 32. Lorsque les passages seront communs à deux départemens limitrophes, l'administration et la police desdits passages appartiendront à *l'administration centrale* dans l'arrondissement de laquelle se trouvera située la commune la plus prochaine du passage; en cas d'égalité de distance, la population la plus forte déterminera : en conséquence, la gare, le logement et le domicile de droit du passager seront toujours établis de ce côté.

Art. 33. L'attribution donnée par l'article précédent aux *administrations centrales* dans l'arrondissement desquelles se trouve située la commune la plus prochaine du passage, déterminera également celle des tribunaux civils, criminels, de police et de justice de paix, chacun suivant leur compétence.

Art. 34. Dans le cours de *vendémiaire* et de *germinal* de chaque année, sans préjudice des autres visites qui pourraient être jugées nécessaires, les *administrations centrales* prescriront aux ingénieurs des ponts et chaussées de faire, en présence des administrations munici-

---

(1) Code pénal.

pales ou d'un commissaire nommé par elles, la visite des bacs, bateaux et autres objets dépendant de leur service, afin de juger s'ils sont régulièrement entretenus.

Art. 35. S'il se trouve des réparations ou des reconstructions à faire auxquelles les adjudicataires soient assujétis, ils y seront contraints par les *administrations centrales*, ainsi et par les mêmes voies que pour les autres entreprises nationales.

Dans le cas contraire, il sera pourvu, et le paiement s'en fera ainsi qu'il sera ci-après expliqué.

Art. 36. Les ingénieurs constateront également la situation des travaux construits dans le lit des rivières, sur les cales, ports, abordages et chemins nécessaires pour y arriver. Ils observeront les changemens qui pourraient être survenus dans leur cours, soit à raison des débordemens, éboulis, glaces, ensablemens, soit à raison de toute autre cause.

Ils indiqueront ensuite les travaux à faire; et si, pour leur confection, il était utile de changer le cours de l'eau, le concours de l'agence des eaux et forêts sera nécessaire, et son avis annexé au procès-verbal.

Art. 37. Si aucun des événemens prévus par l'article précédent, ou tous autres, survenaient dans l'intervalle d'une visite à l'autre, et qu'il fût indispensable d'y pourvoir sans délai, l'administration municipale, sur l'avis que lui en donnera l'adjudicataire, fera faire provisoirement tout ce qui sera utile au service.

Art. 38. L'administration municipale en informera de suite *l'administration centrale*, qui ordonnera une visite extraordinaire, à laquelle il sera procédé ainsi qu'il est dit article 36.

Art. 39. Si, par l'effet des événemens prévus par les articles 36, 37, outre les changemens à faire aux cales, ports, abordages et chemins, il fallait en ouvrir de nouveaux sur des propriétés particulières, la nécessité en sera constatée par procès-verbal dressé en présence des parties intéressées qui pourront y faire insérer leurs dires et réquisitions : l'indemnité sera fixée conformément à l'article 358 de l'acte constitutionnel.

Art. 40. Si cependant le changement de chemin, port et abordage, n'était qu'accidentel et momentané à cause du gonflement des rivières, fleuves et canaux, les *administrations centrales*, sur l'avis des administrations municipales, et à dire d'experts, pourvoiront aux indemnités, qui seront acquittées sur les droits de bac, après l'approbation du *directoire exécutif*.

Art. 41. Le *directoire exécutif* se fera rendre compte de la situation des passages, et prononcera sur la nécessité d'établir des bacs et bateaux alternant sur les deux rives, lorsque la communication exigera cette mesure.

Art. 42. Il désignera aussi les passages dont la communication devra être suspendue depuis le coucher du soleil jusqu'à son lever; et, pendant cette suspension, les bacs, bateaux et agrès devront être fermés avec chaînes et cadenas solides.

Art. 43. Aux passages où le service public, les intérêts du commerce et les usages particuliers résultant de la nature du climat et de la hauteur des marées, exigeront une communication non interrompue, *le directoire* fera régler par *les administrateurs* (eu égard au temps et aux lieux), le service des veilleurs ou quarts qui devront être établis pour ces passages.

Art. 44. *Le directoire* déterminera également les mesures de police et de sûreté relatives à chaque passage : en conséquence, il désignera les lieux et les circonstances dans lesquelles le bac ou bateau devra avoir attaché à sa suite un batelet ou canot, et ceux dans lesquels les batelets ou canots devront être disposés à la rive, à l'effet de porter secours à ceux des passagers auxquels un accident imprévu ferait courir quelques risques.

Il prescrira le mode le plus convenable d'amarrer les bacs et bateaux lors de l'embarquement et du débarquement, afin d'éviter les dangers que le recul du bateau pourrait occasionner.

Il fixera aussi le nombre des passagers et la quantité de chargement que chaque bac ou bateau devra contenir en raison de sa grandeur.

Art. 45. Les adjudicataires et nautonniers maintiendront le bon ordre dans leurs bacs et bateaux pendant le passage, et seront tenus de désigner aux officiers de police ceux qui s'y comporteraient mal, ou qui, par leur imprudence, compromettraient la sûreté des passagers.

Art. 46. Dans les lieux où les passages de nuit sont autorisés, les veilleurs ou quarts exigeront des voyageurs, autres que les domiciliés, la représentation de leurs passeports, qui devront être visés par l'administration municipale ou l'officier de police des lieux.

Les conducteurs de voitures publiques, courriers des malles et porteurs d'ordres du gouvernement, seront dispensés de cette dernière formalité.

Art. 47. Les adjudicataires ne pourront se servir que de gens de rivière ou mariniers reconnus capables de conduire sur les fleuves, rivières et canaux : à cet effet, les employés devront, avant que d'entrer en exercice, être munis de certificats des commissaires civils de la marine, dans les lieux où ces sortes d'emplois sont établis, ou de l'attestation de quatre anciens mariniers conducteurs, donnée devant l'administration municipale de leur résidence, dans les autres lieux.

§ 6. — De l'acquit des droits de bacs, et des exceptions y relatives.

Art. 48. Tous individus voyageurs, conducteurs de voitures, chevaux, bœufs ou autres animaux et marchandises passant dans les bacs, bateaux, passe-cheval, seront tenus d'acquitter les sommes portées aux tarifs.

Art. 49. Ne sont point dispensés du paiement desdits droits les entrepreneurs d'ouvrages et fournitures faits pour le compte de *la république,* ni ceux des charrois à la suite des troupes.

Art. 50. Ne seront point toutefois assujétis au paiement des droits compris auxdits tarifs, les juges, les juges de paix , *administrateurs, commissaires du directoire* (1), ingénieurs des ponts et chaussées, lorsqu'ils se transporteront pour raison de leurs fonctions respectives; les cavaliers et officiers de gendarmerie, les militaires en marche, les officiers lors de la durée et dans l'étendue de leur commandement (2).

§ 7.— Dispositions pénales.

Art. 51. Il est enjoint aux adjudicataires, mariniers et autres personnes employées au service des bacs, de se conformer aux dispositions de police administrative et de sûreté contenues dans la présente loi, ou qui pourraient leur être imposées par *le directoire et les administrations* pour son exécution, à peine d'être responsables en leur propre et privé nom, des suites de leur négligence, et, en outre, être condamnés pour chaque contravention, en une amende de la valeur de trois journées de travail; le tout à la diligence des *commissaires du directoire exécutif* près les administrations *centrales* et municipales.

Art. 52. Il est expressément défendu aux adjudicataires, mariniers et autres personnes employées au service des bacs et bateaux d'exiger, dans aucun temps, autres et plus fortes sommes que celles portées aux tarifs, à peine d'être condamnés, par le juge de paix du canton, soit sur la réquisition des parties plaignantes, soit sur celle des commissaires *du directoire*, à la restitution des sommes indûment perçues, et en outre, par forme de simple police, à une amende qui ne pourra être moindre de la valeur d'une journée de travail et d'un jour d'emprisonnement, ni excéder la valeur de trois journées de travail et trois jours d'emprisonnement : le jugement de condamnation sera imprimé et affiché aux frais du contrevenant.

---

(1) Préfets et procureurs du roi.
(2) Plusieurs autres cas d'affranchissement, jugés nécessaires, ont été prononcés ultérieurement par des décisions du ministre des finances.

En cas de récidive, la condamnation sera prononcée par le tribunal de police correctionnelle, conformément à l'article 607 du Code des délits et des peines (1).

Art. 53. Si l'exaction est accompagnée d'injures, menaces, violences ou voies de fait, les prévenus seront traduits devant le tribunal de police correctionnelle, et, en cas de conviction, condamnés, outre les réparations civiles et dommages et intérêts, à une amende qui pourra être de 100 francs, et un emprisonnement qui ne pourra excéder trois mois.

Art. 54. Les adjudicataires seront, dans tous les cas, civilement responsables des restitutions, dommages et intérêts, amendes et condamnations pécuniaires, prononcés contre leurs préposés et mariniers.

Art. 55. Ils pourront même, dans le cas de récidive légalement prononcée par un jugement, être destitués par les *administrations centrales,* sur l'avis des administrations municipales; et alors leurs baux demeureront résiliés sans indemnité.

Art. 56. Toute personne qui se soustrairait au paiement des sommes portées auxdits tarifs, sera condamnée par le juge de paix du canton (2), outre la restitution des droits, à une amende qui ne pourra être moindre de la valeur d'une journée de travail, ni excéder trois jours.

En cas de récidive, le juge de paix prononcera, outre l'amende, un emprisonnement qui ne pourra être moindre d'un jour, ni être de plus de trois: et l'affiche du jugement sera aux frais du contrevenant.

Art. 57. Si le refus de payer était accompagné d'injures, menaces, violences ou voies de fait, les coupables seront traduits devant le tribunal de police cor-

---

(1) Texte de l'article 607 du Code des délits et des peines du 3 brumaire an 4 : « En cas de récidive, les peines suivent la proportion réglée par les lois des 19 juillet et 23 septembre 1791, et ne peuvent, en conséquence, être prononcées que par le tribunal correctionnel. »

(2) Voyez la loi du 14 brumaire an 7.

rectionnelle, et condamnés, outre les réparations civiles et dommages et intérêts, en une amende qui pourra être de 100 francs, et un emprisonnement qui ne pourra excéder trois mois.

Art. 58. Toute personne qui aura aidé ou favorisé la fraude, ou concouru à des contraventions aux lois sur la police des bacs, sera condamnée aux mêmes peines que les auteurs des fraudes ou contraventions.

Art. 59. Toute personne qui aurait encouru quelques unes des condamnations prononcées par les articles précédens, sera tenue d'en consigner le montant au greffe du juge de paix du canton, ou de donner caution solvable, laquelle sera reçue par le juge de paix ou l'un de ses assesseurs.

Sinon, seront ses voitures et chevaux mis en fourrière et les marchandises déposées à ses frais jusqu'au paiement, jusqu'à la consignation, ou jusqu'à la réception de la caution.

Art. 60. Toute consignation ou dépôt sera restitué immédiatement après l'exécution du jugement qui aura prononcé sur le délit pour raison duquel les consignations ou dépôts auront été faits.

Art. 61. Les délits plus graves et non prévus par la présente, ou qui se compliqueraient avec ceux qui y sont énoncés, continueront d'être jugés suivant les dispositions des lois pénales existantes, auxquelles il n'est point dérogé.

§ 8.— Comptabilité et destination des produits (1).

Art. 62. Le produit des droits de bacs est spécialement affecté à la confection et à l'entretien des bacs, bateaux, passe-cheval, agrès, bureaux, magasins, ports, cales, abordages, chemins pour y arriver, quais, francs-bords, halages, et autres objets et travaux utiles à leur exploitation.

Art. 63. Seront aussi acquittés, sur ces produits, les frais d'expertise et de visite, et ceux relatifs à l'administration, régie, surveillance et police des droits de bacs, autres que ceux résul-

-----

(1) Cette affectation spéciale a cessé depuis la loi du 23 septembre 1814 sur les finances.

tant des opérations, actes ou visites faits par les ingénieurs des ponts et chaussées, et autres agens salariés de la république.

Art. 64. Ces produits seront encore affectés subsidiairement aux travaux nécessités par le curage et balisage des rivières, extraction de roches, réparation et confection des ponts et ponceaux établis sur les rivières affluentes et qui coupent les abordages, les chemins de navigation, et autres travaux d'art relatifs au libre cours des fleuves, rivières et canaux navigables.

Art. 65. Ces dépenses seront acquittées sur les mandats des administrations, vérifiées et autorisées par le ministre de l'intérieur, dans l'attribution duquel demeurent fixées la régie et l'administration des droits de bac.

Art. 66. Les ordonnances du ministre de l'intérieur sur le produit des droits de bac, seront directement délivrées sur les receveurs généraux des départemens, et par eux acquittées sans retard sur les fonds provenant de ladite ferme.

Art. 67. Les ordonnances ne pourront toutefois être acquittées par les receveurs généraux, sous peine de responsabilité et de forfaiture, que le paiement n'en ait été préalablement ordonné par les commissaires de la trésorerie nationale, lesquels seront tenus de donner leur *visa* ou ordre de paiement, sans retard, sur toutes les ordonnances ayant pour objet les dépenses énoncées en la présente loi ; mais ils le refuseront, sous les mêmes peines, à toutes les ordonnances qui n'auraient pas pour objet lesdites dépenses.

Art. 68. Chaque année, dans le courant du mois de brumaire au plus tard, les receveurs généraux remettront respectivement à la trésorerie nationale, leur compte appuyé de pièces justificatives, des recettes et des dépenses relatives à la perception du droit de bac.

Ces comptes seront vérifiés et arrêtés par les commissaires de la trésorerie nationale, en vertu de l'article 320 de la constitution.

Art. 69. Ces comptes ainsi arrêtés, et comparés avec les baux, constateront l'excédant du produit, qui sera versé au trésor public.

§ 9. — Dispositions générales.

Art. 70. Le directoire exécutif fera passer aux administrations centrales toutes les instructions convenables pour le maintien du bon ordre et de la police à exercer envers les adjudicataires des bacs et bateaux, ainsi que pour tout ce qui sera relatif à l'exécution de la présente loi.

Art. 71. Les dispositions de la présente loi ne seront point applicables au département de la Seine, dans lequel la loi du 16 brumaire an 5, sur les bacs, bateaux et bateliers, continuera d'être exécutée (1).

––––––––

(1) Indépendamment de ce que les bacs dénommés dans la loi

Cependant sont abrogées les dispositions pénales prononcées par ladite loi : celles énoncées en la présente seront appliquées aux contrevenans dans l'étendue du département de la Seine, comme dans toute l'étendue de la république.

---

11 FRIMAIRE AN 7 (1er DÉCEMBRE 1798). = Loi qui détermine le mode administratif des recettes et dépenses départementales, municipales et communales (Extrait de la).

TITRE V. — DE L'ÉTABLISSEMENT DES TAXES MUNICIPALES DANS LES COMMUNES FORMANT A ELLES SEULES UN CANTON.

Art. 51. Lorsque, dans une commune formant à elle seule un canton, ou considérée comme telle, l'état des demandes municipales et communales réunies, ainsi qu'il est dit en l'article 10 ci-dessus (1), aura été arrêté, et qu'il aura été reconnu que les recettes ordinaires, telles qu'elles ont été désignées en l'article 11, sont insuffisantes pour fournir en entier auxdites dépenses, il y sera pourvu par l'établissement de TAXES INDIRECTES ET LOCALES, *lesquelles ne pourront avoir lieu qu'après l'autorisation expresse et spéciale du corps législatif.*

Art. 52. En conséquence, *et avant le* 30 *thermidor de chaque année*, l'administration municipale desdites communes dressera le tableau comparatif des dépenses municipales et communales réunies, telles que l'état en aura été arrêté par l'administration de département, et du montant présumé des recettes municipales et communales également réunies, y compris le produit des centimes additionnels, calculé sur le pied de ceux perçus en l'année précédente.

Elle y joindra l'indication des taxes indirectes et locales qu'elle jugera les plus convenables pour suppléer à l'insuffisance des centimes additionnels.

---

du 16 brumaire an 5 ont été remplacés par des ponts, la loi du 14 floréal an 10 a rendu cette disposition sans objet.

(1) L'article 10 contient la désignation des dépenses ordinairement à la charge des communes.

Art. 53. Ce tableau comparatif sera fait, dans les communes au-dessus de cent mille ames, par l'administration de département, à laquelle le bureau central et les municipalités d'arrondissement fourniront, à cet effet, leurs états de recettes et dépenses particulières et autres documens nécessaires.

Art. 54. L'indication des taxes indirectes et locales dont il est parlé en l'article précédent, comprendra :

1° La désignation des objets sur lesquels ces taxes devront porter ;

2° Le tarif de la taxe à établir sur chacun des objets désignés ;

3° L'indication des moyens d'exécution pour la perception desdites taxes ;

4° L'évaluation du produit présumé des diverses taxes projetées ;

5° Enfin l'évaluation des frais que pourra occasionner leur perception.

Art. 55. Ne pourront être assujétis auxdites taxes, ni les grains et farines, ni les fruits, beurre, lait, fromages, légumes, et autres menues denrées servant habituellement à la nourriture des hommes (1).

Art. 56. Les administrations municipales et *bureaux centraux* auront égard, dans leurs projets de taxes municipales,

1° A ce que le tarif et le produit en soient, le plus qu'il se pourra, proportionnés au montant des sommes reconnues rigoureusement nécessaires ;

2° A ce que le mode de perception entraîne le moins de frais possible, et le moins de gêne qu'il se pourra pour la liberté des citoyens, des communications et du commerce ;

3° Aux exceptions et franchises qui pourront être jugées nécessaires au commerce de la commune, et à raison de sa position.

Art. 57. Le projet de taxes municipales mentionné

____

(1) L'article 147 de la loi du 28 avril 1816 attribue sans restriction, aux conseils municipaux, la désignation des objets à imposer.

6.

aux articles précédens, sera soumis à l'administration départementale qui pourra le modifier ; elle l'arrêtera et l'adressera, *dans le mois de fructidor,* avec son avis motivé, *au directoire exécutif,* qui le transmettra *dans le mois de vendémiaire suivant au corps législatif,* pour être approuvé, s'il y a lieu.

22 FRIMAIRE AN 7 (12 DÉCEMBRE 1798). = Loi sur l'enregistrement (1) (Extrait de la).

TITRE IX. — DES POURSUITES ET INSTANCES (2).

Art. 63. La solution des difficultés qui pourront s'élever relativement à la perception des droits d'enregistrement avant l'introduction des instances appartient à la régie.

Art. 64. Le premier acte de poursuite pour le recouvrement des droits d'enregistrement et le paiement des peines et amendes prononcées par la présente, sera une contrainte : elle sera décernée par le receveur ou préposé de la régie ; elle sera visée et déclarée exécutoire par le juge de paix du canton où le bureau est établi, et elle sera signifiée.

L'exécution de la contrainte ne pourra être interrompue que par une opposition formée par le redevable, et motivée, avec assignation, à jour fixe, devant le tribunal civil du département. Dans ce cas, l'opposant sera tenu d'élire domicile dans la commune où siége le tribunal.

Art. 65. L'introduction et l'instruction des instances auront lieu devant les tribunaux civils de département :

(1) C'est à cette loi que renvoie l'article 88 de la loi du 5 ventose an 12.

(2) Le Code de procédure civile n'a point abrogé les dispositions de la loi du 22 frimaire an 7, sur le mode de procéder en matière d'enregistrement (*avis du conseil d'état du 1er juin 1807*), mais il en est le complément nécessaire pour tous les cas que cette loi n'a point prévus (*arrêt de cassation du 17 juillet 1827*).

La connaissance et la décision en sont interdites à toutes autres autorités constituées ou administratives.

L'instruction se fera par simples mémoires respectivement signifiés.

Il n'y aura d'autres frais à supporter pour la partie qui succombera, que ceux du papier timbré, des significations, et du droit d'enregistrement des jugemens.

Les tribunaux accorderont, soit aux parties, soit aux préposés de la régie qui suivront les instances, le délai qu'ils leur demanderont pour produire leurs défenses. Il ne pourra néanmoins être de plus de trois *décades*.

Les jugemens seront rendus dans les trois mois au plus tard, à compter de l'introduction des instances, sur le rapport d'un juge, fait en audience publique, et sur les conclusions *du commissaire du directoire exécutif* (1) : ils seront sans appel, et ne pourront être attaqués que par voie de cassation.

Art. 66. Les frais de poursuite payés par les préposés de l'enregistrement pour des articles tombés en non-valeur pour cause d'insolvabilité reconnue des parties condamnées, leur seront remboursés sur l'état qu'ils en rapporteront à l'appui de leur compte. L'état sera taxé sans frais par le tribunal civil du département, et appuyé des pièces justificatives.

---

6 PRAIRIAL AN 7 (25 MAI 1799).—**Loi** qui ordonne la perception d'une subvention extraordinaire de guerre sur les droits d'enregistrement, de timbre, d'hypothèque, etc. (**Extrait de la**).

Art. 1er. A compter du jour de la publication de la présente loi, il sera perçu au profit *de la république*, à titre de subvention extraordinaire de guerre, pour l'an 7, un décime par franc en sus des droits d'enregistrement, de timbre, hypothèque, droits de greffe, droits de voitures publiques, de garantie sur les matières d'or et

---

(1) Ministère public.

d'argent, amendes et condamnations pécuniaires (1), ainsi que sur les droits de douane à l'importation, l'exportation et la navigation.

———

9 PRAIRIAL AN 7 (28 MAI 1799). = Loi additionnelle à celle du 22 brumaire an 7, portant établissement d'une taxe sur le tabac.

Tous les actes relatifs à l'imposition du tabac ne sont rappelés, dans ce recueil, que par leurs titres jusqu'à l'établissement du monopole en vigueur, institué par le décret du 29 décembre 1810. (Voyez la loi du 22 brumaire an 7, page 49.)

———

13 PRAIRIAL AN 7 (1er JUIN 1799). = Arrêté qui détermine les fonctions des employés de la garantie.

Art. 1er. Le contrôleur du bureau de garantie, chargé essentiellement de surveiller le titre des matières et ouvrages d'or et d'argent, et de les poinçonner, l'est également de la direction du service ainsi que de la tenue et police dudit bureau.

———

16 PRAIRIAL AN 7 (4 JUIN 1799). = Arrêté du directoire exécutif, concernant l'inscription des ouvrages déposés chez les orfèvres pour les raccommoder, ou confiés à titre de nantissement.

Le directoire exécutif, vu l'article 15 de la déclaration du 26 janvier 1749 qui enjoint, etc. (2) ;
Considérant..... qu'il est utile de rappeler les dis-

———

(1) Voir l'article 1er de la loi du 28 juin 1833 et les lois subséquentes, concernant le budget des recettes.
(2) Il y a erreur dans la citation de l'article 15 comme dans l'indication de ce nombre 15 en tête des dispositions, qui suivent, de la déclaration du 26 janvier 1749 ; c'est l'article 14 de l'édit qui porte ces dispositions.

positions de cet article à tous les tribunaux qui doivent
les appliquer,

Arrête que l'article 15 (*ci-dessus désigné*) sera inséré
au *Bulletin des lois*, à la suite du présent arrêté.

DÉCLARATION DU 26 JANVIER 1749.

Art. 15. « Enjoignons à tous orfèvres, joailliers,
« fourbisseurs, merciers, graveurs et autres travaillant
« et fabriquant des ouvrages d'or et d'argent, de tenir
« des registres cotés et paraphés par l'un des officiers
« de l'élection, dans lesquels ils enregistreront, jour
« par jour, par poids et espèces, la vaisselle et autres
« ouvrages vieux ou réputés vieux suivant l'article 3,
« qu'ils achèteront pour leur compte ou pour les reven-
« dre, ceux qui leur seront portés pour raccommoder,
« ou donnés en nantissement, pour modèle ou dépôt, ou
« sous quelque prétexte que ce puisse être ; et ce, à
« l'instant que lesdits ouvrages leur auront été appor-
« tés ou qu'ils les auront achetés : seront aussi tenus
« de faire mention, dans lesdits enregistremens, de la
« nature et qualité des ouvrages, et des armes qui y
« seront gravées, des noms et demeures des personnes
« à qui ils appartiennent, sans qu'ils puissent travailler
« aux ouvrages qui leur auraient été apportés pour
« raccommoder, qu'ils ne les aient portés sur leurs re-
« gistres ; le tout à peine de confiscation et de 300 li-
« vres d'amende. »

---

25 MESSIDOR AN 7 (13 JUILLET 1799). — Arrêté
concernant la circulation des poudres dans l'intérieur (1).

---

2 VENDÉMIAIRE AN 8 (24 SEPTEMBRE 1799). —
Loi sur la manière de juger les contestations relatives
au paiement d'octrois municipaux.

Art. 1er. Les contestations civiles qui pourront s'élever sur

---

(1) Voyez l'arrêté du 10 prairial an 11.

l'application du tarif ou sur la quotité des droits exigés par les receveurs des octrois municipaux et de bienfaisance créés par les lois existantes, ou qui pourront être créés dans les diverses communes de la république, pour l'acquit de leurs dépenses locales, celles des hospices civils et secours à domicile, seront portées devant le juge de paix de l'arrondissement, à quelque somme que le droit contesté puisse s'élever, pour être par lui jugées sommairement et sans frais, soit en dernier ressort, soit à la charge de l'appel, suivant la quotité de la somme.

Art. 2. Les amendes encourues en vertu desdites lois seront prononcées par les tribunaux de simple police ou de police correctionnelle, suivant la quotité de la somme (1).

Art. 3. Lorsqu'il y aura lieu à contestation sur l'application du tarif ou sur la quotité du droit exigé par le receveur, tout porteur ou conducteur d'objets compris dans le tarif sera tenu de consigner entre les mains du receveur le droit exigé; il ne pourra être entendu qu'en rapportant au juge qui devra en connaître la quittance de ladite consignation (2).

Art. 4. Toute disposition de lois antérieures contraire à la présente est rapportée.

---

3 VENDÉMIAIRE AN 8 (25 SEPTEMBRE 1799).= Arrêté concernant le titre et la marque des matières d'or et d'argent employées dans les manufactures d'horlogerie des départemens du Doubs et du Mont-Terrible.

---

13 FRIMAIRE AN 8 (4 DÉCEMBRE 1799). = Loi qui règle un mode de poursuites pour le recouvrement des débets des comptables.

Art. 1er. Les commissaires de la trésorerie nationale, chargés par les lois d'arrêter provisoirement les comptes des receveurs et payeurs généraux des départemens, ainsi que des différentes régies nationales, sont autorisés à prendre, pour les recouvremens des débets

---

(1) L'élévation du minimum de l'amende (*loi du 24 mai 1834, art.* 9) a eu pour conséquence d'attribuer aux tribunaux de police correctionnelle la poursuite de toutes les contraventions en matière d'octroi.

(2) Voyez l'article 81 de l'ordonnance du 9 décembre 1814.

desdits comptables, tous arrêtés nécessaires, lesquels
seront exécutoires par provision, par les mêmes voies
que ceux des commissaires de la comptabilité intermédiaire pour les comptes soumis à leur examen.

Art. 2. En cas de décès, faillite, démission, destitution ou infidélité des comptables mentionnés en l'article précédent, les commissaires de la trésorerie nationale sont pareillement autorisés à prendre, pour le recouvrement du débet constaté par le procès-verbal de
situation des caisses, registres et pièces comptables,
tous arrêtés nécessaires, lesquels seront exécutoires
provisoirement (1).

Art. 3. Seront de même exécutoires par provision les
arrêtés desdits commissaires portant réglement de la
situation des personnes chargées d'opérations cambis-
tes pour le compte de la trésorerie nationale. Les
comptes de ces opérations seront vérifiés définitivement par les commissaires de la comptabilité nationale.

Art. 4. Les commissaires de la trésorerie pourront
également prendre des arrêtés exécutoires provisoirement contre les entrepreneurs, fournisseurs, soumissionnaires et agens quelconques, chargés des services
depuis la mise en activité de la constitution de l'an 3,
soit pour la réintégration des à-comptes accordés pour
lesdits services, dont le tableau doit être dressé en exécution de l'article 3 de la loi du 12 vendémiaire dernier,
soit pour le recouvrement des débets résultant des
comptes qui doivent être arrêtés par les ministres, et
déposés à la trésorerie nationale en exécution des articles 2 et 4 de la même loi.

Art. 5. Toutes lois ou dispositions de lois contraires
à la présente sont abrogées.

---

(1) Voyez l'arrêté du 6 messidor an 10.

---

27 FRIMAIRE AN 8 (18 DÉCEMBRE 1799). = Loi qui établit des octrois municipaux dans les communes de Courtrai, Reims, Metz, Lille, Calais, Fontenay-le-Peuple, Limoges et Épinal.

Art. 1er. Il sera perçu dans les communes de Courtrai, département de la Lys ; de Reims, département de la Marne ; de Metz, département de la Moselle ; de Lille, département du Nord ; de Calais, département du Pas-de-Calais, de Fontenai-le-Peuple, département de la Vendée ; de Limoges, département de la Haute-Vienne ; et d'Epinal, département des Vosges, des octrois municipaux, conformément aux tarifs annexés à la présente loi, et dont le produit servira à l'acquittement de leurs dépenses locales.

Les frais annuels de perception et ceux de premier établissement ne pourront excéder, pour l'octroi de Courtrai, la somme de 5,000 francs ;

Pour celui de Reims, la somme de 18,000 francs ;

Pour celui de Metz, la somme de 7,600 francs ;

Pour celui de Lille, la somme de 27,000 francs ;

Pour celui de Calais, la somme de 5,050 francs ;

Pour celui de Fontenai-le-Peuple, la somme de 10.000 francs ;

Pour celui de Limoges, la somme de 9,202 francs ;

Et pour celui d'Epinal, le dixième du produit brut.

Art. 2. Ces octrois, ainsi que ceux qui seront établis à l'aveni , seront organisés conformément aux dispositions suivantes.

Art. 3. Le gouvernement est chargé définitivement, et les *administrations centrales de département* par provision, de faire les réglemens généraux et locaux pour la perception desdits octrois, *de déterminer le nombre nécessaire de bureaux de recette, ou de régler tout autre mode de surveillance et de perception, suivant les localités* (1), *et de fixer le nombre des employés, ainsi que le mode et le taux de leur traitement.*

Art. 4. Dans les communes où il sera nécessaire d'établir un directeur ou préposé en chef à la direction de l'octroi, sa nomination sera faite par le gouvernement.

---

(1) Voyez la loi du 28 avril 1816, art. 147.

Les autres employés seront nommés par l'administration de département, sur une liste triple pour chaque employé, qui lui sera présentée par l'administration municipale.

Art. 5. Il sera fourni aux préposés aux recettes des registres à souche sur lesquels ils seront tenus de porter leurs recettes jour par jour, article par article, et de suite, sans y laisser aucun blanc.

Art. 6 Les employés à la perception des octrois recevront une commission; savoir, le préposé en chef, s'il y a lieu, de la part du gouvernement; et les autres employés, de la part de l'administration de département (1).

Les uns et les autres en seront toujours porteurs, ainsi que du tarif, et du réglement fait pour en assurer l'exécution.

Art. 7. Avant d'entrer en exercice, ils prêteront serment devant le juge de paix dans l'arrondissement duquel siége l'administration municipale; et il en sera fait mention au pied de leur commission; le tout sans autres frais que les droits d'enregistrement.

Art. 8. Leurs procès-verbaux constatant la fraude seront affirmés devant le même juge de paix, dans les vingt-quatre heures de leur date, sous peine de nullité; et ils feront foi en justice jusqu'à l'inscription de faux.

Art. 9. La perception de l'octroi fait partie des attributions de l'administration municipale, sous la surveillance de l'administration centrale de département.

Art. 10. L'administration centrale de département pourra, si le cas l'exige, destituer les receveurs et autres préposés nommés par elle, les dénoncer aux tribunaux et les y faire poursuivre à la requête du commissaire du gouvernement.

A l'égard du directeur ou préposé en chef, sa destitution ne sera que provisoire, et devra être confirmée par le gouvernement.

Art. 11. Tout porteur et conducteur d'objets de consommation compris au tarif de l'octroi sera tenu de faire sa déclaration au bureau de recette le plus voisin, et d'en acquitter les droits avant de les faire entrer dans la commune, *sous peine d'une amende égale à la valeur de l'objet soumis au droit d'octroi* (2).

----

(1) Voir l'article 56 de l'ordonnance du 9 décembre 1814.

(2) L'amende est de 100 à 200 francs, indépendamment de la confiscation de l'objet saisi et, dans certains cas, des moyens de transport. (*Lois des 29 mars 1832 et 21 mai 1834.*)

La même amende sera encourue par les fabricans et autres débiteurs des droits d'octroi perceptibles dans l'intérieur de la commune, faute par eux d'avoir fait leur déclaration dans les délais ou à l'époque déterminés par les réglemens *qui auront été faits en exécution de l'article 2 de la présente.*

Ces amendes, après qu'elles auront été prononcées, seront acquittées entre les mains du receveur du bureau, et sur-le-champ, de la part du condamné; sinon, à l'égard des objets saisis, dans les vingt-quatre heures de leur vente. Une moitié appartiendra aux employés de l'octroi ; l'autre sera versée par le receveur à la caisse des recettes municipales et communales.

Art. 12. Dans aucun cas, les citoyens entrant dans lesdites communes, à pied, à cheval *ou en voiture de voyage* (1), ne pourront, sous prétexte de la perception de l'octroi, être arrêtés, questionnés ou visités sur leurs personnes, ni à raison des malles qui les accompagnent.

Tous actes contraires à la présente disposition seront réputés actes de violence; les délinquans poursuivis par voie de police correctionnelle, et condamnés à 50 francs d'amende et à six mois de détention.

Art. 13. Les contestations qui pourront s'élever sur l'application du tarif, ou sur la quotité des droits exigés par les receveurs d'octroi, seront portées devant le juge de paix dans l'arrondissement duquel siége l'administration municipale, à quelque somme que le droit contesté puisse s'élever, pour être par lui jugées sommairement et sans frais, soit en dernier ressort, soit à la charge de l'appel, suivant la quotité du droit réclamé (2).

Art. 14. En cas de contestation sur l'application du tarif ou sur la quotité du droit, tout porteur ou conducteur d'objets compris au tarif sera tenu de consigner

---

(1) La visite des voitures est autorisée. Voyez la loi du 24 mai 1834, art. 9.
(2) Voyez l'article 78 de l'ordonnance du 9 décembre 1814.

entre les mains du receveur le droit exigé; il ne pourra être entendu qu'en rapportant au juge, qui devra en connaître, la quittance de ladite consignation (1).

Art. 15. Toute personne qui s'opposera à l'exercice des fonctions desdits préposés, sera condamnée à une amende de 50 francs. En cas de voies de fait, il en sera dressé procès-verbal, qui sera envoyé au *directeur du jury* (2), pour en poursuivre les auteurs et leur faire infliger les peines portées par le Code pénal contre ceux qui s'opposent avec violence à l'exercice des fonctions publiques.

Art. 16. Tout préposé à l'octroi qui favorisera la fraude, soit en recevant des présens, soit tout autrement, sera condamné aux peines portées par le Code pénal contre les fonctionnaires prévaricateurs.

Art. 17. Les amendes encourues d'après les dispositions de la présente, seront prononcées par les tribunaux de simple police ou de police correctionnelle, suivant la quotité de la somme

Art. 18. Les receveurs particuliers de l'octroi verseront, au moins une fois par décade, le montant de leurs recettes à la caisse du préposé aux recettes municipales et communales.

Art. 19. Il est alloué à ce préposé un cinquième de centime pour franc de recette brute de l'octroi, outre le traitement qui lui est accordé pour les autres recettes, en exécution de la loi du 11 frimaire an 7.

Art. 20. L'administration municipale vérifiera et arrêtera, au moins une fois par mois, les registres des receveurs particuliers de l'octroi; ainsi que l'état des versemens faits par eux à la caisse du préposé spécial aux recettes municipales et communales.

Art. 21. Le préposé aux recettes municipales et communales remettra, le 1er de chaque mois, à l'administration centrale, qui en enverra un double au ministre de l'intérieur, le bordereau, vérifié et approuvé par l'administration municipale, des versemens qui lui auront été faits du produit de l'octroi pendant le mois précédent.

Art. 22. Ne sont point sujets aux droits d'octroi les objets non destinés à la consommation desdites

____

(1) Voyez l'article 81 de l'ordonnance du 9 décembre 1814.
(2) Au procureur du roi.

communes (1), et qui n'y entrent que par TRANSIT, ou pour y être entreposés jusqu'à leur sortie ultérieure.

Le gouvernement est chargé définitivement, et *les administrations centrales* provisoirement, de régler les formalités et le mode de surveillance auxquels seront assujétis les propriétaires ou conducteurs desdits objets, et ils pourront, suivant les localités, ordonner la consignation du droit d'octroi, pour être restitué à la sortie des objets entreposés.

Art. 23. La présente loi et le tarif seront affichés en placard à la porte et dans l'intérieur de chaque bureau de l'octroi (2).

---

27 PLUVIOSE AN 8 (16 FÉVRIER 1800). = Arrêté sur l'importation du salpêtre (3) (Extrait de l').

Art. 11. Tout fabricant qui emploie du salpêtre comme matière première, dans ses opérations, pourra en importer par les seuls ports de Marseille, Lorient, Le Havre, Dunkerque et Anvers : ce salpêtre ne pourra être introduit, des ports désignés ci-dessus, dans l'intérieur, qu'au moyen d'un acquit-à-caution délivré par les employés des douanes. Lors du déchargement, il en sera justifié à l'autorité du lieu où sont situés les ateliers pour lesquels le salpêtre sera destiné. Cette autorité inscrira la décharge sur l'acquit-à-caution, qui sera envoyé dans le mois à la régie des douanes.

Art. 12. Il est défendu à ces fabricans, ou à tous autres particuliers, de vendre du salpêtre, sous les peines portées par les lois.

---

5 VENTOSE AN 8 (24 FÉVRIER 1800). = Loi relative à l'établissement d'octrois municipaux.

Art. 1er. Il sera établi des octrois municipaux et de bienfaisance sur les objets de consommation locale,

---

(1) Voir l'article 150 de la loi du 28 avril 1816.
(2) Les tarifs qui suivaient, n'offrant plus d'intérêt aujourd'hui, n'ont pas été reproduits dans ce recueil.
(3) Voyez la loi du 10 mars 1819.

dans les villes dont les hospices civils n'ont pas de revenus suffisans pour leurs besoins.

Art. 2. Le conseil municipal de chacune de ces villes sera tenu de présenter, dans deux mois, les projets de tarifs et de réglemens convenables aux localités; ils seront soumis à l'approbation du gouvernement, et par lui. s'il y a lieu, définitivement arrêtés.

Art. 3. La perception et l'emploi se feront conformément aux dispositions générales des lois des 19 1 et 27 frimaire dernier.

---

25 VENTOSE AN 8 (15 MARS 1800).=Loi contenant organisation du notariat (Extrait de la).

Art. 7. Les fonctions de notaires sont incompatibles avec celles de juges, commissaires du gouvernement près les tribunaux, leurs substituts, greffiers, avoués, huissiers, préposés à la recette des contributions directes et indirectes, juges, greffiers et huissiers des justices de paix, commissaires de police et commissaires aux ventes.

---

13 THERMIDOR AN 8 (1er AOUT 1800). = Arrêté relatif au mode d'approbation des tarifs et réglemens pour la perception des octrois municipaux.

Art. 1er. Le ministre de l'intérieur approuvera les tarifs et les réglemens présentés par les conseils municipaux, avec les modifications qu'il jugera convenables, conformément aux principes déterminés par les lois.

Art. 2. Tous les mois, le ministre présentera aux consuls, qui prononceront définitivement, les tarifs et les réglemens qu'il aura approuvés.

---

(1) Nous n'avons pas inséré au présent recueil la loi du 19 frimaire an 8, qui ne concerne que l'octroi de Paris. D'ailleurs celles des dispositions générales auxquelles renvoie l'article 3 ci-dessus ont été reproduites dans les lois subséquentes.

Art. 3. En attendant, et provisoirement, l'autorisation du ministre sera considérée comme décision du gouvernement, en tout ce qui concerne tant les octrois précédemment établis, que ceux qui le seront par la suite.

---

18 FRUCTIDOR AN 8 (5 SEPTEMBRE 1800). = Arrêté qui détermine la manière de régler les dépenses imprévues faites dans les départemens pour le service militaire (Extrait de l').

Art. 5. .... Il est de nouveau expressément défendu à toute autorité civile ou militaire, à peine d'en répondre personnellement, de disposer d'aucune somme dans les caisses publiques. Les payeurs et receveurs seront également responsables de tout ce qu'ils auraient payé sans une ordonnance régulière.

---

21 VENTOSE AN 9 (12 MARS 1801). = Loi qui détermine la portion saisissable sur le traitement des fonctionnaires publics et des employés civils.

Article unique. Les traitemens des fonctionnaires publics et employés civils seront saisissables jusqu'à concurrence du cinquième sur les premiers mille francs, et toutes les sommes au-dessous; du quart sur les cinq mille francs suivans, et du tiers sur la portion excédant six mille francs, à quelque somme qu'elle s'élève, et ce, jusqu'à l'entier acquittement des créances.

---

27 VENTOSE AN 9 (18 MARS 1801). = Loi relative à la perception des droits d'enregistrement (Extrait de la).

Art. 17. L'instruction des instances que la régie (1) aura à suivre pour toutes les perceptions qui lui sont

---

(1) Des contributions indirectes, comme de l'enregistrement. Voyez l'article 88 de la loi du 5 ventose an 12.

confiées, se fera par simples mémoires respectivement signifiés sans plaidoirie. Les parties ne seront point obligées d'employer le ministère des avoués.

---

19 MESSIDOR AN 9 (8 JUILLET 1801). = Arrêté relatif à l'application d'un poinçon de recense sur les lingots d'or et d'argent affinés avant la promulgation de la loi du 19 brumaire an 6 (Extrait de l').

Art. 1er. Les propriétaires et porteurs des lingots d'or et d'argent affinés et mis en circulation avant la loi du 19 brumaire an 6, seront tenus de les porter, dans le délai de deux mois à compter du jour de la publication du présent arrêté, au bureau de garantie le plus voisin, pour y être marqués, sans frais, d'un poinçon de recense qui sera déterminé par l'administration des monnaies.

Art. 2. Le délai de deux mois expiré, les articles 117, 118, 119, 120, 121 et 122 de la loi du 19 brumaire an 6 sont déclarés applicables aux lingots d'or et d'argent affinés à quelque époque que ce soit, qui ne porteront pas l'empreinte du poinçon de recense ou de ceux de garantie nationale établis par la loi.

---

8 FLORÉAL AN 10 (28 AVRIL 1802). = Arrêté sur la sûreté des caisses.

Tout receveur, caissier, dépositaire, percepteur ou préposé quelconque chargé de deniers publics, ne pourra obtenir la décharge d'aucun vol, s'il n'est justifié qu'il est l'effet d'une force majeure, et que le dépositaire, outre les précautions ordinaires, avait eu celle de coucher ou de faire coucher un homme sûr dans le lieu où il tenait ses fonds, et, en outre, si c'est au rez-de-chaussée, de le tenir solidement grillé.

---

14 FLORÉAL AN 10 (4 MAI 1802).=Loi relative aux contributions indirectes de l'an 11 (Extrait de la).

TITRE IV. — ENREGISTREMENT. — DROITS SUR LES BACS ET SUR LES PONTS.

Art. 9. Le gouvernement, pendant la durée de dix années, déterminera, pour chaque département, le nombre et la situation des bacs et bateaux de passage établis ou à établir sur les fleuves, rivières ou canaux (1).

Art. 10. Le tarif de chaque bac sera fixé par le gouvernement, dans la forme arrêtée pour les réglemens d'administration publique (2).

Art. 11. Le gouvernement autorisera, dans la même forme et pendant la même durée de dix années, l'établissement des ponts dont la construction sera entreprise par des particuliers; il déterminera la durée de leur jouissance, à l'expiration de laquelle ces ponts seront réunis au domaine public, lorsqu'ils ne seront pas une propriété communale. Il fixera le tarif de la taxe à percevoir sur ces ponts.

---

29 FLORÉAL AN 10 (19 MAI 1802). = Loi relative au droit d'entrée sur les tabacs en feuilles et à celui qui sera perçu pour leur fabrication (3).

---

30 FLORÉAL AN 10 (20 MAI 1802).=Loi relative à l'établissement d'un droit de navigation intérieure

Art. 1er. Il sera perçu, dans toute l'étendue *de la république*, sur les fleuves et rivières navigables, un droit de navigation intérieure, *dont les produits seront*

---

(1) Chaque année, la loi qui règle le budget des recettes contient une disposition pour cet objet. Voyez la loi du 15 mai 1818.
(2) C'est-à-dire avec la sanction du conseil d'état.
(3) Voyez la loi du 22 brumaire an 7, page 49.

spécialement et limitativement affectés au balisage, à l'entretien des chemins et ports de halage, à celui des pertuis, écluses, barrages et autres ouvrages d'art établis pour l'avantage de la navigation.

Ce droit sera aussi établi sur les canaux navigables qui n'y ont point encore été assujétis. *et sur ceux dont la perception des anciennes taxes serait actuellement suspendue.*

Art. 2. Les produits des droits formeront des masses distinctes ; et l'emploi en sera fait limitativement sur chaque canal, fleuve et rivière sur lesquels la perception aura été faite (1).

Art. 3. Il sera arrêté par le gouvernement, dans la forme des réglemens d'administration publique, un tarif des droits de navigation pour chaque fleuve, rivière ou canal, après avoir consulté les principaux négocians, marchands et mariniers qui les fréquentent.

A cet effet, les négocians, marchands ou mariniers seront appelés au nombre de douze pour chaque fleuve, rivière ou canal; ils seront réunis en conseil auprès du préfet qui sera désigné par le gouvernement : ils donneront leur avis sur la réformation ou le maintien des tarifs existans pour les fleuves, rivières ou canaux où il y en a, et sur leur formation, pour les fleuves, rivières ou canaux où il n'y en a pas (2).

---

(1) *Extrait du décret du 4ᵉ jour complémentaire an 13 (21 septembre 1805).*

« Art. 1ᵉʳ. En exécution de l'article 2 de la loi du 30 floréal an 10 , portant établissement du droit de navigation intérieure, les produits des droits perçus dans chaque bassin seront employés au profit des canaux, fleuves et rivières compris dans les arrondissemens de ce bassin , d'après la répartition qui en sera faite par notre ministre de l'intérieur, pour chaque département.

« Art. 2. Ces produits seront versés au trésor public, comme fonds spéciaux.....»

La loi du 23 septembre 1814, *sur les finances,* a fait disparaître toute spécialité dans l'emploi des recettes de l'état.

(2) Le tarif annexé à la loi du 9 juillet 1836 n'étant pas applicable aux fleuves et rivières du bassin de l'Escaut et de l'Aa,

Art. 4. Les contestations qui pourront s'élever sur la perception des droits de navigation seront décidées administrativement par les conseils de préfecture (1).

---

6 MESSIDOR AN 10 (25 JUIN 1802).= Arrêté relatif à la manière de constater l'insolvabilité ou l'absence des redevables du trésor public.

Art. 1er. L'insolvabilité ou l'absence des redevables du trésor public seront constatées, ou par des procès-verbaux, soit de perquisition, soit de carence, dressés par des huissiers, ou par des certificats délivrés sous leur responsabilité, par les maires et adjoints des communes de leur résidence ou de leur dernier domicile.

Art. 2. Ces certificats seront visés par les préfets pour l'arrondissement du chef-lieu, et par les sous-préfets pour les autres arrondissemens.

---

4 THERMIDOR AN 10 (23 JUILLET 1802).=Arrêté relatif à une convocation extraordinaire des conseils municipaux (Extrait de l').

Art. 7. Les conseils municipaux indiqueront les moyens d'accroître les revenus ordinaires de la commune, 1° par la location des places aux halles appartenant aux communes, et aux foires et marchés; 2° par l'établissement d'un poids public; 3° par des octrois sur les consommations, perçus par abonnement, par exercice, ou à l'entrée.

---

24 FRIMAIRE AN 11 (15 DÉCEMBRE 1802).=Arrêté qui affecte une portion du produit des octrois à des distributions de pain aux troupes (Extrait de l').

Art. 1er. A dater du 1er vendémiaire an 11, chacune

---

un changement dans les limites actuelles de la perception sur ces cours d'eau serait le seul cas qui obligerait de se conformer aux dispositions de l'article 3 ci-dessus.

(1) Abrogé par l'article 21 de la loi du 9 juillet 1836.

des villes *dont la population s'élève au-dessus de quatre mille ames,* et au profit desquelles il est perçu un droit d'octroi, versera au trésor public *cinq pour cent* (1) du produit net dudit octroi. Ces versemens seront faits ainsi qu'il suit.

Art. 2. Le ministre de l'intérieur déterminera la somme qu'en exécution de l'article précédent, chaque ville devra verser dans le trésor public pendant le cours de l'an 11 ; la somme qu'il aura déterminée y sera versée par douzième et par mois, comme le reste des contributions publiques.

Art. 3. Les sommes provenant du remboursement fait par les communes seront uniquement et privativement destinées à fournir chaque jour, à chaque caporal et soldat d'infanterie, à chaque brigadier et soldat des troupes à cheval, ainsi qu'aux tambours, trompettes, musiciens et enfans de troupe présens sous les armes et stationnés dans l'intérieur de la république, un demi-quart de kilogramme (ou quatre onces) de pain de pur froment, blanc et rassis, pour être taillé en soupe.

---

23 NIVOSE AN 11 (13 JANVIER 1803). = Arrêté qui applique aux troupes d'artillerie de la marine non embarquées les dispositions de l'arrêté du 24 frimaire an 11 sur le pain de la soupe des sous-officiers et soldats (Extrait de l').

Art. 1er. Les dispositions contenues dans l'arrêté du 24 frimaire, relatif aux octrois des villes et au pain de la soupe des sous-officiers et soldats dépendant du département de la guerre sont applicables aux troupes d'artillerie de la marine, quand elles ne sont pas embarquées.

---

8 GERMINAL AN 11 (26 MARS 1803). = Arrêté relatif aux approvisionnemens en vivres pour le service de la marine.

Art. 1er. Les approvisionnemens en vivres destinés pour le service de la marine dans les six résidences des préfets maritimes

---

(1) 10 p. 0/0. (*Art.* 153 *de la loi du* 28 *avril* 1816.)

(Dunkerque, Le Havre, Brest, Lorient, Rochefort et Toulon), ne seront soumis à aucun droit ou taxe d'octroi.

Art. 2. Aucune denrée ou approvisionnement quelconque reçus pour le service des vivres de la marine ne pourront, à moins de cas extraordinaires, et dont le munitionnaire sera tenu de justifier, être détournés de leur destination ; il sera pris à cet effet, par les préfets maritimes, conjointement avec les autorités locales, les mesures propres à prévenir toutes contraventions à cet égard. Les directeurs des vivres dans les ports, demeureront responsables de ces contraventions.

Art. 3. Si quelques circonstances donnent lieu à des ventes de denrées, ces ventes seront faites publiquement et d'après des affiches préalables. Les objets mis en vente, et dont la vente sera effectuée, seront considérés comme objets de commerce, et conséquemment soumis au paiement des droits d'octroi.

Art. 4. Les directeurs ou régisseurs des octrois pourront être présens aux ventes qui auront lieu, et y prendre, par eux-mêmes, connaissance de la quantité et de la nature des objets mis en vente.

Les préfets maritimes, inspecteurs et chefs d'administration dans les ports, leur donneront toutes les facultés qu'ils réclameront, et qui seront compatibles avec l'ordre et la régularité du service.

Art. 5. Dans le cas où des armemens seraient ordonnés par le gouvernement dans quelques autres ports que ceux dénommés dans l'article 1er, les denrées et approvisionnemens destinés pour le service de la marine seront exempts de tous droits d'octroi (1).

L'officier principal d'administration de la marine du port où ces armemens auront lieu fera, à cet effet, à la municipalité, la déclaration par écrit des quantités et espèces de denrées et approvisionnemens nécessaires pour lesdits armemens.

---

5 FLORÉAL AN 11 (25 AVRIL 1803). = Loi sur la contribution foncière des canaux.

Art. 1er. Tous les canaux de navigation qui seront faits à l'avenir, soit aux frais du domaine public, soit aux dépens des particuliers, ne seront taxés à la contribution foncière qu'en raison du terrain qu'ils occupent comme terre de première qualité.

Art. 2. A compter de l'an 13, les anciens canaux de navigation et les francs-bords, magasins et maisons

---

(1) Voyez l'ordonnance du 9 décembre 1814, art. 103.

d'éclusiers, dépendant du domaine public, ne seront taxés à cette contribution que dans la proportion énoncée dans l'article précédent.

Art. 3. Les autres maisons d'habitation et usines dépendantes desdits canaux seront imposées comme les autres propriétés de la même nature ·

Art. 4. Les objets compris aux articles précédens seront imposés dans chaque commune dans laquelle ils se trouvent situés.

---

13 FLORÉAL AN 11 (3 MAI 1803). — Loi relative au jugement des contrebandiers (Extrait de la).

Art. 2. Sont marchandises de contrebande, celles dont l'exportation ou l'importation est prohibée, ou celles qui, étant assujéties aux droits, et ne pouvant circuler dans l'étendue du territoire soumis à la police des douanes sans quittances, acquits-à-caution ou passavans, y sont transportées et saisies sans ces expéditions.

Art. 3. La contrebande est avec attroupement et port d'armes, lorsqu'elle est faite par trois personnes ou plus, et que, dans le nombre, une ou plusieurs sont porteurs d'armes en évidence ou cachées, telles que fusils, pistolets et autres armes à feu, sabres, épées, poignards, massues, et généralement de tous instrumens tranchans, perçans ou contondans.

Ne sont réputés armes, les cannes ordinaires sans dards ni ferremens, ni les couteaux fermant et servant habituellement aux usages ordinaires de la vie (1).

---

(1) L'article 1er et les articles 4 à 8 inclusivement de cette loi attribuaient à des tribunaux spéciaux (il n'en existe plus) la poursuite, l'instruction et le jugement des crimes et délits de contrebande avec attroupement et port d'armes. Ils déterminaient aussi les peines à infliger. Les articles 209 à 221 inclusivement du Code pénal ont annulé ces dispositions.

13 FLORÉAL AN 11 (3 MAI 1803). = Loi portant établissement d'une taxe sur les vins et eaux-de-vie dans le port de Cette, pendant cinq ans (1).

8 PRAIRIAL AN 11 (28 MAI 1803).=Arrêté relatif à la navigation intérieure de la France.

Art. 1er. La navigation intérieure de la France sera divisée en bassins, dont les limites seront déterminées par les montagnes ou coteaux qui versent les eaux dans le fleuve principal; et chaque bassin sera subdivisé en arrondissemens de navigation.

Art. 2. Les portions de fleuves et rivières faisant partie de départemens, autres que celui dans lequel sera placé le chef-lieu d'arrondissement de navigation intérieure, seront mises dans les attributions administratives du préfet de ce chef-lieu; et ce, seulement en ce qui concerne les travaux à exécuter dans le lit et sur les bords de la rivière ou du fleuve : le surplus de l'administration continuera à être exercé par le préfet du territoire.

Art. 3. L'ingénieur du département où sera fixé le chef-lieu d'arrondissement exercera ses fonctions relativement aux travaux à faire sur toute l'étendue des fleuves et rivières comprise dans les attributions du préfet de son département.

Art. 4. *L'octroi* (2) de navigation sera régi, sauf les cas où, sur l'avis des préfets et sur le rapport du ministre, la mise en ferme ou régie intéressée aura été ordonnée par le gouvernement.

Art. 5. Les tarifs en vertu desquels devras e faire

----

(1) Voir la loi du 21 novembre 1808.

(2) C'est sous la qualification de *droit de navigation* que l'impôt a été créé par la loi du 30 floréal an 10. Le mot *octroi*, employé dans plusieurs articles du présent décret, exprime l'affectation spéciale qui jusqu'en 1814 avait été donnée au produit de cet impôt. Voir la note de la page 62.

la perception, et les points sur lesquels les bureaux devront être fixés, seront déterminés par des arrêtés spéciaux pour chaque arrondissement (1).

Art. 6. La perception se fera au moyen d'un receveur et d'un contrôleur dans chaque bureau.

Art. 7. Les recettes de chaque bureau seront versées dans la caisse du receveur général des contributions du département où est placé le chef-lieu de l'arrondissement de navigation. Il sera souscrit, par ledit receveur général, des bons à vue représentatifs de ces versemens ; et il en sera tenu, au trésor public à Paris, un compte distinct par arrondissement de navigation.

Art. 8. Les receveurs et contrôleurs des bureaux établis à la limite de plusieurs arrondissemens, feront simultanément le service de ces arrondissemens, sauf le versement du produit des recettes faites pour chaque arrondissement, qui sera effectué dans chacun des chefs-lieux.

Art. 9. Les traitemens des préposés à l'octroi de navigation, et des receveurs généraux de département, consisteront en remises qui seront réglées par les arrêtés spéciaux dont il est parlé en l'article 5, dans la proportion des recettes.

Art. 10. Les préposés à l'octroi de navigation sont à la nomination du ministre de l'intérieur.

Art. 11. Les receveurs particuliers fourniront un cautionnement en immeubles, égal au quart du montant de la recette annuelle présumée.

L'acte de cautionnement sera soumis à l'enregistrement, mais ne sera assujéti qu'au droit fixe d'un franc, conformément à la loi du 7 germinal an 8.

Art. 12. Il sera délivré, par le ministre, des commissions aux préposés de l'octroi de navigation.

Ces employés feront enregistrer leurs commissions au secrétariat de la préfecture de l'arrondissement de navigation, et de celle où leurs bureaux seront établis.

Art. 13. Le receveur de chaque bureau tiendra un registre à talon, conforme au modèle qui sera déterminé par *le ministre de l'intérieur.*

---

(1) Depuis la loi du 9 juillet 1836, cette disposition n'est plus applicable qu'aux canaux, aux rivières des bassins de l'Escaut et de l'Aa; au parcours des ports situés à l'embouchure des fleuves jusqu'à la mer, ou de la mer auxdits ports; et, enfin, au cabotage et transport sur la Gironde, la Garonne et la Dordogne. Voyez les articles 22 et 23 de ladite loi et l'article 16 de l'ordonnance du 15 octobre 1836.

Il sera coté et paraphé par le sous-préfet dans l'arrondissement duquel se trouvera situé le bureau.

Art. 14. Il sera, dans chaque bureau de perception, délivré
aux conducteurs de bateaux, trains, etc., une quittance du montant du droit d'octroi par eux acquitté, et un laissez-passer.

Les conducteurs sont tenus, lorsqu'ils en seront requis, de justifier de leurs quittances et laissez-passer aux receveurs des bureaux qui suivront celui où ils auront acquitté le droit, ainsi
qu'à tous autres préposés à l'octroi de navigation; et, si leur
destination est pour Paris, au bureau de l'octroi municipal de
cette ville.

Art. 15. Les contestations relatives au paiement de l'octroi
seront, conformément à la loi du 30 floréal an 10, portées devant
le sous-préfet dans l'arrondissement duquel le bureau de perception sera situé, sauf le recours au préfet, qui prononcera en
conseil de préfecture.

Art. 16. Le receveur particulier adressera, tous les mois, au
préfet de l'arrondissement de navigation, une feuille contenant
l'état des recettes.

Le contrôleur arrêtera tous les jours le registre du receveur :
il tiendra un registre particulier des recettes qu'il aura vérifiées,
et adressera, également tous les mois, au préfet, une feuille
constatant la situation du contrôle.

Art. 17. Le receveur général, chargé de recevoir les versemens des préposés d'un arrondissement de navigation, adressera
chaque mois au conseiller d'état chargé des ponts et chaussées,
ainsi qu'au préfet de l'arrondissement, un état de situation desdites recettes et des bons à vue adressés au trésor public pour
leur montant.

Il rendra son compte annuel au préfet.

Dans les arrondissemens où il y aura une chambre de commerce, le compte lui sera soumis à la diligence du préfet, pour
être par elle discuté et arrêté.

Dans les autres arrondissemens, il sera présenté à la plus prochaine assemblée du conseil général du département du chef-
lieu d'arrondissement de navigation, pour être également discuté
et arrêté.

Le double de ce compte sera transmis au ministre de l'intérieur.

Art. 18. Chaque année, dans le courant de vendémiaire, l'ingénieur en chef de l'arrondissement rédigera les projets de dépenses à exécuter dans l'année, et les remettra au préfet.

Le préfet, dans les départemens où il y aura des chambres de
commerce, consultera sur ces projets trois de leurs membres,
auxquels il adjoindra deux citoyens pris parmi les principaux
maîtres mariniers fréquentant la rivière.

Dans les autres arrondissemens, le préfet consultera seulement cinq citoyens pris à son choix parmi les principaux commerçans et mariniers.

Il les réunira, à cet effet, avec l'ingénieur en chef ; et, après avoir recueilli leurs observations, il arrêtera lesdits projets, qui seront soumis au ministre de l'intérieur.

Art. 19. Les travaux de navigation seront adjugés dans les formes établies pour l'administration des ponts et chaussées.

Art. 20. Les dépenses seront acquittées par le préposé du payeur général des dépenses diverses, sur les certificats de l'ingénieur en chef, et sur les mandats du préfet de l'arrondissement de navigation.

Art. 21. A cet effet, il sera mis chaque mois à la disposition du ministre de l'intérieur, sous la dénomination de produit du droit de navigation, une somme égale au montant dudit produit versé en bons à vue à la caisse centrale du trésor public. Le ministre de l'intérieur délivrera ses ordonnances sur ledit fonds, pour le répartir conformément aux dispositions de l'article 2 de la loi du 30 floréal an 10.

Art. 22. Les receveurs ne pourront, sous peine de destitution, traiter ou transiger sur la quotité du droit : il leur est défendu de recevoir d'autres droits que ceux portés aux tarifs, sous peine d'être destitués, et poursuivis comme concussionnaires.

Art. 23. Il est défendu à tous conducteurs de bateaux, trains, etc., de passer les bureaux sans payer, à peine de 50 francs d'amende.

Art. 24. En cas d'insultes ou de violences, l'amende sera de 100 francs (1), indépendamment des dommages et intérêts, et de peines plus graves si le cas y échet ; et ce, conformément aux dispositions du titre 2 de la loi du 3 nivose an 6, sur la taxe d'entretien des routes.

Art. 25. Les autorités civiles et militaires seront tenues, sur la réquisition écrite des préposés au droit de navigation, de requérir et de prêter main-forte pour l'exécution des lois et réglemens relatifs à leurs fonctions. Les *commissaires du gouvernement* feront poursuivre, même d'office, devant les tribunaux, les auteurs d'insultes ou violences qui pourraient être commises ; et ce, tant sur la clameur publique que sur les procès-

---

(1) De 50 à 200 francs d'amende, sans préjudice des peines établies par les lois (*Code pénal*), en cas d'insultes, violences et voies de fait. (*Art.* 20 *de la loi du* 9 *juillet* 1836)

verbaux dressés et affirmés par les préposés *à l'octroi.*

Art. 26. Tout procès-verbal devra être affirmé devant le juge
de paix du canton ou son assesseur, dans les trois jours, sous
peine de nullité , conformément à l'article 26 de la loi sur la
taxe des routes, du 14 brumaire an 7 (1).

Art. 27. Il sera placé sur le port, en face de chaque
bureau de perception, un poteau et une plaque sur laquelle sera inscrit le tarif.

Art. 28. Défenses sont faites à tout maître de ponts
ou de pertuis, de monter ou descendre aucun bateau
avant de s'être fait représenter la quittance des droits
de navigation ; et ce, à peine d'être contraint personnellement au remboursement de ces droits, par les
voies prescrites pour le paiement des contributions.

Art. 29. Aucun particulier ne pourra percevoir aux
pertuis, vannes et écluses dans les rivières navigables
des divers bassins, aucun droit de quelque nature qu'il
soit; le tout conformément aux articles 13 et 14 du titre 2 de la loi du 28 mars 1790, et des articles 7 et 8 de
la loi du 25 août 1792.

Art. 30. Le service des pertuis, vannes et écluses,
s'exécutera par des individus à ce commis, *et dont le
salaire sera pris sur les produits de l'octroi de navigation.*

Les préfets d'arrondissement de navigation feront préalablement constater la situation desdits pertuis, vannes ou écluses,
par les ingénieurs en chef, lesquels en dresseront procès-verbal
en présence des détenteurs actuels, ou eux dûment appelés.

---

10 PRAIRIAL AN 11 (30 MAI 1803). = **Arrêté contenant réglement sur les poudres et salpêtres (Extrait
de l').**

Art. 7. L'administration pourra faire entrer et transporter d'un magasin à un autre, dans l'intérieur *de la*

---

(1) Les procès-verbaux doivent être suivis selon les formes
propres à l'administration des contributions indirectes. (*Loi du
9 juillet 1836, art. 21.*)

république, les salpêtres, potasse, soufre et autres matières servant à la confection de la poudre, en telle quantité que les besoins de son service l'exigeront, sans qu'elles puissent être assujéties à aucun droit de douane et octroi, à la charge, par le voiturier qui en fera le transport, de représenter des passeports de l'administration, délivrés par les commissaires des départemens.

Sur ces passeports, la quantité et la qualité des marchandises devront être certifiées par les autorités du lieu du départ, et vérifiées également par celles du lieu d'arrivée.

---

29 THERMIDOR AN 11 (17 AOUT 1803). = Arrêté relatif au mode de mise en jugement des préposés de l'octroi municipal.

Les préfets pourront désormais autoriser la mise en jugement des préposés de l'octroi municipal.

---

5 VENTOSE AN 12 (25 FÉVRIER 1804). = Loi concernant les finances (Extrait de la).

TITRE V. — DES DROITS RÉUNIS.

CHAPITRE 1er. — *Des tabacs.*

Le régime de fabrication libre des tabacs, qu'instituaient les articles 17 à 48 de cette loi, a été remplacé par le monopole, au profit du gouvernement. Voyez le décret du 29 décembre 1810 et le *nota* mis à la suite de l'intitulé de la loi du 22 brumaire an 7 (page 49).

CHAPITRE 2. — *Des boissons et distilleries.*

SECTION 1re. — Des vins, cidres et poirés.

Art. 49. Chaque année il sera fait, dans les six semaines qui uivront la récolte, un inventaire pour constater les quantités des vins recueillis (1).

---

(1) L'inventaire a été supprimé par la loi du 25 novembre 1803, ainsi que le droit à la vente en gros.

Art. 50. A cet effet, les caves, celliers et magasins seront ouverts, pendant ce temps, aux employés préposés audit inventaire.

Art. 51. La même mesure aura lieu, pour les cidres et poirés, dans les six semaines qui suivront la fabrication.

Art. 52. Dans les villes murées ou reconnues fermées, où sont perçus des droits d'octroi, le gouvernement pourra, sur la demande des conseils municipaux, remplacer les formalités des inventaires, en faisant constater à l'entrée la quantité des vendanges et fruits en nature, ou celles des vins, cidres et poirés nouvellement fabriqués.

Art. 53. Le droit d'inventaire sera, en ce cas, perçu sur les boissons, et réglé à raison de deux hectolitres de vin pour trois hectolitres de vendanges, et de deux hectolitres de cidre ou poiré pour cinq hectolitres de fruits, déduction faite d'un cinquième pour ouillage, coulage et consommation de famille.

Art. 54. Le propriétaire sera tenu de faire l'avance du droit sur les boissons à leur entrée dans lesdites villes, et il en sera remboursé, en cas de vente de ces boissons, sur la représentation de la quittance donnée à son acheteur qui, avant l'enlèvement, aura fait la déclaration et acquitté le droit.

Art. 55. La quantité des vins, cidres et poirés ne sera inventoriée que sous la déduction de dix pour cent pour ouillage et coulage.

Art. 56. Il sera payé, lors de la vente des vins, un droit de quarante centimes par hectolitre ;

Lors de la vente des cidres et poirés, un droit de seize centimes par hectolitre.

Art. 57. Les boissons faites avec de l'eau passée sur les marcs de raisins, pommes ou poires, ne seront sujettes ni au droit, ni à l'inventaire.

Art. 58. L'acheteur sera tenu du paiement du droit, et le vendeur ne lui laissera enlever le vin, cidre ou poiré, que sur la représentation de la quittance qu'il devra retenir par-devers lui.

Art. 59. Faute par le vendeur de s'être fait remettre et de représenter ladite quittance au récolement d'inventaire qui sera fait à la fin de l'année, il sera responsable du droit pour tout le vin, cidre ou poiré, qu'il ne pourra représenter, et dont il ne justifiera pas avoir acquitté le même droit.

Art. 60. Au récolement d'inventaire, s'il y a des quantités manquantes, il sera déduit par les employés neuf hectolitres de vin et dix-huit hectolitres de cidre par chaque famille, de tout âge et de tout sexe, y compris les serviteurs à gages.

Art. 61. Le restant d'une année sera reporté à l'inventaire de l'année suivante.

Section 2.—De la bière (1).

Art. 62. Tout brasseur de bière sera tenu de déclarer aux employés préposés à cet effet, 1° la contenance de ses chaudières, laquelle pourra être vérifiée ; 2° chaque mise de feu qu'il fera ; 3° le moment de l'entonnage de la bière après la cuite, pour qu'il soit fait en présence de l'employé, s'il le juge convenable.

Art. 63. Il sera payé par le brasseur, sur la quantité de bière par lui fabriquée, un droit de quarante centimes par hectolitre, quelle que soit la qualité de la bière.

La quantité sera évaluée, en comptant pour chaque mise de feu la contenance de la chaudière, quand elle ne serait pas entièrement pleine.

Il sera seulement déduit pour ouillage, coulage et autres accidens, quinze pour cent.

Art. 64. Les brasseurs auront un compte ouvert avec les employés chargés de les exercer.

Tous les trois mois, ce compte sera réglé, et les brasseurs paieront les droits dus à cette époque, en effets de commerce dûment cautionnés, et à quatre-vingt-dix jours de date au plus.

Art. 65. Celui qui ne brassera que pour la consommation de sa maison ne sera point soumis au paiement du droit.

Il sera tenu seulement de faire sa déclaration aux préposés et de souffrir leur visite.

S'il est reconnu qu'il vende de la bière, il sera soumis aux mêmes peines que les brasseurs pris en contravention.

Section 3.—Des distilleries.

Art. 66. Nul ne pourra distiller des vins, cidres, poirés, grains, mélasses, cerises, pommes de terre ou autres substances, qu'après en avoir fait sa déclaration aux employés préposés à cet effet, et avoir obtenu une licence qui ne vaudra que pour l'année.

Art. 67. Cette déclaration sera faite, pour la première fois, dans le mois qui suivra le jour où la présente loi sera exécutoire, et, à l'avenir, au commencement de l'année ; ou, si c'est un établissement nouveau, avant d'y mettre le feu.

Art. 68. Il sera payé pour la licence un droit fixe de dix francs.

Art. 69. Les distillateurs de grains de toute espèce et de ce-

____

(1) La plupart des dispositions placées sous ce titre et le suivant se retrouvent dans les chapitres 5 et 6 du titre Ier de la loi du 28 avril 1816.

rises paieront en outre un droit de quarante centimes par hectolitre de substance mise en distillation (1).

Art. 70. Cette quantité sera évaluée par la contenance des chaudières, et en supposant que chaque chaudière fasse deux distillations par jour, et travaille vingt-cinq jours par mois.

Art. 71. Le distillateur ou bouilleur qui voudra cesser d'être soumis au droit sera tenu de faire, avant la fin du mois, aux préposés, sa déclaration qu'il veut cesser de distiller, et en retirer certificat ; faute de quoi il paiera le mois commencé.

Art. 72. Avant de commencer à distiller, le distillateur sera tenu de faire aux préposés une nouvelle déclaration.

Art. 73. Le droit sera payable, tous les mois, en numéraire.

CHAPITRE 3. — *Du droit sur les voitures publiques.*

Art. 74. Les droits sur les voitures publiques de terre et d'eau continueront d'être perçus sur le pied fixé par la loi du 9 vendémiaire an 6 et celles ultérieures (2).

Art. 75. Il sera en outre perçu un dixième du prix payé aux entrepreneurs de voitures publiques de terre, pour les transports de marchandises qu'elles feront.

Cette perception se fera sur le vu des registres tenus dans leurs bureaux, et des feuilles remises à leurs conducteurs, postillons, cochers ou voituriers ; lesquelles feuilles les employés auront droit de se faire représenter, de compulser et vérifier.

CHAPITRE 4. — *Des contraventions aux droits exprimés aux chapitres 2, 3 et 5.*

Art. 76. En cas de recélé des vins, cidres et poirés sujets aux inventaires, ou de fraude des droits à la fabrication de la bière, à la distillation des eaux-de-vie de grains, vins, cidres et autres substances, ou enfin de fraude des droits sur les voitures publiques, les cartes, ou la marque d'or et d'argent ; les objets de fraude seront saisis et confisqués, et les contrevenans condamnés à une amende égale au quadruple des droits fraudés.

____

(1) Ce droit est supprimé pour la distillation des cerises. Voyez le décret du 20 floréal an 13, art. 4 ; voyez aussi les articles 8 de la loi du 20 juillet 1837 et 15 de celle du 10 août 1839.

(2) Ces lois sont celles qui réglaient les recettes et dépenses de l'état.

CHAPITRE 5. — *De la régie et de ses employés.*

SECTION 1re.—De la régie.

Art. 77. Il sera établi, pour la perception des droits dont il vient d'être parlé, une administration particulière sous le titre de *Régie des droits réunis* (1).

Art. 78. Elle sera composée d'un directeur général, et du nombre d'administrateurs et d'employés qui sera déterminé par le gouvernement, dans un réglement d'administration publique (2).

Art. 79. Le directeur général et les administrateurs auront un traitement fixe.

Les employés auront une remise progressive sur les produits, en raison de leur accroissement, d'après les fixations et taxations qui seront fait s par le gouvernement, comme il est dit en l'article précédent (3).

Art. 80. Indépendamment des droits dont il est parlé ci-dessus, la régie sera chargée de percevoir, 1° le droit sur les cartes à la fabrication ; 2° le droit de garantie sur les matières d'or et d'argent (4).

SECTION 2. — Des employés.

Art. 81. Les employés pourront entrer en tout temps chez les individus sujets aux droits sur les tabacs, la marque d'or et d'argent et les cartes (5).

Art. 82. Les employés ne pourront entrer que dans les caves, celliers et magasins des citoyens sujets à l'inventaire des boissons, et seulement pendant le temps accordé à cet effet par les articles 49 et 51, et entre le lever et le coucher du soleil.

Art. 83. En cas de suspicion de fraude, ils pourront faire des

---

(1) Contributions indirectes. (*Ordonnance du 17 mai 1814 et décret du 25 mars 1815.*)

(2) Voyez le décret du 5 germinal an 12.

(3) Aujourd'hui, les préposés buralistes sont seuls rétribués intégralement, au moyen de remises sur les perceptions.

(4) Les attributions de la régie se sont successivement accrues par diverses lois ou décrets, ordonnances et décisions ministérielles.

(5) Modifié par les articles 235, 236 et 237 de la loi du 28 avril 1816.

visites, mais en se faisant assister d'un officier de police, qui sera tenu, sous peine de destitution et de dommages-intérêts, de déférer à la réquisition par écrit qu'ils lui en auront faite, et qui sera transcrite en tête du procès-verbal.

Art. 84. Les procès-verbaux signés de deux d'entre eux feront foi en justice jusqu'à inscription de faux.

Art. 85. Il sera fait sur leurs appointemens une retenue annuelle, dont le gouvernement réglera la quotité, *et dont le montant sera versé à la caisse d'amortissement*, pour être employé à des pensions de retraite pour les employés, ou de secours pour leurs veuves ou enfans.

Art. 86. Les employés de la régie qui auront une recette ou manutention de deniers donneront un cautionnement qui sera déposé à la caisse d'amortissement, et dont la quotité sera fixée par le gouvernement.

Art. 87. Les dispositions de l'article 6 de la loi du 13 floréal an 11, sur les préposés des douanes convaincus d'avoir favorisé les importations ou exportations d'objets de contrebande, sont applicables aux préposés de la régie des droits réunis qui prévariqueront dans leurs fonctions (1).

CHAPITRE 6. — *De la forme de procéder, et des tribunaux.*

Art. 88. Les contestations qui pourront s'élever sur le fond des droits établis ou maintenus par la présente loi seront portées devant les tribunaux de première instance, qui prononceront dans la chambre du conseil, et avec les mêmes formalités prescrites pour le jugement des contestations qui s'élèvent en matière de paiement des droits perçus par la régie de l'enregistrement.

Art. 89. Le paiement des licences et des obligations souscrites pour le paiement des droits sera poursuivi par voie de contrainte, dans la même forme que celle suivie pour décerner les contraintes en matière de contributions (2).

-----

(1) Voyez le décret du 1er germinal an 13.
(2) Voyez l'article 43 du même décret.

Art. 90. Les contraventions qui, en vertu des dispositions de la présente loi, entraînent la confiscation ou l'amende, seront poursuivies par-devant les tribunaux de police correctionnelle, qui prononceront les condamnations.

———

28 VENTOSE AN 12 (19 MARS 1804).=**Arrêté qui attribue au ministère des finances l'exécution des lois relatives aux douanes, à la taxe d'entretien des routes, aux droits de navigation, de tonnage et aux octrois municipaux** (Extrait de l').

Art. 2. La perception..... du droit de navigation intérieure, celle des droits et revenus des canaux de navigation et des bacs, ... l'affermage, la police et le contentieux de ces droits et revenus sont attribués au ministère des finances.

Art. 3. Le conseiller d'état directeur général des ponts-et-chaussées travaillera avec le ministre des finances, pour ce qui sera relatif à l'affermage, la police et le contentieux des droits et revenus énoncés en l'article précédent.

Art. 4. L'exécution des lois et des arrêtés du gouvernement sur les octrois municipaux et de bienfaisance, en tout ce qui concerne l'établissement des octrois et la surveillance de leur perception, est attribuée au ministère des finances.

Tout ce qui concerne le budget des villes, l'administration des propriétés communales et leur comptabilité, continuera de faire partie des attributions du ministère de l'intérieur.....

———

5 GERMINAL AN 12 (26 MARS 1804).=**Arrêté concernant l'organisation de la régie des droits réunis.**

TITRE Iᵉʳ. — DE L'ADMINISTRATION CENTRALE A PARIS.

Art. 1ᵉʳ. L'organisation et la surveillance des octrois municipaux et de bienfaisance, *et du droit de passe sur les routes*, et les perceptions provenant des *droits réunis*, seront dans les attributions du ministre des finances.

Art. 2. Le conseiller d'état chargé des ponts et chaussées travaillera avec le ministre des finances pour l'organisation, l'instruction et le contentieux relatifs au droit de passe.

Art. 3. En exécution de la loi du 5 ventose dernier, il y aura un directeur général de la régie des *droits réunis*, et *cinq* administrateurs.

Art. 4. Le directeur général dirigera et surveillera, sous les ordres du ministre des finances, toutes les opérations relatives aux *droits réunis*.

Il fera faire la recette *de la taxe d'entretien des routes* (1), du droit de navigation intérieure, et des droits et revenus des bacs, bateaux et canaux.

Il dirigera et surveillera tous les agens et préposés à ces recettes.

Il sera chargé, d'après les instructions du ministre des finances, de l'exécution des lois et réglemens sur les octrois municipaux et de bienfaisance.

Art. 5. Le directeur général travaillera seul avec le ministre.

Art. 6. Le ministre des finances fera la division du travail entre les cinq administrateurs ; l'un d'eux sera uniquement chargé de suivre la comptabilité et le service des caisses.

Art. 7. Chaque administrateur travaillera particulièrement avec le directeur général.

Art. 8. Les administrateurs se réuniront en conseil d'administration, toutes les fois que le directeur général en indiquera.

Ce conseil sera présidé par le directeur général.

Art. 9. Les affaires contentieuses seront rapportées dans ce conseil ; elles seront décidées à la majorité des voix. En cas de partage d'opinions, le directeur général les départagera ; il pourra, lorsqu'il le jugera nécessaire, suspendre l'effet d'une délibération, afin d'en référer au ministre des finances.

____

(1) Cette taxe a été supprimée par la loi du 24 avril 1806, art. 60.

Art. 10. *Il sera établi, près du directeur général, un se-crétariat général, quatre bureaux de correspondance et un bureau de comptabilité.* Toute la correspondance sera adressée au directeur général, qui jouira de la franchise et du contre-seing, conformément à l'arrêté du 27 prairial an 8 (1).

Le secrétariat général sera chargé spécialement des affaires qui auront été réservées au directeur général.

TITRE II. — DE L'ADMINISTRATION DANS LES DÉPARTEMENS.

Art. 11. Il sera établi une direction dans chacun des départemens *de la république.*

Art. 12. Il y aura dans chaque direction, sous les ordres et la surveillance du directeur, des *inspecteurs*, des contrôleurs, des commis à cheval, des commis sédentaires et des préposés aux déclarations et aux recettes, dont le nombre et la résidence seront désignés ultérieurement.

TITRE III. — DE LA NOMINATION AUX EMPLOIS.

Art. 13. Les nominations des administrateurs, des directeurs, du secrétaire général, et du receveur général, seront faites par le premier consul.

Les nominations d'inspecteurs seront faites par le ministre des finances.

Les autres nominations seront faites par le directeur général (2).

A compter de l'an 14, l'on ne pourra être nommé directeur sans avoir été inspecteur.

TITRE IV. — DES TRAITEMENS ET REMISES.

Art. 14. Les directeurs dans les départemens jouiront d'un traitement fixe de trois à six mille francs.

Les inspecteurs, de deux mille à deux mille quatre cents francs ;

Les traitemens fixes des contrôleurs, des commis à cheval, et des commis sédentaires, seront fixés par un arrêté particulier.

Art. 15. Les directeurs, inspecteurs, contrôleurs et commis

----

(1) Voir l'ordonnance du 17 novembre 1844.
(2) Voir l'ordonnance du 17 décembre 1844.

jouiront en outre d'une remise sur la totalité des produits nets. La quotité de cette remise sera déterminée, chaque année, par le gouvernement.

Art. 16. Au moyen du traitement fixe et des remises ci-dessus, il n'y aura lieu à aucune indemnité pour frais de commis, de loyer, de bureaux, de tournées ou autres.

Art. 17. Les préposés aux recettes jouiront, pour traitement et indemnité de frais de loyer et de bureau, d'une remise sur le montant de leurs recettes, dont la quotité sera réglée ultérieurement.

TITRE V. — DES PRINCIPALES FONCTIONS DES DIVERS PRÉPOSÉS.

Art. 18. Le directeur correspondra avec le directeur général à Paris. Il transmettra aux *inspecteurs* et aux divers préposés les ordres et instructions qui lui seront adressés par la régie, et leur donnera d'ailleurs directement les ordres que nécessitera le bien du service.

Il fera la recette générale de tous les produits de son département, et en versera le montant, tous les quinze jours, au trésor public, par l'intermédiaire d'un receveur général établi près la régie, à Paris. Il adressera, au commencement de chaque mois, à la régie, le bordereau général de ses recettes et de ses dépenses pour le mois précédent.

Art. 19. Il veillera à ce que la perception soit faite en conformité des lois, et à ce que les différens employés de sa direction s'acquittent avec exactitude de leurs fonctions.

Il décernera des contraintes, et fera toutes poursuites nécessaires contre les préposés en débet.

Il instruira et défendra sur les instances qui seront portées devant les tribunaux.

Il formera, dans le second mois qui suivra chaque trimestre expiré, le compte général de ses recettes et de ses dépenses, et l'adressera à la régie, avec les pièces justificatives à l'appui.

Art. 20. Les inspecteurs, dans chaque département, correspondront avec le directeur, et se conformeront aux ordres et instructions qu'ils recevront de lui.

Ils veilleront à ce que les instructions soient pareillement observées par les divers préposés.

Ils feront, au commencement de chaque trimestre, une tournée générale dans tous les bureaux de leur arrondissement : ils vérifieront et arrêteront les registres des préposés aux déclarations et aux recettes; formeront des comptereaux triples des recettes et des dépenses, dont l'un restera au préposé, un autre sera adressé directement par l'inspecteur au directeur général, et il remettra le troisième au directeur, avec les pièces de dépense.

Art. 21. Les préposés aux déclarations et aux recettes recevront les déclarations prescrites par la loi du 5 ventose an 12, et feront la perception des différens droits confiés à la régie, conformément aux dispositions des lois.

Plusieurs des dispositions ci-dessus ont été reproduites ailleurs.

TITRE VI.—DES AMENDES ET CONFISCATIONS.

Art. 22. L'administration centrale ne pourra avoir aucune part dans les produits des amendes et confiscations. Ils seront répartis entre le trésor public, *les directeurs, inspecteurs*, contrôleurs et employés, comme il suit:

Un sixième au trésor public,

Deux sixièmes au directeur et à l'inspecteur de l'arrondissement, à raison de deux tiers pour le directeur, et d'un tiers pour l'inspecteur; trois sixièmes aux employés qui auront concouru à la saisie de la contravention, avec deux parts à chaque contrôleur qui aura coopéré à la saisie (1).

Art. 23. Les transactions sur procès (2) seront définitives,

1° Avec l'approbation du directeur de département, 'orsque, sur les procès-verbaux de contravention et

---

(1) Cette proportion n'est pas suivie en matière de droit de garantie. Voir l'article 104 de la loi du 19 brumaire an 6.

15 centimes par franc, sur le produit net des amendes et confiscations, sont affectés à la caisse des pensions de retraite, par le décret du 4 prairial an 13. Nous ne donnons pas le texte de ce décret, non plus que celui des ordonnances qui ont réglé diversement, suivant les époques, les droits des employés admis à une pension de retraite. Nous en ferons ultérieurement l'objet d'une publication spéciale.

(2) Il ne peut être transigé sur les contraventions et délits en matière de droit de garantie. Voyez le décret du 28 floréal an 13.

saisie, les condamnations de confiscations et amendes à obtenir ne s'élèveront pas à plus de 500 francs ;

2° Avec l'approbation du directeur général, lorsque lesdites condamnations s'élèveront de 500 francs à 3,000 francs ;

3° Avec l'approbation du ministre des finances dans les autres cas.

TITRE VII. — DES CAUTIONNEMENS.

Art. 24. *Le cautionnement du receveur général est fixé provisoirement à cent mille francs en numéraire.*

Les directeurs, employés et préposés aux recettes fourniront des cautionnemens en numéraire, *du douzième du montant des recettes qu'ils auront faites en l'an 13.* Ces cautionnemens seront versés à la caisse d'amortissement.

---

5 GERMINAL AN 12 (26 MARS 1804). = Arrêté portant nomination des directeurs des droits réunis dans les départemens.

Art. 1er. Sont nommés directeurs des droits réunis les citoyens dont les noms suivent :

DÉPARTEMENS.	NOMS DES DIRECTEURS.
Ain	Costaz.
Aisne	Milanges, ex-législateur.
Allier	Say, tribun.
Alpes (Basses-)	Lemercier, directeur d'octroi.
Alpes (Hautes-)	Bessières (Julien).
Alpes maritimes	Moltedo, ex-conventionnel.
Ardèche	Suard.
Ardennes	Malus, ex-législateur.
Ariége	Brothier, ex-législateur.
Aube	Jaillant Deschenets.
Aude	Debosque.
Aveyron	Grand (Charles), receveur particulier de la commune de Saint-Affrique.

DÉPARTEMENS.	NOMS DES DIRECTEURS.
Bouches-du Rhône.	Geffrier père.
Calvados..........	Bremontier, législateur.
Cantal.............	Quibert Palisseaux.
Charente..........	Bouisseren, ex-législateur.
Charente-Inférieure	Gaudin-Lagrange, ancien directeur des fermes.
Cher..............	Juhel, législateur.
Corrèze...........	Porquier, législateur.
Côte-d'Or.........	Lejeas-Charpentier fils aîné.
Côtes-du-Nord....	Bonamy, ancien officier.
Creuse............	Hargenvillier, ancien employé des aides.
Doire.............	Lauthier Xaintrailles, général de division réformé.
Dordogne.........	Garnier Laboissière (Henri).
Doubs............	Jacomin, législateur.
Drôme............	Français.
Dyle.............	Prat.
Eure.............	Lhôpital (Pierre-Nicolas).
Eure-et-Loir......	Parceval-Deschencs, ancien receveur général.
Finistère.........	Toulgoët-Legogat, législateur.
Gard.............	Viguier.
Garonne (Haute)..	Devienne.
Gers.............	J.-J. Aimé, ex-législateur.
Gironde..........	Mathieu, tribun.
Hérault.	Guesviller (Philippe).
Ille-et-Vilaine. ...	Cordeil-Judicelli.
Indre.............	Boëry, ex-législateur.
Indre-et-Loire....	Vauzelle, législateur.
Isère.............	Bourcet.
Jura.............	Vernety.
Landes...........	Mauriel, ex-législateur.
Léman...........	Lacorbière.
Liamone..........	*Nota.* Le directeur est au Golo.
Loir-et-Cher......	Pincemaille Delannoy.
Loire.............	Viennot, ex-législateur.
Loire (Haute-)....	Ruinet, ancien directeur des fermes.
Loire-Inférieure...	Saget, législateur.
Loiret............	Delaage, ancien directeur des fermes.
Lot..............	Bastid, sous-préfet de Gourdon.
Lot-et-Garonne...	Reguis, ex-législateur.
Lozère...........	Pascal fils.
Maine-et-Loire....	Clavier, législateur.
Manche...........	Rajeot-Laroche.
Marengo..........	Mazin, adjoint du maire de Turin.

DÉPARTEMENS.	NOMS DES DIRECTEURS.
Marne............	Deffosse, ancien receveur général.
Marne (Haute-)...	Bosc, tribun
Mayenne....... ...	Romme, régisseur de l'octroi de Paris.
Meurthe..........	Viart, ex-constituant.
Meuse........	Loison.
Mont-Blanc.......	Malus (Louis-François).
Morbihan.........	Delon.
Moselle...........	Champion (de la Meuse), ex-législateur.
Nèthes (Deux-)....	Auguste Michel.
Nièvre...........	Crepy.
Nord.............	Guinard, tribun.
Oise.....	Duménil (Charles-Nicolas-Gillet).
Orne............	Ludot.
Ourthe....	Digneffe, ex-législateur.
Pas-de-Calais.....	Cezeau, directeur d'octroi à Arras.
Pô...............	Fontanes.
Puy-de-Dôme.....	Allard, législateur.
Pyrénées (Basses-).	Turgan, législateur.
Pyrénées (Hautes-).	Bernadotte.
Pyrénées-Orientales	Julia, ex-payeur d'armée.
Rhin (Bas-).......	Gravelotte, ancien employé des fermes.
Rhin (Haut-).....	Schirmer, législateur.
Rhône...........	Labrouste, tribun
Saône (Haute-)....	Laligant, ancien administrateur.
Saône-et-Loire....	Gauthier, ex-législateur.
Sarthe...........	Laurent de Mézières.
Seine............	Legrand.
Seine-Inférieure...	Suchet.
Seine-et-Marne. ..	Picault, tribun.
Seine-et-Oise.....	Randon Duthil, ancien receveur général.
Sésia............	Gardini.
Sèvres (Deux-)....	Paulian, ancien directeur des fermes.
Somme...........	Bailleul, ex-législateur.
Stura......... ...	Cerutti.
Tanaro...........	Lessona.
Tarn............	D'hautpoult.
Var.............	Caze le jeune.
Vaucluse.........	Rellier.
Vendée..........	Leforestier, receveur des contributions à Evreux.
Vienne...........	Vincent.
Vienne (Haute-)...	Malvergnes-Freyssinat.
Vosges...........	Daston.
Yonne............	Rabassé, législateur.

6 GERMINAL AN 12 (27 MARS 1804).=Arrêté portant nomination du directeur général, des administrateurs et du secrétaire général de l'administration centrae des droits réunis.

BONAPARTE, premier consul de la république, nomme, pour composer l'administration centrale des droits réunis, les citoyens ci-après :

Directeur général : Français (de Nantes), conseiller d'état.

Administrateurs............ { Moustelon. Collin fils. Frignet. Delarue. Gamot.

Secrétaire général.......... | Bergerot.

---

29 GERMINAL AN 12 (19 AVRIL 1804). = Arrêté concernant la révision annuelle des tarifs d'octrois municipaux, etc. (**Extrait de l'**).

Art. 1er. Les tarifs des octrois municipaux et de bienfaisance, arrêtés avant le 1er vendémiaire an 12, seront soumis incessamment à la sanction du gouvernement.

Art. 2. Au mois de fructidor de chaque année, les tarifs d'octroi seront régularisés et arrêtés en conseil d'état.

---

8 FLORÉAL AN 12 (28 AVRIL 1804).=Arrêté relatif aux baux des droits de bacs et passages d'eau (**Extrait de l'**).

Art. 1er. La perception des droits de bacs et passages d'eau, dont les tarifs ont été arrêtés ou le seront à l'avenir par le gouvernement, sera affermée à l'enchère publique, d'après les ordres et instructions du ministre des finances, et à la diligence des préfets de département.

Art. 2. Les baux ordinaires seront de trois, six et neuf années ; et l'adjudicataire se chargera, par estimation, des effets mobiliers affectés au service des bacs.

Art. 3. Lorsque, pour l'intérêt et l'avantage de la perception, il sera jugé convenable de passer des baux d'une plus longue durée, les préfets pourront les consentir pour douze, quinze et dix-huit années à la charge de les soumettre à l'approbation du ministre des finances.

---

17 MESSIDOR AN 12 (6 JUILLET 1804). = Décret relatif aux traites à fournir par les fabricans de tabac et les brasseurs (1).

---

11 THERMIDOR AN 12 (30 JUILLET 1804).=Décret concernant l'écusson à employer pour la marque des cartes à jouer et d'autres objets relatifs au service de la régie des droits réunis.

Article unique. Le filigrane du papier destiné à la fabrication des cartes à jouer, les bandes à timbre sec nécessaires pour le contrôle des jeux et sixains de cartes, et les cachets et autres marques employés au service de la régie des *droits réunis* porteront l'écusson des armes *de l'empire*, avec l'exergue distinctif de cette administration.

---

30 THERMIDOR AN 12 (18 AOUT 1804). = Décret relatif au remboursement des droits sur les cartes à jouer et sur la musique gravée (2) qui sont exportées à l'étranger (Extrait du).

Art. 1er. Les droits sur les cartes à jouer....... seront *remboursés* (3) sur les quantités qui seront exportées à l'étranger.

---

(1) Voyez l'article 127 de la loi du 28 avril 1816.
(2) Un décret du 10 brumaire an 14 a décidé que ce serait à la régie de l'enregistrement à opérer le remboursement du droit de timbre sur la musique gravée.
(3) Voyez la loi du 4 juin 1836. Le mode de remboursement

Art. 2. A cet effet, les fabricans ou marchands de cartes à jouer..... qui désireront exporter à l'étranger, feront, entre les mains du directeur de la régie des *droits réunis*, la déclaration des quantités, qualités qu'ils sont dans l'intention d'exporter, ainsi que des bureaux de douanes par lesquels ils comptent en faire l'expédition.

Art. 3. Les susdits fabricans et marchands déposeront dans les bureaux de la régie, avec les déclarations ordonnées dans l'article précédent, les caisses ou ballots de cartes à jouer..... qui y seront indiqués. Après vérification faite, lesdits ballots ou caisses seront fermés ou plombés en présence du directeur de la régie des *droits réunis*, et le directeur délivrera un permis d'exportation dans lequel sa déclaration sera mentionnée.

Art. 4. Le permis, revêtu du certificat de sortie apposé au revers par les préposés du bureau de douane indiqué dans la déclaration sera rapporté au directeur de la régie des *droits réunis* du lieu de la fabrication, *et il ordonnera le remboursement des droits payés pour les quantités de cartes..... expédiées.*

Art. 5. Dans le cas où, dans le délai de deux mois, les fabricans ou marchands n'auraient pas rapporté le certificat de sortie dans la forme prescrite par l'article précédent, ils ne pourront prétendre le *remboursement* du montant du droit de timbre dû sur ces mêmes objets.

---

30 THERMIDOR AN 12 (18 AOUT 1804'. = Décret concernant la fixation des licences des débitans de tabac (1).

---

n'est plus en usage pour les exportations de cartes ; il y a seulement suspension au paiement du droit et libération complète lorsque la sortie du royaume est régulièrement prouvée.

(1) Voyez le *nota* mis à la suite du titre de la loi du 22 brumaire an 7.

14 FRUCTIDOR AN 12 (1er SEPTEMBRE 1804).= Décret concernant les entrepreneurs de voitures publiques à destination fixe.

Art. 1er. Tout entrepreneur de voitures publiques à destination fixe, et faisant le service d'une même route ou d'une ville à une autre, est compris dans les dispositions des articles 68 et 69 de la loi du 9 vendémiaire an 6, et comme tel soumis à leur exécution, ainsi qu'à celle des articles 74 et 75 de la loi du 5 ventose an 12.

Art. 2. Ne sont pas comprises dans l'article précédent, 1º les voitures qui ne portent pas de voyageurs; 2º celles restant sur place ou purement de louage, et qui partent indifféremment à quelque jour et quelque heure et pour quelque lieu que ce soit, sur la réquisition des voyageurs.

Art. 3. Les entrepreneurs de voitures publiques, autres que celles mentionnées en l'article 2, tiendront des registres *en papier timbré* (1), cotés et paraphés par le sous-préfet de leur arrondissement, ou tel autre officier public commis à cet effet par le préfet du département. Ils y enregistreront jour par jour toutes les personnes et marchandises dont ils entreprendront le transport, ainsi que le prix des places, la nature, le poids et le prix du port des paquets et marchandises. Lesdits registres seront visés des préposés des *droits réunis* de l'arrondissement.

Art. 4. La perception du dixième du prix du port des marchandises, créée par l'article 75 de la loi du 5 ventose an 12, s'établira sur le vu desdits registres, qui serviront à constater la fidélité des déclarations du nombre et du prix des places de chaque voiture. A cet effet, les entrepreneurs ou leurs commis communiqueront, sans déplacement, aux préposés de la régie des

____

(1) Depuis la loi du 20 juillet 1837, art. 4, ces registres sont établis en papier libre.

droits réunis, et à toute réquisition, non-seulement les registres d'enregistremens journaliers ci-dessus désignés, mais encore toute espèce de registres de contrôle et de recette qu'ils auront établis dans leur manutention.

Seront considérés comme marchandises sujettes au droit du *dixième*, tous les objets qui donneront lieu à une perception au profit de l'entreprise.

Art. 5. Les entrepreneurs remettront à leurs conducteurs, cochers, postillons ou voituriers, au moment de leur départ, une feuille de route portant le numéro de l'estampille de la voiture, le nom de l'entrepreneur et celui du conducteur, ainsi que le nombre des places de la voiture. Cette feuille, certifiée de l'entrepreneur ou d'un de ses commis, présentera littéralement, article par article, les enregistremens ainsi que le prix des places et du port des objets portés au registre.

Tout chargement fait dans le cours de la route sera inscrit sur ladite feuille et reporté au registre du bureau d'arrivée.

Art. 6. Les préposés de la régie des *droits réunis* sont autorisés à assister aux chargemens et déchargemens des voitures, tant aux lieux de départ et d'arrivée que dans le cours de la route, à viser les registres et feuilles de route, à en vérifier l'exactitude, à en prendre copie, et à dresser procès-verbal de toutes contraventions.

Art. 7. Sont exceptés du droit de dixième et du droit fixe les courriers chargés du transport des dépêches dans les malles affectées à ce service par l'administration des postes et à elle appartenant.

Les entrepreneurs particuliers de ce service seront tenus de payer le dixième du prix des places des voyageurs qu'ils conduiront, et des paquets autres que ceux des dépêches qu'ils transporteront.

Art. 8. Il sera délivré à chaque entrepreneur de voitures publiques, par le préposé de la régie des *droits réunis*, autant de laissez-passer conformes à sa déclaration, qu'il aura de voitures en circulation. Les conducteurs seront tenus d'en être toujours porteurs, et de les représenter à toute réquisition, à tout préposé de la régie des *droits réunis*.

Art. 9. Lorsque les entrepreneurs suspendront le service d'une voiture pour la mettre en réparation, celle qu'ils y substitueront devra également être déclarée, estampillée, et ne pourra être d'une capacité excédante, sans acquitter le droit en raison de l'excédant des places, qui sera vérifié par les commis de la régie.

Art. 10. Tout emploi de faux registres et de fausses feuilles ou de faux enregistremens sera constaté par procès-verbal pour poursuivre les contrevenans, conformément *à l'article 76 de la loi du 5 ventose an 12* (1), sans préjudice des poursuites extraordinaires pour crime de faux, suivant les cas.

Les peines pécuniaires ne pourront être remises ni modérées, si ce n'est par transaction, en conformité de l'article 23 du réglement général du 5 germinal an 12.

Art. 11. En cas de résistance, voies de fait ou insultes de la part des conducteurs, cochers, postillons et voituriers, il y aura lieu à l'application des peines portées en l'article 15 de la loi du 27 frimaire an 8, sur l'organisation générale des octrois.

---

14 FRUCTIDOR AN 12 (1ᵉʳ SEPTEMBRE 1804).— Décret relatif aux distillateurs qui veulent cesser leur profession.

Art. 1ᵉʳ. Tout distillateur ou bouilleur qui aura fait, en conformité de l'article 71 de la loi du 5 ventose an 12, sa déclaration qu'il veut cesser de distiller, sera tenu d'en retirer un certificat, à défaut duquel il continuera d'être traité comme distillateur.

Art. 2. Le certificat mentionné en l'article précédent ne pourra lui être délivré qu'après qu'il aura justifié de la remise à la mairie de son domicile, des chapiteaux et serpentins de ses alambics, ou qu'il aura été apposé sur lesdits chapiteaux et serpentins un scellé dont il se constituera conservateur et gardien. Il sera rédigé procès-verbal de l'apposition dudit scellé.

---

(1) Remplacé par l'article 122 de la loi du 25 mars 1817.

Art. 3. S'il est reconnu, par la suite, que le scellé a été altéré ou brisé, le distillateur sera condamné aux peines prononcées par l'article 76 de la loi du 5 ventose an 12, contre ceux qui fraudent les droits dus pour la distillation.

---

3 VENDÉMIAIRE AN 13 (25 SEPTEMBRE 1804. = **Décret relatif aux distillateurs de grains suivant le procédé hollandais.**

Art. 1er. A compter du 1er vendémiaire an 13, les chaudières des distilleries de grains montées suivant le procédé hollandais seront regardées, pour l'application du droit porté aux articles 69 et 70 de la loi du 5 ventose an 12, comme ne contenant de substance mise en distillation qu'une quantité égale à la moitié seulement de leur capacité, et comme ne faisant qu'une distillation par jour.

Art. 2. Ne seront réputées distilleries à la hollandaise que celles dont l'atelier sera composé de trois alambics, chacun d'une capacité de dix-huit hectolitres au moins, et de douze cuves de macération, de la même contenance que chaque chaudière ou alambic.

Art. 3. Tout distillateur qui voudra distiller suivant le procédé de Hollande, sera tenu d'en faire une déclaration expresse au directeur des droits réunis.

Art. 4. Les distillateurs qui auront fait la déclaration portée en l'article précédent, ne pourront, sous peine de contravention, changer leur procédé de distillation, et distiller suivant le procédé de Flandre, sans préalablement en avoir fait la déclaration au bureau de la direction.

Art. 5. A compter du 1er vendémiaire an 13, il sera fait remise de deux francs par hectolitre d'eaux-de-vie de grains fabriquées en France qui seront exportées à l'étranger.

Art. 6. Les eaux-de-vie de grains destinées à l'exportation ne pourront sortir de la distillerie où elles auront été fabriquées, que sur une déclaration qui indiquera cette distillerie, et la route qu'elles devront prendre pour leur sortie, conformément à l'article suivant.

Art. 7. Elles ne pourront sortir de l'empire, pour être exportées à l'étranger, que par les lieux ci après désignés, savoir : par Mayence, Coblentz et Cologne, pour celles qui prendront la voie de terre ; et par Ostende, Dunkerque et Le Havre, pour celles qui seront exportées par mer.

Art. 8. Les eaux-de-vie seront, en outre, accompagnées d'un acquit-à-caution qui, dans les délais portés audit acquit, et déterminés en raison des distances, devra être représenté à leur arrivée dans les lieux de sortie, au principal préposé de la régie des droits réunis, pour être par lui visé, et ensuite au bureau de la douane, pour y être déchargé.

Art. 9. Le préposé de la régie des droits réunis au lieu de sortie sera tenu, en donnant son *visa* sur les acquits-à-caution, de les porter sur un registre qu'il tiendra à cet effet, et d'adresser un extrait de ce registre a son directeur, qui, après l'avoir légalisé, l'adressera au directeur de l'arrondissement du lieu de la distillerie.

Art. 10. Les acquits-à-caution délivrés pour les eaux-de-vie de grains destinées à l'exportation, seront représentés, à toute réquisition, pour être visés, aux employés des droits réunis, partout où il y en aura d'établis, depuis la sortie de la fabrique jusqu'à l'extrême frontière.

Art. 11. La remise de deux francs par hectolitre d'eau-de-vie de grains ne sera effectuée que par le bureau de la régie où le droit aura été acquitté, sur un ordre du directeur du département, et lorsque la sortie sera justifiée par l'acquit-à-caution visé et déchargé.

Art. 12. A compter du 1er vendémiaire an 13, les directeurs de la régie sont autorisés à consentir des abonnemens particuliers avec les cultivateurs qui justifieront que l'objet principal de leur distillation est de pourvoir à la nourriture des bestiaux servant à leur exploitation.

Art. 13. Ils ne seront valables que pour un an, et n'auront d'exécution qu'après avoir été approuvés par le directeur général de la régie des droits réunis, à qui la proposition en sera faite par lesdits directeurs particuliers.

---

26 VENDÉMIAIRE AN 13 (18 OCTOBRE 1804). = Décret qui met dans les attributions de la régie des droits réunis la perception du droit de 5 p. 0/0 sur le produit des octrois des villes au-dessus de 4,000 habitans (**Extrait du**).

Art. 1er. La régie des *droits réunis* est chargée de faire recouvrer, par ses préposés, le droit de *cinq pour cent*, perçu en exécution de l'arrêté du 24 frimaire an 11, sur le produit des octrois des villes *au-dessus de quatre mille ames* (1).

---

21 BRUMAIRE AN 13 (12 NOVEMBRE 1804). = Décret concernant les frais de régie des octrois des villes ayant plus de 20,000 francs de revenu.

Art. 1er. Il sera rendu compte au ministre de l'intérieur,

---

(1) 10 p. 0/0 du produit net dans toutes les communes sujettes à octroi (*Art. 155 de la loi du 28 avril 1816.*)

par les préfets, et par le ministre, à sa majesté en son conseil d'état, du montant des frais de régie, pendant l'an 13, des octrois des villes ayant plus de 20,000 francs de revenu, si ces octrois sont en régie ; et des conditions des baux, s'ils sont en ferme ou régie intéressée.

Art. 2. A compter de l'an 14, le montant des frais de régie et l'état abrégé de leur emploi, ou les conditions des baux à ferme ou régie intéressée, seront joints aux budgets des villes, lorsqu'ils seront proposés par le ministre à l'approbation de sa majesté.

26 BRUMAIRE AN 13 (17 NOVEMBRE 1804). = Décret contenant réglement provisoire sur les taxations des préposés de la régie des droits réunis.

§ 1er.

Art. 1er. Les préposés de la régie et tous les autres préposés provisoires qui, pendant le courant de l'an 12, auront reçu immédiatement des mains des redevables, quelques uns des droits établis par la loi du 5 ventose même année, sont autorisés à retenir sur le montant de leurs recettes un centime par franc à titre de taxations.

Art. 2. Cette taxation néanmoins ne pourra être prélevée que sur les rentrées effectives en numéraire, et sur le montant des obligations consenties par les redevables.

Elle ne sera payable aux préposés provisoires qu'après qu'ils auront versé la totalité de leurs recettes dans les caisses publiques.

§ 2. — *Dispositions relatives à l'exercice an 13.*

Recettes des fonds généraux.

Art. 3. Les receveurs particuliers des droits formant la consistance de la régie, pour l'an 13 auront sur les recettes de ceux de ces droits qui sont affectés aux dépenses générales de l'état, savoir :

Cinq centimes par franc sur les premiers dix mille francs qu'ils auront perçus ;

Un demi pour cent pour le surplus.

Art. 4. Les receveurs particuliers des chefs-lieux d'arrondissemens communaux, devant réunir les doubles fonctions de receurs principaux, auront, en cette dernière qualité, une taxation de cinq centimes par franc sur les premiers quarante mille francs ;

Deux centimes au dessus de quarante mille francs, jusqu'à deux cent mille ; et au delà, un centime seulement.

Art. 5. Dans tous les lieux où l'importance des perceptions exigera qu'il y ait une recette particulière, séparée de la recette principale d'arrondissement, pour les droits de garantie du titre des matières d'or et d'argent, la taxation des receveurs de ces droits sera la même que celle allouée en l'an 12 par la régie de l'enregistrement.

Recettes des fonds spéciaux.

Art. 6. Les directeurs, les receveurs principaux et les receveurs particuliers auront les uns et les autres un tiers de centime par franc sur les recettes provenant des droits sur les bacs et bateaux affermés ou non affermés.

Art. 7. Les diverses taxations fixées par le présent décret ne seront allouées que sur les recettes effectives, réalisées dans les caisses des différens receveurs, en numéraire ou en valeurs actives.

------

22 FRIMAIRE AN 13 (13 DÉCEMBRE 1804).=Décret sur les cautionnemens provisoires des directeurs receveurs généraux des droits réunis.

Nous conservons, pour l'ordre chronologique seulement, le titre de ce décret purement transitoire. — Les directeurs de département ne sont plus depuis long-temps receveurs généraux, et ce n'est qu'en leur qualité de directeurs qu'ils fournissent, aux termes d'une décision ministérielle du 30 janvier 1836, un cautionnement fixe, réglé d'après la classe dans laquelle est rangée leur direction. Voyez *Annales* 1836-37, page 52.

------

3 NIVOSE AN 13 (24 DÉCEMBRE 1804). = Décret relatif à la déclaration et à la marque des tabacs dépourvus du type prescrit par les lois des 22 brumaire an 7 et 5 ventose an 12 (1).

------

(1) Voir le *nota* imprimé à la suite du titre de la loi du 22 brumaire an 7, page 49.

25 NIVOSE AN 13 (15 JANVIER 1805). = Loi contenant des mesures relatives au remboursement des cautionnemens fournis par les agens de change, courtiers de commerce, etc. (1) (Extrait de la).

Art. 1er. Les cautionnemens fournis par les agens de change, les courtiers de commerce, les avoués, greffiers, huissiers, et les commissaires-priseurs, sont, comme ceux des notaires (art. 23 de la loi du 25 ventose an 11), affectés, par premier privilége, à la garantie des condamnations qui pourraient être prononcées contre eux, par suite de l'exercice de leurs fonctions ; par second privilége, au remboursement des fonds qui leur auraient été prêtés pour tout ou partie de leur cautionnement ; et subsidiairement, au paiement, dans l'ordre ordinaire, des créances particulières qui seraient exigibles sur eux.

Art. 2. Les réclamans, aux termes de l'article précédent, seront admis à faire sur ces cautionnemens des oppositions motivées, soit directement à la caisse d'amortissement, soit aux greffes des tribunaux dans le ressort desquels les titulaires exercent leurs fonctions.....

Art. 4. La déclaration au profit des prêteurs des fonds de cautionnement, faite à la caisse d'amortissement à l'époque de la prestation, tiendra lieu d'opposition pour leur assurer l'effet du privilége du second ordre, aux termes de l'article 1er.

---

23 PLUVIOSE AN 13 12 FÉVRIER 1805).=Décret qui interdit la vente des poudres de guerre (Extrait du).

Art. 1er. A dater de la publication du présent décret,

---

(1) Voyez la loi du 6 ventose an 13, qui déclare celle-ci applicable à tous les comptables publics ou préposés des administrations.

toute vente de poudre de guerre est interdite : *en conséquence, l'administration générale des poudres ne pourra en faire délivrer, même aux citoyens qui ont obtenu une commission spéciale de ladite administration pour la vente des poudres.*

Art. 4. Après l'expiration du délai accordé par l'article précédent (1), tout individu qui aura conservé, ou qui sera trouvé nanti d'une quantité quelconque de poudre de guerre, sera dénoncé aux tribunaux pour être poursuivi, aux termes de l'article 27 de la loi du 13 fructidor an 5, comme ayant illicitement fabriqué de la poudre de guerre, et puni de 3,000 francs d'amende, à moins qu'il ne prouve l'avoir achetée d'un marchand domicilié et patenté, ou qu'il n'en mette le vendeur sous la main des tribunaux.

Art. 5. L'administration des poudres pourra, toutefois, faire délivrer de ses magasins, aux artificiers patentés, la poudre de guerre qu'ils justifieront leur être nécessaire, en s'engageant à produire, toutes les fois qu'ils en seront requis, le certificat d'achat de ladite poudre.

---

2 VENTOSE AN 13 (21 FÉVRIER 1805).—Loi relative aux finances de l'an 13 Extrait de la).

TITRE IX. — DE LA RÉGIE DES DROITS RÉUNIS.

Art. 44. Les mesures nécessaires pour assurer la perception des *droits réunis* pourront être prises par les réglemens d'administration publique, en se conformant, tant pour la nature et la quotité des droits, que pour les peines contre les contraventions, aux dispositions portées au titre V de la loi du 5 ventose an 12, concernant l'établissement des *droits réunis;* et les réglemens seront proposés en forme de loi au corps législatif, à la session la plus prochaine.

---

(1) Un mois de délai.

6 VENTOSE AN 13 (25 FÉVRIER 1805). = Loi additionnelle à celle du 25 nivose an 13, relative aux cautionnemens.

Art. 1er. Les articles 1. 2 et 4 de la loi du 25 nivose dernier, relative aux cautionnemens fournis par les notaires, avoués et autres, s'appliqueront aux cautionnemens des receveurs généraux et particuliers, et de tous les autres comptables publics, ou préposés des administrations.

Art. 2. Les prêteurs des sommes employées auxdits cautionnemens jouiront du privilége de second ordre institué par l'article 1er de la loi du 25 nivose dernier, en se conformant aux articles 2 et 4 de la même loi.

1er GERMINAL AN 13 (22 MARS 1805). = Décret concernant les droits réunis, la manière de procéder sur les contraventions, etc. Extrait du .

CHAPITRE 1er. — *Des vins, cidres et poirés.*

Art. 1er. Les vins, cidres et poirés nouvellement fabriqués, qui seront enlevés pendant la durée des inventaires fixée par l'article 49 de la loi du 5 ventose an 12, sans avoir acquitté les droits au lieu de l'enlèvement, ne pourront être introduits dans les villes dans lesquelles les droits d'octroi sont perçus, sans acquitter à l'entrée les droits d'inventaire.

Les vendanges et fruits en nature acquitteront pareillement à l'entrée desdites villes, dans le cas prévu ci-dessus, et sous la même réserve, le droit proportionnel tel qu'il est fixé par l'article 53 de la même loi.

Art. 2. La déduction accordée pour consommation de famille, par l'article 60 de la loi du 5 ventose an 12, aura lieu pour les poirés, dans la même proportion et dans le même cas que pour les cidres.

Art. 3. Ceux qui récoltent à la fois des vins, cidres et poirés, auront la faculté, lors du récolement, d'opter entre la déduction de neuf hectolitres de vin, ou de dix-huit hectolitres de cidre ou de poiré; et dans le cas où ils voudraient faire porter la déduction tant sur les vins que sur les cidres et poirés, elle ne pourra excéder en totalité la quotité de neuf hectolitres de vin, ou de dix-huit hectolitres de cidre.

CHAPITRE 2.—*Des tabacs.*

Voir, page 49, le *nota* relatif à la loi du 22 brumaire an 7.

CHAPITRE 3. — *Droit sur les cartes.*

Art. 10. Nul fabricant de cartes ne pourra s'établir, à l'avenir, hors des chefs-lieux de direction de la régie.

Art. 11. Tous les moules de cartes à figures seront déposés dans le principal bureau du lieu de la fabrique; les fabricans seront tenus d'y venir imprimer les cartes à figures (1).

Art. 12. Les cartes ne pourront être fabriquées que sur du papier filigrané, qui sera délivré par la régie aux fabricans de cartes, et dont le prix lui sera remboursé par eux. *Ce prix sera réglé chaque année par un décret.*

CHAPITRE 4. — *Des distilleries.*

Art. 13. Si dans la distillation des pommes de terre on fait entrer du grain au-delà de la proportion nécessaire pour le levain, la distillation sera soumise aux droits de l'article 69 de la loi du 5 ventose an 12, et aux formalités prescrites par les articles 70, 71, 72 et 73. La proportion de ce levain sera réglée d'après la contenance des chaudières.

CHAPITRE 5. — *Des bières.*

Les dispositions suivantes sont reproduites presque en entier dans la loi du 28 avril 1816, chap. t e 5.

Art. 14. L'épalement des chaudières servant à la fabrication de la bière sera fait en présence du propriétaire par les employés de la régie, qui les marqueront des numéros nécessaires pour les distinguer, et pour indiquer leur contenance en hectolitres ; il sera dressé procès-verbal de cette opération.

Art. 15. L'entonnement de la bière ne sera fait dans les brasseries que pendant le jour ; savoir, du 1er vendémiaire au 1er germinal, depuis sept heures du matin jusqu'à cinq heures du soir ; et du 1er germinal au 1er vendémiaire, depuis cinq heures du matin jusqu'à huit heures du soir.

---

(1) Les feuilles de moulage à portrait français sont fournies par la régie. Voyez le décret du 9 février 1810, art. 3.

Art. 16. L'exemption du droit, accordée par l'article 65 de la loi du 5 ventose an 12, à ceux qui ne brassent que pour la consommation de leur maison, ne peut s'étendre ni aux brasseurs de profession, ni aux particuliers qui font brasser de la bière hors de leur domicile, ou qui empruntent ou louent à des brasseurs domiciliés les chaudières et autres ustensiles nécessaires à la fabrication de la bière. Les brasseries ambulantes sont interdites.

Art. 17. Les brasseurs de bière sont tenus de souffrir les visites des employés de la régie, et de leur ouvrir, sur leur réquisition, leurs brasseries, ateliers, magasins, caves et celliers, ainsi que de leur représenter les bières qu'ils ont en leur possession : -ils sont tenus de faire sceller les portes de communication des brasseries avec les maisons voisines.

Art. 18. Toute brasserie en activité portera une enseigne extérieure. Les brasseurs seront tenus de marquer leurs tonneaux d'une empreinte particulière.

Art. 19. Toute contravention aux articles ci-dessus sera poursuivie et punie ainsi qu'il est prescrit par les articles 65 et 76 de la loi du 5 ventose an 12.

CHAPITRE 6. — *Des commis et des procès-verbaux.*

Art. 20. Les préposés de la régie seront âgés au moins de vingt-un ans accomplis : ils seront tenus, avant d'entrer en fonctions, de prêter serment devant le *juge de paix* ou le tribunal civil (1) de l'arrondissement dans lequel ils exercent ; ce serment sera enregistré au greffe, et transcrit sur leur commission. sans autres frais que ceux d'enregistrement et de greffe, et sans qu'il soit nécessaire d'employer le ministère d'avoué.

Art. 21. Les procès-verbaux énonceront la date et la cause de la saisie, la déclaration qui en aura été faite au prévenu, les noms, qualités et demeures des saisissans, et de celui chargé des poursuites, l'espèce, poids ou mesure des objets saisis, la présence de la partie à leur description, ou la sommation qui lui aura été faite d'y assister, le nom et la qualité du gardien, s'il y a lieu. le lieu de la rédaction du procès-verbal, et l'heure de sa clôture.

---

(1) Devant le tribunal civil exclusivement. (*Circulaire de la chancellerie du 20 novembre 1816*)

Art. 22. Dans le cas où le motif de la saisie portera sur le faux et l'altération des expéditions, le procès-verbal énoncera le genre de faux, les altérations ou surcharges.

Lesdites expéditions, signées et paraphées des saisissans, NE VARIETUR, seront annexées au procès-verbal, qui contiendra la sommation faite à la partie de les parapher, et sa réponse.

Art. 23. Il sera offert main-levée, sous caution solvable, ou en consignant la valeur des navires, bateaux, voitures, chevaux et équipages saisis pour autre cause que pour importation d'objets dont la consommation est défendue ; et cette offre, ainsi que la réponse de la partie, sera mentionnée au procès-verbal.

Art. 24. Si le prévenu est présent, le procès-verba. énoncera qu'il lui en a été donné lecture et copie; en cas d'absence du prévenu, la copie sera affichée, dans le jour, à la porte de la maison commune du lieu de la saisie.

Ces procès-verbaux et affiches pourront être faits tous les jours indistinctement.

Art. 25. Les procès-verbaux seront affirmés au moins par deux des saisissans, dans les trois jours, devant lo juge de paix ou l'un de ses suppléans ; l'affirmation énoncera qu'il en a été donné lecture aux affirmans.

Art. 26. Les procès-verbaux, ainsi rédigés et affirmés, seront crus jusqu'à inscription de faux.

Les tribunaux ne pourront admettre, contre lesdits procès-verbaux, d'autres nullités que celles résultant de l'omission des formalités prescrites par les articles précédens.

Art. 27. Tout préposé destitué ou démissionnaire sera tenu, sous peine d'y être contraint, même par corps, de remettre à la régie ou à son fondé de pouvoirs, en quittant son emploi, sa commission, ainsi que les registres et autres effets dont il aura été chargé par la régie, et de rendre ses comptes.

CHAPITRE 7. — *De la procédure judiciaire sur les procès-verbaux de contravention.*

Art. 28. *L'assignation à fin de condamnation sera donnée dans la huitaine au plus tard de la date du procès-verbal;* elle pourra être donnée par les commis (1).

Art. 29. Si le tribunal juge la saisie mal fondée, il pourra condamner la régie, non-seulement aux frais du procès et à ceux de fourrière, le cas échéant, mais encore à une indemnité proportionnée à la valeur des objets dont le saisi aura été privé pendant le temps de la saisie, jusqu'à leur remise ou l'offre qui en aura été faite; mais cette indemnité ne pourra excéder un pour cent par mois de la valeur desdits objets.

Art. 30. Si, par l'effet de la saisie et leur dépôt dans un lieu et à la garde d'un dépositaire qui n'aurait pas été choisi ou indiqué par le saisi, les objets saisis avaient dépéri avant leur remise ou les offres valables de les remettre, la régie pourra être condamnée à en payer la valeur, ou l'indemnité de leur dépérissement.

Art. 31. Dans le cas où la saisie n'étant pas déclarée valable, la régie des *droits réunis* interjetterait appel du jugement, les navires, voitures et chevaux saisis, et tous les objets sujets à dépérissement, ne seront remis que sous caution solvable, après estimation de leur valeur.

Art. 32. L'appel devra être notifié dans la huitaine de la signification du jugement, sans citation préalable au bureau de paix et de conciliation : après ce délai, il ne sera point recevable, et le jugement sera exécuté purement et simplement. La déclaration d'appel contiendra assignation à trois jours devant le tribunal criminel du ressort de celui qui aura rendu le jugement ; 'e délai de trois jours sera prorogé d'un jour par cha-

---

(1) La première partie de l'article 28 ci-dessus a été remplacée par la loi du 15 juin 1835.

que deux myriamètres de distance du domicile du défendeur au chef-lieu du tribunal (1).

Art. 33. Si la saisie est jugée bonne, et qu'il n'y ait pas d'appel dans la huitaine de la signification, le neuvième jour, le préposé du bureau indiquera la vente des objets confisqués, par une affiche signée de lui, et apposée tant à la porte de la maison commune qu'à celle de l'auditoire du juge de paix, et procédera à la vente publique cinq jours après.

Art. 34. Dans le cas où le procès-verbal portant saisie d'objets prohibés serait annulé pour vice de forme, la confiscation desdits objets sera néanmoins prononcée sans amende, sur les conclusions du poursuivant ou du *procureur impérial.*

La confiscation des objets saisis en contravention sera également prononcée, nonobstant la nullité du procès-verbal, si la contravention se trouve, d'ailleurs, suffisamment constatée par l'instruction.

Art. 35. Les propriétaires des marchandises seront responsables du fait de leurs facteurs, agens ou domestiques, en ce qui concerne les droits, confiscations, amendes et dépens.

Art. 36. La confiscation des objets saisis pourra être poursuivie et prononcée contre les conducteurs, sans que la régie soit tenue de mettre en cause les propriétaires, quand même ils lui seraient indiqués ; sauf, si les propriétaires intervenaient, ou étaient appelés par ceux sur lesquels les saisies auraient été faites, à être statué, ainsi que de droit, sur leurs interventions ou réclamations.

Art. 37. Les condamnations pécuniaires contre plusieurs personnes, pour un même fait de fraude, seront solidaires.

Art. 38. Les objets, soit saisis pour fraude ou contravention, soit confisqués, ne pourront être revendiqués par les propriétaires, ni le prix, soit qu'il soit con-

---

(1) Voir le *Code d'instruction criminelle.*

signé ou non, réclamé par aucun créancier, même pri-
vilégié ; sauf leur recours contre les auteurs de la
fraude.

Art. 39. Les juges ne pourront, à peine d'en répondre en leur propre et privé nom, modérer les confiscations et amendes, ni en ordonner l'emploi au préjudice
de la régie.

CHAPITRE 8. — De l'inscription de faux.

Art. 40. Celui qui voudra s'inscrire en faux contre
un procès-verbal, sera tenu d'en faire la déclaration
par écrit, en personne, ou par un fondé de pouvoir spécial passé devant notaire, au plus tard à l'audience
indiquée par l'assignation à fin de condamnation : il
devra, dans les trois jours suivans, faire au greffe dudit tribunal le dépôt des moyens de faux, et des noms
et qualités des témoins qu'il voudra faire entendre : le
tout à peine de déchéance de l'inscription de faux.

Cette déclaration sera reçue et signée par le président du tribunal et le greffier, dans le cas où le décla-
rant ne saurait écrire ni signer.

Art. 41. Le délai pour l'inscription de faux contre
le procès-verbal ne commencera à courir que du jour
de la signification de la sentence, si elle a été rendue
par défaut.

Art. 42. Les moyens de faux proposés dans le délai
et dans la forme reglés par l'article 41 ci-dessus, par
les prévenus, contre les procès-verbaux des préposés
de la régie des droits réunis, ne seront admis qu'autant qu'ils tendront à justifier les prévenus de la fraude
ou des contraventions qui leur sont imputées.

CHAPITRE 9. — Des contraintes.

Art. 43. La régie pourra employer contre les redevables en retard la voie de contrainte (1).

---

(1) Voyez l'article 232 de la loi du 28 avril 1813.

Art. 44. La contrainte sera décernée par le directeur ou receveur de la régie; elle sera visée et déclarée exécutoire, sans frais, par le juge de paix du canton où le bureau de perception est établi, et pourra être notifiée par les préposés de la régie.

Le juge de paix ne pourra refuser de viser la contrainte pour être exécutée, à peine de répondre des valeurs pour lesquelles la contrainte aura été décernée.

Art. 45. L'exécution de la contrainte ne pourra être suspendue que par une opposition formée par le redevable; l'opposition sera motivée, et contiendra assignation à jour fixe devant le tribunal civil de l'arrondissement, avec élection de domicile dans la commune où siége le tribunal : le délai pour l'échéance de l'assignation ne pourra excéder huit jours, le tout à peine de nullité de l'opposition.

CHAPITRE 10. — *Dispositions générales.*

Art. 46. Sont exceptées des dispositions précédentes, les contraventions aux lois *sur la taxe d'entretien des routes, et sur les canaux, la navigation intérieure* (1) et les droits de bacs, lesquelles continueront d'être constatées, poursuivies et jugées suivant les formes prescrites par la loi du 14 brumaire an 7.

Art. 47. La régie aura privilége et préférence à tous les créanciers, *sur les meubles et effets mobiliers des comptables pour leurs débets* (2), et sur ceux des redevables pour les droits, à l'exception des frais de justice, de ce qui sera dû pour six mois de loyer seulement, et sauf aussi la revendication dûment formée par les pro-

---

(1) Pour les canaux et la navigation , voyez la loi du 9 juillet 836, art. 21.

(2) Une des lois du 5 septembre 1807 (voyez plus loin) soumet à d'autres règles le privilége du trésor sur les biens meubles et immeubles des comptables. « Ce privilége, dit cette loi, ne s'exerce qu'après les priviléges généraux et particuliers énoncés aux articles 2101 et suivans du Code civil. »

priétaires des marchandises en nature qui seront encore sous balle et sous corde.

Art. 48. Toutes saisies du produit des droits, faites entre les mains des préposés de la régie ou dans celles de ses redevables, seront nulles et de nul effet.

Art. 49. Dans le cas d'apposition des scellés sur les effets et papiers des comptables, les registres de recette et autres de l'année courante ne seront pas renfermés sous les scellés : lesdits registres seront seulement arrêtés et paraphés par le juge, qui les remettra au préposé chargé de la recette par intérim, lequel en demeurera garant, comme dépositaire de justice; et il en sera fait mention dans le procès-verbal d'apposition de scellés.

Art. 50. La prescription est acquise à la régie contre toutes demandes en restitution des droits et marchandises, paiement d'appointemens, après un délai révolu de deux années : elle est acquise aux redevables contre la régie, pour les droits que ses préposés n'auraient pas réclamés dans l'espace d'un an, à compter de l'époque où ils étaient exigibles.

La régie est déchargée de la garde des registres des recettes antérieures de trois années à l'année courante.

Art. 51. La force publique sera tenue de prêter assistance aux préposés de la régie dans l'exercice de leurs fonctions.

Art. 52. Les redevables sur lesquels auraient été protestées, faute de paiement, des obligations souscrites par eux envers la régie, par suite de crédits obtenus, seront contraignables par corps (1).

Art. 53. Tous commis à la perception des octrois des villes, ayant serment en justice, sont autorisés à rendre leurs procès-verbaux de la fraude qu'ils déc uvrent contre les *droits réunis ;* et, de même, les commis de la régie, pour les fraudes qu'ils découvriront contre les octrois (2).

---

(1) Voyez la loi du 17 avril 1832.
(2) Ordonnance du 9 décembre 1814, art. 92.

20 FLORÉAL AN 13 (10 MAI 1805). = Décret concernant les droits établis sur la fabrication de la bière (1).

Art. 1er. A dater du 1er messidor de la présente année, la déduction de quinze pour cent accordée par l'article 63 de la loi du 5 ventose an 12, sur la fabrication de la bière, sera portée à dix-huit pour cent pour la bière rouge seulement.

Art. 2. Tout brasseur qui, pour jouir de la déduction de dix-huit pour cent, aura énoncé, dans sa déclaration de mise de feu, qu'il se propose de brasser en bière rouge, ne pourra du même brassin, faire aucune autre espèce de bière, sous les peines portées en l'article 76 de la loi du 5 ventose an 12.

Art. 3. La petite bière est exempte de tout droit, lorsqu'elle n'est que le produit de l'eau versée sur les marcs, et livrée immédiatement au consommateur, sans rentrer dans la chaudière et y subir une ébullition.

Art. 4. Le droit proportionnel établi par les articles 69 et 70 de la loi du 5 ventose an 12, sur la distillation des cerises, demeure supprimé.

---

28 FLORÉAL AN 13 (18 MAI 1805).=Décret relatif aux contraventions et délits concernant la garantie des matières d'or et d'argent.

Article unique. Les dispositions de l'article 76 de la loi du 5 ventose an 12, concernant les condamnations qui doivent être prononcées contre les contrevenans aux *droits réunis*, et celles de l'arrêté d'organisation de ces droits, du 5 germinal de la même année, relatives à la répartition du produit des amendes et confiscations, et à la faculté de transiger sur les procès-verbaux de saisie, ne sont point applicables aux délits et contraventions concernant la garantie des matières d'or et d'argent, à l'égard desquelles la loi du 19 brumaire an 6, relative à la surveillance du titre des matières et des ouvrages d'or et d'argent, doit être exécutée, sauf en ce qui concerne la perception des droits de garantie, qui

---

(1) Voyez la loi du 28 avril 1816, chapitre 5.

a été attribuée à la régie des *droits réunis*, dont les préposés peuvent néanmoins eux-mêmes, ou concurremment avec les employés des bureaux de garantie, constater les délits et contraventions à la loi du 19 brumaire an 6, et poursuivre la condamnation des peines encourues, en remplissant les formalités prescrites par cette loi, et sans qu'il puisse être transigé sur les délits et contraventions.

------

4 PRAIRIAL AN 13 (24 MAI 1805).=**Décret concernant les contraventions aux lois sur les cartes.**

Art. 1er. Toutes contraventions aux lois sur les cartes, des 9 vendémiaire an 6 et 5 ventose an 12, ainsi qu'aux réglemens des 3 pluviose et 19 floréal an 6, et au décret impérial du 1er germinal an 13, seront punies, indépendamment de la confiscation des objets de fraude ou servant à la fraude, de 1,000 francs d'amende, sans préjudice des poursuites extraordinaires et de la punition, comme pour crime de faux, encourue par la contrefaçon des filigranes, timbres et moules, et l'émission des objets frappés de faux.

------

17 PRAIRIAL AN 13 (6 JUIN 1805).=**Décret qui réunit aux produits de l'octroi de navigation les revenus de la locati n d s places occupées par divers établissemens, tant sur le courant que sur les ports et berges de la r.vière de Seine, dans l'étendue de la ville de Paris.**

Art. 1er. Le produit des revenus résultant des locations des places sur la rivière, dans l'intérieur de la ville de Paris; ceux provenant des établissemens autorisés sur les ports et les berges, et que la régie des domaines a perçus jusqu'à présent, seront, à compter du 1er vendémiaire an 14, réunis à l'octroi de navigation, *pour lu perception en être appliquée à l'entretien et réparation des quais et ports de la ville de Paris* (1), *des-*

------

(1) Voyez la note 3 de la page 39.

quels entretien et réparation le trésor public demeure, par
ce moyen, déchargé.

Art. 2. Ces produits seront, avec ceux de l'octroi de navigation , versés dans la caisse du receveur général du département
de la Seine, qui prélèvera 1 centime par franc sur ces versemens.

Art. 3 Les préfets du département et de la police s'entendront
pour faire dresser et remettre au ministre de l'intérieur l'état
des boutiques, barraques, emplacemens qui étaient autrefois
loués ou qui sont occupés sur la rivière, les berges, quais,
ports, etc., qu'ils croiront susceptibles de l'être de nouveau,
pour, sur son rapport, être statué ce qu'il appartiendra.

**4 MESSIDOR AN 13 (23 JUIN 1805). = Décret qui
assujétit les marchands ou commissionnaires de tabac
en gros à prendre une licence de débitant (1).**

**16 MESSIDOR AN 13 (5 JUILLET 1805). = Décret
concernant la vérification du papier sur lequel sont
écrits les lettres de voiture, les connaissemens, chartes-parties et polices d'assurance de marchandises, etc.
(Extrait du).**

Art. 1er. Les préposés des douanes et les préposés à
la perception des droits d'octroi, sont tenus de se faire
représenter les lettres de voiture, connaissemens, chartes-parties et polices d'assurance des marchandises et
autres objets dont le transport se fait par terre ou par
eau, et de vérifier si ces actes sont écrits sur papier
d'un franc ainsi qu'il est prescrit par l'article 5 de la
loi du 16 prairial an 7.

Art. 2. En cas de contravention ils en rédigeront
des procès verbaux pour faire condamner les souscripteurs et porteurs solidairement à l'amende fixée par
l'article 4 de la même loi.

Art. 3. Pour indemniser les préposés des soins de

----

(1) Voyez le *nota* relatif à la loi du 22 brumaire an 7.

cette vérification, il leur sera accordé la moitié des amendes qui auront été payées par les contrevenans.

----

28 MESSIDOR AN 13 (17 JUILLET 1805).=Décret concernant la mise en jugement des préposés de la régie des droits réunis.

Art. 1er. Le conseiller d'état directeur général de la régie des droits réunis pourra désormais autoriser la mise en jugement des préposés qui lui sont subordonnés (1).

----

26 MESSIDOR AN 13 (17 JUILLET 1805).=Décret concernant les distillateurs de pommes de terre qui emploieraient des grains dans leurs distillations.

Art. 1er. Les distillateurs de pommes de terre ne pourront employer des grains dans leurs distillations, sous peine d'être assujétis aux mêmes droits que les distillateurs de grains (2).

Art. 2. Les commis de la régie pourront faire, chez tous les distillateurs, leurs visites et les exercices propres à s'assurer qu'il n'est porté aucune atteinte aux dispositions de l'article précédent; et, à cet effet, les distillateurs seront tenus d'ouvrir leurs ateliers, magasins, caves et celliers, et de leur représenter les eaux-de-vie qu'ils ont en leur possession.

----

8 THERMIDOR AN 13 (27 JUILLET 1805). = Décret contenant réglement sur l'organisation et les opérations du Mont-de-Piété de Paris (Extrait du).

RÉGLEMENT GÉNÉRAL.

CHAPITRE 2.

§ 6. — Des ventes de nantissemens.

Art. 74. Lorsque des nantissemens entièrement composés ou même seulement garnis d'or ou d'argent, se

----

(1) Voyez l'article 244 de la loi du 28 avril 1816.
(2) Voyez la loi du 20 juillet 1837, art. 9 et 10.

trouveront compris dans le rôle de vente dressé en exécution de l'article précédent, il en sera donné avis aux contrôleurs de la régie des droits de marque (1), en service pour le Mont-de-Piété, avec invitation de venir procéder à la vérification desdits nantissemens.

Art. 75. Les contrôleurs de la régie se transporteront, à cet effet, au dépôt des ventes du Mont-de-Piété, et formeront, après cette vérification, l'état de ceux desdits nantissemens d'or ou d'argent qui, n'étant pas revêtus de l'empreinte de garantie, ne pourront être délivrés qu'après l'avoir reçue ; sauf néanmoins l'exception dont il sera parlé ultérieurement, article 87, au présent paragraphe.

Art. 87. Les effets adjugés, même ceux composés ou garnis d'or ou d'argent non empreints de la marque de garantie, mais que l'adjudicataire consentira à faire briser et mettre hors de service, seront remis audit adjudicataire aussitôt qu'il en aura payé le prix.

Art. 88. Quant à ceux desdits effets d'or et d'argent non empreints de la marque de garantie, que l'adjudicataire desirera conserver dans leur forme, ils seront provisoirement retenus pour être présentés au bureau de garantie, et n'être remis audit adjudicataire qu'après l'acquittement par lui fait des droits particuliers dus à la régie.

---

13 FRUCTIDOR AN 13 (31 AOUT 1805). = **Décret** relatif aux brasseries et à la consommation du vin pour les hospices, colléges et autres établissemens publics.

Art. 1er. L'exemption accordée par l'article 65 de la loi du 5 ventose an 12 n'est applicable qu'à celui qui ne brasse que pour la consommation de sa famille ; elle ne peut être étendue aux hospices, colléges, maisons d'instruction et autres établissemens publics, qui ne pourront obtenir, lorsqu'ils brasseront chez eux,

---

(1) Ceux des contributions indirectes, depuis l'ordonnance du 5 mai 1819.

une déduction plus forte que celle de dix-huit hectolitres de bière pour chaque année (1).

Art. 2. L'exemption accordée par l'article 60 (2), de neuf hectolitres de vin pour la consommation de chaque famille, ne pourra être plus forte pour les hospices, colléges, maisons d'instruction et autres établissemens publics.

---

13 FRUCTIDOR AN 13 (31 AOUT 1815). = **Décret** relatif à l'abonnement du droit de dixième sur les voitures de terre (3).

Article unique. L'article 6 de la loi du 9 vendémiaire an 6, qui permet d'abonner le droit de dixième sur les voitures d'eau, pourra être appliqué par la régie des droits réunis aux voitures de terre, dans les cas particuliers où ce mode sera jugé par ladite régie d'une exécution plus facile et plus sûre que le mode de perception ordinaire ; à la charge par la régie de rendre chaque année un compte particulier au ministre, des traités qu'elle aura faits, pour le tout nous être soumis.

---

13 FRUCTIDOR AN 13 (31 AOUT 1805). = **Décret** concernant le prix du papier filigrané et la prohibition des cartes fabriquées à l'étranger.

Art. 1er. Le prix du papier filigrané, dont l'usage est ordonné par l'article 12 du décret impérial du 1er germinal an 13, et livrable dans le bureau de la direction des droits réunis de chacun des départemens de l'empire, sera payé par les fabricans de cartes au moment de la livraison, savoir :

Le papier à vingt filigranes, douze francs la rame ;

Le papier à vingt-quatre et trente filigranes, quatorze francs la rame.

Ces dimensions seront les seules admises dans la fabrication des cartes, et le prix du papier sera indépendant du droit de demi-centime par carte ou filigrane dont chaque feuille sera composée.

Le papier sera conforme aux échantillons approuvés par le ministre des finances, et déposés à la régie. En cas de plaintes, la vérification sera faite, et il nous en sera rendu compte.

---

(1) Voyez la loi du 28 avril 1816, art. 128.

(2) Supprimé, avec le droit d'inventaire, par la loi du 25 novembre 1808.

(3) Voyez la loi du 25 mars 1817, art. 119.

Art. 2. Il sera accordé au fabricant, sur le droit de demi-centime seulement, la déduction de dix feuilles au-dessus de chaque cent, pour tenir lieu de tous déchets dans la fabrication, sous la condition qu'il ne sera admis aucune carte en garenne à l'époque des inventaires de fin d'année ; et que, préalablement à cette opération, toutes les cartes seront levées, formées en jeux, soumises à la nouvelle bande de contrôle et paiement du droit.

Art. 3. Les fabricans tiendront séparées, dans leurs boutiques et magasins, les différentes natures de jeux et de papier. Ils ne confondront jamais le papier filigrané avec celui qui forme le dessus de la carte, et ni l'un ni l'autre avec l'étresse ou main-brune. Les feuilles de figures et valets, les cartons de point peint ou non peint, seront également distincts et séparés.

Art. 4. Les fabricans, sur les livraisons de papier filigrané qui leur seront faites, laisseront en dépôt, dans les bureaux de la régie, la quantité de feuilles par eux destinées au moulage des têtes et valets.

Art. 5. L'introduction dans l'empire, et l'usage des cartes fabriquées à l'étranger, sont prohibés ; *les seules cartes à portrait étranger, de fabrication française, pourront être exportées à l'étranger en franchise des droits, conformément à l'article* 17 *du réglement du* 19 *floréal an* 6 (1).

Art. 6. Il sera accordé aux fabricans un délai de six mois pour l'écoulement des matières fabriquées en papier libre, qu'ils auront en leur possession au 1er vendémiaire an 14. Les jeux provenant desdites matières continueront d'être soumis aux bandes et au timbre actuellement en usage ; passé ce délai toutes matières qui n'auraient pas été converties en jeux seront lacérées et mises hors de service.

Art. 7. Pour éviter aux fabricans l'avance des droits opérée pour la conversion en jeux de toutes les matières revêtues de la bande de contrôle, et leur en faciliter l'écoulement par la vente, il leur sera accordé sous caution un crédit de trois mois, sauf le droit de contrainte attribué à la régie dans les cas convenables.

Art. 8. A partir de l'émission du papier filigrané, toutes cartes fabriquées avec ce papier seront soumises

---

(1) L'exportation des cartes de toute espèce est permise. Voyez la loi du 4 juin 1836.

à la bande de contrôle à timbre sec, qui sera apposée chez les fabricans par les commis, qui en dresseront des actes réguliers.

Art. 9. Toutes contraventions au présent décret emporteront la peine prononcée par le décret du 4 prairial an 13.

---

26 FRUCTIDOR AN 13 (13 SEPTEMBRE 1805).=Décret qui règle le minimum de la licence de chaque débitant de tabac pour l'an 14 (1).

4e JOUR COMPLÉMENTAIRE AN 13 (21 SEPTEMBRE 1805.=Décret concernant l'emploi et l'administration des produits des droits de navigation intérieure (2).

4e JOUR COMPLÉMENTAIRE AN 13 (21 SEPTEMBRE 1805.=Décret qui fixe le prix de la licence des fabricans de tabac pour l'an 14 (3).

1er VENDÉMIAIRE AN 14 (23 SEPTEMBRE 1805).=Décret relatif au paiement du droit d'inventaire, aux déclarations de transport, à la vente et au récolement des vins, cidres et poirés.

Art. 1er. Les vins, cidres et poirés qui seront enlevés par des acheteurs, ou pour être conduits à la vente, depuis le 1er brumaire de chaque année jusqu'au 30 germinal inclusivement, sans avoir acquitté le droit d'inventaire dû au lieu de l'enlèvement, seront assujétis au paiement de ce droit à leur première entrée ou passage dans un lieu sujet à l'octroi, ou à un bureau de douanes ou de droits réunis.

Art. 2. Les propriétaires qui feront transporter de leurs caves et celliers à leur domicile, soit dans la même commune, soit dans une autre commune, seront seulement tenus de faire au bureau de la régie leur déclaration indicative de l'heure du

---

(1) Voyez le *nota* imprimé après le titre de la loi du 22 brumaire an 7.

(2) Voir la note 1 de la page 81.

(3) Voyez le *nota* sur la loi du 22 brumaire en 7.

transport et de la consistance des boissons, à peine du quadruple droit des quantités non déclarées ou faussement déclarées.

Art. 3. L'ouverture des portes de caves, celliers, magasins et
tous autres endroits propres à recevoir des boissons, ne pourra
être refusée aux commis à leur première réquisition, conformément à l'article 50 de la loi du 5 ventose an 12, pendant le temps
des inventaires, sous peine d'une amende de 100 francs contre
les contrevenans, et sans préjudice de la confiscation des boissons
trouvées en recélé.

Art. 4. Les propriétaires seront tenus, lors du récolement, de
déclarer ce qui leur reste de boissons comprises dans les inventaires précédens. En cas de fausses déclarations, il y aura lieu à
l'amende du quadruple droit des vins vieux qui ne se trouveront
pas par la vérification de la déclaration.

**10 BRUMAIRE AN 14 (1er NOVEMBRE 1805). =
Décret sur l'exécution des contraintes décernées par
les préposés de la régie des droits réunis (1).**

Article unique. L'exécution des contraintes décernées par les
préposés de la régie des droits réunis ne pourra être suspendue
par aucune opposition ou autre acte, lorsqu'il y aura obligation
souscrite par les redevables : lesdites contraintes seront, dans ce
cas, exécutées par provision, nonobstant l'opposition et sans y
préjudicier.

**16 MARS 1806. = Décret relatif au droit à percevoir
sur les sels.**

Art. 1er. Les sels provenant, soit des marais salans, soit des
salines et fabriques de l'intérieur, ne pourront, à compter de la
publication du présent décret, être introduits pour la consommation soit par mer, soit par terre, qu'en payant le droit d'un
décime par kilogramme (2).

**27 MARS 1806. = Décret qui ordonne l'inventaire des
sels et augmente le droit précédemment établi.**

Art. 1er. Les directeurs et inspecteurs des douanes et des
droits réunis procéderont sans délai à la recherche, vérification
et inventaire de tous les magasins, fabriques et entrepôts de sel

---

(1) Voyez la loi du 28 avril 1816, art. 259.
(2) Voyez l'article 7 du décret suivant.

établis dans toute l'étendue de l'empire en deçà des Alpes, ainsi que de ceux embarqués sur tous navires, bateaux et au'res embarcations; et ce non compris les sels existant sur les marais salans.

Art. 2. Il sera fait inventaire des sels par poids : à cet effet, les préposés recevront la déclaration des propriétaires, qu'ils pourront faire vérifier.

Art. 3. Les propriétaires de sels seront chargés par l'inventaire qu'ils seront tenus de signer. En cas de refus, il en sera fait mention dans l'acte d'inventaire.

Art. 4. Les propriétaires seront tenus de payer, aux termes et de la manière qui seront fixés par la loi à intervenir, le montant du droit sur le sel qui sera réglé par ladite loi.

Art. 5. L'inventaire des sels ne sera fait que chez les marchands de sels, fabricans, entreposeurs ou magasiniers; il ne s'étendra point aux approvisionnemens de famille faits par les particuliers, et leur domicile ne pourra être exercé hors les cas où il aura été reconnu qu'ils ont prêté leurs édifices pour soustraire les sels à l'inventaire.

Art. 6. Il sera fait mention, dans les inventaires, des sels qui auront acquitté le droit établi par notre décret du 16 du présent mois; et l'acquit représenté par le propriétaire sera joint à l'acte d'inventaire.

Art. 7. Le droit fixé par notre décret du 16 du présent mois à un décime par kilogramme est fixé, pour l'avenir, à deux décimes par kilogramme.

---

24 AVRIL 1806. — **Loi relative au budget de l'état pour l'an 14 et 1806 (Extrait de la).**

TITRE IV. — SUPPLÉMENT DE CAUTIONNEMENT DES PRÉPOSÉS COMPTABLES.

Art. 19. A l'avenir, aucun préposé comptable ne pourra être installé dans l'emploi dont il aura été pourvu, qu'après avoir versé le montant de son cautionnement et en avoir justifié.

TITRE VI. — RÉGIE DES DROITS RÉUNIS.

§ 1er. — Des inventaires.

Art. 22. Le droit fixe d'inventaire imposé par la loi du 5 ventôse an 12 sera acquitté par les acheteurs au moment de l'enlevement des boissons.

Art. 23. Le droit sera acquitté par les propriétaires, lorsque le transport sera fait, pour leur compte, hors de la commune où les boissons auront été inventoriées.

Art. 24. Lors du récolement d'inventaire, les propriétaires ne pourront jamais être recherchés pour aucun autre droit que pour le droit fixe d'inventaire.

§ 2. — De la vente en gros (1).

Art. 25. Il sera perçu, au profit du trésor public, un droit égal au vingtieme du prix de la vente, à chaque vente et revente en gros des vins, cidres, poirés, bières, eaux-de-vie, esprits ou liqueurs composées d'eau-de-vie ou d'esprit.

Art. 26. Aucun enlèvement ni transport de boissons ne pourra être fait sans declaration préalable de la part du propriétaire, ou du vendeur ou de l'acheteur.

Art. 27. Les propriétaires qui voudront transporter pour leur propre compte des boissons, ne seront tenus d'acquitter d'autre droit que le coût du passavant.

Art. 28. Lorsque la déclaration aura pour objet des boissons vendues ou revendues, on sera tenu de payer les droits portés en l'article 25, et de se munir d'un congé.

Art. 29. Les congés et passavans seront marqués du timbre de la régie des droits réunis, et ils ne pourront excéder le prix de cinq centimes.

Art. 30. Les voituriers, bateliers et tous autres qui transporteront des boissons, seront tenus de représenter, à toute réquisition des employés de la régie, lesdits passavans ou congés.

Art. 31. Les marchands en gros, les courtiers, facteurs et commissionnaires de boissons, les distillateurs et bouilleurs de profession, seront assujétis aux exercices des employés à raison des boissons qu'ils auront en leur possession.

Art. 32. Lorsque la régie aura lieu de croire, par l'infériorité des valeurs déclarées, que la déclaration est fausse, elle pourra retenir les boissons, pour son compte, au prix déciaré, en payant comptant et le cinquième en sus.

§ 3. — De la vente en détail.

Art. 33. Il sera perçu, lors de la vente en détail des boissons spécifiées en l'article 25, un droit égal au dixième du prix de ladite vente.

Art. 34. Ceux qui vendent des boissons en détail seront tenus d'en faire la déclaration, et de désigner les espèces et quantités de boissons qu'ils auront en leur possession.

Art. 35. Ils seront tenus de souffrir les visites et exercices des employés.

Art. 36. Les propriétaires qui voudront faire la vente en détail des boissons de leur cru, ne paieront que la moitié du droit de la vente en détail.

---

(1) Ce droit a été supprimé par l'article 13 de la loi du 25 novembre 1808.

§ 4. — Dispositions générales.

Art. 37. Les contraventions aux dispositions précédentes seront punies de la confiscation des objets saisis, et d'une amende de 100 francs.

Art. 38. Les débitans de boissons pourront être reçus à abonnemens, de gré à gré.

Art. 39. À défaut de paiement des droits, il sera décerné, contre les redevables, des contraintes qui seront exécutoires, nonobstant opposition et sans y préjudicier.

Art. 40. Il n'y aura pas, dans l'intérieur de la ville de Paris, d'exercice sur les boissons. Les droits établis par la présente y seront remplacés par des droits perçus aux entrées, à raison *de quatre francs par hectolitre de vin et eau-de-vie, et de deux francs par hectolitre de bière, de cidre et de poiré* (1).

Art. 41. Les bières fabriquées dans Paris supporteront le même droit *de deux francs par hectolitre.*

Art. 42. Il sera pourvu, par des réglemens d'administration publique, à toutes les mesures nécessaires pour assurer les perceptions confiées à la régie des *droits réunis*, et pour la répression des fraudes et des contraventions.

Art. 43. Ils pourvoiront à ce que notre commerce des vins et eaux-de-vie à l'étranger ne puisse souffrir des dispositions de la présente loi.

Art. 44. Ces réglemens seront, dans trois ans, présentés au Corps législatif, pour être convertis en loi.

§ 5. — Du droit sur les tabacs.

Les articles 45, 46 et 47 sont relatifs à une augmentation de la taxe de fabrication, et aux marques et vignettes. Voir le *nota* qui fait suite au titre de la loi du 22 brumaire an 7.

TITRE VII. — Du remplacement de la taxe d'entretien des routes par une taxe sur le sel, a l'extraction des marais salans.

Art. 48. Il est établi, au profit du trésor public, un

---

(1) Voyez le tarif annexé à la loi du 12 décembre 1830.

droit de *deux décimes* par kilogramme de sel (1), sur tous les sels enlevés, soit des marais salans de l'Océan, soit de ceux de la Méditerranée, soit des salines de l'Est, soit de toute autre fabrique de sel (2).

Ce droit sera perçu, pour cette seule fois, sur les sels existant dans les magasins, sauf ceux qui seront reconnus susceptibles de jouir de l'entrepôt.

Les propriétaires de ces sels seront tenus de faire la déclaration exacte des quantités qu'ils en possèdent, et d'en acquitter le droit dans les délais qui seront déterminés.

Art. 49. Tous les sels fabriqués dans les salines des départemens de la Meurthe, du Jura, du Mont-Blanc, de la Haute-Saône, du Doubs, du Bas-Rhin et du Mont-Tonnerre, paieront, outre le droit fixé par l'article 48, 2 francs par quintal métrique du sel de leur fabrication.

Art. 50. La vente du sel continuera d'être faite, dans les départemens au-delà des Alpes, au profit de l'état, par la régie établie dans le ci-devant Piémont, par la loi du 5 ventose an 13, sans que le prix puisse excéder 50 centimes par kilogramme (5 sous la livre).

La même régie continuera de faire au profit de l'état, dans les mêmes départemens, la fabrication et la vente exclusive du tabac.

Art. 51. Il ne pourra être établi aucune fabrique, chaudière de sel, sans une déclaration préalable de la part du fabricant, à peine de confiscation des ustensiles propres à la fabrication, et de *cent francs* (3) d'amende.

Art. 52. Le droit établi sera dû par l'acheteur au moment de la déclaration d'enlèvement.

Art. 53. Pourra néanmoins la régie lorsque la déclaration donnera ouverture à un droit de plus de 600 francs, recevoir en paiement du droit, des obligations suffisamment cautionnées, payables à trois, six ou neuf mois.

Art. 54. Il n'y aura pas lieu au paiement du droit, mais seulement à l'acquit du droit ordinaire de balance du commerce et de timbre du congé, pour les sels destinés pour l'étranger.

Art. 55. Il en sera de même pour les sels destinés à la pêche maritime, ou pour les salaisons destinées aux approvisionnemens de la marine et des colonies.

---

(1) Après diverses variations dans sa quotité, le droit sur les sels a été fixé à 3 décimes par l'article 18 de la loi du 28 avril 1816 (douanes)

(2) Voyez la loi du 17 juin 1840)

(3) 500 francs au minimum. Voir la loi du 17 juin 1840, art. 10.

Art. 56. Les sels transportés par mer et destinés pour la consommation intérieure pourront être expédiés sous acquit-à-caution, et jouir de l'entrepôt dans les ports et dans les villes de l'intérieur qui seront désignés par le gouvernement.

Art. 57. Les procès-verbaux de fraudes et contraventions seront assujétis aux formalités prescrites par les lois aux employés de la régie des douanes et de celle des droits réunis : les condamnations seront poursuivies par voie de police correctionnelle, conformément aux dispositions des mêmes lois, et punies de la confiscation des objets saisis et de l'amende de 100 francs.

Art. 58. Il sera pourvu par des réglemens d'administration publique, sous les peines portées par l'article 51, à toutes les mesures nécessaires à l'exécution de la présente loi.

Ces réglemens seront présentés, dans trois ans, au corps législatif, pour être convertis en loi.

Art. 59. Le produit de la contribution établie par la présente loi est exclusivement affecté à l'entretien des routes et aux travaux des ponts et chaussées.

Art. 60. La taxe d'entretien des routes est supprimée, à partir du 21 septembre prochain.

TITRE XII.—Remplacement des taxes somptuaire et mobilière dans les villes ayant un octroi.

Art. 73. Le remplacement du montant des taxes somptuaire et mobilière des villes ayant un octroi pourra être opéré, à compter de l'an 1807 (1), par une perception sur les consommations.

TITRE XIII. — Prélèvement sur les octrois des villes pour le pain de soupe des troupes.

Art. 75. La retenue qui se fait sur les octrois des villes, pour le pain de soupe des troupes, s'opérera désormais sur les octrois de toutes les villes qui ont plus de 20,000 francs de revenu, ou au moins quatre mille ames de population, et sera portée à 10 p. 0/0 du produit net desdits octrois, à compter du 1er janvier 1806.

———

5 MAI 1806.=Décret contenant réglement sur les boissons, etc.

VENTE EN GROS (2).

Art. 1er. Il ne sera délivré de passavant ou congé que sur des

———

(1) La ville de Paris, en l'an 11, et celle de Lyon, en l'an 13, avaient obtenu cette faculté. Voyez la loi du 21 avril 1832, art. 20.

(2) Le droit à la vente en gros a été supprimé par la loi du 25 novembre 1808, art. 13.

déclarations contenant les quantités et qualités des boissons, les lieux de l'enlèvement et de la destination, les noms, surnoms, demeures et professions des expéditeurs, voituriers, acheteurs et destinataires, et, en cas de vente, le prix de la vente.

Art. 2. Les préposés des droits réunis, des douanes, des octrois des communes ou de navigation, pourront exiger la représentation des congés et passavans ; et, en cas de fraude ou de contravention, ils saisiront et rapporteront procès-verbal.

Art. 3. Les boissons données, échangées ou laissées en paiement, sont sujettes au droit de vente en gros.

Art. 4. Il n'y a pas lieu au droit de la vente en gros, lorsqu'un colon partiaire, fermier ou preneur à bail emphytéotique, à rente, donne au propriétaire une quantité de boissons stipulées par des baux authentiques.

Art. 5. Les marchands en gros et autres, dénommés en l'article 31 de la loi du 24 avril, seront tenus dans les trois jours après la publication du présent décret, de déclarer au plus prochain bureau de la régie les quantités et qualités de boissons qu'ils possèdent, tant dans le lieu de leur domicile qu'ailleurs.

Art. 6. Les marchands en gros ne pourront, à l'avenir, recevoir aucunes boissons, sans qu'elles aient acquitté le droit de la vente en gros ; ils seront obligés de tenir, à leurs frais, un registre d'entrée et de sortie des boissons, et de représenter aux commis les congés relatifs auxdites boissons, jusqu'à ce qu'elles aient été prises en charge.

Art. 7. L'article 27 de la loi du 24 avril est applicable au propriétaire qui transporte les boissons de son cru d'une de ses maisons dans une autre de ses maisons, ou qui les adresse à un commissionnaire ayant patente, ou à un bouilleur pour les faire convertir en eau-de-vie, pour propre compte du propriétaire.

Hors ce cas, il y a ouverture au droit de vente.

Art. 8. Les marchands en gros pourront de même faire transporter des boissons chez des commissionnaires ayant patente, sans être tenus au droit de vente.

Art. 9. Le propriétaire ou marchand qui fera déclaration d'un envoi de boissons pour son compte à un commissionnaire ou à l'étranger, sera tenu de prendre acquit-à-caution et de le rapporter dûment déchargé, dans le délai qui lui aura été fixé.

Art. 10. Lorsqu'un propriétaire fera transporter des boissons de ses récoltes ailleurs que dans la maison qu'il habite, dans des caves ou magasins dont il n'aura la jouissance qu'à titre de locataire, lesdits magasins ou caves seront ouverts aux visites et exercices des commis. Il en sera de même lorsqu'étant propriétaire desdites caves, elles seront situées hors de l'arrondissement d'où les boissons auront été enlevées pour y être conduites.

Art. 11. Les commis, lors de leurs exercices, marqueront et jaugeront les futailles.

Ils prendront en compte sur leurs registres les quantités de boissons au fur et à mesure de leur arrivée. Lesdites boissons ne pourront être enlevées que les futailles n'aient été démarquées par les commis, qui, lors de la démarque, en déchargeront le compte ouvert sur leurs registres et sur ceux des marchands en gros ou autres, avec indication des prix de vente lorsqu'il y aura lieu.

Art. 12. Toute vente de vins, cidres, poirés, eaux-de-vie et esprits, faite par les dénommés en l'article 31 de la loi du 24 avril, en quantité au-dessous de vingt-cinq litres, sera assujétie au droit de la vente en détail.

Art. 13. Il est défendu aux courtiers, facteurs, dépositaires et commissionnaires de faire le commerce en gros des boissons ; et tous ceux ayant pris l'un de ces qualités seront tenus de justifier, par la représentation des passavans, qu'ils ont reçu par commission des propriétaires les boissons qu'ils auront en leur possession. A défaut de cette justification pour tout ou partie desdites boissons, toutes celles qui se trouveront dans leurs magasins seront assujéties au droit du vingtieme et à l'amende de 100 francs.

DROITS A LA VENTE EN DÉTAIL (1).

Art. 14. Dans les trois jours qui suivront la promulgation du présent décret, tous les cabaretiers, aubergistes, traiteurs, restaurateurs, buvetiers, débitans d'eau-de-vie et autres, qui voudront continuer ou commencer une vente en détail de vins, bières, cidres ou poirés, eaux-de-vie, esprits, liqueurs composées d'eau-de-vie ou d'esprit, seront tenus d'en faire leur déclaration au plus prochain bureau de la régie, et de désigner les espèces et quantités de boissons qu'ils auront en leu possession, dans les caves ou celliers de leurs domiciles ou autres, ainsi que le lieu de la vente, comme aussi d'indiquer par une enseigne ou bouchon leur qualité de débitant. Ceux qui voudront entreprendre la vente des boissons en détail après la promulgation du présent décret devront déclarer de plus le jour où ils la commenceront.

Art. 15. Les cantiniers des troupes de Sa Majesté seront tenus de se conformer aux dispositions de l'article précédent, à l'exception de ceux établis dans les camps, forts et citadelles, pourvu qu'ils ne reçoivent que des militaires.

Art. 16. Les débitans auront un registre sur lequel seront inscrits les doubles des actes des commis.

Art. 17. Les boissons déclarées seront comptées et prises en charge au registre-portatif des commis et débitans : les futailles seront jaugées et marquées à cet effet par les commis. Il en sera de même de toutes les boissons qui arriveront chez les vendans en détail, pendant le cours du débit, et qui ne pourront être introduites dans leurs domiciles, leurs caves ou celliers, qu'en

____

(1) Les dispositions ordonnées sous ce titre ont été remplacées par le chapitre 3 de la loi du 28 avril 1816.

vertu de congés et passavans, qui seront représentés lors des visites et exercices, et seront relatés dans les actes de charge.

Art. 18. Le débit sera établi par les manquans, constatés, comme les charges, par des actes réguliers qui devront être signés de deux commis, et inscrits aux registres et portatifs desdits commis, lesquels auront foi en justice jusqu'à inscription de faux.

Art. 19. Les débitans de boissons ne pourront vendre en gros qu'en utailles contenant au moins un hectolitre; en ce cas, il en sera fait acte de décharge aux portatifs et registres. Ces boissons ne pourront être enlevées que les futailles n'aient été démarquées par les commis, et que les droits de vente en gros n'aient été acquittés, sous peine de payer le droit de détail et l'amende de 100 francs.

Art. 20. Les vendans en détail seront tenus de déclarer aux commis les prix de leurs ventes, chaque fois qu'ils en seront requis; et lesdits prix seront constatés par les actes inscrits aux portatifs et registres.

Art. 21. Le décompte des droits opérés par la vente de chaque cabaretier ou autre débitant pourra être arrêté tous les mois; et la quantité de boissons non vendue sera portée à compte nouveau.

La régie pourra, à la fin de chaque mois ou à la cessation du commerce du débitant, exiger le paiement du droit de dixième sur toutes les boissons manquantes, autres que celles vendues en gros et dont il aura été donné décharge.

E le pourra même exiger le drot au fur et à mesure de la vente, pourvu qu'il y ait une pièce entière débitée, ou lorsque les boissons auront été mises en vente dans les foires, marchés et assemblées.

Art. 22. Il sera accordé aux débitans, pour tous déchets et consommation de famille, 2 p. 0/0 sur le produit des droits qu'ils auront à payer.

Art. 23. Pour le recouvrement des droits dus par les débitans, les receveurs de la régie pourront, sur les extraits des registres portatifs, certifiés par les commis, décerner des contraintes qui seront exécutoires conformément à l'article 39 de la loi du 24 avril.

Art. 24. Les vendans en détail qui auront déclaré cesser leur débit, seront encore, pendant les trois mois suivans, soumis aux visites et exercices des commis.

Art. 25. Il est défendu aux vendans en détail de recéler des boissons dans leurs maisons ou ailleurs; et à tous propriétaires ou principaux locataires de laisser entrer chez eux des boissons appartenant aux débitans, sans qu'il y ait bail, par acte authentique, pour les caves, celliers, magasins et autres lieux où seront placées lesdites boissons. Toutes portes de communication entre les caves ou maisons voisines sont interdites; les commis sont en conséquence autorisés à exiger qu'elles soient scellées.

Art. 26. Les vendans en détail ne pourront avoir des boissons en vaisseaux de moindre contenance qu'un hectolitre. Il leur est défendu de faire aucun remplissage sur les tonneaux, soit marqués, soit démarqués, sans y appeler les commis. Les vendans vin ne pourront avoir des râpés de copeaux ou de paille; ils pourront en avoir un seul de râpé-raisin de deux hectolitres seulement, pourvu qu'ils aient au moins cent hectolitres de vin dans la cave de leur débit. Ils ne pourront y verser du vin hors la présence des commis.

Art. 27. Les baissières de vins, cidres ou poirés, vendues et démarquées, devront être portées hors des caves et vidées en présence des commis.

Art. 28. La vente en détail du vin, cidre ou poiré, et de l'eau-de-vie, ne pourra être faite par les bouilleurs d'eau-de-vie, pendant tout le temps que durera leur distillation.

Art. 29. Il est défendu à tous concierges, portiers et autres domestiques, de vendre pour leur compte des boissons en détail, sous peine de saisie et confiscation, et d'une amende de 100 francs. La dénonciation de la contravention sera faite au maître; et, s'il conserve le fraudeur à son service, et que celui-ci soit convaincu de récidive, le maître sera responsable en son propre et privé nom.

ABONNEMENT DES VENDANS EN DÉTAIL.

Art. 30. Toutes les fois qu'un débitant fera sa soumission de payer par abonnement l'équivalent des droits de détail dont il sera estimé passible, il y sera admis par la régie. Les abonnemens seront faits par écrit. Ils ne seront définitifs qu'après l'approbation de la régie. Ils seront faits, soit à l'hectolitre, soit à l'année. Leur durée ne pourra excéder un an. Ils ne pourront attribuer à l'abonné le privilége de vendre par exclusion à tout autre débitant qui voudrait s'établir dans la même commune. Le prix des abonnemens sera payé par trimestre et d'avance.

PROPRIÉTAIRES VENDANT EN DÉTAIL LES BOISSONS DE LEUR CRU (1).

Art. 31. Les propriétaires qui voudront vendre les boissons de leur cru en détail, et profiter de la modération du droit accordée par l'article 56 de la loi du 24 avril, devront, dans la déclaration préalable à laquelle ils seront tenus comme tous les autres débitans, indiquer la quantité des boissons de leur cru qu'ils auront en leur possession et celle dont ils entendront faire la vente en détail, et se soumettre en outre à ne vendre aucune autre boisson que celle de leur cru. Ils devront faire leur vente par eux-mêmes ou par domestiques à leurs gages, dans des maisons à eux appartenant ou qu'ils auront louées par bail authentique.

______

(1) Voyez, outre les articles 85 et 86 de la loi du 28 avril 1816, l'article 24 de la loi du 25 juin 1841.

Art. 32. Ils ne pourront fournir aux buveurs que les boissons déclarées, avec les bancs et tables; ils seront d'ailleurs assujétis à toutes les formalités et obligations imposées aux autres vendans en détail. Néanmoins les visites et exercices des commis n'auront pas lieu dans l'intérieur de leurs domiciles, pourvu que le local où leurs boissons seront vendues en détail en soit séparé.

DISPOSITIONS GÉNÉRALES.

Art. 33. Les commis ne pourront faire que les dégustations nécessaires pour assurer la perception des droits sur les diverses espèces de boissons.

Art. 34. Toute contravention aux articles précédens sera punie conformément à l'article 37 de la loi du 24 avril, sans préjudice des poursuites extraordinaires encourues par les voies de fait et rébellion.

Art. 35. Les droits perçus par la régie des droits réunis ne pourront être acquittés en traites, si chaque obligation n'est pas au moins de 300 francs.

Art. 36. La perception qui a lieu aux entrées de Paris, en vertu du décret du 4 mars dernier, cessera le jour de la promulgation de la loi du 24 avril.

TABACS.

L'article 37 ordonnait un inventaire général des tabacs en feuilles, etc.

RESTITUTION DES DROITS A L'EXPORTATION DES VINS ET EAUX-DE-VIE (1).

Art. 38. Le propriétaire qui déclarera vouloir exporter à l'étranger ou dans nos colonies, ou embarquer pour les expéditions maritimes, des boissons de sa récolte, ne sera pas tenu d'acquitter les droits à la vente en gros; il sera tenu seulement de prendre acquit à-caution.

Art. 39. Tout marchand en gros qui fera déclaration d'exportation de boissons ou d'embarquement prévus par l'article précédent, ne sera pas assujéti au droit à la vente en gros : mais il sera tenu de prendre acquit-à-caution ; et, en rapportant l'acquit, déchargé et la quittance des droits qu'il aura payés lors de l'achat desdites boissons, il obtiendra la restitution desdits droits.

Art 40. Tout propriétaire, distillateur ou bouilleur, qui fera déclaration d'exportation ou embarquement pour les mêmes des-

---

(1) L'affranchissement du droit de circulation pour les boissons allant à l'étranger ou aux colonies est réglé par l'article 5 de la loi du 28 avril 1816.

tinations, des eaux-de-vie du produit de sa récolte ou de sa fabrication, ne sera pas assujéti à payer les droits à la vente en gros; mais il sera tenu à prendre acquit-à-caution.

Art. 41. Tout marchand en gros qui fera déclaration d'exportation ou d'embarquement pour les mêmes destinations, ne sera pas assujéti à payer les droits de la vente en gros, mais il sera tenu à prendre acquit-à-caution.

Ledit marchand, en rapportant l'acquit déchargé, ainsi que la quittance des droits qu'il aura payés lors de l'achat par lui fait desdites eaux-de-vie, obtiendra la restitution desdits droits.

Art. 42. Les acquits-à-caution mentionnés dans les articles 38, 39, 40 et 41 ci-dessus devront être pris au bureau de la régie étant dans le lieu de l'embarquement ou de la sortie, sans que néanmoins les propriétaires, bouilleurs et marchands soient dispensés de se conformer à ce qui est prescrit par l'article 9.

Art. 43. Tout ce qui concerne les acquits-à-caution délivrés par la régie des *droits réunis* sera réglé suivant les dispositions du titre III de la loi du 22 août 1791.

Art. 44. Il n'est pas dérogé par le présent décret à celui du 1er vendémiaire an 14 (1), qui accorde aux eaux-de-vie de grains exportées à l'étranger, une prime de 2 francs par hectolitre.

----

11 JUIN 1806.=**Décret concernant les sels (Extrait du).**

Toute la partie non reproduite de ce décret se compose de dispositions relatives au service des douanes ou de mesures qui n'étaient que de transition.

TITRE Ier.—DE LA SURVEILLANCE DES PRÉPOSÉS DES ADMINISTRATIONS DES DOUANES ET DES DROITS RÉUNIS; DES DÉCLARATIONS, CONGÉS ET ACQUITS-A-CAUTION.

Art. 1er. La surveillance des préposés des douanes et des *droits réunis* ne s'exercera, pour la perception de la taxe sur les sels, *que jusqu'à la distance de trois licues des marais salans, fabriques ou salines, situés sur*

----

(1) Ce décret est ainsi conçu : « Il est permis d'exporter à l'étranger, par le port d'Urdingen (Roër), les eaux-de-vie de grains fabriquées en France, pour jouir de la faveur accordée par l'article 7 du décret impérial du 5 vendémiaire an 13. »

les côtes et frontières (1), *et dans les trois lieues de rayon des fabriques et salines de l'intérieur* (2). La ligne de démarcation sera déterminée comme celle des douanes.

Art. 2. Nul enlèvement de sels *dans les limites déterminées par l'article précédent*, ne pourra être fait sans une déclaration préalable au bureau le plus prochain du lieu de l'extraction, et sans avoir pris un congé ou un acquit-à caution, que les conducteurs seront tenus de représenter aux préposés, à toute réquisition, *dans les trois lieues des côtes et frontières, ou des fabriques et salines de l'intérieur.*

Art. 3. Les déclarations contiendront le nom du vendeur, celui de l'acheteur, la quantité de sel vendue, le nom du voiturier ou du maître du bateau ou barque qui devra faire le transport, le lieu de la destination et la route à tenir.

Art. 4. Si les droits ont été payés au moment de la déclaration, il sera délivré un congé qui en fera mention.

Art. 5. Il sera délivré un acquit-à-caution lorsque la déclaration n'aura pas donné lieu à l'acquit des droits.

Art. 6. Aucun enlèvement de sels ne pourra être fait avant le lever du soleil ou après son coucher, et qu'en suivant la route indiquée par le congé ou acquit-à-caution. Ces expéditions indiqueront le délai après lequel elles ne seront plus valables.

Art. 7. Les sels transportés dans l'étendue *des trois lieues soumises à la surveillance des préposés*, sans être accompagnés d'un acquit-à-caution, seront saisis et confisqués.

Les sels qui circuleraient *dans la même étendue du territoire* avant le lever ou après le coucher du soleil, seront soumis aux mêmes peines, si le congé ou acquit-à-caution ne porte une permission expresse de transport pendant la nuit.

---

(1) Modifié et expliqué par les décrets des 25 janvier et 6 juin 1307.

(2) Voyez le titre III de l'ordonnance du 17 septembre 1841, concernant l'exploitation des salines de l'Est.

Art. 8. Les préposés des douanes sont autorisés à se transporter en tout temps, dans l'enceinte des marais salans, dans les salines et lieux de dépôt, pour y exercer leur surveillance (1).

Les préposés des *droits réunis* visiteront et tiendont en exercice les salines et fabriques de l'intérieur.

Art. 12. Il sera accordé à tous ceux qui enlèveront des sels des lieux de fabrication, soit qu'ils soient destinés pour les entrepôts ou pour la consommation, 5 p. 0/0 pour tout déchet (2); de manière que, déduction faite de cette seule quantité, le droit sera dû sur la totalité des sels compris dans les déclarations et acquits-à-caution.

Art. 15. La déclaration prescrite par l'article 51 do la loi du 24 avril, avant l'établissement d'aucune fabrique particulière de sel à la chaudière, sera faite au bureau le plus prochain des douanes pour celles qu'on voudra établir dans les trois lieues des côtes et dans les quatre lieues des frontières de terre, et au bureau le plus prochain des *droits réunis* pour celles qui seront établies dans l'intérieur, sous les peines portées par ledit article.

Art. 16. Toutes les saisies qui donneront lieu à la confiscation des sels, emporteront aussi celle des chevaux, ânes, mulets, voitures, bateaux et autres embarcations, employés au transport (3).

Art. 18. Toutes les fabrications de sels par l'action du feu seront tenues en exercice par les préposés des douanes ou des *droits réunis*, suivant le lieu où elles seront situées.

Art. 19. Il sera tenu, par les fabricans et préposés

---

(1) Voyez l'article 32 de la loi du 17 décembre 1814, qui a mis quelques restrictions à cette faculté.

(2) La remise de 5 p. 0/0 est un maximum; elle peut être réduite, en certains cas, à 3 p. 0/0 Voyez la loi du 17 juin 1840 et l'ordonnance du 8 décembre 1843.

(3) Voyez les articles 10 et 15 de la loi du 17 juin 1840; voyez aussi l'ordonnance du 26 juin 1841, titre III.

. des registres en double sur lesquels seront portées les quantités de sel fabriquées, celles en magasin et celles vendues.

Art. 20. Ils ne pourront laisser sortir de leurs magasins aucune quantité de sel, que sur la représentation du permis que l'acheteur aura levé au bureau des douanes ou des *droits réunis*.

Ceux qui contreviendront à la présente disposition seront condamnés au paiement du double droit des sels qu'ils auront vendus.

Les titres II, III et IV concernent exclusivement le service des douanes.

TITRE V. — DES SELS INVENTORIÉS.

Art. 62. Les sels inventoriés dans l'intérieur par les préposés des droits réunis, et dont les quantités pourront être représentées, ne paieront les droits que lorsqu'ils seront vendus pour la consommation. La perception sera faite immédiatement sur les quantités non représentées, ainsi que sur celles pour lesquelles le droit à percevoir n'excédera pas 3,000 francs.

L'administration des droits réunis pourra, si elle le juge utile pour la sûreté des droits, exiger que les magasins des sels inventoriés soient fermés à deux clefs, dont l'une restera entre les mains de ses préposés.

----

16 JUIN 1806.—**Décret** concernant le poids des voitures et la police du roulage (**Extrait du**).

Art. 13. Les préposés à la perception de la taxe d'entretien des routes jusqu'au 22 septembre, et, à leur défaut, les préposés à la perception des octrois municipaux, ou enfin des préposés spéciaux, seront chargés de la garde, entretien, conservation et manœuvre des ponts à bascule.

----

22 JUILLET 1806.—**Décret** contenant réglement sur les affaires contentieuses portées au conseil d'état (**Extrait du**).

Art. 1er. Le recours des parties au conseil d'Etat en matière contentieuse sera formé par requête signée d'un avocat au conseil; elle contiendra l'exposé sommaire des faits et des moyens, les conclusions, les noms et demeures des parties, l'énonciation des pièces dont on entend se servir et qui y seront jointes.

---

9 AOUT 1806.=**Décret** relatif aux formalités à observer pour la mise en jugement des agens du gouvernement.

Art 1er. Lorsque. sur la demande d'autorités locales, ou de parties, à nous transmise par nosministres, il echerra d'autoriser ou non la mise en jugement d'aucuns de nos agens inculpés dans l'exercice de leurs fonctions, il y sera pourvu comme avant notre décret du 11 juin 1806 (1), que nous déclarons non applicable au cas où la poursuite n émanera point de nos ordres exprès.

Art. 2. Si la demande mentionnée en l'article précédent nous est transmise par notre grand-juge, et qu'elle soit dirigée contre un agent ou fonctionnaire étranger à son département, il en donnera avis au ministre du département de l'agent inculpé, en même temps qu'il nous remettra son rapport.

Art. 3. La disposition de l'article 75 de l'acte constitutionnel de l'an 8 (2) ne fait point obstacle à ce que les magistrats chargés de la poursuite des délits informent et recueillent tous les renseignemens relatifs aux délits commis par nos agens dans l'exercice de leurs fonctions ; *mais il ne peut être, en ce cas, décerné aucun mandat, ni subi aucun interrogatoire juridique sans l'autorisation préalable du gouvernement* (3).

---

31 AOUT 1806. = **Décret** qui ordonne le dépôt des empreintes du timbre des congés et passavans délivrés par la régie des droits réunis.

Article unique. La régie des *droits réunis* fera déposer

---

(1) Sur l'organisation et les attributions du conseil d'état.

(2) Cet article porte : « Les agens du gouvernement, autres que les ministres, ne peuvent être poursuivis pour des faits relatifs à leurs fonctions, qu'en vertu d'une décision du conseil d'état. En ce cas. la poursuite a lieu devant les tribunaux ordinaires.

(3) Cette autorisation préalable n'est pas nécessaire. Voyez l'article 244 de la loi du 28 avril 1816.

au greffe de la cour criminelle et spéciale du département de la Seine des empreintes du timbre dont elle se sert pour les congés, passavans et autres actes de son administration; ces empreintes seront apposées sur le papier à son filigrane pour servir au besoin aux vérifications qu'il pourrait être nécessaire d'en faire.

---

16 SEPTEMBRE 1806.— Décret qui autorise la compagnie des salines de l'Est à exploiter les salines particulières situées dans le département de la Meurthe.

Nous ne mentionnons que le titre de ce décret, qui ajoutait les trois salines de Vic, Haraucourt et Lezay à celles que, par bail du 29 avril 1806, exploitait la compagnie des salines de l'Est. Voyez la notice que nous avons publiée dans les *Annales* de 1841-42, pages 100 et suivantes, au sujet de la rénovation de ce bail autorisée par une loi du 6 avril 1825, puis de sa résiliation sanctionnée par l'article 18 de la loi du 17 juin 1840.

---

25 JANVIER 1807 =Décret concernant la surveillance des douanes sur la circulation intérieure des sels.

Art. 1er. La surveillance des douanes s'exercera sur la circulation intérieure des sels, jusqu'à la distance de trois lieues des côtes de tout l'*empire*, soit qu'il y existe ou non des marais salans, salines et fabriques de sels (1).

Art. 2. Les sels transportés dans le rayon de trois lieues des côtes, sans déclaration préalable au bureau le plus prochain du lieu de l'enlèvement, et sans être accompagnés des congés ou acquits-à-caution prescrits par les articles 2, 4, 5 et 7 de notre décret du 11 juin dernier, seront saisis et confisqués, ainsi que les chevaux, ânes, mulets et voitures employés au transport, et les conducteurs seront en outre condamnés à une amende de *cent francs conformément à l'article* 57 *de la loi du* 24 *avril* 1806 (2).

---

(1) Voyez le décret additionnel du 6 juin 1807.

(2) La peine applicable aujourd'hui est celle qui est fixée par l'article 10 de la loi du 17 juin 1840.

16 FÉVRIER 1807 = Décret relatif à la liquidation des dépens (Extrait du).

Art. 2. Les dépens, dans les matières ordinaires, seront liquidés par un des juges qui aura assisté au jugement; mais le jugement pourra être expédié et délivré avant que la liquidation soit faite.

Art. 3. L'avoué qui requerra la taxe remettra au greffier l'état des dépens adjugés, avec les pièces justificatives.

Art. 4. Le juge chargé de liquider taxera chaque article en marge de l'état, sommera le total au bas, le signera, mettra le taxé sur chaque pièce justificative, et paraphera : l'état demeurera annexé aux qualités.

Art. 5. Le montant de la taxe sera porté au bas de l'état des dépens adjugés ; il sera signé du juge qui y aura procédé, et du greffier. Lorsque ce montant n'aura pas été compris dans l'expédition de l'arrêt ou jugement, il en sera délivré exécutoire par le greffier.

Art. 6. L'exécutoire ou le jugement au chef de la liquidation, seront susceptibles d'opposition. L'opposition sera formée dans les trois jours de la signification à avoué avec citation ; il y sera statué sommairement et il ne pourra être interjeté appel de ce jugement que lorsqu'il y aura appel de quelques dispositions sur le fond.

Art. 7. Si la partie qui a obtenu l'arrêt ou le jugement néglige de le lever, l'autre partie fera une sommation de le lever dans les trois jours.

Art. 8. Faute de satisfaire à cette sommation, la partie qui aura succombé pourra lever une expédition du jugement, sans que les frais soient taxés, sauf à l'autre partie à les faire taxer dans la forme ci-dessus prescrite.

16 FÉVRIER 1807. = **Décret** qui ordonne la remise à la régie des droits réunis d'un état nominatif des salpêtriers travaillant pour le compte de l'administration des poudres et salpêtres (1).

Art. 1er. L'administration des poudres et salpêtres fera remettre à la régie des droits réunis, dans le mois de la publication du présent décret, l'état nominatif de tous les salpêtriers travaillant pour son compte dans chacun des départemens de l'empire, et, à l'expiration de chaque mois, un bordereau énonciatif des quantités de salpêtre brut fabriquées par chaque salpêtrier et du sel marin qui a dû en provenir, sur le pied de deux kilogrammes et demi de sel par chaque cent kilogrammes de salpêtre brut fabriqué.

Art. 2. Les salpêtriers seront chargés par ces bordereaux et tenus d'acquitter, dans le cours du mois suivant, le droit fixé par la loi du 24 avril 1806.

Art. 3. L'administration des poudres remettra également à la régie, à la fin de chaque mois, l'état du salpêtre brut provenant de sa fabrication, et du salpêtre pur provenant de son exploitation et raffinage; et sera chargée, d'après cet état, d'acquitter le même droit fixé par la loi du 24 avril 1806, à raison de deux kilogrammes et demi de sel par cent kilogrammes de salpêtre brut, et de quinze kilogrammes de sel par cent kilogrammes de salpêtre raffiné.

Art. 4. Les administrateurs des poudres seront tenus d'acquitter le droit, tous les trois mois, en numéraire ou obligations, selon que la somme à payer sera au-dessus ou au-dessous de 600 francs.

Art. 5. Les salpêtriers qui s'établiront à l'avenir, seront tenus d'en faire la déclaration à la régie, conformément à l'article 51 de la loi du 24 avril.

Art. 6. Si les sels provenant de la fabrication ou raffinage du salpêtre sont de mauvaise qualité et hors d'état d'entrer dans le commerce, les administrateurs des poudres et les salpêtriers pourront obtenir la décharge du droit, en les faisant submerger, après en avoir constaté le poids, le tout en présence des préposés de la régie, qui en dresseront procès-verbal.

Art. 7. Toute contravention au présent décret sera punie des peines prononcées par la loi du 24 avril 1806 et le réglement impérial du 11 juin.

------

11 MAI 1807. = **Décret** qui prohibe l'introduction des monnaies de cuivre et de billon de fabrique étrangère.

Art. 1er. L'introduction des monnaies de cuivre et

------

(1) Ce décret a été remplacé par la loi du 10 mars 1819.

de billon de fabrique étrangère, est prohibée sous les peines portées par les lois concernant les marchandises prohibées à l'entrée du territoire de l'empire.

Art. 2. Elles ne pourront être admises dans les caisses publiques en paiement de tous droits et contributions, de quelque nature qu'ils soient, payables en numéraire.

1er JUIN 1807. = **Décret concernant les entreposeurs et magasiniers de sels.**

Art. 1er. Sont réputés entreposeurs et magasiniers, les particuliers chez lesquels il a été inventorié des quantités de sel excédant les approvisionnemens de famille exceptés par l'article 5 du décret du 27 mars 1806.

Art. 2. La disposition de l'article 59 du réglement impérial du 11 juin dernier, qui détermine le taux des approvisionnemens de famille (1) pour les marchands et débitans de sel, est déclarée applicable aux entreposeurs et magasiniers.

---

6 JUIN 1807. = **Décret additionnel à celui du 25 janvier 1807, concernant la surveillance des préposés des douanes sur la circulation des sels.**

Article unique. Les dispositions de notre décret du 25 janvier 1807, concernant la surveillance à exercer par les préposés des douanes sur la circulation des sels, dans le rayon de trois lieues des côtes de tout l'*empire,* sont applicables à chaque bord des rivières affluentes à la mer, en remontant ces mêmes rivières jusqu'au dernier bureau des douanes où se peuvent payer les droits d'importation ou d'exportation; et la distance des trois lieues, dans le rayon desquelles les sels doivent être accompagnés de congés ou acquits-à-caution, *sous les peines portées par ledit décret* (2), se mesurera 1° du rivage de la mer vers l'intérieur; 2° pour les rivières affluentes à la mer, de chaque point du bord de ces

---

(1) 50 kilogrammes.
(2) Aujourd'hui, par l'article 10 de la loi du 17 juin 1840.

mêmes rivières, en rentrant vers l'intérieur des terres jusqu'au dernier bureau des douanes.

---

18 AOUT 1807.=**Décret qui prescrit les formes à suivre pour les saisies-arrêts ou oppositions entre les mains des receveurs ou administrateurs de caisses ou de deniers publics.**

Art. 1er. Indépendamment des formalités communes à tous les exploits, tout exploit de saisie-arrêt ou opposition entre les mains des receveurs, dépositaires ou administrateurs de caisses ou de deniers publics, en cette qualité, exprimera clairement les noms et qualités de la partie saisie; il contiendra en outre la désignation de l'objet saisi.

Art. 2. L'exploit énoncera pareillement la somme pour laquelle la saisie-arrêt ou opposition est faite; et il sera fourni, avec copie de l'exploit, auxdits receveurs, caissiers ou administrateurs, copie ou extrait en forme du titre du saisissant.

Art. 3. A défaut par le saisissant de remplir les formalités prescrites par les articles 1 et 2 ci-dessus, la saisie-arrêt ou opposition sera regardée comme non avenue.

Art. 4. La saisie-arrêt ou opposition n'aura d'effet que jusqu'à concurrence de la somme portée en l'exploit.

Art. 5. La saisie-arrêt ou opposition formée entre les mains des receveurs, dépositaires ou administrateurs de caisses ou de deniers publics, en cette qualité, ne sera point valable si l'exploit n'est fait à la personne préposée pour le recevoir, et s'il n'est visé par elle sur l'original, ou, en cas de refus, par le *procureur impérial* près le tribunal de première instance de leur résidence, lequel en donnera de suite avis aux chefs des administrations respectives.

Art. 6. Les receveurs, dépositaires ou administrateurs seront tenus de délivrer, sur la demande du saisissant, un certificat qui tiendra lieu, en ce qui les concerne, de tous autres actes et formalités prescrits, à l'égard des tiers-saisis, par le titre VII du livre V du Code de procédure civile.

S'il n'est rien dû au saisi, le certificat l'énoncera.

Si la somme due au saisi est liquide, le certificat en déclarera le montant.

Si elle n'est pas liquide, le certificat l'exprimera.

Art. 7. Dans le cas où il serait survenu des saisies-arrêts ou oppositions sur la même partie et pour le même objet, les receveurs, dépositaires ou administrateurs seront tenus, dans les certificats qui leur seront demandés, de faire mention desdites saisies-arrêts ou oppositions, et de désigner les noms et élection de domicile des saisissans, et les causes desdites saisies-arrêts ou oppositions.

Art. 8. S'il survient de nouvelles saisies-arrêts ou oppositions depuis la délivrance d'un certificat, les receveurs, dépositaires ou administrateurs seront tenus, sur la demande qui leur en sera faite, d'en fournir un extrait contenant pareillement les noms et élection de domicile des saisissans, et les causes desdites saisies-arrêts ou oppositions.

Art. 9. Tout receveur, dépositaire ou administrateur de caisses ou de deniers publics, entre les mains duquel il existera une saisie-arrêt ou opposition sur une partie prenante, ne pourra vider ses mains sans le consentement des parties intéressées, ou sans y être autorisé par justice.

---

18 AOUT 1807. = **Décret sur la manière de constater les enlèvemens d'eaux salées dans les départemens de la Meurthe, etc.**

Article unique. Tous enlèvemens d'eaux salées dans les puits, sources, réservoirs, conduites et magasins des salines comprises dans le bail de la compagnie des salines de l'Est dans les départemens de la Meurthe, Moselle, Rhin et Moselle, Bas-Rhin, Mont-Tonnerre, Haute-Saône, Doubs, Jura et Mont-Blanc, pourront être constatés dans les formes prescrites par l'article 57 de la loi du 24 avril 1806, et punis des peines portées par l'article 51 de la même loi (1).

---

29 AOUT 1807.==**Décret concernant les receveurs particuliers de la régie des droits réunis.**

Art. 1er. Les receveurs particuliers, tant sédentaires qu'ambulans, de la régie des droits réunis, fourniront, avant le 1er janvier 1808, un cautionnement de trois mille francs en immeubles ou en numéraire, à leur choix.

Art. 2. Les cautionnemens fournis en numéraire seront versés à la caisse d'amortissement, et les intérêts en seront servis à raison de 3 p. 0/0 par année (2). La validité des cautionnemens en immeubles sera constatée par des actes notariés, inscrits au bureau des hypothèques.

1er SEPTEMBRE 1807. == **Décret qui ordonne un prélèvement de 25 p. 0/0 sur les produits de l'octroi de navigation, dans tous les bassins de l'empire (3).**

Art. 1er. Sur les produits de l'octroi de navigation, dans tous les bassins de l'empire, il sera fait, chaque année, à compter du 1er janvier 1808, un prélèvement de 25 p. 0/0.

Art. 2. La somme résultante du prélèvement sera, par notre ministre de l'intérieur, employée comme fonds spécial aux besoins généraux de la navigation dans l'empire, sans distinction de bassin.

Art. 3. Les 75 p. 0/0 restant continueront d'être affectés exclusivement aux bassins respectifs où les perceptions auront été faites.

SEPTEMBRE 1807.==**Loi relative au mode de recouvrement des frais de justice au profit du trésor public, en matière criminelle, correctionnelle et de police.**

Art. 1er. En conséquence de l'article 2,098 du Code

---

(1) Voyez la loi du 17 juin 1840, art. 7 et 10, et aussi le titre III de l'ordonnance du 26 juin 1841.

(2) Cet intérêt, augmenté par des lois postérieures, a été ramené à ce taux par celle du 4 août 1844. — Le cautionnement de 3,000 francs en numéraire subsiste. Voyez le tableau joint à la circulaire n° 123, du 10 février 1836 (*Annales* 1836-37, page 52).

(3) Toute spécialité a cessé de fait depuis la loi de finances du 23 septembre 1814.

civil, le privilége du trésor public est réglé de la manière suivante, eu ce qui concerne le remboursement
des frais dont la condamnation est prononcée à son
profit en matière criminelle, correctionnelle et de police.

Art. 2. Le privilége du trésor public sur les meubles et effets mobiliers des condamnés ne s'exercera
qu'après les autres priviléges et droits ci-après mentionnés, savoir : 1° les priviléges désignés aux articles
2101 et 2102 du Code civil ; 2° les sommes dues pour
la défense personnelle du condamné, lesquelles, en
cas de contestation de la part de l'administration des
domaines, seront réglées, d'après la nature de l'affaire, par le tribunal qui aura prononcé la condamnation.

Art. 3. Le privilége du trésor public sur les biens
immeubles des condamnés n'aura lieu qu'à la charge
de l'inscription dans les deux mois, à dater du jour du
jugement de condamnation : passé lequel délai, les
droits du trésor public ne pourront s'exercer qu'en
conformité de l'article 2113 du Code civil.

Art. 4. Le privilége mentionné dans l'article 3 ci-
dessus ne s'exercera qu'après les autres priviléges et
droits suivans :

1° Les priviléges désignés en l'article 2101 du Code
civil, dans le cas prévu par l'article 2105;

2° Les priviléges désignés en l'article 2103 du Code
civil, pourvu que les conditions prescrites pour leur
conservation aient été accomplies;

3° Les hypothèques légales existantes indépendamment de l'inscription, pourvu, toutefois, qu'elles soient
antérieures au mandat d'arrêt, dans le cas où il en aurait été décerné contre le condamné ; et, dans les autres
cas, au jugement de condamnation;

4° Les autres hypothèques, pourvu que les créances
aient été inscrites au bureau des hypothèques avant le
privilége du trésor public, et qu'elles résultent d'actes
qui aient une date certaine antérieure auxdits mandat
d'arrêt ou jugement de condamnation;

5° Les sommes dues pour la défense personnelle du condamné, sauf le réglement, ainsi qu'il est dit en l'article 2 ci-dessus.

---

11 JANVIER 1808. = **Décret relatif aux adjudications des coupes de bois.**

Art. 1er. Il ne pourra être enlevé, des coupes destinées au flottage, aucun bois de cinquante-quatre millimètres (deux pouces) de diamètre ou cent soixante-deux millimètres (six pouces) de circonférence et au-dessus, qu'au préalable il n'ait été procédé au comptage du nombre de stères que ces coupes auront produit.

Ce comptage sera fait par les agens de la navigation et de l'approvisionnement, en présence de l'agent forestier et en celle des adjudicataires ou eux dûment appelés.

Art. 2. Il sera inséré, dans le cahier des charges des adjudicataires, la clause que les marchands ou exploitans seront tenus d'une indemnité de 5 francs par stère de bois qui aurait été distrait des quantités portées dans le procès-verbal de comptage.

Art. 3. Il sera dressé, à l'égard des contraventions au décret précité, des procès-verbaux sur lesquels il sera statué administrativement.

Art. 4 Les fonds provenant de cette indemnité seront versés dans la caisse des droits réunis, en accroissement de l'octroi de navigation.

Nous ne donnons ici ce décret que parce que l'article 4 attribuait à la régie l'encaissement des fonds provenant de l'indemnité énoncée en l'article 2. Ce décret avait été précédé d'un autre décret (du 17 thermidor an 12), en vertu duquel les cahiers des charges des adjudications des bois de l'état, situés sur les bords de l'Aube, de la Seine et de leurs affluens, devaient contenir la clause expresse de faire flotter et d'amener à Paris, dans le délai de trois ans, les bois de cinquante-quatre millimètres de diamètre, en totalité ou dans la proportion qui serait déterminée.

Le but de cette disposition était d'assurer l'approvisionnement de Paris, ainsi que cela avait eu lieu sous le régime antérieur à 1789. Mais, en 1829, on reconnut que la réserve prescrite par les décrets de l'an 12 et de 1808 n'était que d'une faible importance dans l'approvisionnement de Paris, et que l'obligation de diriger des bois sur cette ville avait eu pour effet de gêner le commerce et de nuire à la libre concurrence des enchères. Une ordonnance fut, en conséquence, rendue le 25 janvier 1829, pour l'abrogation des deux décrets précités ; elle est ainsi conçue :

« Art. 1er. Les articles 5 et 6 du décret du 17 thermidor an 12 et le décret du 11 janvier 1808 sont abrogés. »

4 MARS 1808. = **Décret concernant les alimens des débiteurs de l'état détenus en prison.**

Art. 1er. Les détenus en prison à la requête de l'agent du trésor public ou de tout autre fonctionnaire public, pour cause de dettes envers l'Etat, recevront la nourriture comme les prisonniers à la requête du ministère public.

Art. 2. Il ne sera fait aucune consignation particulière pour la nourriture desdits détenus ; la dépense en sera comprise, chaque année, au nombre de celles du département de l'intérieur, pour le service des prisons.

4 MARS 1808. = **Décret concernant la perception d'uno taxe annuelle sur les bâtimens à quille servant au cabotage et aux transports sur la Gironde, la Garonne et la Dordogne (1) (Extrait du).**

Art. 15. Tous les bâtimens à quille, pontés ou non pontés, servant au cabotage et transport sur le fleuve de la Gironde, depuis son embouchure jusqu'à Bordeaux ;

Sur la Dordogne, depuis Castillon inclusivement (2) jusqu'à Bordeaux ;

Et sur la Garonne, depuis Mondiet, près et au-dessus de Saint-Macaire (3) jusqu'à Bordeaux ;

Sont assujélis à une taxe proportionnelle et annuelle (4), et sont dispensés, en conséquence, d'acquit-

---

(1) Les articles 15 à 27 de ce décret sont ma ntenus par la loi du 9 juillet 1836, art. 23.

(2) Aux termes de l'ordonnance royale du 10 juillet 1835 qui fixe les limites entre la pêche fluviale et la pêche maritime dans les fleuves et rivières affluant à la mer, ces limites sont celles do l'inscription maritime.

(3) Egalement d'après l'ordonnance royale du 10 juillet 1835.

(4) Voyez l'article 24.

ter tout autre droit de navigation aux divers bureaux établis sur le bassin de la Gironde.

Art. 16. Pour assurer la perception de la taxe proportionnelle et annuelle, chacun des propriétaires des bâtimens qui viennent d'être désignés, en fera sa déclaration au bureau des *droits réunis* de son arrondissement, dans le délai de trois mois, à compter de la publication du présent décret.

Cette déclaration contiendra la désignation du bâtiment, la longueur de la quille, sa longueur de tête en queue, sa plus grande largeur, sa profondeur sur carlingue, et son tonnage.

Art. 17. La déclaration sera vérifiée et rectifiée, s'il y a lieu.

Art. 18. A la suite de la vérification, le bâtiment sera marqué sur le flanc droit, vers le bossoir, du timbre *de l'octroi* de navigation (1).

Art. 19. Toutes les formalités prescrites par les trois articles précédens pourront être suppléées dans les bureaux *de l'octroi* (*de navigation*) de Bordeaux et de Libourne, où les propriétaires auront également la faculté de faire la déclaration et de faire appliquer le timbre.

Art. 20. A l'expiration de chaque trimestre, le propriétaire pourra déclarer que son bâtiment est détruit, hors d'état de naviguer ou en radoub. Cette déclaration sera vérifiée, et la taxe cessera d'être perçue jusqu'a une nouvelle déclaration.

Cette nouvelle déclaration devra se faire au même bureau où la première déclaration aura été faite.

Art. 21. Ne seront point compris dans l'état général des bâtimens sujets à la taxe :

1° Les canots et chaloupes des navires français et étrangers ;

2° Les pontons et les bâtimens servant au radoub ;

---

(1) Voir la note correspondante à l'article 4 de l'arrêté du 8 prairial an 11.

3° Les couralins ou autres bâtimens de la même espèce servant à la communication entre les navires en rade et les berges des rivières ;

4° Les bâtimens plats ou sans quille, venant des affluens de la Gironde ou de la Garonne, et qui sont assujétis à la taxe sous d'autres formes, conformément aux tarifs particuliers ci-dessus décrétés.

Art. 22. Les receveurs des *droits réunis* des deux rives de la Gironde et des parties de rivières désignées dans l'article 15, qui auront reçu les déclarations des propriétaires de bâtimens domiciliés dans leurs arrondissemens respectifs, en formeront des états qu'ils adresseront au directeur de Bordeaux, pour être par lui convertis en rôle, après avoir été soumis à l'approbation du préfet.

Art. 23. Les rôles seront renouvelés chaque année; les bâtimens y compris seront taxés à dater du jour de la déclaration jusqu'à la fin de l'année.

Art. 24. La taxe ou droit annuel sera d'un franc par tonneau, payable par trimestre et d'avance dans le bureau qui aura reçu la déclaration, soit que dans cet intervalle le bateau ait ou n'ait point navigué. Il en sera fourni quittance, dont un double devra rester entre les mains du conducteur du bâtiment, lequel sera tenu de le représenter à toute réquisition, aux employés des *droits réunis*.

Art. 25. Tout bateau assujéti à la taxe proportionnelle, qui sera rencontré par les employés des *droits réunis*, soit amarré dans les ports, soit à l'ancre, soit à la voile, et qui ne sera pas timbré, ou dont les conducteurs ne pourront pas représenter quittance du dernier trimestre expiré, sera en contravention. Il en sera dressé procès-verbal, et copie en sera laissée, ou au conducteur, ou au gardien spécial, ou à toute autre personne préposée à la garde du bâtiment.

Art. 26. Nonobstant la contravention constatée, les bâtimens pourront continuer leur voyage, s'ils sont chargés ; mais ils ne pourront prendre de nouveaux chargemens, ni naviguer, qu'après le paiement de la taxe due, et d'une somme double qui sera perçue pour le fait de la contravention.

Art. 27. Néanmoins, en tout état de cause et en cas de contestation, nul bâtiment ne pourra être retenu, si la somme qu'il doit payer pour la taxe et la contravention a été consignée aux employés des *droits réunis*.

---

29 MAI 1808. = **Décret concernant la police générale de la rivière de Sèvre (Extrait du).**

Art. 7. Toutes les marchandises enlevées (1) seront rendues à leurs propriétaires, d'après l'exhibition de leurs titres en bonne forme, en payant les frais du tirage de l'eau desdites marchandises, et de leur transport en lieu de sûreté, entre les mains du préposé ou de l'entrepreneur de la navigation, qui en rendra compte.

Les objets qui n'auront pas été réclamés, ou dont la propriété n'aura pas été légalement constatée, seront vendus par les ordres du préfet, et le montant en sera versé à la caisse des *droits réunis*, comme produits accessoires à l'*octroi* de navigation.

---

16 JUIN 1808. = **Décret concernant les cartes à jouer.**

Art. 1er. La régie des *droits réunis* fera faire des moules uniformes pour la fabrication des cartes à jouer. Ces moules seront à vingt-quatre cartes : *les figures porteront le nom du fabricant et un numéro particulier pour chaque lieu de fabrication* (2).

Art. 2. Aussitôt l'émission des nouveaux moules, les anciens seront supprimés. Il est défendu de contrefaire les moules de la régie et de fabriquer aucun moule

---

(1) C'est-à-dire provenant d'épaves ou de sauvetage.
(2) Voyez le décret du 9 février 1810, art. 4.

particulier; *les prévenus seront poursuivis devant les tribunaux ordinaires, et punis des peines portées par les lois, sans préjudice des amendes et confiscations prononcées par notre décret du 4 prairial an* 13 (1).

Art. 3. Sont exceptés de la suppression, et demeureront déposés dans les bureaux de la régie, les moules de tarots et autres dont la forme ou la dimension diffère des cartes usitées en France.

Art. 4. Les cartes mentionnées en l'article précédent seront fabriquées en papier libre et ne pourront circuler dans l'intérieur qu'autant qu'elles porteront, sur toutes les cartes à figure, la légende FRANCE et le nom du fabricant. Ces cartes continueront *d'acquitter le droit de demi-centime par carte, à l'instar de celles fabriquées en papier filigrané* (2), et d'être soumises à la bande de contrôle de la régie.

Art. 5. Les cartes mentionnées aux deux articles précédens, qui seront destinées à l'exportation, ne seront assujéties à aucune légende : *elles paieront un droit particulier de cinq centimes par jeu exporté.* Les fabricans qui feront des exportations de ces cartes seront tenus de faire les déclarations et les justifications prescrites par les lois et réglemens (3).

Art. 6. Les cartes usitées en France ne pourront circuler qu'autant qu'il en sera fait déclaration au bureau des *droits réunis* du lieu de l'expédition, et qu'elles seront accompagnées d'un congé portant le nom de l'expéditeur, le lieu de la destination et le nom de celui à qui elles seront destinées.

Art. 7. A compter du jour de l'émission des nouveaux moules de la régie, qui sera fixé par notre ministre des finances, il sera accordé un an pour l'écoulement des cartes fabriquées avant cette émission : ce délai passé, toutes les cartes d'ancien

---

(1) Voyez la loi du 28 avril 1816, art. 168.
(2) Voir le décret du 9 février 18:0.
(3) Les cartes destinées pour l'exportation sont exemptes de tout droit. Voyez la loi du 4 juin 1856 Quant aux règles à observer, voyez le décret du 30 thermidor an 12.

moulage seront détériorées et mises hors de la consommation, sauf la restitution du droit qui aurait été perçu par la régie.

Art. 8. La vente et la distribution de toutes les cartes fabriquées en papier libre, et marquées des timbres humides en usage avant le décret du 1er germinal an 13, sont interdites à partir du jour de la publication du présent décret. Toutes celles existant à cette époque, chez les fabricans et débitans, seront détériorées; *et le droit de demi-centime par carte sera restitué par la régie, en suite du procès-verbal de détérioration.*

Art. 9. La remise du onzième, fixée par l'article 2 du décret du 13 fructidor an 13, ne sera pas accordée aux fabricans surpris en contravention.

Art. 10. La recoupe des cartes est interdite aux fabricans et débitans, ainsi que la vente, entrepôt et colportage sous bande ou sans bande, des cartes recoupées ou réassorties.

Art. 11. Toutes contraventions au présent décret seront punies conformément au décret du 4 prairial an 13.

---

16 JUIN 1808. = **Décret relatif à la culture, à la fabrication et à la vente du tabac (1).**

---

11 AOUT 1808. = **Décret portant désignation des bâtimens qui doivent être exemptés de la contribution foncière, comme destinés à un service public (Extrait du).**

Article unique. Ne sont pas imposables,.....
Les bâtimens affectés au logement des ministres,....
des administrations et de leurs bureaux;.....
Les maisons communales;.....
Les manufactures de poudre de guerre, les manufactures de tabacs et autres au compte du gouverne-

---

(1) Voyez le *nota* mis à la suite du titre de la loi du 22 brumaire an 7.

ment;..... enfin, tous les bâtimens dont la destination a pour objet l'utilité publique.

---

28 AOUT 1808. = **Décret relatif aux cautionnemens en numéraire des receveurs particuliers de la régie des droits réun·s.**

Art. 1er. A dater de ce jour, les cautionnemens en numéraire qui seront versés à la caisse d'amortissement par les receveurs particuliers, tant sédentaires qu'ambulans, de la régie des droits réunis, seront considérés comme des consignations représentatives des cautionnemens en immeubles qu'ils sont tenus de fournir, en exécution de notre décret du 29 août 1807.

Art. 2. Ces cautionnemens en numéraire sont, *comme ceux fournis en immeubles*, affectés à la garantie de la gestion du titulaire, quel que soit le lieu où il exerce ses fonctions : il ne pourra, en conséquence, être formé d'oppositions motivées sur ces cautionnemens au greffe des tribunaux de première instance, mais seulement à la caisse d'amortissement.

Art. 3. Lors de la cessation des fonctions d'un titulaire, *ou lorsqu'en usant de la faculté qui lui est accordée par le décret du 29 août 1807, il remplacera par un immeuble le cautionnement en numéraire*, le remboursement *de ce dernier* sera fait par la caisse d'amortissement, sur la demande du titulaire ou des ayans-droit, d'après le consentement de la régie des *droits réunis*, et en la même forme que s'effectue celui d'une consignation.

Art. 4. Pour que les cautionnemens en numéraire déjà versés à la caisse d'amortissement, d'après notre décret du 29 août 1807, puissent être assimilés à une consignation représentative des cautionnemens en immeubles, et que la caisse d'amortissement puisse délivrer un nouveau certificat d'inscription de cautionnement, les titulaires produiront à cette caisse le certificat d'inscription qu'ils en ont déjà reçu, un certificat de non opposition du greffier du tribunal de première instance, visé par le président de l'arrondissement indiqué dans le certificat d'inscription de cautionnement qu'ils avaient déjà obtenu, et le consentement du prêteur, s'il y en a un.

28 AOUT 1808. = **Décret sur la culture du tabac (1).**

---

21 NOVEMBRE 1808. = **Loi relative aux droits sur les vins et eaux-de-vie à percevoir dans le port de Cette et dans les autres ports du Golfe, depuis l'embouchure du Rhône jusqu'aux côtes de l'Espagne.**

---

25 NOVEMBRE 1808. = **Loi relative au budget de l'état pour l'année 1809 (Extrait de la).**

TITRE VI.—SUPPRESSION ET REMPLACEMENT TANT DU DROIT D'IN-VENTAIRE QUE DE CELUI DE VENTE ET REVENTE EN GROS DES BOISSONS.

Art. 12. L'inventaire prescrit par les articles 49 et suivans de la première section du chapitre 2 de la loi du 5 ventose an 12, et le droit établi à la vente des vins, cidres et poirés, par l'article 56 de la même loi, sont abolis, à dater du 1er janvier 1809.

Art. 13. Le droit à la vente et revente en gros des boissons, créé par l'article 25 de la loi du 24 avril 1806, est pareillement supprimé, à partir de la même époque.

Art. 14. Le droit d'inventaire est néanmoins acquis pour toutes les quantités reconnues manquantes au récolement des divers inventaires, jusques et compris le récolement de la récolte de 1807.

Art. 15. A dater du 1er janvier 1809, il sera payé à chaque enlèvement ou mouvement des boissons ci-après désignées; savoir :

Par hectolitre de vin en cercles, dans les départemens de première classe, suivant le tableau ci-annexé, 30 centimes.

Dans ceux de seconde classe, 40 centimes.

Dans ceux de troisième classe, 50 centimes.

Dans ceux de quatrième classe, 80 centimes.

Par hectolitre de cidre ou de poiré, sans distinction de classe, 15 centimes.

---

(1) Voyez le *nota* qui suit le titre de la loi du 22 brumaire an 7.

Par hectolitre d'eau-de-vie ou d'esprit en cercles, 1 franc 20 centimes.

Par hectolitre de vin en bouteilles. 3 francs.

Par hectolitre d'eau-de-vie, ou d'esprit en bouteilles, ou de liqueurs composées d'eau-de-vie ou d'esprit, 5 francs.

Art. 16. Le propriétaire qui fera enlever des boissons du pressoir, pour être conduites chez lui, ou qui les fera transporter de l'une de ses caves dans une autre, ne sera point assujéti au droit de mouvement établi par l'article 15, et n'acquittera que le timbre de 5 centimes, pourvu que le transport ait lieu dans l'étendue du même canton.

Art. 17. Il ne sera dû qu'un seul droit de mouvement pour le transport, jusqu'à la destination déclarée, lors même qu'il y aura changement de voies ou de moyens de transport.

Art. 18. A dater du 1er janvier 1809, il sera perçu, au profit du trésor public, dans les villes et bourgs de deux mille ames et au-dessus, un droit d'entrée sur les boissons destinées à la consommation, conformément au tarif ci-annexé (1).

Les vins en bouteilles seront soumis à un droit double de celui fixé pour les vins en cercles.

L'eau-de-vie rectifiée à vingt-deux degrés et au-dessus, celle de toute espèce en bouteilles, et les liqueurs composées d'eau-de-vie ou d'esprit, seront soumises à un droit double de celui fixé pour l'eau-de-vie simple.

Art. 19. Les vendanges et fruits en nature seront soumis au même droit d'entrée de ville, à raison de trois hectolitres de vendange pour deux hectolitres de vin, et de cinq hectolitres de pommes ou poires, pour deux hectolitres de cidre ou poiré.

Art. 20. Les vins, cidres et poirés inventoriés en 1808, dans les villes ou bourgs assujétis aux droits d'entrée par la présente, seront soumis à ces droits, à moins qu'il ne soit justifié que le droit d'inventaire en a été acquitté.

Art. 21. A la même époque du 1er janvier 1809, le droit à la vente en détail des boissons spécifiées en l'article 15, sera perçu à raison de 15 centimes pour franc de leur valeur.

L'article 36 de la loi du 24 avril 1806 est rapporté.

Art. 22. Les droits établis aux entrées de plusieurs villes, en remplacement de celui à la vente en détail, seront augmentés dans la proportion de l'augmentation du droit à la vente en détail ordonnée par la présente.

Art. 23. Toute contravention aux dispositions du présent titre sera punie des peines portées par l'article 57 de la loi du 24 avril 1806.

---

(1) Les dispositions principales des articles 18 à 23 ont été reproduites dans la loi du 28 avril 1816, titre 1er, chapitre 2.

TITRE VII.—Fixation du droit a la fabrication des bières (1).

Art. 24. A l'avenir, il sera perçu à la fabrication des bières un droit fixe de deux francs par hectolitre, quelle qu'en soit l'espèce ou la qualité, en remplacement des droits perçus jusqu'à ce jour, tant à la fabrication qu'aux ventes en gros et en détail.

Art. 25. La petite bière, telle qu'elle est définie en l'article 3 du décret du 20 floréal an 13, continuera d'être exempte de tout droit, pourvu qu'en sortant de la cuve-matière elle ne subisse aucune autre opération ; que la quantité n'excède pas le huitième de la fabrication soumise au droit, et qu'elle soit livrée immédiatement au consommateur, sans être mélangée d'aucune autre espèce de bière.

Art. 26. Il sera accordé une déduction de vingt pour cent pour la bière qui aura été tenue en ébullition pendant vingt heures au moins, et une déduction de quinze pour cent pour les autres.

Art. 27. L'exemption accordée par l'article 65 de la loi du 5 ventose an 12 à celui qui ne brasse que pour la consommation de sa maison, est fixée à dix-huit hectolitres par an pour la famille, y compris les serviteurs à gages.

Cette exemption n'est applicable qu'au propriétaire de la brasserie domestique, brassant chez lui.

Art. 28. Les bières destinées à être converties en vinaigre seront assujéties, comme les bières ordinaires, au droit établi par l'article 24.

Art. 29. Il est défendu à tout brasseur de changer, modifier ou altérer la contenance de ses chaudières, cuves et bacs, sans en avoir fait la déclaration par écrit au plus prochain bureau. Cette déclaration contiendra la soumission du brasseur de ne faire usage desdits ustensiles qu'après qu'ils auront été jaugés de nouveau par les employés de la régie.

Art. 30. Les brasseries et les distilleries de grains seront ouvertes aux employés de la régie, même avant le lever et après le coucher du soleil. Dans ces derniers cas, les employés seront assistés d'un officier de police, et les visites seront bornées aux bâtimens de la brasserie ou de la distillerie, et aux magasins en dépendant.

Art. 31. Il sera tenu par les brasseurs un registre de vente sur lequel ils inscriront, jour par jour, les quantités de bières vendues, ainsi que le nom et le domicile des acheteurs.

Art. 32. Les bières sujettes aux droits, qui existeront chez les fabricans, marchands en gros et détaillans, au moment de l'exécution de la présente loi, seront reconnues par les employés, et soumises à un droit de 1 franc 60 centimes par hectolitre, en remplacement des droits à la vente en gros et en détail, auxquels elles eussent été assujéties.

---

(1) Voyez la loi du 28 avril 1816, titre Ier, chapitre 3.

Art. 33. Il sera fait à chaque contribuable une remise de six pour cent sur les quantités reconnues à sa charge, d'après l'article précédent.

Art. 34. Les sommes qui seront dues à l'Etat, en vertu des ticles 24 et 32, pourront être acquittées en obligations dûent cautionnées, à trois, six et neuf mois de date, pourvu que aque obligation soit au moins de 300 francs.

Le compte des brasseurs sera réglé et payé à la fin de chaque ois.

Art. 35. Les articles 24, 32, 33 et 34 de la présente loi ne sont point applicables aux bières fabriquées dans la ville de Paris.

Art. 36. Les contraventions aux dispositions de l'article 29 seront punies d'une amende de 300 francs ; et toutes contraventions aux autres dispositions du présent titre seront punies des peines portées par l'article 76 de la loi du 5 ventose an 12.

TITRE VIII. — NOUVELLES MESURES RELATIVES AUX DISTILLERIES DE GRAINS (1).

Art. 37. Le droit fixé par l'article 69 de la loi du 5 ventose an 12 pour la fabrication des eaux-de-vie de grains, pommes de terre et autres substances farineuses, est remplacé par un droit de 20 francs par mois par hectolitre de la contenance des chaudières en activité dans chaque atelier de distillation.

Art. 38. Tous les distillateurs, quel que soit leur procédé, obtiendront une déduction : elle sera d'un huitième pour ceux dont la chaudière ou les chaudières réunies n'excéderont pas au total une capacité de seize hectolitres ; cette déduction sera d'un tiers en faveur des autres distillateurs, pourvu que chacune de leurs chaudières soit de la contenance de douze hectolitres au moins.

Art. 39. Ceux des distillateurs dont les chaudières réunies n'excéderont pas seize hectolitres, pourront, dans leurs déclarations, exprimer qu'ils n'entendent distiller consécutivement que pendant le tiers ou les deux tiers du mois ; et, dans ce cas, ils ne devront que le tiers ou les deux tiers du droit fixé pour le mois entier.

Art. 40. Au moyen de la faculté accordée par l'article précédent, tous les abonnemens accordés aux distillateurs cesseront à dater de la mise à exécution de la présente loi, et il n'en sera plus accordé.

Art. 41. Les distillateurs sont tenus de déclarer, douze heures à l'avance dans les villes, et vingt-quatre heures dans les campagnes, le moment où ils voudront allumer le feu sous leurs chaudières.

Lorsqu'ils déclareront vouloir cesser la distillation, le scellé

____

(1) Voyez la loi du 28 avril 1816, titre Ier, chapitre G.

sera apposé sur les chaudières par les employés de la régie, qui en dresseront acte ; il ne pourra être levé que par eux et d'après une nouvelle déclaration.

Art. 42. Les distillateurs pourront acquitter les droits de fabrication en obligations dûment cautionnées, à trois, six et neuf mois de date, pourvu que chaque obligation soit au moins de 300 francs.

Art. 43. Les produits des distillations seront pris en charge par les commis de la régie, et les distillateurs responsables du droit au mouvement des quantités qu'ils ne représenteront pas, et dont ils ne justifieraient pas avoir acquitté les droits.

La prise en charge sera établie sur le produit des distillations, lorsqu'il sera reconnu qu'il surpasse le sixième, par jour, de la contenance totale des chaudières en activité ; dans le cas contraire, elle sera du sixième au douzième de cette contenance, suivant la fixation qui en sera faite par la régie, d'après les produits habituels des distilleries de chaque département.

Il sera accordé 10 p. 0/0 d'ouillage, coulage et consommation de famille.

Art. 44. Les contraventions aux dispositions du présent titre seront punies des peines portées par l'article 76 de la loi du 5 ventose an 12.

TABLEAU des départemens classés conformément à l'article 13 de la loi.

PREMIÈRE CLASSE (30 CENTIMES).

Alpes (Basses-).	Dordogne.	Lot.
Alpes (Hautes-).	Gard.	Lot-et-Garonne.
Ardèche.	Gers.	Lozère.
Ariege.	Gironde.	Marne (Haute-).
Aude.	Golo.	Mont-Blanc.
Aveyron.	Hérault.	Puy-de-Dôme.
Cantal.	Landes.	Pyrénées (Hautes-).
Charente.	Liamone.	Sarthe.
Charente-Inférieure.	Loire (Haute-).	Sèvres (Deux-).
Correze.	Loire-Inférieure.	Vendée.
Creuse.	Loiret.	Vienne.

DEUXIÈME CLASSE (40 CENTIMES).

Ain.	Doubs.	Jura.
Allier.	Drôme.	Loire.
Apennins.	Finistère.	Loir-et-Cher.
Arno.	Garonne (Haute-).	Maine-et-Loire.
Aube.	Ille-et-Vilaine.	Méditerranée.
Bouches-du-Rhône.	Indre.	Meurthe.
Cher.	Indre-et-Loire.	Meuse.
Côtes-du-Nord.	Isère.	Morbihan.

Ombrone.   Saône (Haute-).   Var.
Pyrénées (Basses-). Seine-et-Marne.   Vaucluse.
Pyrénées-Orientales. Taro.   Vosges.

TROISIÈME CLASSE (50 CENTIMES).

Aisne.   Marne.   Rhône.
Alpes-Maritimes.   Mayenne.   Sarre.
Ardennes.   Montenotte.   Saône-et-Loire.
Côte-d'Or.   Mont-Tonnerre.   Seine.
Doire.   Moselle.   Seine-et-Oise.
Eure.   Nièvre.   Sézia.
Eure-et-Loir.   Oise.   Siura.
Forêts.   Pô.   Taro.
Gênes.   Rhin (Bas-).   Vienne (Haute-).
Léman.   Rhin (Haut-).   Yonne.
Marengo.   Rhin-et-Moselle.

QUATRIÈME CLASSE (80 CENTIMES).

Calvados.   Meuse-Inférieure.   Roër.
Dyle.   Nèthes (Deux-)   Sambre-et-Meuse.
Escaut.   Nord.   Seine Inférieure.
Jemmapes.   Orne.   Somme.
Lys.   Ourthe.
Manche.   Pas-de-Calais.

TARIF du droit d'entrée, établi par l'article 18 de la présente loi.

| | PAR HECTOLITRE DE | | |
	VIN en cercles.	CIDRE ou POIRÉ.	EAU-DE-VIE simple
	fr. c.	fr. c.	fr. c.
2 à 4 000 âmes	» 30	» 15	» 90
4 à 6,000	» 40	» 20	1 30
8 à 10.000	» 60	» 30	1 80
10 à 15,000	» 80	» 40	2 40
15 à 20,000	1 »	» 50	3 »
20 à 30,000	1 50	» 75	4 50
30 à 50.000	2 »	1 »	6 »
50,000 et au-dessus	2 50	1 25	7 50

Dans les villes et bourgs, de

21 DÉCEMBRE 1808.=**Décret concernant les boissons.**

TITRE Ier.—DROIT AU MOUVEMENT DES BOISSONS (1).

Art. 1er. L'article 1er du réglement du 5 mai 1806 continuera à être exécuté ; sauf la déclaration du prix de la vente, qui ne sera pas exigée.

Art. 2. L'obligation de déclarer l'enlèvement des boissons, et de prendre des congés ou passavans , n'est point applicable aux transports de vendanges ou de fruits.

Art. 3. Le propriétaire ou le négociant qui fera transporter des boissons de l'une de ses caves dans une autre, située dans l'étendue du même canton, jouira de l'exemption de droits accordée par l'article 16 de la loi du 25 novembre 1808.

Il en sera de même à l'égard des transports effectués par le propriétaire ou le négociant, de l'une de ses caves dans une autre, dans l'étendue d'une même commune, lors même qu'elle serait divisée en plusieurs cantons de justice de paix.

Art. 4. Les boissons devront être conduites, sans interruption, à la destination déclarée. Lorsqu'un changement de moyens de transport, ou toute autre cause, nécessitera un séjour de plus de vingt-quatre heures, le conducteur sera tenu d'en faire la déclaration, dans ce délai, au plus prochain bureau de la régie, avec indication du jour où le transport sera repris. Dans ce cas, le congé sera soumis au visa des employés, sans qu'il y ait ouverture à un nouveau droit de mouvement.

Art. 5. Lorsqu'un transport de boissons sera interrompu par une force majeure, telle que glaces, inondation ou autre cause de ce genre, sans qu'il soit possible de déclarer le jour où il pourra être repris, il en sera fait déclaration, conformément à l'article précédent ; et le congé sera déposé au bureau, pour n'être visé et remis qu'au moment du départ.

Art. 6. Les boissons dont le transport éprouvera quelque retard dans les cas prévus par les articles précédens, seront représentées aux employés, à toute réquisition, afin qu'ils puissent vérifier s'il n'en a point été enlevé sans déclaration.

TITRE II. — DROITS AUX ENTRÉES (2).

Art. 7. Les droits d'entrée établis par l'article 18 de la loi du 25 novembre 1808, ne seront perçus que dans les lieux dont la population agglomérée sera de 2,000 ames au moins, non compris celle éparse dans les hameaux ou villages dépendant de la commune.

Art. 8. En cas de difficulté sur la question de savoir si, par

---

(1) Voyez la loi du 28 avril 1816, titre Ier, chapitre 1er.
(2) Voyez   id.   id.   chapitre 2.

sa population, une ville ou un bourg doit être sujet aux droits
d'entrée, ou s'il doit être rangé dans telle ou telle autre des
classes déterminées par la loi du 25 novembre 1808, la réclamation de la commune sera soumise au préfet; et, sur son avis,
il sera statué par notre ministre des finances, dont la décision
sera exécutée provisoirement, sauf le recours au conseil d'État
en définitive.

Art. 9. Tout conducteur de boissons destinées à la consommation d'un lieu sujet aux droits d'entrée sera tenu, avant de
les y introduire, de représenter le congé et d'acquitter les droits
d'entrée, dont il lui sera délivré quittance.

Art. 10. Les boissons passant debout dans les lieux sujets aux
droits d'entrée, ne seront pas soumises à ces droits; mais le
conducteur sera tenu de représenter le congé, et de le faire
viser aux bureaux d'entrée et de sortie. En cas de séjour, il
en sera fait déclaration conformément aux articles 4 et 5.

Art. 11. Tout propriétaire ou négociant qui fera conduire des
boissons dans un lieu sujet aux droits d'entrée, pour n'y être
qu'entreposées jusqu'à leur sortie ultérieure, sera tenu d'en
faire la déclaration avant l'enlèvement, de désigner les maisons,
caves ou celliers où il entendra les déposer, et de faire viser le
congé au bureau d'entrée.

Il sera tenu d'avoir un registre coté et paraphé, sur lequel
seront portées les quantités introduites et celles enlevées successivement pour des destinations extérieures.

Il sera sujet aux visites et aux exercices des commis, dans ses
magasins, caves et celliers, et soumis au paiement des droits
d'entrée pour toutes les boissons manquantes à ses charges, et
qu'il ne justifiera pas avoir fait sortir de la commune.

Art. 12. Les boissons existantes au 1er janvier prochain dans
les entrepôts d'octroi et dans les magasins, caves ou celliers des
dénommés en l'article 31 de la loi du 24 avril 1806, seront considérées comme pouvant avoir une destination extérieure, et
soumises aux dispositions de l'article précédent (1).

Art. 13. Les dispositions de l'article 11 sont également applicables aux personnes qui introduiront dans les lieux sujets aux
droits d'entrée des vendanges ou fruits, et qui destineront les
boissons en provenant à être transportées hors de la commune.

Art. 14. Toutes les fois qu'il existera dans une ville un entrepôt général, les propriétaires et négocians seront tenus d'y
déposer les boissons pour lesquelles ils voudront jouir de l'entrepôt.

Art. 15. Les boissons conduites à un marché, dans un lieu
où les droits d'entrée sont perçus, ne seront soumises au paie-

---

(1) Cet article 12 était nécessairement transitoire; mais la disposition qu'il consacre sert de règle dans tous les cas d'établissement de droits d'entrée ou d'exhaussement de tarif.

ment de ces droits qu'autant que la sortie ultérieure n'en serait pas justifiée.

Art. 16. Les boissons introduites dans les lieux sujets aux droits d'entrée, pour y être converties en eau-de-vie ou esprit, ne seront pas soumises à ces droits, pourvu que la déclaration en ait été préalablement faite, conformément aux dispositions de l'article 11.

Le produit de la distillation, constaté par l'exercice des commis chez les bouilleurs et distillateurs, sera considéré comme pouvant avoir une destination extérieure, et ne sera soumis aux droits d'entrée que dans le cas déterminé par le même article.

Il en sera de même du produit des distillations de grains et autres substances farineuses.

TITRE III.—DROIT A LA VENTE EN DÉTAIL (1).

Art. 17. Les vendans en détail ne pourront établir le débit des vins et eaux-de-vie sur des vaisseaux d'une contenance supérieure à cinq hectolitres.

Art. 18. Ils ne pourront jamais mettre en vente, ni avoir en perce plus de trois pièces à la fois.

Art. 19. Les débitans seront tenus de représenter aux employés, lors de leurs exercices, les quittances des droits de mouvement et d'entrée des boissons qu'ils auront reçues, et ceux-ci les relateront dans leurs actes de charge.

Art. 20. Dans aucun cas, les pièces vides ne pourront être enlevées des caves qu'elles n'aient été préalablement démarquées par les employés.

Art. 21. S'il est reconnu par les employés de la régie que la déclaration du prix de la vente en détail soit frauduleuse, la régie pourra prendre les boissons pour son compte au prix déclaré, déduction faite du droit de détail. Dans ce cas, la futaille sera payée au débitant d'après la valeur courante.

Art. 22. Tous ceux qui, ayant fait la profession de vendans en détail, auront déclaré cesser leur débit, seront, pendant les trois mois suivans, soumis aux exercices et au paiement du droit de détail des boissons consommées.

Art. 23. Toutes les fois qu'un habitant occupant un appartement commun avec un vendant en détail de profession, ou ayant seulement ses portes ou escaliers communs, il y aura impossibilité d'interdire la communication, conformément à l'article 23 du réglement du 5 mai 1806, cet habitant sera soumis aux exercices des commis et au paiement du droit de détail pour toutes les boissons qu'il logera.

____

(1) Voyez la loi du 28 avril 1816, titre 1er, chapitre 3.

Art. 24. Toute personne qui débite des boissons. de quelque
espèce que ce soit, est sujette aux visites des employés de la
régie.

Art. 25. En conséquence de l'augmentation du droit à la vente
en détail, les abonnemens consentis par la régie avec des débitans, et qui ne seront pas expirés au 1er janvier 1809, subiront
l'accroissement proportionnel, si mieux n'aiment les débitans
demander la résiliation desdits abonnemens.

TITRE IV. — DISPOSITIONS GÉNÉRALES (1).

Art. 26. Les personnes voyageant à pied, à cheval ou en voitures particulières et suspendues, ne seront pas assujéties aux
visites des commis.

Art. 27. Les commis pourront néanmoins, en cas de soupçon
de fraude, et en requérant l'assistance d'un officier de police,
faire les visites qu'ils jugeront nécessaires.

Art. 28. Les voyageurs ne seront pas tenus de se munir de
congés pour les boissons destinées à leur usage pendant le
voyage, pourvu qu'ils ne transportent pas au-delà de trois bouteilles de vin par personne.

Art. 29. Toute contravention aux dispositions du présent décret sera punie conformément à l'article 57 de la loi du 24 avril
1806.

Art. 30. Toutes dispositions contraires, et notamment celles
des articles 3, 4, 7, 8. 9, 10, 13, 31, 52, 38, 39, 40, 41 et 42 du
réglement du 5 mai 1806, sont rapportées.

---

3 JANVIER 1809. = **Décret concernant le timbre d s
lettres de voiture, connaissemens, chartes-parties et polices d'assurance**

Art. 1er. Les lettres de voiture, connaissemens,
chartes-parties et polices d'assurance, continueront
d'être assujétis au timbre de dimension. Les parties,
pour rédiger ces actes, pourront se servir de telle dimension de papier timbré qu'elles jugeront convenable,
sans être tenues d'employer exclusivement à cet usage
du papier frappé du timbre d'un franc.

Ne sont point assujétis à se pourvoir de lettres de
voiture timbrées, les propriétaires qui font conduire,
par leurs voituriers et leurs propres domestiques ou
fermiers, les produits de leurs récoltes.

---

(1) Voyez les articles 44 et 45 de la loi du 28 avril 1816.

17 MAI 1809. = **Décret relatif aux obligations et à la responsabilité des administrateurs et directeurs généraux des régies (Extrait du).**

TITRE Ier. — DE LA RESPONSABILITÉ ET DES OBLIGATIONS DES DIRECTEURS GÉNÉRAUX ET DES ADMINISTRATEURS DES RÉGIES.

Art. 1er. La responsabilité des directeurs généraux des régies et administrations est purement morale; ils ne peuvent être assimilés aux comptables de deniers publics en recettes et dépenses.

La responsabilité des administrateurs desdites régies est aussi purement morale lorsqu'ils n'ont pas de caisse et maniement de deniers publics. Les administrateurs ne pourront être regardés, dans ce cas, que comme comptables d'ORDRE, et non comme comptables en SOMME.

Art. 2. Les administrateurs sont tenus, sous leur responsabilité déterminée en la manière énoncée à l'article précédent, de surveiller la formation des comptes, et de les présenter au visa des directeurs généraux et à la cour des comptes dans les délais prescrits.

Art. 3. En cas de négligence de leur part, pour la présentation des comptes, ainsi que dans le cas qu'il pût y avoir lieu à statuer sur des faits relatifs à l'exercice de leurs fonctions, il en sera, par notre cour des comptes, référé à notre ministre des finances, pour être prononcé par nous.

Art. 4. Les dispositions pénales de la loi du 28 pluviose an 3 (1) ne sont applicables qu'aux comptables directs, qui sont les préposés desdites administrations chargés du maniement des deniers, tant en recettes qu'en dépenses.

---

(1) Contrainte par corps, séquestration et vente des biens du comptable en retard ou en débet, paiement des intérêts à 5 p. 0/0 depuis l'époque à laquelle le versement aurait dû être effectué. (*Chapitre 3 du décret du 28 pluviose an 3 (16 février 1795) sur la comptabilité.*)

**17 MAI 1809. = Réglement relatif aux octrois munici-
paux de bienfaisance.**

Sauf les dispositions du titre IX de ce décret, qui traitent de la
régie intéressee et de la ferme, modes de perception qu'avait interdits le décret du 8 février 1812, mais que la loi du 28 avril
1816 (art. 147) a rétablis, la plupart des articles ci-après ont été
reproduits en entier ou avec des modifications dans l'ordonnance
du 9 décembre 1814 et dans quelques lois postérieures, notamment celles du 28 avril 1816 et du 11 juin 1842. (Voyez *Annales,*
2° volume, *Code des octrois.*)

TITRE Ier. — ÉTABLISSEMENT DES OCTROIS.

Art. 1er. Les octrois sont établis pour subvenir aux dépenses
qui sont à la charge des communes.

Art. 2. Ils continueront d'être délibérés par les conseils municipaux.

Art. 3. La surveillance immédiate de la perception des octrois
appartient aux maires, sous l'autorité de l'administration supérieure.

Art. 4. Les préfets qui, à l'examen du budget d'une commune, reconnaîtront l'insuffisance de ses revenus ordinaires,
pourront provoquer le conseil municipal à délibérer l'établissement d'un octroi, après avoir reçu l'autorisation du ministre de
l'intérieur pour les communes dont les revenus sont au-dessus
de 20,000 francs (1).

Art. 5. En procédant à la rédaction des projets de réglemens
et tarifs des octrois, les conseils municipaux appliqueront les
dispositions du présent décret, et choisiront celui des modes de
perception ci-après indiqués qui paraîtra le mieux convenir à la
population, au commerce, à l'industrie, à l'agriculture, aux ar-
rivages par terre ou par eau, à la nature des lieux, et à l'espèce,
quantité et qualité des objets qui s'y consomment (2).

Art. 6. Les préfets, après avoir pris les avis des sous-préfets,
adresseront à nos ministres des finances et de l'intérieur les
projets de réglemens et de tarifs délibérés par les conseils municipaux, et y joindront leurs observations et les modifications
qu'ils jugeront convenables.

Art. 7. Si les conseils municipaux refusent ou négligent de
délibérer ; s'ils votent négativement, les préfets en feront également leur rapport à nos ministres de l'intérieur et des finan-

---

(1) Modifié par la loi sur l'administration municipale du 18 juillet 1837.

(2) Voyez l'article 147 de la loi du 28 avril 1816.

ces : ce dernier, après avoir pris l'avis de notre ministre de l'intérieur, nous fera, dans le plus court délai, son rapport, pour nous être soumis en conseil d'état.

Art. 8. Dans tous les cas, les préfets appuieront leurs propositions du tableau comparatif des recettes et dépenses, de l'état des dettes arriérées et des besoins indispensables de la commune, de la déclaration des maires et de l'avis des sous-préfets.

Art. 9. Les banlieues et dépendances des villes, bourgs et villages, et, s'il y a lieu, les portions de banlieue appartenant à un autre territoire, pourront être assujéties à la perception des droits d'octroi, avec les modifications que les circonstances ou les localités pourraient exiger dans l'exécution (1).

Art. 10. Lorsqu'une ville ou commune se trouvera dans le cas de l'article précédent, les préfets provoqueront les conseils municipaux desdites communes à délibérer sur la réunion, ou autre moyen de garantir la perception des droits d'octroi établis ou à établir.

Art. 11. Les préfets soumettront à nos ministres des finances et de l'intérieur, avec leurs observations et avis, et ceux des sous-préfets et des maires, les délibérations des conseils municipaux, pour être par nous définitivement statué.

Art. 12. Les maires, et même les conseils municipaux, ne pourront faire cu permettre aucun changement aux tarifs et réglemens d'octroi qui auront été approuvés, qu'il n'ait été délibéré et approuvé de la manière prescrite par les articles précédens.

Art. 13. Le produit des amendes et confiscations prononcées pour cause de contravention aux réglemens de l'octroi, soit par jugement, soit par suite de transaction, déduction faite des frais et prélèvemens autorisés, sera partagé ainsi qu'il suit : une moitié appartiendra aux préposés de l'octroi, conformément au mode de partage qui sera déterminé, et l'autre moitié sera versée dans la caisse municipale, pour être appliquée, soit aux préposés, soit aux pauvres recevant des secours à domicile.

Art. 14. L'administration de l'octroi sera tenue d'avoir une comptabilité particulière pour le produit des amendes, et pour justifier de l'emploi de la recette.

Art. 15. Il sera également tenu, par l'administration de l'octroi, une comptabilité particulière pour le timbre, les plombs et autres fournitures

---

(1) Voyez la loi du 28 avril 1816, art. 152.

TITRE II.—DES TARIFS.

Art. 16. Aucun tarif ne pourra porter que sur les objets compris dans les cinq divisions suivantes ; savoir :
1° Boissons et liquides ;
2° Comestibles ;
3° Combustibles ;
4° Fourrages ;
5° Matériaux.

PREMIÈRE DIVISION. — *Des boissons et liquides.*

Art. 17. Sont compris dans la première division les vins, cidres, poirés, bières, hydromels, eaux-de-vie, esprits, liqueurs et eaux spiritueuses.

Art. 18. Lorsque les vins, cidres et poirés seront imposés, les fruits servant à la confection de ces boissons seront taxés dans la proportion de ces liquides. Cette proportion sera la même que celle fixée pour les droits réunis.

Art. 19. Les réglemens détermineront l'espèce de raisins et de fruits susceptible de l'exemption des droits, et la quantité qui pourra jouir de cette exemption.

Art. 20. Les eaux-de-vie et esprits de toute espèce pourront être divisés, pour le paiement des droits, en deux et même en trois classes, suivant les degrés.
Le droit sera fixe pour chaque classe, sans taxe intermédiaire. Les degrés seront constatés d'après l'aréomètre.

Art. 21. Les eaux dites de Cologne, de la reine de Hongrie, de mélisse et autres, dont la base est l'alcool, seront considérées comme esprits, et paieront les droits comme tels.

Art. 22. Dans les pays où la bière est la boisson habituelle et générale, la taxe sur la bière importée, quelle que soit sa qualité, ne pourra être au plus portée qu'au quart en sus du droit sur la bière fabriquée dans l'intérieur.

Art. 23. Lorsque les conseils municipaux voudront faire porter les octrois sur les huiles, ils seront tenus de les désigner nominativement, et de fixer la taxe selon leur qualité et leur emploi.

DEUXIÈME DIVISION. — *Des comestibles.*

Art. 24. Sont compris dans la deuxième division, et passibles des droits, les objets servant habituellement à la nourriture des hommes, à l'exception toutefois des grains et farines, fruits, beurre, lait, légumes et autres menues denrées.

Art. 25. Les exceptions portées à l'article précédent ne sont point applicables aux fruits secs et confits, aux pâtes, aux oranges, limons et citrons, lorsque ces objets seront introduits dans les villes, en caisses, tonneaux, barils, paniers et sacs, ni aux beurres et fromages venant de l'étranger.

Art. 26. Les bêtes vivantes seront taxées par tête. A l'égard des viandes dépecées, fraîches, séchées ou salées, le droit sera payé par kilogramme, conformément à la taxe qui sera déterminée par le tarif.

Art. 27. Dans les communes où l'on élève des bestiaux, et dans celles où il s'en fait commerce sur les marchés publics, il sera accordé par les réglemens, aux propriétaires et aux marchands, toutes les facilités compatibles avec la sûreté de la perception.

Art. 28. Les coquillages, le poisson de mer frais, sec ou salé, de toute espèce, et celui d'eau douce, pourront être assujétis aux droits d'octroi, suivant les usages locaux, soit en raison de leur valeur vénale, soit en raison du nombre ou du poids, soit par panier, baril ou tonneau.

TROISIÈME DIVISION. — *Des combustibles.*

Art. 29. Sont compris dans la troisième division,

1° Toute espèce de bois à brûler, les charbons de bois, de terre, la houille, la tourbe, et généralement toutes les matières propres au chauffage ;

2° Les suifs, cires et huiles à brûler.

Art. 30. Si les localités et la nature des combustibles ne permettent pas d'asseoir le droit par stère, hectolitre, cent ou millier, il sera exactement déterminé par bateau, charge ou voiture.

QUATRIÈME DIVISION. — *Des fourrages.*

Art. 31. Sont compris dans la quatrième division, les pailles, avoines et tous les fourrages, verts et secs, de quelque nature, espèce ou qualité qu'ils soient.

Le droit sur les pailles et fourrages sera réglé par botte et au poids.

Le droit sur l'avoine sera fixé par hectolitre.

Si lesdits droits ne peuvent être perçus ainsi, ils seront réglés par voiture, charge ou bateau.

CINQUIÈME DIVISION. — *Des matériaux.*

Art. 32. Sont compris dans la cinquième division, les bois, soit en grume, soit équarris, façonnés ou non, propres aux charpentes, constructions, menuiserie, ébénisterie, tour, tonnellerie, vannerie et charronnage.

Y sont également compris, les pierres de taille, moellons, pavés, marbres, ardoises, tuiles de toute espèce, briques, craies, plâtres.

Art. 33. Les droits seront fixés et perçus par stère, hectolitre, mètre cube ou carré, et d'après les fractions du stère, de l'hectolitre ou du cube, par millier ou par cent.

Ils pourront être également perçus, s'il y a lieu, par voiture, par charge ou par bateau.

DISPOSITIONS GÉNÉRALES POUR LES TARIFS.

Art. 34. Les mesures décimales seront seules en usage dans la perception des droits d'octroi.

Art. 35. Les poids, mesures et jauges employés par les droits réunis, le seront également par l'octroi.

Art. 36. Les préfets veilleront à ce que les objets portés au tarif soient, autant que possible, taxés à la même quotité dans les communes d'un même arrondissement.

TITRE III. — DES PERCEPTIONS.

§ 1er.—*Perception à l'entrée.*

Art. 37. Tous les objets assujétis aux droits ne pourront être introduits que par les barrières ou bureaux désignés à cet effet, et après paiement des droits, ou soumission valable de les acquitter.

Art. 38. Tout porteur ou conducteur d'objets assujétis aux droits d'octroi sera tenu d'en faire la déclaration par écrit au bureau de recette le plus voisin, et d'acquitter les droits avant de les faire entrer, sous les peines énoncées au présent réglement. S'il ne sait ou ne veut signer, il en sera fait mention au registre.

Art. 39. Pour éviter aux redevables toute surprise relativement aux déclarations, les préposés de chaque bureau d'entrée sont tenus de demander aux conducteurs et voituriers, au moment où ils passent ou s'arrêtent devant le bureau, s'ils ont quelque chose à déclarer.

Art. 40. Après cette demande, les préposés pourront faire toutes les recherches, visites et perquisitions nécessaires pour s'assurer de la sincérité et de l'exactitude des déclarations. Les conducteurs seront tenus de souffrir et même de faciliter toutes les opérations nécessaires auxdites vérifications. En cas de fraude, les préposés sont autorisés à arrêter et saisir tous les objets non déclarés ou faussement déclarés. Dans le même cas, il sera fait mention au procès-verbal de l'interpellation prescrite par l'article précédent.

Art. 41. Les individus voyageant à pied, à cheval ou en voiture de voyage, ne pourront être arrêtés, questionnés ou visités sur leurs personnes ni à raison de leurs malles.

Art. 42. Tous actes contraires à la présente disposition se-

ront réputés actes de violence ; les délinquans seront poursuivis correctionnellement, et condamnés aux peines prononcées
par l'article 12 de la loi du 27 frimaire an 8.

Art. 43. Les diligences, fourgons, fiacres, cabriolets et autres
voitures de louage, sont soumis aux visites des préposés de l'octroi, ainsi que tout ce qui peut servir à transporter et conduire
des matières soumises à l'octroi.

Art. 44. Les individus soupçonnés de faire la fraude à la faveur de l'exemption prononcée par l'article 41, pourront être conduits devant un officier de police, ou devant le maire, pour y
être interrogés, et la visite de leurs effets autorisée, s'il y a
lieu.

Art. 45. Les courriers ne pourront être arrêtés à leur passage, sous prétexte de la perception ; mais ils seront obligés
d'acquitter les droits des objets qui y sont sujets, dont le transport leur aura été confié.

Art. 46. Des employés pourront assister à l'arrivée des courriers et à la remise des paquets, pour s'assurer qu'ils n'intro-
duisent rien en fraude.

Art. 47. Tous courriers et employés des postes et des administrations publiques, convaincus d'avoir fait ou favorisé la
fraude, seront poursuivis comme fraudeurs, et leur destitution
sera prononcée par l'autorité compétente.

§ 2. — *Des perceptions dans l'intérieur d'une commune.*

Art. 48. Dans les communes où la perception à l'entrée ne
peut avoir lieu sans de trop grands frais, il sera établi un bureau, autant que possible au centre de la commune ; et, en cas
d'insuffisance, il en sera établi plusieurs. Les objets venant du
dehors devront, avant d'être transportés à domicile, être conduits directement à ce bureau, pour y être déclarés et les droits
y être acquittés, si la déclaration n'a été faite et les droits acquittés préalablement. Les réglemens particuliers fixeront, en
outre, le nombre nécessaire de préposés ambulans pour la surveillance et la conservation des droits, et pour faciliter la perception dans les pays vignobles, au temps des vendanges.

Art. 49. Devront également être déclarés, et seront passibles
des droits, les objets compris au tarif, qui seraient fabriqués,
préparés ou récoltés dans l'intérieur de leur commune, ainsi que
les bestiaux qui n'auraient pas acquitté le droit, et que l'on
abattrait pour la consommation.

§ 3. — *Dispositions communes.*

Art. 50. Il sera placé, au-dessus de la porte extérieure de
chaque bureau, un tableau portant ces mots : *Bureau de l'octroi.*

Art. 51. Toute introduction d'objets soumis à l'octroi par
d'autres points que ceux désignés dans le règlement local sera
considérée comme frauduleuse, et punie comme telle.

Art. 52. Les tarifs et réglemens seront affichés dans l'intérieur et à l'extérieur de chaque bureau.

Art. 53. Les limites du territoire sujet à l'octroi seront indiquées par des poteaux sur lesquels seront écrits ces mots: *Octroi d......*

Art. 54. Il est défendu aux employés, sous peine de destitution et de tous dommages-intérêts, de faire usage de la sonde dans la visite des malles, caisses et ballots annoncés contenir des étoffes, linges et objets susceptibles d'être endommagés.

Art. 55. Dans ce cas, comme dans tous ceux où le contenu des caissons ou ballots sera inconnu et ne pourrait être vérifié immédiatement, la vérification en sera faite, soit à domicile, soit dans les emplacemens à ce destinés.

Art. 56. Tous conducteurs ou porteurs d'objets assujétis aux droits seront tenus, outre les déclarations prescrites, d'exhiber aux préposés de l'octroi les lettres de voiture, connaissemens, chartes-parties, acquits-à-caution, congés, passavans, et toutes autres expéditions délivrées par les administrations des droits réunis, des douanes et tous autres.

Art. 57. Les expéditeurs qui voudront être exempts des visites des préposés d'octroi établis dans tous les lieux de passage, et que, à leur arrivée au lieu de la destination, la visite des caisses, malles et ballots ne se fasse qu'en présence du consignataire ou de son représentant, pourront demander que lesdites caisses, malles et ballots soient plombés ou marqués par les préposés du lieu du départ ou du lieu le plus voisin.

Lesdites caisses, malles, ballots et paniers seront déclarés à leur arrivée, soit au bureau de l'octroi, soit à celui des droits réunis, pour être vérifiés en présence des propriétaires ou de leurs représentans, et les droits acquittés, s'il y a lieu.

Les frais de marque ou de plomb seront à la charge des expéditeurs, ainsi que les cordes qui pourront être employées. Ces frais seront déterminés par un réglement particulier.

Art. 58. La faculté accordée par l'article précédent ne pourra exempter les expéditeurs de satisfaire à la demande de congés, de passe-debout, de passavans et autres expéditions qui peuvent être exigées par l'administration des droits réunis ou par celle des douanes, et des autres formalités prescrites par l'une ou l'autre administration.

Art. 59. Les objets arrivant par eau ne pourront être déchargés avant la déclaration préalable, qui contiendra la désignation du lieu de déchargement, lequel ne pourra s'effectuer avant le paiement des droits, ou soumission valable de les acquitter.

TITRE IV.—DU PASSE-DEBOUT.

Art. 60. Le passe-debout est le passage non interrompu par une commune, en exemption de droits.

Pour jouir de cette exemption, les propriétaires, conducteurs ou porteurs seront tenus de faire, au premier bureau, une déclaration par écrit, indicative du lieu de départ, du nom de l'expéditeur, de sa qualité ou profession, de sa demeure, et des quantité, qualité, nature ou espèce des objets à passer debout, du lieu de leur destination, des noms, professions et domiciles des destinataires. Il leur sera remis une ampliation de leur déclaration, qu'ils seront tenus de présenter et faire viser au bureau de sortie, dans le délai qui aura été fixé.

Art. 61. Les préposés de l'octroi pourront vérifier la sincérité de la déclaration ; ils pourront faire accompagner, par l'un d'eux, les objets introduits en passe-debout.

Art. 62. On pourra, au bureau de sortie, faire une nouvelle vérification.

Art. 63. Dans les communes où la perception se fait dans l'intérieur, les réglemens détermineront les mesures propres à prévenir les abus qui pourraient résulter de la faculté du passe-debout.

Art. 64. Si, par le résultat des vérifications, la déclaration est trouvée fausse dans la quantité, l'excédant non déclaré sera saisi. Toute fausse déclaration dans l'espèce et même dans la quantité, lorsque l'excédant non déclaré dépasse du tiers cette quantité, sera punie de la saisie totale (1).

Art. 65. Toute soustraction ou décharge frauduleuse pendant la durée du passe-debout fera encourir la saisie des objets déchargés, ou la confiscation de la valeur des objets soustraits.

Art. 66. Ne sont pas considérés comme contrevenans les individus qui justifieront, par une déclaration faite devant les autorités locales, avoir été retenus au delà du délai fixé, par accident ou par force majeure.

Dans ce dernier cas, les objets en passe-debout seront mis sous la surveillance des préposés de l'octroi, jusqu'à leur sortie. Les frais de loyer ou de garde, s'il y en a, seront à la charge des déclarans.

TITRE V.—Du transit.

Art. 67. Le transit est la faculté de passer dans une commune, et d'y séjourner suivant les besoins des circonstances, mais seulement pendant un délai qui ne peut excéder trois jours,

---

(1) Cette règle est générale pour les déclarations à l'entrée et à la sortie. Voyez *Annales*, tome II (*Code des octrois*), page 61.

sauf le cas de prolongation, dont l'administration de l'octroi sera juge.

Art. 68. Les déclarations prescrites pour les objets en passe-debout, auront également lieu pour le transit.

Art. 69. Les objets admis en transit resteront sous la surveillance des préposés jusqu'au moment de leur départ; ils ne pourront être ni déchargés, ni changés de place, sans déclaration préalable.

Art. 70. Les marchandises revêtues des plombs des douanes ou des droits réunis, et accompagnées d'acquits-à-caution, passavans ou autres expéditions, jouiront de la faculté de transit sur le seul *visa* des expéditions en règle, sans autre vérification que celle des plombs ou marques, et sans qu'il y ait lieu à consignation ou à cautionnement des droits.

TITRE VI. — DE L'ENTREPÔT.

.Art. 71. L'entrepôt est la faculté de faire entrer et séjourner en franchise, dans l'intérieur d'une commune, des marchandises sujettes par leur nature à l'octroi, et auxquelles le propriétaire veut se réserver de donner une destination ultérieure.

L'entrepôt est réel ou fictif.

§ 1er. — *De l'entrepôt réel.*

Art. 72. L'entrepôt réel se fait dans un magasin public.

Art. 73. L'administration des octrois sera tenue, à peine d'en répondre, de représenter les objets déposés à l'entrepôt réel.

Art. 74. La durée de l'entrepôt réel ne sera pas au-dessus de trois ans. L'administration de l'octroi autorisera, s'il y a lieu, des prolongations d'entrepôt.

Art. 75. Les personnes qui voudront entreposer réellement représenteront les lettres de voiture, connaissemens, chartes-parties et autres expéditions d'usage (pour ce qui arrivera du dehors), aux préposés de l'octroi. Elles feront, en outre, une déclaration détaillée des objets contenus dans les pièces, ballots et paquets, et de leur valeur. Les préposés feront la vérification avant l'entrée à l'entrepôt.

A l'égard des objets dont il est parlé aux articles 57 et 70, ils pourront être admis à l'entrepôt sans vérification préalable, si les marques et plombs sont trouvés sains et entiers; mais, dans ce cas, l'administration de l'octroi ne sera tenue de représenter lesdits objets que dans l'état où ils lui auront été remis.

Art. 76. Après la vérification faite des objets entreposés, les pièces seront marquées et rouannées, et les ballots et paquets empreints de marques particulières à l'octroi. Les entreposeurs pourront prendre des échantillons desdits objets : ces échantillons seront cachetés ou marqués par les préposés de l'entrepôt.

Art. 77. Les objets reçus en entrepôt réel seront, aussitôt après la vérification et leur réception, inscrits sur un registre à souche. Une expédition détachée de la souche sera remise à l'entreposeur, dont elle énoncera les nom, prénoms, qualité, profession et demeure, ainsi que la qualité, la quantité, la valeur des objets entreposés, et toutes les circonstances propres à les faire reconnaître.

Art. 78. La souche du registre sera signée par l'entreposeur; s'il ne sait ou ne veut écrire, il en sera fait mention.

Art. 79. Les objets entreposés réellement ne pourront être retirés qu'en représentant l'expédition d'admission à l'entrepôt, et après une déclaration préalable, indicative de la destination desdits objets : dans le cas où cette expédition serait adirée, l'entreposeur se pourvoira à l'administration de l'octroi, qui statuera ce qu'il appartiendra.

Art. 80. Ceux de ces objets déclarés sortir de la commune seront accompagnés d'une expédition particulière · ceux livrés pour l'intérieur acquitteront les droits avant de sortir de l'entrepôt.

Art. 81. Les acheteurs ou cessionnaires d'objets entreposés, seront admis à faire reconnaître leurs droits de propriété, et ladite reconnaissance sera constatée en marge de l'enregistrement prescrit par l'article 77.

Art. 82. Il sera établi, pour la sortie des objets entreposés, un registre à souche, qui indiquera l'époque des sorties et la destination des objets sortis.

La souche du registre sera signée par l'entreposeur ou son représentant; sa signature opérera la décharge du conservateur de l'entrepôt.

Art. 83. Les propriétaires ou leurs fondés de pouvoirs pourront, en tout temps, demander l'entrée des entrepôts publics de l'octroi, tant pour y soigner les objets qu'ils y auront déposés, que pour y conduire les acheteurs, de la conduite desquels ils répondront.

Art. 84. A défaut par les propriétaires ou les fondés de pouvoirs de veiller à la conservation des objets entreposés, les régisseurs de l'octroi se feront autoriser par le maire à y pourvoir.

Les dépenses d'entretien et de conservation seront remboursées aux régisseurs par lesdits propriétaires, sur les mémoires et états que ces premiers présenteront réglés par le maire.

Art. 85. L'administration de l'octroi sera responsable des altérations ou avaries qui seront prouvées provenir de la faute de ses préposés

Art. 86. Les rouliers et conducteurs qui entreposeront réellement, faute d'acceptation de la part des destinataires ou de vente, pourront obtenir de l'administration de l'octroi le paiement de ce qui leur serait dû pour voiture et déboursés dont ils justifieront.

Art. 87 Les marchandises entreposées pour les causes ci-dessus ne seront rendues aux propriétaires qu'après acquittement des avances, des frais de magasinage, et, s'il y a lieu, d'entretien.

Art. 88. Il sera fait un réglement des frais de magasinage, qui sera basé sur la dépense de location et d'entretien du magasin général : ce réglement sera fait sur les avis et observations des chambres de commerce, et ne deviendra exécutoire que par l'approbation de notre ministre des finances.

Art. 89. Si, dans les trois mois après le délai fixé pour l'entrepôt, lesdites marchandises n'ont été réclamées et retirées, elles seront vendues publiquement et par ministère d'huissier. Le prix en provenant servira à payer les avances et frais faits par l'administration de l'octroi, les indemnités qui pourront être dues, et enfin 5 p. 0/0 d'intérêt des sommes avancées.

Cette dernière recette fera partie des produits de l'octroi.

Le surplus du prix de la vente sera déposé dans la caisse municipale, pour être remis aux propriétaires ou à leurs fondés de pouvoirs, lorsqu'ils se présenteront.

§ 2. — *De l'entrepôt fictif.*

Art. 90. L'entrepôt fictif est l'admission en franchise des marchandises dans des magasins, caves et domiciles particuliers, à défaut de magasin public pour l'entrepôt réel.

Art. 91. Les propriétaires domiciliés, les négocians, marchands, facteurs et commissionnaires aussi domiciliés, et ayant patente, pourront seuls être admis à recevoir chez eux et dans leurs magasins, à titre d'entrepôt et sans acquittement préalable des droits, les marchandises soumises à l'octroi.

Art. 92. Les réglemens locaux détermineront les objets qui pourront être admis à la faveur de l'entrepôt à domicile ; ils détermineront les quantités qui devront être allouées pour ouillage et coulage.

Art. 93. Les conditions pour l'entrepôt fictif ou à domicile sont de faire une déclaration par écrit au bureau de l'octroi, avant l'entrée des objets à entreposer ; de permettre les visites, vérifications et exercices des préposés ; de leur ouvrir, en tout temps et à toute réquisition, les caves, magasins et autres lieux de dépôt ; de faire, de la manière et dans les formes voulues par les réglemens locaux, les déclarations d'expédition pour le dehors ou pour l'intérieur: de remplir les autres conditions imposées par lesdits réglemens; de ne faire aucune altération des objets en entrepôt : de les vendre et faire sortir tels qu'ils auront été constatés à l'arrivée; enfin, de payer exactement les droits acquis à l'octroi.

Art. 94. Les comptes de charge et décharge des objets entreposés à domicile seront réglés et arrêtés au moins une fois par trimestre.

Art. 95. Toute déclaration reconnue infidèle, soit à l'entrée, soit à la sortie, soit lors des vérifications, visites et récolemens que feront les préposés, soit dans l'apurement des comptes, *privera l'entreposeur du bénéfice de l'entrepôt* (1). Le droit sur les quantités restant en magasin sera de suite exigible, sans préjudice de l'amende pour celles soustraites, introduites en fraude, ou trouvées en contravention de toute autre manière.

Art. 96. Tout refus de souffrir les visites et vérifications des préposés de l'octroi, de les recevoir lorsqu'ils se présentent pour leurs exercices, *entraînera*, indépendamment des peines prononcées par la loi, *la déchéance de la faculté d'entrepôt*, et rendra exigibles les droits sur tous les objets existant en magasin, *comme sur ceux qui y seront introduits ultérieurement.*

Art. 97. La durée de l'entrepôt à domicile sera fixée, selon les circonstances, par les réglemens locaux.

TITRE VII. — Dispositions générales sur les passe-debout, transit et entrepôt.

Art. 98. Il sera établi des registres à souche pour recevoir les déclarations de passe-debout et de transit.

Art. 99. Les marchandises sur bâtimens, navires, bateaux, coches, barques, trains, diligences et autres servant à la navigation, seront assujéties aux mêmes formalités que celles arrivant par roulage.

Néanmoins, dans les villes où il y a des bureaux spéciaux d'octroi auprès des lieux d'arrivée, elles pourront être conduites à ces bureaux, qui seront considérés, dans ce seul cas, comme point de départ.

Art. 100. Les voitures et transports militaires chargés d'objets assujétis aux droits, seront soumis aux conditions ci-dessus prescrites pour le transit et le passe-debout.

TITRE VIII. — Crédits et restitutions.

Art. 101. Il pourra être accordé aux marchands, négocians et autres faisant le commerce en gros et ayant la patente, s'ils fournissent bonne et valable caution, un crédit plus ou moins long, suivant la nature et l'importance de leur commerce.

---

(1) La privation du bénéfice de l'entrepôt ne peut pas s'étendre au-delà du paiement immédiat du droit sur les marchandises qui existent dans les magasins de l'entrepositaire Voyez *Annales* tome II (*Code des octrois*), page 61.

Les réglemens locaux détermineront les conditions d'après lesquelles le crédit pourra être obtenu et conservé.

TITRE IX — De l'administration des octrois.

§ 1er. — *De la régie simple.*

Art. 102. La régie simple est la perception de l'octroi sous l'administration immédiate des maires.

Art. 103. Les frais d'exploitation et de premier établissement seront réglés par les autorités locales, et communiqués à l'administration des droits réunis, pour être soumis à l'approbation de notre ministre des finances, qui ne la donnera qu'après avoir pris l'avis de notre ministre de l'intérieur.

§ 2. — *Des régies intéressées.*

Art. 104. La régie intéressée consiste à traiter avec un régisseur, à la condition d'un prix fixe et d'une portion déterminée dans les produits excédant le prix principal et la somme abonnée pour les frais.

Art. 105. L'abonnement pour les frais ne pourra excéder, autant que faire se pourra, 12 p. 0/0 du prix fixe du bail.

Art. 106. Le partage des bénéfices sera fait à la fin de chaque année; il ne sera que provisoire. A l'expiration du bail, il sera fait le compte de la totalité des bénéfices, pour établir une année commune, d'après laquelle la répartition sera définitivement arrêtée, conformément aux proportions déterminées par le cahier des charges.

Art. 107. Dans le premier mois de la deuxième année de sa jouissance, l'adjudicataire présentera son compte, à la vérification et à l'arrêté duquel il sera procédé le plus promptement possible, et au plus tard dans le deuxième mois de cette seconde année, en présence du directeur des *droits réunis,* ou d'un préposé de cette administration par lui désigné à cet effet, de manière que ledit compte soit apuré avant la fin de ce deuxième mois.

Il en sera de même, chaque année, pour l'année précédente.

§ 3. — *De la ferme.*

Art. 108. La ferme est l'adjudication pure et simple des produits d'un octroi, moyennant un prix convenu, sans partage de bénéfices et sans allocation de frais.

Art. 109. L'adjudicataire ne pourra transférer son droit au bail, en tout ou en partie, sans le consentement exprès de l'autorité locale, approuvé par notre ministre des finances ; il ne pourra, en aucun cas, faire aux contribuables les remises des droits, ni consentir aucun abonnement avec eux.

DISPOSITIONS COMMUNES AUX RÉGIES INTÉRESSÉES ET AUX FERMES.

Art. 110. Les adjudications des octrois des villes ayant une population de cinq mille ames et au-dessus seront faites par le maire, sur les lieux mêmes, à l'hôtel de la mairie ; dans celles d'une population moindre, elles le seront à la sous-préfecture, par le sous-préfet, en présence du maire (1).

Art. 111. Aucune adjudication ne peut être faite qu'en présence du directeur des *droits réunis,* ou d'un préposé délégué par ce dernier, lesquels signeront le procès-verbal.

Art. 112. Aucune adjudication ne pourra excéder trois ans, sauf les cas où l'on aura à y comprendre ce

---

(1) *Lettre du ministre des finances au directeur général des droits réunis (du 28 décembre 1809).*

Vous m'avez entretenu, monsieur, par votre rapport du 20 novembre dernier, des réclamations qui vous ont été adressées par un grand nombre de préfets, relativement à l'exécution de l'article 1 0 du décret impérial du 17 mai précédent.

J'ai l'honneur de vous prévenir que Sa Majesté, d'après le compte que je lui ai rendu de cet objet, a décidé le 7 décembre, présent mois, que les sous-préfets seront chargés d'aller procéder aux adjudications des octrois sur les lieux.

Veuillez, etc.

Signé le duc DE GAÈTE.

qui resterait à courir de l'année commencée; et, dans tous les cas, elle devra toujours avoir pour terme le 31 décembre.

Art. 113. Les adjudications seront toujours précédées au moins de deux affiches, de quinzaine en quinzaine, lesquelles seront insérées dans les journaux du département; elles seront faites aux enchères publiques, à l'extinction des bougies, au plus offrant et dernier enchérisseur.

Art. 114. Ne seront admises aux enchères que les personnes d'une moralité, d'une solvabilité et d'une capacité reconnues par le maire; sauf le recours au préfet.

Art. 115. A cet effet, trois mois au moins avant le renouvellement du bail, il en sera donné avis dans les journaux, avec invitation à tous ceux qui voudraient concourir, de se présenter au secrétariat de la municipalité pour satisfaire aux dispositions précédentes.

Art. 116. Les adjudicataires feront par écrit, au moment de l'adjudication, avant de la signer, la déclaration indicative des noms, prénoms, professions et demeures de leurs associés, s'il y a lieu; ils joindront au procès-verbal l'acte de société, s'il en existe; sinon les associés présens signeront, avec les adjudicataires, le procès-verbal.

Art. 117. Après l'adjudication, aucune enchère ne sera reçue si elle n'est faite dans les vingt-quatre heures et signifiée, par le ministère d'un huissier, à l'autorité qui aura procédé à cette adjudication, et s'il n'est offert un douzième en sus du prix auquel cette adjudication aura été portée. Dans ce cas, les enchères seront rouvertes sur la dernière offre.

Art. 118. Les adjudicataires se conformeront, pour la perception et pour tout ce qui est relatif à l'octroi, aux tarifs et réglemens approuvés. Ils seront également tenus de se conformer, sous peine de dommages et intérêts, et même de résiliement, aux lois et réglemens concernant les rapports des administrations d'octroi avec la régie des *droits réunis*.

Art. 119. Les adjudicataires auront le libre choix de leurs préposés (1), et pourront les révoquer à volonté : néanmoins les préfets, sur la demande des sous-préfets, des maires ou des directeurs des *droits réunis*, et après avoir entendu les régisseurs, pourront donner ordre à ces derniers de destituer ceux des préposés qui auraient donné lieu à des plaintes fondées.

Art. 120. Tout préposé qui, étant en fonctions depuis un an, ne sera pas conservé par le fermier au moment de sa mise en jouissance, recevra, à titre d'indemnité, aux frais du nouvel adjudicataire, deux mois de son traitement.

Art. 121. L'adjudicataire sera tenu, avant d'être mis en possession, de fournir un cautionnement dont la quotité et l'espèce auront été déterminées dans le cahier des charges.

Art. 122. L'administration des *droits réunis* pourra charger, pour chaque octroi, un de ses préposés d'en surveiller la perception.

Art. 123. Le prix de bail sera payé de mois en mois et d'avance : en cas de retard du paiement du prix stipulé du bail aux époques fixées, l'adjudicataire pourra être poursuivi par toutes voies de droit, et même par corps (2).

Art. 124. L'adjudicataire sera tenu de donner connaissance, au maire et au préposé de l'administration des *droits réunis*, de tous les procès-verbaux de contravention. Il ne pourra transiger avec les contrevenans, sans l'autorisation du maire ; le préposé des *droits réunis* chargé de la surveillance de l'octroi (3) sera présent à toutes les transactions, et donnera son avis.

Art. 125. Dans tous les cas où l'adjudicataire en régie intéressée aura plaidé sans autorisation, les frais

---

(1) Mais leur nomination définitive appartient aux préfets: Voyez *Annales*, tome II (*Code des octrois*), page 96.

(2) Voyez la loi du 17 avril 1832, art. 10.

(3) Ou le préposé en chef, institué en vertu de l'article 155 de la loi du 28 avril 1816.

seront à sa charge : autrement ils seront à la charge
de la commune.

Le fermier, quoique autorisé, supportera toujours
les dépens auxquels il sera condamné.

Art. 126. La moitié des produits nets des amendes,
ainsi que ceux des ventes des objets saisis ou confisqués,
soit que ces amendes aient été prononcées par jugement,
soit qu'il y ait eu transaction, appartiendra à l'adjudicataire.

*Il versera l'autre moitié, et le décime par franc, aux
époques et de la manière prescrites* (1).

Art. 127. Aucune personne attachée à l'administration des *droits réunis*, aux administrations civiles, ou
aux tribunaux ayant une surveillance ou juridiction
quelconque sur l'octroi, ne pourra, sous peine de résiliation du bail sans indemnité, et de tous dommages-
intérêts, être adjudicataire ni associée de l'adjudicataire.

Art. 128. Le cahier des charges portera la réserve,
dans les cas où des changemens ou des modifications
seraient jugés nécessaires, de réduire ou d'augmenter
le prix de bail en raison desdits changemens ou modifications ; on pourra imposer à l'adjudicataire l'obligation de compter de clerc à maître des augmentations
faites aux tarifs.

Art. 129. Hors ce cas, l'adjudicataire ne pourra
être reçu, sous aucun prétexte que ce soit, à demander à compter de clerc à maître, ni le résiliement ou
des indemnités.

Il est même interdit aux conseils municipaux de
délibérer sur les demandes qui pourraient en être
faites.

Art. 130. Le cahier des charges portera aussi la
réserve des cas où le gouvernement ordonnerait le résiliement d'un bail, et fixera l'indemnité qui pourrait

---

(1) Le second paragraphe de cet article est remplacé par l'article **84** de l'ordonnance du 9 décembre 1814.

être accordée à l'adjudicataire pour le temps de non-jouissance.

Art. 131. A défaut d'exécution, de la part de l'adjudicataire, des clauses du cahier des charges, la commune pourra, après une sommation ou commandement à lui fait, provoquer une nouvelle adjudication à sa folle enchère.

Art. 132. Des copies des baux d'adjudication, des tarifs et réglemens, seront remises aux directeurs des *droits réunis.*

Art. 133. Tous les frais résultant de l'adjudication seront à la charge de l'adjudicataire.

Art. 134. Les droits d'octroi sur les marchandises mises en entrepôt appartiendront à l'adjudicataire sortant, si le terme de l'entrepôt est expiré avant le terme de sa jouissance ; autrement ils appartiendront au nouvel adjudicataire (1).

Art. 135. L'adjudication ne sera définitive, et l'adjudicataire mis en possession, qu'après l'approbation de notre ministre des finances.

Art. 136. Les contestations qui pourront s'élever sur l'administration ou la perception des octrois en régie intéressée, entre les communes et les régisseurs de ces établissemens, seront déférées au préfet, qui statuera en conseil de préfecture, après avoir entendu les parties; sauf le recours à notre conseil d'Etat, dans la forme et le délai prescrits par notre décret du 22 juillet 1806.

Il en sera de même des contestations qui pourraient s'élever entre les communes et les fermiers des octrois, sur le sens des clauses des baux.

Toutes autres contestations qui pourront s'élever entre les communes et les fermiers des octrois seront portées devant les tribunaux.

---

(1) La durée de l'entrepôt est illimitée. (*Art.* 41 *de l'ordnnance du* 9 *décembre* 1814.)

TITRE X. — RAPPORT DES OCTROIS AVEC L'ADMINISTRATION DES DROITS RÉUNIS.

Art. 137. Les fermiers, les régisseurs intéressés, et tous autres dirigeant les octrois, seront tenus de permettre le concours des employés des *droits réunis* dans tous les cas où il doit avoir lieu ; de leur laisser faire toutes les vérifications et opérations relatives à leur service ; de leur présenter et donner communication de tous états, bordereaux et renseignemens dont ils auront besoin.

Ils seront, en outre, tenus de faire concourir au service des *droits réunis* leurs propres préposés, toutes les fois qu'ils en seront requis, sous les peines de droit, sans pourtant pouvoir les déplacer du lieu ordinaire de leur service.

TITRE XI.— DU PERSONNEL.

Art. 138. Les préposés de l'octroi seront âgés au moins de vingt ans accomplis. Ils seront tenus de prêter serment devant le tribunal civil de la ville dans laquelle ils exercent ; et, dans les lieux où il n'y a pas de tribunal, devant le juge de paix : ce serment sera enregistré au greffe et sans qu'il soit nécessaire d'employer le ministère d'avoués.

Il sera payé seulement un droit fixe d'enregistrement de 3 francs.

Art. 139. Le cas de changement de résidence ou de grade d'un préposé arrivant, il n'y a pas lieu à une nouvelle prestation de serment ; il lui suffira de faire viser sa commission, sans frais, par le juge de paix ou le président du tribunal du lieu où il devra exercer.

Art. 140. Ne pourront être nommés préposés d'octrois les individus qui ne justifieraient pas avoir satisfait à la conscription, ceux qui ne pourront pas présenter des certificats authentiques de capacité et de bonnes vie et mœurs.

Art. 141. La nomination des préposés des octrois en régie simple sera faite par les préfets, sur une liste triple présentée par les maires pour chaque place ; les commissions leur seront données par les préfets.

Lorsqu'il s'agira de la nomination du directeur ou préposé en chef, la nomination du préfet sera soumise à l'approbation de notre ministre des finances.

Art. 142. Les préposés de l'octroi seront toujours porteurs de leurs commissions, et tenus de les représenter lorsqu'ils en seront requis.

Art. 143. Tout préposé de l'octroi qui favorisera la fraude, soit en recevant des présens, soit de toute autre manière, sera poursuivi et condamné aux peines portées par le Code pénal contre les fonctionnaires prévaricateurs.

Art. 144. Les préfets pourront autoriser la mise en jugement des simples préposés de l'octroi.

Art. 145. Il est défendu aux fermiers, régisseurs ou préposés, de faire commerce des objets compris au tarif.

Art. 146. Le port d'armes est accordé aux préposés de l'octroi dans l'exercice de leurs fonctions.

Art. 147. Il pourra être établi, sur la demande des communes, une caisse de retraite et de secours. Les fonds de cette caisse seront faits par une retenue sur les appointemens fixes et remises, ainsi que sur le produit des amendes.

Art. 148. Un réglement particulier déterminera le mode d'administration de cette caisse et de distribution des pensions et secours auxquels elle sera affectée.

Art. 149. Les créanciers des préposés des octrois ne pourront saisir que les sommes déterminées par les lois et décrets, sûr les appointemens des préposés des *droits réunis* (1).

Art. 150. Les surnuméraires dans l'administration de l'octroi auront droit aux places vacantes, de préférence à tous autres.

Art. 151. Tout préposé destitué ou démissionnaire sera tenu, sous peine d'y être contraint par corps, de remettre de suite sa commission, ainsi que les registres et autres effets dont il aura été chargé ; et, s'il est receveur, de rendre ses comptes.

Art. 152. Tous les préposés comptables des octrois seront tenus de fournir un cautionnement, soit en immeubles, soit en numéraire, dont l'espèce et la quotité seront déterminées par l'administration municipale, et qui sera versé à la caisse communale.

Art. 153. Les préposés de l'octroi sont placés sous la protection de l'autorité publique ; il est défendu de les injurier, maltraiter, et même de les troubler dans l'exercice de leurs fonctions, sous les peines de droit.

---

(1) Voyez la loi du 21 ventose an 9, qui détermine la portion saisissable sur le traitement de tous les fonctionnaires publics et employés civils.

Art. 154. La force armée sera tenue de prêter secours et assistance aux préposés des octrois, dans l'exercice de leurs fonctions, toutes les fois qu'elle en sera requise.

Art. 155. Tous les préposés à la perception des octrois, ayant serment en justice, sont autorisés à dresser procès-verbal des fraudes qu'ils découvriront contre les droits réunis ; et de même les préposés de la régie des droits réunis pourront rapporter procès-verbal pour les fraudes qu'ils découvriront contre les octrois.

Art. 156. Les préposés de l'octroi concourront, lorsqu'ils en seront requis, à la répression et à la découverte des délits de police.

TITRE XII.—DE LA COMPTABILITÉ.

§ 1er. — *De la tenue des registres.*

Art. 157. Tous les registres qui servent à la perception de l'octroi devront être à souche, préalablement cotés et paraphés par le maire ; tous les actes y seront portés jour par jour, article par article, sans y laisser aucun blanc.

Art. 158. L'administration des droits réunis déterminera la forme et le modèle des registres et des expéditions, et prendra les mesures convenables pour s'assurer de leur uniformité.

Il ne pourra être exigé par l'administration de l'octroi, pour toute expédition ou bulletin qu'elle aurait délivré, plus de 5 centimes, outre le remboursement du timbre de la quittance au-dessus de 10 francs.

Art. 159. Les maires vérifieront ou feront vérifier la tenue exacte des registres de perception, et s'assureront du versement des produits à la caisse municipale.

Art. 160. Les registres de perception seront arrêtés par le maire le dernier jour de chaque année ; ils seront renouvelés tous les ans, et les comptes, tant en quantités qu'en sommes, apurés dans les trois mois qui suivront l'expiration de chaque année.

§ 2. —*Des états de produits.*

Art. 161. *Tous les états et bordereaux de recettes et de dépenses des octrois seront dressés aux époques déterminées par les instructions, en présence du maire, concurremment avec les préposés principaux des octrois et des droits réunis.*

La forme et le modèle des états et bordereaux seront déterminés par l'administration des droits réunis.

Un double des états et bordereaux, signé du maire, sera remis aux préposés des droits réunis, pour être transmis au directeur, et par celui-ci à son administration.

17.

Le versement de la retenue des 10 p. 0/0 sur le produit des octrois en régie simple sera fait à la caisse des *droits réunis*, par le receveur de la commune, *dans les trois premiers jours qui suivront l'expiration de chaque mois.*

Pour les octrois en ferme ou régie intéressée, ce versement sera opéré aux époques fixées par les baux pour le paiement de chaque douzième du prix de l'adjudication.

Quant au versement de la retenue des 10 p. 0/0 sur les portions de bénéfices revenant aux communes, aux termes des traités de régie intéressée, il sera fait par les receveurs de la commune, aussitôt après que le montant de ces mêmes portions de bénéfices **aura** été versé dans la caisse municipale.

Art. 162. Le recouvrement de la retenue des 10 p. 0/0 se poursuivra par la saisie des deniers de l'octroi, et même par voie de contrainte.

Art. 163. Les bordereaux dressés et arrêtés conformément aux dispositions du présent décret, seront la seule base régulière des comptes du recouvrement de la retenue des 10 p. 0/0.

TITRE XIII. — DU CONTENTIEUX.

Art. 164. Il sera procédé pour les octrois conformément aux lois des 2 vendémiaire et 27 frimaire an 8.

Néanmoins, dans le cas où une contestation, soit sur le fond du droit ou l'application du tarif, soit sur des contraventions, aurait à la fois pour objet des droits d'octroi et des *droits réunis*, il sera procédé sur le tout conformément aux dispositions du chapitre 6 de la loi du 5 ventose an 12, concernant les droits réunis.

TITRE XIV.

DISPOSITIONS GÉNÉRALES.

Art 165. La surveillance générale de la perception de tous

les octrois de l'empire est exercée, sous l'autorité de notre ministre des finances, par l'administration des droits réunis.

Art. 166. Tous les tarifs et réglemens seront successivement régularisés conformément aux dispositions du présent, et soumis, par notre ministre des finances, à notre approbation.

Art. 167. Il ne pourra être renouvelé aucune adjudication que les tarifs et réglemens n'aient été soumis à notre approbation par notre ministre des finances.

Art. 168. Dans les trois mois de la publication du présent, les conseils municipaux des communes dont les octrois sont en régie simple seront tenus de proposer la rectification des dispositions de leurs tarifs et réglemens contraires aux dispositions du présent ; et, à leur défaut, lesdites rectifications devront être proposées par les préfets.

Art. 169. Il sera fait un réglement particulier pour l'octroi de notre bonne ville de Paris, qui sera soumis à notre approbation par notre ministre des finances.

---

28 MAI 1809.=Décret concernant les bières converties en vinaigre.

Art. 1er. A compter de la publication du présent décret, il sera fait remise d'*un franc soixante centimes* (1) par hectolitre de bière convertie en vinaigre, qui sera exporté à l'étranger.

Art. 2. Le vinaigre fabriqué avec la bière, et destiné à l'exportation, ne pourra sortir de la brasserie qu'accompagné d'un acquit-à-caution, et qu'en se conformant à toutes les formalités ordonnées par notre décret du 3 vendémiaire an 13, pour l'exportation des eaux-de-vie de grains.

Art. 3. La remise d'*un franc soixante centimes* accordée par l'article 1er ne sera effectuée que lorsque la sortie aura été justifiée par l'acquit-à-caution visé et déchargé.

---

(1) Cette somme représentait les deux tiers de la taxe de fabrication, qui depuis lors a varié Depuis fort long-temps, les exportations de vinaigre de bière sont nulles ou n'ont pas donné lieu à invoquer les dispositions du décret ci-dessus.

1er JUILLET 1809. = **Décret concernant la retenue qui se fait dans le commerce sous le nom de PASSE DE SACS.**

Art. 1er. Le prélèvement qui sera fait par le débiteur sous le nom de PASSE DE SACS, en remboursement de l'avance faite par lui des sacs contenant les espèces qu'il donne en paiement, ne pourra avoir lieu, à compter de la publication du présent décret, que dans les cas et aux taux exprimés dans les articles suivans.

Art. 2. Dans les paiemens en pièces d'argent de sommes de 500 francs et au-dessus, le débiteur est tenu de fournir le sac et la ficelle.

Les sacs seront d'une dimension à contenir au moins 1,000 francs chaque : ils seront en bon état, et faits avec la toile propre à cet usage.

Art. 3. La valeur des sacs sera payée par celui qui reçoit, ou la retenue en sera exercée par celui qui paie, sur le pied de quinze centimes par sac.

Art. 4. Le mode de paiement en sacs et au poids ne prive pas celui qui reçoit de la faculté d'ouvrir les sacs, de vérifier et de compter les espèces en présence du payeur.

---

13 OCTOBRE 1809. = **Décret qui exempte de l'impôt le sel employé dans les fabriques de soude.**

Art. 1er. Les fabriques de soude ne seront pas assujéties à l'impôt du sel sur celui qu'elles emploieront dans leur fabrication (1).

Art. 2. Tout fabricant qui voudra jouir de l'exemption devra déclarer le lieu de son établissement, et la quantité de soude qu'il se propose de fabriquer par année.

---

(1) Voyez l'ordonnance du 8 juin 1822, l'article 11 de la loi du 17 juin 1840 et les titres III et V de l'ordonnance du 26 juin de la même année.

Cette déclaration sera faite à notre conseiller d'état directeur général des douanes, pour les fabriques qu'on voudra établir dans l'étendue des côtes et frontières soumises à la police des douanes, ainsi que dans les villes où il existe un entrepôt réel de sels, en exécution de l'article 24 du décret du 11 juin 1806 ; et à notre conseiller d'état directeur général des droits réunis, pour celles qui seront établies dans les autres parties de l'empire.

Art. 3. Les sels qui sortiront hors de la ligne des douanes, pour les fabriques de soude, seront mis en sacs, et expédiés sous plombs et acquits à-caution portant obligation de les conduire directement dans la fabrique pour laquelle ils auront été déclarés.

Art. 4. A défaut du transport desdits sels dans la fabrique, et d'en justifier au bureau d'enlèvement en rapportant les acquits-à-caution revêtus d'un certificat d'arrivée, qui sera délivré par les préposés à l'exercice et visé par le directeur des douanes ou des droits réunis, suivant le lieu où la fabrique sera située ; ceux qui auront fait leur soumission pour la délivrance des acquits-à-caution seront tenus de payer le quadruple des droits imposés sur le sel manquant.

Art. 5. Les préposés à l'exercice desquels les fabriques de soude seront soumises vérifieront l'état des cordes et plombs apposés aux sacs de sel, reconnaîtront, par une pesée exacte, si les quantités présentées sont égales à celles portées sur les acquits-à-caution, et feront ensuite vider les sacs, pour s'assurer qu'ils ne contiennent que du sel.

Art. 6. Lorsque lesdits préposés auront fait les vérifications prescrites par l'article précédent, les sels seront mis, en leur présence, dans un magasin fourni par le fabricant, qui sera fermé à deux clefs, dont l'une restera entre les mains du fabricant, et l'autre en celles des préposés.

Art. 7. Il sera tenu, par les fabricans et préposés, des registres en double, sur lesquels seront portées les quantités de sel mises en magasin, et celles qui en sortiront pour la fabrication, les quantités de soudes fabriquées et celles qui seront vendues.

Art. 8. Les soudes vendues par le fabricant ne pourront être livrées et sortir de la fabrique qu'après qu'il aura fait la déclaration de vente aux préposés à l'exercice, et qu'ils auront délivré un permis.

Art. 9. La quantité de sel accordée pour la fabrication d'un quintal métrique de soude ne pourra excéder cinquante kilogrammes.

Art. 10. Tout fabricant qui ne pourra justifier que le sel qui lui aura été livré en exemption des droits a été employé à la fabrication de la soude, indépendamment du paiement du droit auquel il sera assujéti, pourra être privé de l'exemption (1).

Art. 11. Pour indemniser le gouvernement des frais de l'exercice auquel est attachée la faveur accordée aux fabriques de soude, chaque fabricant paiera, par année, une somme de 4,000 francs entre les mains du receveur des douanes ou des droits réunis, suivant le lieu où la fabrique sera située.

3 FÉVRIER 1810. = **Décret relatif à l'introduction des eaux-de-vie, esprits ou liqueurs dans Paris, et à leur transport dans un rayon de six myriamètres de cette ville** (2).

Art. 1er. On ne pourra introduire dans Paris, ni transporter dans un rayon de six myriamètres de cette ville, les eaux-de-vie, esprits ou liqueurs, qu'avec des acquits-à-caution expédiés dans la même forme que ceux qui sont délivrés par les droits réunis.

Art. 2. Les eaux-de-vie, esprits ou liqueurs qui ont été ou qui seront pris en charge par les droits réunis, chez les marchands en gros, courtiers, facteurs ou commissionnaires, placés dans un rayon de trois myriamètres de Paris, et qui seront reconnus manquant auxdites charges, paieront le droit de l'octroi de Paris, sous la déduction du ouillage et coulage.

Art. 3. Les eaux-de-vie, esprits ou liqueurs vendus en détail dans la partie du département de la Seine comprise dans le rayon de trois myriamètres de Paris, paieront à l'octroi de Paris 10 p. 0/0 de leur valeur en sus du droit actuel perçu pour le compte des droits réunis.

Art. 4. Les particuliers non sujets aux exercices, qui feront venir au delà de quatre hectolitres d'eau-de-vie, esprits ou liqueurs, dans l'année, deviendront dès-lors sujets aux exercices.

Art. 5. Dans les deux mois après la publication du présent décret, les eaux-de-vie, esprits et liqueurs ne pourront rester ou être emmagasinés dans les trois myriamètres du rayon de Paris; dans ce délai, ces liquides pourront être expédiés, soit pour la consommation de Paris, soit pour l'entrepôt qui sera organisé dans cette ville, soit avec des acquits-à-caution, hors du rayon de trois myriamètres de Paris.

---

(1) Voyez l'article 10 de l'ordonnance du 8 juin 1822.

(2) Voyez l'ordonnance du 17 juin 1817, qui établit dans le département entier de la Seine un droit d'octroi dit *de banlieue* sur les eaux-de-vie, esprits et liqueurs. Voyez aussi l'article 3 de la loi du 23 juillet 1820.

Art. 6. Les propriétaires qui voudraient brûler ou faire brûler leurs vins dans le rayon de trois myriamètres de Paris, se
pourvoiront devant le préfet de leur département qui leur indiquera les formalités à suivre.

Art. 7. Les contraventions au présent décret seront punies de
l'amende de 100 francs et de la confiscation des objets de la
fraude.

9 FÉVRIER 1810. = **Décret concernant la fabrication
de nouvelles cartes à jouer.**

Art. 1er. A compter du 1er avril 1810, la fabrication
des cartes à jouer se fera avec les papiers portant les
empreintes des moules confectionnés en exécution de
notre décret du 16 juin 1808.

Art. 2. Il est accordé un délai d'une année, à partir
du même jour 1er avril 1810, pour l'écoulement des
cartes fabriquées antérieurement : passé ce délai, ces
cartes seront détériorées et mises hors de la consommation, en restituant les droits qui auront été perçus.

Art. 3. La régie fournira les feuilles de moulage
aux fabricans, dans les bureaux établis à cet effet au
chef-lieu de chaque direction.

Art. 4. Les fabricans mettront sur chaque jeu une
enveloppe qui indiquera leurs noms, demeures, ensei-
gnes et signatures en forme de griffe, de laquelle enveloppe ils seront tenus de déposer une empreinte,
tant au greffe du tribunal de première instance que
dans les bureaux de la régie.

Ils ne pourront changer la forme de leurs enveloppes
sans en faire la déclaration auxdits bureaux, et sans
faire les mêmes dépôts de celles qu'ils substitueront
aux précédentes.

Tout emploi et entrepôt de fausses enveloppes est
prohibé.

Seront réputées fausses les enveloppes non conformes à celles déposées, ou qui seraient trouvées chez
des fabricans autres que ceux y indiqués.

Les cartiers qui feront des enveloppes par sixain ne

pourront les employer qu'en forme de bandes, de manière à laisser apparentes celles de contrôle apposées par les préposés de la régie sur chaque jeu, après la vérification des cartes à figures.

Art. 5. Le dessus des cartes ne pourra être qu'en papier blanc.

Art. 6. Il sera perçu uniformément, pour les cartes à portraits français, 25 centimes par jeu, quel que soit le nombre de cartes dont il sera composé.

Il ne sera rien exigé des fabricans pour le papier et le moulage des cartes à figures.

Art. 7. Lors du décompte qui sera fait à la fin de chaque année chez les fabricans, pour la comparaison des livraisons des cartes à figures avec les jeux contrôlés, ils seront tenus de payer le double droit des jeux manquans.

> Les trois articles ci-dessus ont été modifiés par le titre III de la loi du 28 avril 1816.

Art. 8. Les tarots et autres cartes dont la forme et les figures diffèrent de celles usitées en France seront, à compter de la même époque du 1er avril prochain, soumis au droit de 40 centimes par jeu, quel que soit le nombre de cartes qui le composeront. *Les cartes de cette espèce qui seront exportées, continueront à n'être sujettes qu'au simple droit de cinq centimes* (1).

Art. 9. Nul ne pourra vendre des cartes à jouer, en tenir entrepôt, ni afficher les marques indicatives de leur débit, s'il n'est pas fabricant patenté, à moins d'avoir été agréé et commissionné par la régie, qui pourra révoquer sa commission en cas de fraude.

Art. 10. Il est fait défense à toutes personnes de conserver ou recéler des moules faux ou contrefaits.

Art. 11. Toutes contraventions au présent décret seront punies conformément à ce qui est prescrit par celui du 4 prairial an 13.

Art. 12. La régie des *droits réunis* fera déposer au greffe des tribunaux l'empreinte des nouvelles cartes à figures qui serviront au 1er avril prochain.

---

(1) La loi du 4 juin 1836 affranchit de tout droit les cartes destinées pour l'exportation.

20 AVRIL 1810. = **Loi** contenant le budget de l'état pour **1810** et la fixation des contributions pour **1811** (**Extrait de la**).

TITRE V.—DES DISTILLERIES DE GRAINS.

Art. 10. Le droit fixé par l'article 37 de la loi du 25 novembre 1808, pour la fabrication des eaux-de-vie de grains, pommes de terre et autres substances farineuses, est remplacé, à compter du 1ᵉʳ juillet prochain, par un droit de 1 franc 50 centimes par hectolitre d'eau-de-vie fabriquée à dix-sept degrés et au-dessous ; de 2 francs par hectolitre au-dessus de dix-sept degrés jusqu'à vingt-un, et de 3 francs par hectolitre au-delà de vingt-un degrés.

Art. 11. A l'avenir, les distillateurs de grains, pommes de terre et autres substances farineuses, pourront exprimer dans leurs déclarations qu'ils n'entendent distiller que pour le nombre de jours qu'ils jugeront convenable. Lorsque le travail de la distillation se continuera pendant la nuit, les distillateurs seront obligés de le déclarer : ils se conformeront, pour lesdites déclarations, à la formule qui leur sera donnée par la régie des droits réunis, dont les préposés auront le droit d'assister, même la nuit, aux opérations de la distillation.

Art. 12. Les dispositions des articles 29 et 36 de la loi du 25 novembre 1808, relatives aux brasseurs qui changent, modifient ou altèrent la contenance de leurs chaudières, cuves et bacs, ainsi que le jaugeage desdits ustensiles, sont applicables aux distillateurs.

Tous les vaisseaux servant à contenir la liqueur seront marqués et jaugés.

Art. 13. Il ne sera plus fait remise, pour les eaux-de-vie de grains exportées à l'étranger, que du droit de fabrication qu'elles auront acquitté.

Art. 14. Les contraventions aux dispositions du présent titre seront punies d'une amende de 500 francs, outre la saisie et la confiscation des matières fabriquées en fraude.

---

18 JUIN 1810. = **Décret** qui élève à soixante-sept kilogrammes la quantité de sel qui pourra être employée en franchise par chaque quintal métrique de soude fabriquée, et réduit à 1,500 francs l'indemnité à payer pour les frais d'exercice (1).

Article unique. Il est dérogé aux articles 9 et 11 de notre

---

(1) Voir l'ordonnance du 8 juin 1822 et la loi du 17 juin 1840.

décret impérial du 13 octobre dernier, portant, l'un que la quantité de sel accordée en franchise de droit, pour la fabrication d'un quintal métrique de soude, ne pourra excéder cinquante kilogrammes; et l'autre, qu'il sera payé, pour frais d'exercice, une somme de 4,000 francs pour chaque fabrique de cette substance. La quantité de sel sera dorénavant de 67 kilogrammes, et la somme à payer réduite à 1,500 francs.

7 AOUT 1810. = Décret concernant les lits militaires (Extrait du).

Art. 3. A compter du 1er janvier 1811, la dépense d'occupation des lits militaires cessera d'être à la charge de l'administration de la guerre, dans toutes les communes qui reçoivent des droits d'octroi sur les objets de consommation des troupes qui occuperont ces lits.

Art. 4. Cette dépense sera supportée par les communes au profit desquelles les droits seront perçus.........

13 AOUT 1810 = Décret sur la manière dont il sera procédé dans le cas où des ballots, caisses, malles, paquets et tous autres objets confiés à des entrepreneurs de roulage ou de messageries, n'auront pas été réclamés dans les six mois de l'arrivée à leur destination (Extrait du).

Les articles 1er à 5 disposent que la déclaration de ces objets sera faite, à l'expiration du délai ci-dessus, aux préposés de la régie de l'enregistrement, et qu'après ouverture en présence du juge de paix, et annonce préalable dans les journaux, lesdits objets seront vendus publiquement. Voyez *Annales* 1841-42, page 129.

Art. 6. Les préposés de la régie de l'enregistrement et ceux de la régie des *droits réunis* sont autorisés, tant pour s'assurer de la sincérité des déclarations ci-dessus prescrites, que pour y suppléer, à vérifier les registres qui doivent être tenus par les entrepreneurs de messageries ou de roulage.

18 AOUT 1810. == **Décret** concernant la monnaie de cuivre et de billon, etc. (**Extrait du**).

Art. 2. La monnaie de cuivre *et de billon* de fabrication française ne pourra être employée dans les paiemens, si ce n'est de gré à gré, que pour l'appoint de la pièce de 5 francs.

---

18 AOUT 1810. == **Décret** relatif au mode de constater les contraventions en matière de grande voirie, de poids des voitures et de police sur le roulage (**Extrait du**).

Art. 1er. Les préposés aux *droits réunis* et aux octrois seront, à l'avenir, appelés, concurremment avec les fonctionnaires publics désignés en l'article 2 de la loi du 29 floréal an 10 (19 mai 1802) (1), à constater les contraventions en matière de grande voirie (2), de poids des voitures et de police sur le roulage.

Art. 2. Les préposés ci-dessus désignés, ainsi que les fonctionnaires publics dénommés en l'article 2 de la loi du 29 floréal an 10, seront tenus d'affirmer, devant le juge de paix, les procès-verbaux qu'ils seront dans le cas de rédiger, lesquels ne pourront autrement faire foi et motiver une condamnation (3).

---

(1) Les maires ou adjoints, les ingénieurs des ponts et chaussées, leurs conducteurs, les agens de la navigation, les commissaires de police et la gendarmerie.

(2) Pour la définition des principaux objets qui forment la grande voirie, voyez *Annales*, tome 11 (*Code des octrois municipaux*), page 74, note 2.

(3) Ces procès-verbaux sont exempts du timbre et de l'enregistrement (*arrêt du conseil d'état du 30 décembre 1822*).—C'est aux sous-préfets qu'ils doivent être adressés (*art. 3 de la loi du 29 floréal an 10*).—Les amendes sont recouvrées par les préposés de l'enregistrement, et le produit net versé dans les caisses des receveurs généraux, qui en font la répartition (*décret du 29 août 1813*) — Enfin, aux termes du décret du 16 décembre 1811, art. 115, cette répartition doit s'opérer ainsi qu'il suit : « Un tiers des amendes de grande voirie appartiendra à l'agent qui aura constaté le délit; le deuxième tiers, à la commune du lieu

23 SEPTEMBRE 1810. = Décret sur les canaux, produits de pêche, francs bords, etc.

Article unique. Les produits de la mise en ferme de la pêche, ainsi que ceux de franc bord et plantation dépendant desdits canaux, seront versés au trésor public par l'intermédiaire de l'administration des *droits réunis*.

15 OCTOBRE 1810 = Décret portant que l'emploi frauduleux d'une pince servant à marquer les tabacs constitue un crime de faux de la compétence des cours spéciales.

15 NOVEMBRE 1810. = Décret qui règle le mode de recouvrement des droits d'octroi sur les régisseurs, fermiers, receveurs et autres préposés à la recette de ces droits (1).

Art. 1er. Le recouvrement des droits d'octroi sera poursuivi par voie de contrainte et par corps contre tous régisseurs, fermiers, receveurs et autres préposés à la recette desdits droits.

Art. 2. Les contraintes seront décernées par le receveur municipal, visées par le maire, et rendues exécutoires par le juge de paix du canton où est située la commune : elles seront signifiées à la requête du maire et exécutées conformément au titre XV du livre V de la Ire partie du Code de procédure civile.

---

du délit, et le troisième tiers sera versé, *comme fonds spécial*, à notre trésor impérial, etc. »

(1) Voyez les articles 9, 10 et 11 de la loi du 17 avril 1832.

29 DÉCEMBRE 1810. = Décret qui attribue à la régie des droits réunis, exclusivement, l'achat des tabacs en feuilles, la fabrication et la vente des tabacs fabriqués.

TITRE Ier. — DES ATTRIBUTIONS DE LA RÉGIE.

Art. 1er. A partir de la publication du présent décret, *l'achat* des tabacs en feuilles, *la fabrication* et la vente, tant en gros qu'en détail des tabacs fabriqués, sont exclusivement attribués à notre régie *des droits réunis* (1) *, pour tous les départemens de l'empire autres que ceux au delà des Alpes et les sept départemens au delà de l'Escaut.*

Art. 2. La régie ne pourra s'approvisionner qu'en feuilles de tabac du sol français, à l'exception seulement d'un *quinzième* (2) qu'elle pourra prendre en tabacs étrangers.

La régie au delà des Alpes sera tenue de faire ses approvisionnemens de la même manière.

TITRE II. — DE LA CULTURE DES TABACS (3).

Art. 3. Notre ministre des finances fera connaître, chaque année, aux préfets, la quantité d'hectares de terre qui pourra être plantée en tabac dans chaque département, à raison des besoins du service de la régie, qui sera tenue d'acheter et de payer comptant la totalité de la récolte.

Art. 4. Tout particulier qui voudra cultiver du tabac sera tenu d'en faire la déclaration au maire de sa commune avant le 1er mars de chaque année.

Il ne sera admis de déclarations qu'autant qu'elles seront faites pour quarante ares au moins en une seule pièce, et que les déclarans en seront propriétaires ou fermiers.

Art. 5. Chaque déclaration énoncera la situation et la contenance de chaque pièce de terre, et la distance qu'auront les pieds entre eux.

---

(1) Voyez l'ordonnance du 5 janvier 1831, qui a détaché des contributions indirectes, pour en former une direction spéciale, l'achat et la fabrication des tabacs.

(2) Un cinquième. (*Art.* 3 *de la loi du* 12 *février* 1835.)

(3) Voyez le titre V de la loi du 28 avril 1816 et la loi du 12 février 1835.

La régie fournira les registres où ces déclarations devront être inscrites.

Art. 6. Dans les quinze premiers jours de mars, les préfets feront faire le relevé des déclarations, et délivreront les permis de cultiver dans la proportion des déclarations et de la quantité de terre qui leur a été indiquée conformément à l'article 3.

Les plantations cesseront le 30 juin, et seront, après cette époque, vérifiées par les préposés des droits réunis.

Art. 7. Avant le 1er juillet de chaque année, le préfet fera remettre au directeur des droits réunis un état, certifié par lui, des permis délivrés, contenant les indications portées en l'article 5.

Art. 8. La quantité de terre à cultiver en tabac ne pourra être diminuée d'une année à l'autre, qu'autant que les approvisionnemens de la régie excéderaient les besoins de plus d'une année, outre le produit de la récolte pour l'année courante.

TITRE III. — DE L'ESTIMATION DES TABACS ET DE LA FIXATION DES PRIX.

Art. 9. Dans le courant de janvier de chaque année, on fera connaître, par voie de publication et affiches, les prix fixés pour les tabacs de la récolte prochaine.

Art. 10. Il sera, à cet effet, formé des arrondissemens de culture, en réunissant les terres qui fournissent des tabacs d'une égale valeur.

Art. 11. Les prix des tabacs en feuilles seront fixés pour chaque arrondissement ainsi composé.

Art. 12. Ils seront déterminés par première, seconde et troisieme qualité de chaque arrondissement de culture.

Art. 13. On fixera trois prix, qui devront être appliqués selon que la récolte de l'année serait bonne, médiocre ou mauvaise dans l'arrondissement.

Art. 14. Dans le mois de novembre de la même année, une commission composée du sous-préfet, de deux experts désignés par lui, et d'un employé supérieur de la régie, spécialement autorisé par elle, déclarera si la récolte est bonne, médiocre ou mauvaise.

Le procès-verbal de l'estimation sera publié.

TITRE IV.—DE LA LIVRAISON ET DU PAIEMENT DES TABACS

Art. 15. La régie établira des magasins pour y prendre livraison des produits de la culture.

Ces magasins seront établis de telle sorte que les planteurs ne soient jamais obligés de transporter leur récolte à plus de deux myriamètres et demi.

Art. 16. Du 1er novembre au 1er mars suivant, la régie prendra la livraison des tabacs récoltés.

Chaque cultivateur sera tenu de les porter au magasin qui lui aura été indiqué, et à l'époque qui lui aura été fixée.

Art. 17. Ces tabacs seront classés, à leur entrée dans les magasins, par la commission *instituée par l'article* 14 (1), suivant qu'ils appartiendront à la première, deuxième et troisième qualité.

Art. 18. Il sera donné un récépissé énonçant les quantité, qualité et origine des tabacs livrés par chaque cultivateur; et dès ce moment ils seront aux compte et risques de la régie.

Art. 19. Les cultivateurs seront payés, argent comptant, du montant de leur livraison, à la caisse du receveur des *droits réunis* de l'arrondissement, à la présentation de leur récépissé et de leur quittance, sans frais.

Art. 20. Des réglemens d'administration publique détermineront l'organisation de la régie du tabac, les lieux où seront établies les manufactures *impériales*, les entrepôts *principaux et particuliers*, les cautionnemens que devront fournir les préposés, et les prix auxquels seront vendues, par la régie, les diverses espèces de tabacs (2).

TITRE V.—Dispositions générales (3).

Art. 21. Les tabacs en feuilles ne pourront circuler sans acquit-à-caution.

Les tabacs fabriqués porteront la marque de la manufacture d'où ils proviendront, et ne pourront circuler sans acquit-à-caution, toutes les fois qu'ils excéderont la quantité de dix kilogrammes.

Art. 22. La culture sera interdite par le préfet, d'après un arrêté du directeur général de la régie, à tout cultivateur con-

---

(1) Voir l'article 2 de la loi du 12 février 1835.
(2) Voir l'article 176 de la loi du 28 avril 1816.
(3) Ce titre a été renouvelé, avec des modifications, par le titre V de la loi du 28 avril 1816.

vaincu d'avoir soustrait une partie de son tabac des précédentes récoltes.

Art. 23. Il est défendu à tout particulier d'avoir chez lui du
tabac en feuilles, s'il n'est cultivateur reconnu par l'accomplissement des formalités prescrites.

Passé l'époque fixée pour la livraison des tabacs en feuilles
aux magasins de la régie, il est pareillement défendu aux cultivateurs d'en avoir chez eux.

Art. 24. Ceux qui colportent des tabacs en fraude seront arrêtés et constitués prisonniers, s'ils ne fournissent caution, et
condamnés aux peines portées par l'article 28.

Art. 25. L'article 1er du titre V de la loi du 22 août 1791 sera
de même appliqué, dans le cas de saisie de tabacs en feuilles
circulant sans acquit-à-caution.

Art. 26. Il est défendu à tout particulier d'avoir chez lui des
tabacs fabriqués autres que ceux provenant des manufactures
impériales, ou des fabriques ci-devant pourvues de licences, et
revêtus des marques de la régie.

Art. 27. Les tabacs fabriqués, de quelque pays qu'ils proviennent, sont prohibés à l'entrée de notre empire, même ceux
de la Hollande.

Art. 28. Toute infraction aux articles du présent décret sera
punie d'une amende de 1,000 francs et de la confiscation des
tabacs.

Art. 29. Les préposés aux entrepôts et à la vente du tabac,
qui seraient convaincus d'avoir falsifié les tabacs des manufactures impériales, par l'addition ou le mélange de matières hétérogènes, seront destitués, sans préjudice des peines portées en
l'article 318 du Code pénal.

Art. 30. La contrebande en tabac, avec attroupement et port
d'armes, sera poursuivie et jugée en conformité de la loi du
13 floréal an 11, concernant les douanes.

**29 DÉCEMBRE 1810 = Décret relatif aux tabacs exis-
tant, soit chez les cultivateurs, soit chez les fabricans et
les débitans.**

Art. 1er. Les tabacs en feuilles existant chez les cultivateurs,
négocians et fabricans, lors de la publication du présent décret,
seront achetés par la régie des droits réunis de la manière réglée ci-après.

Art. 2. A l'époque qui sera fixée par notre ministre des finances, et avant le 1er mars 1811, la régie sera tenue de prendre
livraison de tous les tabacs en feuilles existant chez les cultivateurs, fabricans et négocians : elle les fera déposer dans ses magasins et en fera payer comptant la valeur.

Art. 3. Ces tabacs seront classés à leur entrée dans les magasins, en trois qualités. pour chaque arrondissement, supérieure,

médiocre et inférieure, à l'exclusion des tabacs avariés ou non marchands, qui seront anéantis; à cet effet, il sera nommé des experts, moitié par le sous-préfet, moitié par la régie, et qui seront départagés, en cas d'avis différent, par un tiers expert nommé d'avance par le préfet du département.

Art. 4. Le prix des tabacs sera fixé pour chaque classe, dans chaque arrondissement, par une commission composée du préfet du département, de trois experts désignés par lui et choisis parmi les cultivateurs et les membres de la chambre du commerce, et du directeur de la régie. Cette commission prendra pour base de la fixation le prix commun des trois années précédentes; elle déterminera de même et séparément le prix des tabacs appartenant aux négocians.

FABRICANS.

Art. 5. A partir de la publication du présent décret, il sera fait un inventaire de toutes les matières et de tous les ustensiles existant dans les fabriques.

Les tabacs en feuilles seront mis sous le scellé après pesée, et ils y resteront jusqu'à ce que l'estimation en ait été faite, et que la régie en ait pris livraison conformément aux articles précédens.

Le fabricant continuera la fabrication des tabacs en préparation, jusqu'au 1er avril 1811, après que le poids en aura été reconnu, et qu'ils auront été déposés dans les cases ou tonneaux portant, sur des étiquettes, le poids du contenu, d'où ils ne pourront être retirés qu'en présence des employés, et seulement en proportion des besoins de la journée.

Tous les soirs, les employés constateront le produit de la fabrication du jour, et ils en feront, sur leur portatif, un acte que le fabricant sera sommé de signer.

Art. 6. Les tabacs fabriqués, constatés par l'inventaire, ainsi que les tabacs qui proviendront de la fabrication des masses trouvées en préparation, sont frappés d'un droit de 13 décimes par kilogramme, pour tenir lieu de tous droits de licence, de vente et de fabrication sur les excédans, sans qu'il puisse être fait aucune remise pour manquant sur les matieres en préparation réduites au poids sec, ni sur le poids des tabacs fabriqués inventoriés. Ils continueront d'être vendus jusqu'au 1er juillet prochain par les fabricans, qui seront tenus d'acquitter ce droit dans les dix jours de la vente, ou en obligations à trois mois dûment cautionnées, si la somme à payer excède 300 francs.

Art. 7. Tous les tabacs fabriqués restés invendus dans les fabriques au 1er juillet, et qui seront reconnus marchands, seront estimés de gré à gré entre la régie et le fabricant, ou, à défaut de conciliation, par des experts qui prendront pour base du prix la proportion des mélanges et la valeur des tabacs qui y seront entrés, au cours de la place, augmenté du droit de fabrication, avec la bonification de 15 p. 0/0 pour tenir lieu des frais de main-d'œuvre et des bénéfices, lorsque les tabacs auront été composés en partie de feuilles exotiques; et de 20 p. 0/0, lorsqu'ils auront été fabriqués avec des feuilles indigènes sans aucun mélange de feuilles exotiques, et ils seront payés comptant.

Art. 8. La régie reprendra, de tous les fabricans qui le demanderont, les tabacs par eux fabriqués, après qu'ils auront été reconnus de qualité marchande; l'estimation en sera faite et le prix payé conformément aux dispositions des articles 7 et précédens.

DÉBITANS.

Art. 9. A partir de la publication du présent, il sera fait un inventaire de tous les tabacs existant chez les débitans ayant eu licence en 1810. Ces tabacs seront frappés d'un droit de 11 décimes par kilogramme, qui sera payé au fur et à mesure des ventes. Il ne pourra être exigé, en aucun cas, pour les tabacs qui auraient été soumis dans les fabriques au droit fixé par l'article 6.

Art. 10. Les débitans ayant eu licence en 1810 continueront de vendre leurs tabacs, sans être tenus de se munir d'une nouvelle licence, jusqu'au 1er juillet 1811, époque à laquelle il ne pourra plus être vendu du tabac que par les agens de la régie préposés à cet effet : ceux dont le débit serait fermé seront tenus de faire cession, de gré à gré, de leurs tabacs à l'entreposeur de la régie, ou de les déposer, sous le scellé, à son bureau, jusqu'à ce qu'il en ait été autrement ordonné.

Art. 11. Toute infraction aux articles du présent décret sera punie d'une amende de 1,000 francs et de la confiscation des tabacs.

---

12 JANVIER 1811. == **Décret relatif à la direction et surveillance des achats, de la fabrication et de la vente des tabacs.**

TITRE Ier. — DE L'ADMINISTRATION SPÉCIALE DES TABACS.

Art. 1er. Un maître des requêtes sera attaché à la régie de nos droits réunis. Il prendra place après le conseiller d'état directeur général au conseil de la régie, et le présidera en son absence.

Art. 2. Il sera spécialement chargé, sous les ordres du conseiller d'état directeur général, de la direction et surveillance des achats, fabrication et vente des tabacs. Il suivra la comptabilité des gardes-magasins, celle des manufactures, celle des entreposeurs principaux et particuliers, et il en remettra, chaque mois, les bordereaux au conseiller d'état directeur général.

Art. 3. Il proposera et soumettra au conseil de la régie les projets de marchés, ainsi que les rapports sur les affaires contentieuses.

Art. 4. Il présentera au conseiller d'état directeur général les nominations des gardes-magasins généraux et auxiliaires, des employés des manufactures, des entreposeurs principaux et particuliers, des débitans, et généralement de tous les employés à la manutention, fabrication et vente des tabacs.

Il proposera également la fixation de leurs traitemens et remises, et celle du prix des différentes espèces de tabacs destinées à la consommation.

Art. 5. Le conseiller d'état directeur général proposera à notre ministre des finances les nominations des gardes-magasins *généraux*, des *régisseurs* des manufactures, et des entreposeurs *principaux et particuliers* (1).

TITRE II. — DES MAGASINS DE TABACS EN FEUILLES.

Art. 6. Il ne pourra être établi, dans chaque département où l'on cultive le tabac, qu'un ou deux magasins généraux pour le dépôt des tabacs en feuilles jusqu'à leur envoi dans les manufactures; et, pour l'exécution de l'article 15 de notre décret du 29 décembre 1810, il y aura des magasins d'entrepôt à portée des cultivateurs, et où ceux-ci livreront leurs feuilles, lesquelles seront ensuite versées, à la diligence et aux frais de la régie, dans les magasins généraux.

Art. 7. Il y aura, près de chaque magasin *général*, un garde-magasin chargé de veiller à la conservation des tabacs, et de diriger les travaux et préparations qu'elle pourra exiger.

Il assistera à toutes les expertises ordonnées par l'article 3 de notre décret du 29 décembre dernier.

Il a la surveillance et il est responsable des dépôts faits dans les magasins d'entrepôt de son arrondissement. Les préposés de ces magasins sont en conséquence sous ses ordres.

Il tiendra registre du classement de la qualité des tabacs, et délivrera les récépissés voulus par l'article 18 de notre décret du 29 décembre.

---

(1) L'administration des contributions indirectes, qui est restée chargée de la vente des tabacs, propose au ministre les nominations aux places d'entreposeurs, de receveurs principaux entreposeurs et de receveurs particuliers entreposeurs. (*Ordonnance du 17 décembre 1844, art. 58.*)

Il fournira, aux époques qui lui seront fixées par la régie, des états de la situation du magasin.

Il dressera les contrôles d'après lesquels les ouvriers devront être payés, et les soumettra à la vérification et au visa du contrôleur du magasin *général et du contrôleur principal de la régie dans l'arrondissement.*

Art. 8. Il y aura à cet effet, près de chaque magasin *général*, un contrôleur qui en surveillera le travail et le mouvement, visera les récépissés, états de situation, et les expéditions qui devront être délivrées par le garde-magasin.

Ce contrôleur assistera, comme le garde-magasin *général*, aux expertises pour le classement des tabacs.

Art. 9. L'un et l'autre seront sous la surveillance du directeur du département, ou de l'employé supérieur par lui délégué (1).

Art. 10. Aucune sortie ou expédition de feuilles ne pourra être faite du magasin, que sur l'ordre de la régie transmis par le directeur, et qu'avec un acquit-à-caution signé du receveur de la résidence.

Art. 11. Un conseil d'administration, composé *du directeur du département, d'un inspecteur, du contrôleur principal de l'arrondissement*, du garde-magasin et du contrôleur près le magasin, proposera les dépenses à y faire, en se conformant aux statuts du conseil d'administration des manufactures, qui lui sont déclarés applicables.

Ces dépenses seront adjugées dans la même forme que celles des manufactures.

Art. 12. La situation effective des magasins sera établie, chaque année, d'après un inventaire fait dans la forme prescrite par l'article 29 du présent décret.

---

(1) Cet article et les trois suivans ne sont plus littéralement exécutables depuis que la régie des contributions indirectes est chargée seulement de la vente des tabacs, conformément à l'ordonnance du 5 janvier 1831.

TITRE III. — DES MANUFACTURES IMPÉRIALES.

Art. 13. Notre ministre des finances se fera remettre, dans le plus court délai, des soumissions par les propriétaires de manufactures de tabacs qui voudront en faire la vente à la régie ; il nous en présentera le tableau, avec indication de celles dont il jugera convenable de faire l'acquisition.

Art. 14. Dans le cas où, soit par défaut de soumission, soit à raison de l'élévation des prix, il serait nécessaire de recourir à l'expropriation forcée ou à des estimations par experts, notre ministre des finances est autorisé à faire mettre de suite la régie en possession des fabriques qui auront été jugées les plus propres à son service : il est également autorisé à faire l'acquisition des ustensiles servant à la fabrication, ainsi que des tabacs de toute espèce qui y seront trouvés lors de l'inventaire ordonné par l'article 6 de notre décret du 29 décembre dernier; le prix des matières sera réglé conformément à l'article 7 du même décret.

Art. 15. La valeur des bâtimens sera réglée, dans le plus court délai, à l'amiable, et le prix acquitté comptant, ou, dans le cas d'expropriation forcée, il en sera usé conformément à la loi du 8 mars 1810.

Art. 16. Il y aura dans chaque manufacture, sous les ordres et la surveillance du directeur de la régie, un régisseur, un garde magasin, deux contrôleurs de première classe, et le nombre suffisant de contrôleurs ordinaires, chefs de fabrication et d'atelier, qui sera jugé nécessaire.

Art. 17. Le régisseur, le garde-magasin et les deux contrôleurs en chef se réuniront en conseil d'administration de la manufacture (1), sous la présidence du directeur des droits réunis, ou d'un employé supérieur désigné par l'administration.

Art. 18. Les dépenses de toute nature, qui seront faites pour la fabrique et dans la fabrique, seront délibérées dans ce conseil.

Art. 19. Les feuilles d'appointemens de tous les employés, les contrôles des salaires des ouvriers de la manufacture, et tous les mémoires d'ouvriers et fournisseurs, seront soumis à ce conseil.

Art. 20. La destruction ou le brûlement des matières avariées y seront également délibérés.

Art. 21. Ces délibérations seront inscrites sur un re-

----

(1) Le conseil d'administration, dans chaque manufacture, se compose des employés supérieurs de l'établissement.

gistre, et chaque membre sera libre d'y faire insérer
son avis ou ses protestations.

Art. 22. Ces délibérations seront envoyées de suite
à l'administration centrale.

Art. 23. Le conseil d'administration de la manufacture pourra ordonner provisoirement les réparations et
fournitures urgentes, pourvu qu'elles aient été délibérées à l'unanimité par le conseil.

Art. 24. Les réparations et les fournitures importantes seront adjugées au rabais devant le préfet du
département, *en présence du directeur de la régie*, d'a-
près des soumissions cachetées, et en vertu d'un cahier
des charges approuvé par elle, et qui sera d'avance
publié.

Art. 25. L'approbation ou le rejet des dépenses des
manufactures, proposées par les conseils d'administration, sera délibéré dans le conseil d'administration de
la régie.

Art. 26. L'arrivée dans la manufacture des tabacs
en feuilles et des diverses fournitures sera constatée
par procès-verbal signé du *régisseur* et du garde-
magasin.

Art. 27. En cas d'avarie ou de détérioration des
marchandises parvenues à la fabrique, l'état en sera
constaté conformément à l'article 106 du Code de
commerce (1).

Art. 28. Le conseil d'administration proposera, à la
fin de chaque année, à la régie, ses vues d'économie
et d'amélioration.

Il proposera à l'administration centrale les réglemens de discipline intérieure de la manufacture.

Art. 29. A la fin de chaque année, il sera fait, en
présence des employés supérieurs désignés par la régie, un inventaire des tabacs existant dans la manufacture, pour établir le compte définitif de l'année.

---

(1) « Par des experts nommés par le président du tribunal de
commerce ou, à son défaut, par le juge de paix, et par ordonnance au pied d'une requête. »

*Des principales fonctions des préposés attachés aux manu-
factures impériales.*

Art. 30. Le *régisseur* dirigera les opérations de la
manufacture. Il rendra compte de l'emploi des matières premières qui lui auront été délivrées, et de leur
produit en tabac fabriqué. Il sera chargé de la correspondance. Il sera responsable de l'exécution des ordres
do la régie, et chargé de faire exécuter les délibérations du conseil d'administration de la manufacture.

Le *régisseur* n'aura pas de comptabilité en deniers.

Art. 31. Les contrôleurs veilleront, dans la manufacture, aux intérêts de la régie, soit sous le rapport
de l'emploi des matières premières, et du compte à
rendre en tabac fabriqué, soit à raison du bon emploi
du temps des ouvriers, soit enfin en contrôlant les
entrées et les sorties de tabacs en feuilles, de tabacs
fabriqués, et de fournitures du magasin de la manufacture. Ils maintiendront l'ordre et la discipline (1).

Toutes les pièces de la comptabilité du *régisseur* seront visées par les contrôleurs.

Art. 32. Le garde-magasin près de chaque manufacture sera chargé de recevoir et emmagasiner les
tabacs en feuilles expédiés à la manufacture, les tabacs
provenant de la fabrication journalière, les approvisionnemens de toute espèce de la manufacture ; de
veiller à la conservation de tous ces objets, et de délivrer, sur l'ordre du *régisseur*, visé des contrôleurs, les
tabacs en feuilles nécessaires aux travaux des ateliers,
les tabacs fabriqués dont l'expédition devra être faite
aux entrepôts *principaux*, et, en général, les fournitures à l'usage de la manufacture.

Il en tiendra écriture dans la forme qui lui sera indiquée par la régie.

Art. 33. Les chefs de fabrication et des ateliers
dirigeront, sous le *régisseur*, tous les travaux de la

----

(1) Une partie de ces attributions est maintenant remplie par
un inspecteur.

manufacture. Ils dresseront les contrôles d'après lesquels les ouvriers devront être payés, et soumettront ces contrôles au visa des contrôleurs.

Ils seront responsables de la qualité des tabacs fabriqués.

Les contrôles pour le paiement des ouvriers seront ordonnancés par le *régisseur*, sur la caisse du receveur des *droits réunis*.

TITRE IV. — DES ENTREPÔTS ET BUREAUX DE DÉBIT.

Art. 34. Il sera établi *dans chaque département un entrepôt principal*, et dans chaque arrondissement (1) un entrepôt *particulier*.

Art. 35. Les tabacs fabriqués seront expédiés des manufactures *impériales* à la destination des entrepôts *principaux*, sur la demande que les entreposeurs en auront faite à l'agent principal de la manufacture, et dont une double expédition sera adressée en même temps à la régie.

Art. 36. Les entreposeurs *particuliers ne pourront s'approvisionner qu'à l'entrepôt principal de leur département*.

Ils ne pourront pas vendre directement aux consommateurs, si ce n'est des carottes au-dessus de trois kilogrammes (2).

Art. 37. La régie établira aussi des bureaux de débit *dans chaque arrondissement;* elle en calculera le nombre en raison de la population.

Les débitans s'approvisionneront à l'entrepôt *particulier* de leur arrondissement, et non ailleurs.

Art. 38. Les entreposeurs *principaux* seront comptables du prix des tabacs qui leur auront été expédiés,

---

(1) Modifié. Un seul entrepôt approvisionne quelquefois plusieurs arrondissemens.—Les entrepôts principaux ont été supprimés par ordonnance du 27 mars 1816.

(2) Et des cigares étrangers, par bttes ou caissons. (*Ordonnances des 11 juillet 1833 et 16 juin 1844.*)

d'après le poids net constaté à l'arrivée par *le contrôleur principal* et les employés de la régie.

Art. 39. Ils seront admis à le payer, en leurs obligations à trois et six mois de l'arrivée des tabacs, qu'ils souscriront entre les mains du directeur de leur département.

La régie pourra néanmoins les dispenser de fournir des obligations, la première année, en les faisant compter de leurs recettes aux époques qu'elle indiquera.

Art. 40. Les frais de transport des tabacs expédiés des manufactures *impériales* aux entrepôts *principaux*, seront à la charge de la régie ; *elle pourra les mettre au compte de l'entreposeur, en lui allouant une augmentation de remise, calculée sur les distances et les prix de voiture.*

Art. 41. Les déchets que les tabacs pourraient avoir éprouvés pendant leur séjour dans les magasins de l'entreposeur *principal* seront constatés par les employés ; ils lui seront alloués en compte à la fin de chaque année.

Il sera tenu, à cet effet, de livrer les tabacs aux entreposeurs particuliers dans l'état où il les aura reçus des manufactures, sans qu'il lui soit permis de les déballer ou transvaser, à moins que ce ne soit pour leur conservation, et en la présence des employés.

Art. 42. Les entreposeurs particuliers paieront leurs achats entre les mains de l'entreposeur principal, en obligations souscrites par moitié à deux et quatre mois de date.

Art. 43. Il est défendu aux entreposeurs *principaux et particuliers*, et aux débitans, d'avoir chez eux aucun instrument à tabac, tel que moulin, râpe, hache-tabac, tamis et autres de quelque forme qu'ils puissent être, sous peine *de l'amende prononcée par l'article* 24 *de notre décret du* 29 *décembre* 1810, *et* de la confiscation des objets saisis (1).

Art. 44. La régie commissionnera dans chaque arrondissement, sous le titre de râpeurs-jurés, des individus auxquels elle permettra l'usage d'une râpe à

---

(1) Voyez l'article 220 de la loi du 28 avril 1816.

table et d'un tamis, et qui pourront se transporter
chez les particuliers pour y râper les tabacs en carotte.

Art. 45. Les entreposeurs *principaux et particuliers*
et les débitans tiendront registre des livraisons qui
leur auront été faites, et de leurs ventes, dans la forme
qui leur sera indiquée par la régie.

Art. 46. Ils recevront des commissions énonçant les
obligations qu'ils auront à remplir : faute par eux de
s'y conformer, ils seront immédiatement remplacés.

Art. 47. Les entreposeurs *principaux et particuliers*
seront obligés d'administrer par eux-mêmes leur entrepôt. Ils ne pourront s'absenter sans congé, ni pra-
tiquer aucune autre profession.

Art. 48. Ceux qui seront convaincus de servir de
prête-nom et de gérer pour le compte d'autrui seront
destitués.

TITRE V. — DES CAUTIONNEMENS.

Art. 49. Les préposés qui, aux termes de l'article 20 de notre décret du 29 décembre 1810, doivent
fournir des cautionnemens sont les entreposeurs *principaux et particuliers et les débitans* (1).

Art. 50. Les cautionnemens sont fixés à 280 francs par mille
ames de population, pour les entreposeurs principaux, et à
320 francs pour les particuliers (2).

Art. 51. Le cautionnement des débitans est fixé ainsi qu'il
suit :

A Paris	1,500 fr.
Dans les communes au-dessus de 50,000 ames	1,200
de 40,001 ames à 50,000	1,0 0
de 3 ,001 à 40 00)	900
de 2 ,001 à 50,000	8 0
de 15, 01 à 20,000	700

(1 *et* 2) Les débitans ne sont plus astreints à un cautionnement. (*Art. 9 de la loi du* 10 *août* 1839.)

Le cautionnement des entreposeurs est fixé à six fois et demie
le montant de leur traitement ; et, pour les recettes-entrepôts,
à raison de trois fois le montant des appointemens et remises réunis des comptables. (*Ordonnance du* 13 *décembre* 1829.)

```
de  10,001 ames à 15,000....................  ..........    600 fr.
de   6,001       à 10 000.......................  .....      500
de   4,001       à  6,000.........................  .....    450
de   2,001       à  4.000......  ............  ......        400
de   2,000       et au-dessous.............  .........      300
```

Art. 52. Tous ces cautionnemens porteront intérêt à *quatre* (1) p. 0/0.

Art. 53. Le recouvrement en sera fait par la régie; elle pourra en appliquer le montant aux dépenses de la nouvelle organisation, à la charge par elle de le verser à la caisse d'amortissement dans quatre ans.

Art. 54. Les préposés assujétis à un cautionnement ne recevront leur commission et ne seront installés qu'après en avoir versé la moitié; l'autre moitié devra l'être avant le 1er janvier 1812.

Les débitans seront tenus de payer la totalité de leur cautionnement avant de recevoir leur commission.

TITRE VI.—Des traitemens et remises.

Art. 55. Les *régisseurs*, contrôleurs, gardes-magasins, *chefs de fabrication et des ateliers*, et autres employés des manufactures *impériales*, les gardes-magasins, contrôleurs et autres employés des magasins établis pour la livraison des tabacs en feuilles, jouiront du traitement fixe qui sera déterminé par notre ministre des finances, en raison de l'importance de l'établissement auquel ils seront attachés.

Art. 56. Les entreposeurs *principaux et particuliers* recevront, pour leur tenir lieu de traitement, une remise *en nature*, dont la quotité et la répartition seront déterminées par notre ministre des finances (2).

Art. 57. La rétribution des débitans se composera de l'augmentation de prix qu'ils seront autorisés à exiger du consommateur lors de la vente, *et d'une remise en nature qui leur sera faite pour le trait de balance* (3).

---

(1) 3 p. 0/0. (*Art. 7 de la loi du 4 août 1844*)

(2) Ce système de rémunération n'est plus suivi littéralement.

(3) Au moyen d'une nouvelle combinaison des prix, la remise pour trait de balance, long-temps fixée à 5 p. 0/0, a été supprimée (*Art. 4 de l'ordonnance du 18 mars 1832.*)

TITRE VII. — DES FRAIS D'EXPÉDITION DES TABACS EN FEUILLES
ET FABRIQUÉS, ET DE L'ACQUITTEMENT DES DÉPENSES EN GÉ-
NÉRAL.

Art. 58. Les frais de transport, et généralement
tous les frais d'expédition des tabacs en feuilles et fabriqués, seront adjugés au rabais, en une ou plusieurs
parties, au secrétariat général de l'administration, ou
dans les départemens, en se conformant à ce qui est
prescrit pour ces sortes d'adjudications par l'article 24
du présent décret.

Art. 59. L'achat des tabacs en feuilles livrés par les
cultivateurs, les frais de fabrication, et en général les
dépenses des manufactures et des magasins, les traitemens des employés et le salaire des ouvriers, les
dépenses de toute espèce qui seront la suite de nos
décrets du 29 décembre 1810, seront acquittés *par le
directeur de la régie*, dans le département où elles
auront été faites, *ou* par le receveur qui aura été délégué, sur pièces dûment régularisées.

TITRE VIII. — DE LA GARDE DES MANUFACTURES IMPÉRIALES
ET MAGASINS DE FEUILLES.

Art. 60. Il est enjoint à nos commandans militaires
de fournir un poste pour la garde de chacune de nos
manufactures et de nos magasins de tabacs en feuilles.

----

25 MARS 1811. = **Décret concernant la dotation, l'administration, la police et les dépenses de l'hôtel des
militaires invalides (Extrait du).**

TITRE Ier. — DE LA DOTATION DES INVALIDES.

Art. 2..... La dotation des invalides sera composée des revenus ci-après :......

7° D'un prélèvement de 1 p. 0/0 sur les octrois et revenus des
communes de l'empire (1).....

----

(1) Ce prélèvement, dont le mode de perception avait été réglé

Art. 8. Le prélèvement de 1 p. 0/0 sur les octrois et revenus des communes, prescrit par le paragraphe 7 de l'article 2 ci-dessus, sera perçu, à dater du 1er janvier 1811, par les soins de l'administration des droits réunis, qui en comptera tous les six mois avec la caisse des invalides.

----

24 AVRIL 1811.=Décret concernant l'organisation administrative et judiciaire de la Corse (Extrait du).

TITRE IV. — DES FINANCES.

Art. 16. *Les* perceptions confiées à la régie des *droits réunis* cesseront d'avoir lieu en Corse, à compter du 1er juillet 1811 (1). Elles seront remplacées par l'addition d'une somme de 30,000 francs en principal de la contribution personnelle et mobilière.....

----

9 MAI 1811. = Décret qui fixe le prix des tabacs des manufactures de France pour l'année 1811 (2).

----

par un décret du 23 juillet 1811, a cessé en exécution de l'article 153 de la loi du 28 avril 1816.

(1) Par autorisation du ministre des finances, le directeur des contributions directes, dans le département de la Corse, est chargé d'opérer, pour le compte de la régie des contributions indirectes, la vente des poudres à feu, de surveiller la gestion des octrois et de recouvrer le dixième du produit net de ces établissemens. Il correspond, pour ces objets divers, avec l'administration centrale des contributions indirectes et avec le directeur de cette administration dans le département du Var.

(2) Voyez l'article 174 de la loi du 28 avril 1816 et la note qui s'y rattache.

---

18 JUIN 1811. = **Décret contenant réglement , pour l'administration de la justice, en matière criminelle, de police correctionnelle et de simple police, et tarif général des frais (Extrait du).**

TITRE Ier. — TARIF DES FRAIS.

CHAPITRE 1er.—*Des frais de translation des prévenus ou accusés, etc.*

Art. 5. Lorsque la translation par voie extraordinaire sera ordonnée d'office, ou demandée par le prévenu ou accusé, à cause de l'impossibilité où il se trouverait de faire ou de continuer le voyage à pied, cette impossibilité sera constatée par certificat de médecin ou de chirurgien.

Ce certificat sera mentionné dans la réquisition et y demeurera joint.

Art. 6. Dans les cas d'exception ci-dessus, la translation des prévenus ou accusés sera faite par les entrepreneurs généraux des transports et convois militaires, et aux prix de leur marché.

Dans les localités où le service des transports militaires ne sera point organisé, les réquisitions seront adressées aux officiers municipaux, qui y pourvoiront par les moyens ordinaires et aux prix les plus modérés.

CHAPITRE 4. — *Des frais de garde de scellés , et de ceux de mise en fourrière.*

Art. 39. Les animaux et tous objets périssables, pour quelque cause qu'ils aient été saisis, ne pourront rester en fourrière ou sous le séquestre, plus de huit jours.

Après ce délai, la main-levée provisoire pourra en être accordée.

S'ils ne doivent ou ne peuvent être restitués, ils seront mis en vente, et les frais de fourrière seront prélevés sur le produit de la vente, par privilége et de préférence à tous autres.

Art. 40. La main-levée provisoire des animaux saisis et des objets périssables mis en séquestre sera ordonnée par le juge de paix ou par le juge d'instruction, moyennant caution et le paiement des frais de fourrière et de séquestre.

Si lesdits objets doivent être vendus, la vente en sera ordonnée par les mêmes magistrats.

Cette vente sera faite à l'enchère, au marché le plus voisin, à la diligence de l'administration de l'enregistrement (1).

Le jour de la vente sera indiqué par affiches vingt-quatre heures à l'avance, à moins que la modicité de l'objet ne détermine le magistrat à en ordonner la vente sans formalité; ce qu'il exprimera dans son ordonnance.

Le produit de la vente sera versé dans la caisse de l'administration de l'enregistrement (2), pour en être disposé ainsi qu'il sera ordonné par le jugement définitif.

TITRE III.—Du paiement et recouvrement des frais de justice criminelle.

Chapitre 2.—*De la liquidation et du recouvrement des frais.*

Art. 156. La condamnation aux frais sera prononcée dans toutes les procédures, solidairement contre tous les auteurs et complices du même fait, et contre les personnes civilement responsables du délit.

Art. 157. Ceux qui se seront constitués parties civiles, soit qu'ils succombent ou non, seront personnellement tenus des frais d'instruction, expédition et signification des jugemens, sauf leur recours contre les prévenus ou accusés qui seront condamnés et contre les personnes responsables du délit.

(1 et 2) Ou de l'administration poursuivante.

Art. 158. Sont assimilés aux parties civiles, 1° toute régie ou administration publique, relativement aux procès suivis, soit à sa requête, soit même d'office et dans son intérêt; 2° les communes et les établissemens publics, dans les procès instruits, ou à leur requête ou même d'office, pour crimes ou délits commis contre leurs propriétés.

---

23 JUILLET 1811.=**Décret** relatif au mode de perception du prélèvement de 1 p. 0/0, qui est ordonné (1) sur les octrois et revenus des communes, pour l'hôtel des militaires invalides (2).

---

19 DÉCEMBRE 1811.=**Décret** sur les primes accordées pour les saisies de tabac et arrestations de colporteurs (3).

Art. 1er. Il est accordé aux employés des douanes, gendarmes, préposés forestiers, gardes champêtres et autres, étrangers aux *droits réunis*, qui auront opéré des saisies de tabac, une prime de 20 centimes par kilogramme de feuilles, et de 30 centimes par kilogramme de tabac fabriqué, sans égard à la qualité, laquelle prime leur sera payée comptant, au moment du dépôt des tabacs *au contrôle principal*, indépendamment des répartitions auxquelles ils ont droit. Il leur est accordé *six francs par individu*, pour chaque contrebandier ou colporteur de profession qu'ils auront arrêté et constitué prisonnier.

---

(1) Voyez le décret du 25 mars 1811.

(2) Ce prélèvement est au nombre de ceux que l'article 153 de la loi du 28 avril 1816 a fait cesser.

(3) Voyez l'ordonnance du 31 décembre 1817, qui élève la prime à 15 francs par individu.

23 DÉCEMBRE 1811. == **Décret** qui fixe le prix des tabacs des manufactures impériales pour l'année 1812 (1).

15 JANVIER 1812. == **Décret** pour encourager la fabrication du sucre de betterave (2).

8 FÉVRIER 1812. == **Décret** qui charge l'administration des droits réunis de la perception des octrois municipaux.

SECTION 1re. — *De l'incorporation des employés chargés de la perception des octrois avec ceux des droits réunis.*

Art. 1er. La perception des octrois des villes sera faite par les droits réunis.

Art. 2. Les employés actuels des octrois, contre lesquels il n'aura été porté aucune plainte fondée, seront portés dans leurs grades dans la régie des droits réunis. Leur service dans les octrois leur comptera, comme celui de la régie, tant pour l'avancement que pour les retraites, selon une assimilation de grades qui sera déterminée.

Art. 3. Les fonds de retraite de ces employés, existant dans les caisses des administrations d'octroi ou autres, seront versés à la caisse d'amortissement et feront partie de ceux appartenant à la caisse de retraite de l'administration des droits réunis.

SECTION 2. — *De la fixation des frais de perception des octrois.*

Art. 4. Les frais de perception, fournitures de bureau, impressions, registres, bordereaux, bois, lumière et corps de garde, seront réglés, pour 1812, d'après ceux qui ont été alloués en 1811.

Art. 5. Il sera déduit 5 p. 0/0 sur la totalité de ces frais, en faveur des communes, pour l'économie présumée qui pourra résulter du nouveau système de perception.

Art. 6. La régie des droits réunis aura 5 p. 0/0 sur les aug-

---

(1) Voyez l'article 174 de la loi du 28 avril 1816 et la note qui s'y rattache.

(2) Voyez la loi du 12 juillet 1837, qui établit un impôt sur les sucres indigènes.

mentations du produit net qui auront lieu en 1812, à compter de son administration, comparativement aux produits de 1811; et ainsi dé suite, d'année en année, en déduisant néanmoins celles de ces augmentations qui résulteront d'augmentation au tarif de l'octroi.

Art. 7. Le montant de ces 5 p. 0/0 sera réparti entre les employés qui auront le plus contribué à l'amélioration des produits, et employé à acquitter les dépenses d'inspection extraordinaires.

Art. 8. Les frais de perception pourront toujours être réduits par la régie des droits réunis, et ne pourront être augmentés d'ici à cinq ans, qu'au cas de changement dans le tarif ou dans le réglement de l'octroi.

SECTION 3. — *Des obligations imposées aux employés chargés de la perception des octrois.*

Art. 9. Les receveurs des droits réunis verseront le montant de leurs recettes dans les caisses communales, savoir : dans notre bonne ville de Paris, comme il se pratique en ce moment; dans les villes qui ont au-dessus de 10,000 francs de revenu, toutes les semaines; et dans les autres communes, deux fois par mois, déduction faite des frais de perception et du dixième à prélever, pour le trésor impérial, dans les communes passibles de cette retenue.

Le maire visera le reçu de la somme versée au receveur de la commune, ainsi que la quittance du dixième qui aura été prélevé sur le produit net.

Art. 10. L'employé de la régie, chargé en chef du service de l'octroi, fournira, à la fin de chaque mois, au maire de la commune, un bordereau général, par nature de droits, des recettes et des dépenses.

SECTION 4. — *De la tenue des registres de perception, et de la surveillance municipale.*

Art. 11. Les registres servant à la perception des octrois seront cotés et paraphés, dans notre bonne ville de Paris, par le préfet ou le secrétaire général du département de la Seine, et, dans les autres communes, par le maire ou son adjoint.

Art. 12. Le maire ou son adjoint pourra vérifier et arrêter ces registres toutes fois et quantes, et dresser procès-verbal des irrégularités et de tout ce qui serait préjudiciable aux intérêts de la commune.

Art. 13. Ces procès-verbaux seront adressés au préfet et au directeur des droits réunis; et il y sera statué, s'il y a lieu, sur leur avis respectif, par notre ministre des finances, après avoir pris l'avis de notre ministre de l'intérieur.

Art. 14. Lors des délibérations des conseils municipaux sur les budgets des villes, ils émettront leur avis sur la manière dont l'octroi est perçu, sur les frais de perception, sur les abus qui pourraient s'être introduits et sur les moyens de les réprimer.

Art. 15. A la fin de chaque année, le compte de la perception de l'octroi sera remis au maire, examiné et discuté en conseil municipal.

Le résultat de ces délibérations sera envoyé en double expédition, par le maire, au préfet et au directeur des droits réunis.

Art. 16. Les préfets et sous-préfets exerceront leur surveillance sur la perception des octrois, comme il a été pratiqué jusqu'aujourd'hui.

Section 5. — *Dispositions générales.*

Art. 17. Les expéditions et quittances relatives aux droits d'octroi seront timbrées dans les mêmes cas et de la même manière que celles relatives aux droits réunis.

Art. 18. Les réglemens sur les octrois seront exécutés comme par le passé, et notamment en ce qui touche la manière de constater et juger les contraventions, la compétence, le partage des amendes et, en général, tout ce à quoi il n'est pas dérogé par le présent décret.

Art. 19. Les tarifs et réglemens continueront à être délibérés par les conseils municipaux, conformément à notre décret du 17 mai 1809.

Art. 20. Ces réglemens ne pourront contenir aucune disposition contraire à celles de nos décrets relatifs à la perception des droits d'entrée sur les boissons.

---

4 MAI 1812. = **Décret qui proroge le délai fixé pour faire cesser le mode de perception des octrois par abonnement.**

---

24 AOUT 1812. = **Décret qui charge la régie des droits réunis de la recherche des poudres fabriquées hors des poudrières du gouvernement.**

Art. 1er. La régie des *droits réunis* est spécialement chargée de la recherche des poudres étrangères, et de celles fabriquées hors des poudrières du gouvernement, qui pourraient circuler et être vendues dans notre *empire.*

Art. 2. Le prix de celles qui seront saisies par les agens de cette régie, *et qui doivent être remises à l'administration des poudres et payées par elle au prix fixé par les lois et réglemens*, ainsi que les amendes des délin-quans, sont adjugés à ses agens.

Art. 3. L'administration des poudres et la régie des droits réunis se concerteront pour faire, relativement à ces saisies et aux amendes, un réglement (1) qui sera soumis à leur ministre respectif et présenté à notre approbation.

---

12 OCTOBRE 1812.=**Décret qui prescrit des formalités pour la circulation des eaux-de-vie, esprits et liqueurs composées d'eaux-de-vie ou d'esprits.**

Art. 1er. Les eaux-de-vie, esprits et liqueurs composées d'eaux-de-vie ou d'esprits, ne pourront circuler dans toute l'étendue de l'*empire* qu'accompagnés d'acquits-à-caution.

Art. 2. Un *double* ou extrait de l'acquit-à-caution sera adressé, par le préposé de la régie des *droits réunis* du lieu de l'expédition, au directeur du département pour lequel les eaux-de-vie seront destinées.

Art. 3. Cet extrait sera transmis de suite par le directeur aux préposés de la résidence du destinataire. Ces préposés constateront sur l'acquit-à-caution la prise en charge, si le destinataire est assujéti aux exercices pour un commerce quelconque de boissons.

Art. 4. Si le destinataire n'est point sujet aux exercices, il sera tenu, pour obtenir la décharge de son acquit-à-caution, de payer comptant le droit de *quinze p. 0/0* (2), d'après les prix courans de la vente au lieu de destination. *Si le montant du droit excède 100 francs, il pourra payer en obligations à trois, six ou neuf mois. Le préposé pourra exiger que ces obligations soient cautionnées, lorsqu'il le jugera nécessaire.*

Si, dans les dix jours de l'arrivée, le destinataire n'a pas fait décharger l'acquit-à-caution, il lui sera donné un avertissement, et les poursuites ne seront commencées que trois jours après l'avertissement.

---

(1) Cet objet a été réglé par l'ordonnance du 17 novembre 1819.
(2) Dix pour cent. (*Loi du 12 décembre 1830 art. 3.*)

Art. 5. D'après la prise en charge, le paiement du droit *ou la remise des obligations*, l'acquit-à-caution sera déchargé et renvoyé au lieu de l'expédition.

Art. 6. Tout transport d'eaux-de-vie fait par une personne non sujette aux exercices, de l'une de ses caves dans une autre située dans l'étendue de la même ville, ne donnera point ouverture au paiement du droit de 15 p. 0/0 à l'arrivée.

Il en sera de même pour le transport à un domicile plus éloigné, à condition, au destinataire, de faire connaître, au soutien de sa déclaration, son nouveau domicile; et l'acquit-à-caution ne sera délivré, dans ce cas, que sur le permis d'un préposé en chef du grade de contrôleur au moins (1).

Art. 7. Il sera accordé une déduction pour ouillage et coulage sur les eaux-de-vie prises en charge chez les marchands en gros et autres assujétis aux exercices des commis, autres toutefois que les débitans; et ils seront tenus au paiement du droit de 15 p. 0/0 sur ce qui se trouvera manquer à leurs charges, au delà de la déduction pour ouillage et coulage, d'après le réglement qui sera fait par notre ministre des finances, le tout sans préjudice des peines qui seront encourues pour enlèvement sans déclaration ou démarque.

Art. 8. Il n'est, au surplus, rien innové à ce qui s'est pratiqué jusqu'à présent pour l'exécution de l'article 31 de la loi du 24 avril 1806. En conséquence, les propriétaires de vignobles qui font convertir les vins de leur récolte en eaux-de-vie ne seront pas, à raison du présent, assujétis aux exercices des commis.

Art. 9. Le droit de 15 p. 0/0 ne sera point perçu sur les eaux-de-vie, esprits et liqueurs qui seront expédiés à l'étranger.

Art. 10. Les droits établis aux entrées de plusieurs villes, en remplacement du détail, continueront à être perçus, sur le même pied que par le passé, sur les eaux-de-vie, esprits et liqueurs destinés à la consommation.

---

29 DÉCEMBRE 1812.=**Décret portant fixation du prix des tabacs dans tout l'empire, à compter du 1er janvier 1813** (2).

---

(1) Voyez les lois des 15 mai 1818, art. 84 et 85; 25 juin 1841, art. 15 et 16, et 4 août 1844, art. 11 et 12.

(2) Voyez l'article 174 de la loi du 28 avril 1816 et la note qui s'y rattache.

---

5 JANVIER 1813. = Décret contenant tarif des droits sur les boissons.

Art. 1er. A dater de la publication du présent décret, le droit de mouvement sur les boissons sera perçu au taux ci-après fixé, savoir :

Par hectolitre de vin en cercles, dans les départemens de 1re classe, suivant le tableau annexé au présent décret......................	» fr.	50 c.
Dans ceux de 2e classe...................................	»	60
Dans ceux de 3e classe...................................	»	75
Dans ceux de 4e classe...................................	1	20
Par hectolitre de vin en bouteilles, sans distinction de classe..	5	»
Par hectolitre de cidre et poiré..........................	»	20
Par hectolitre d'eau-de-vie simple au-dessous de 22 degrés....	2	»
Par hectolitre d'eau-de-vie rectifiée à 22 degrés et au-dessus..	4	»
Par hectolitre d'eau-de-vie de toute espèce en bouteilles, et de liqueurs composées d'eau-de-vie ou d'esprit, tant en cercles qu'en bouteilles........ :..............................	8	»

Art. 2. Les droits d'entrée imposés sur les boissons, à leur introduction dans les communes qui ont une population agglomérée de deux mille ames et au-dessus, seront perçus, à partir de la même époque, conformément au tarif annexé au présent décret.

Art. 3. Le droit à la vente en détail des vins, cidres, poirés, eaux-de-vie, et liqueurs composées d'eau-de-vie ou d'esprit, fixé antérieurement à 15 centimes par franc de la valeur, sera perçu sur le pied de 16 centimes et 2/3 p. 0/0 de la même valeur.

Le droit sur les eaux-de-vie, fixé à 15 p. 0/0 par notre décret du 12 octobre dernier, sera également perçu sur le pied de 16 2/3 p. 0/0.

Art. 4. Le droit de fabrication auquel les bières sont imposées, au lieu des droits de mouvement, d'entrée et de détail dont les autres boissons sont frappées, est porté à 3 francs par hectolitre.

Art. 5. En conséquence des augmentations de tarif ci-dessus, les droits fixes établis au profit du trésor aux entrées de plusieurs villes, en remplacement des droits de mouvement et de détail, seront perçus conformément au tarif ci-après :

	Dans LES VILLES de 100,000 ames et au-dessous.	Dans LES VILLES au-dessus de 100,000 ames.
Par hectolitre de vin en cercles............	2 fr.	8 fr.
Par hectolitre de vin en bouteilles........	6	10
Par hectolitre de cidre et poiré..........	2	4
Par hectolitre d'eau-de-vie simple, au-dessous de 22 degrés...................	9	15
Par hectolitre d'eau-de-vie rectifiée, à 22 degrés et au-dessus, d'eau-de-vie de toute espèce en bouteilles, et de liqueurs composées d'eau-de-vie ou d'esprit.................	18	30

Art. 6. Le droit de timbre des expéditions délivrées par les préposés des droits réunis, ainsi que des quittances de droits dus, à quelque somme qu'ils s'élèvent, sera perçu, à l'avenir, raison d'un décime par chaque expédition ou quittance.

TARIF des droits d'entrée qui seront perçus sur les boissons, en exécution de l'article 2 du décret impérial du 5 janvier 1813.

POPULATION des COMMUNES.	PAR HECTOLITRE de vin en cercles. Dans les départemens de 1re cl., conformément au tableau ci-après.	Dans les départemens de 2e classe.	Dans les départemens de 3e classe.	Dans les départemens de 4e classe.	Par hectolitre de vin en bouteilles.	Par hectolitre de cidre et poiré.	Par hectolitre d'eau-de-vie simple en cercles au-dessous de 22 degrés.	Par hectolitre d'eau-de-vie rectifiée à 22 degrés et au-dessus, d'eau-de-vie de toute espèce en bouteilles, et de liqueurs composées d'eau-de-vie ou d'esprit.
ames. — f. c.	f. c.	f. c.	f. c.	f. c.	f. c.	f. c.	f. c.	f. o.
De 2 à 4,000	» 40	» 50	» 60	» 70	» 80	» 25	1 20	2 40
De 4 à 6,000	» 60	» 70	» 80	» 90	1 20	» 30	1 80	3 60
De 6 à 10,000	» 80	» 95	1 10	1 25	1 60	» 45	2 40	4 80
De 10 à 15 000	1 »	1 20	1 40	1 60	2 »	» 60	3 »	6 »
De 15 à 20,000	1 40	1 60	1 75	2 »	2 80	» 80	4 20	8 40
De 20 à 30,000	2 »	2 20	2 40	2 70	4 »	1 10	6 »	12 »
De 30 à 50,000	2 60	2 90	3 20	3 60	5 20	1 50	8 »	16 »
De 50,000 et au-dessus....	3 30	3 60	4 »	4 50	6 60	2 »	10 »	20 »

TABLEAU des départemens de l'empire, divisés en quatre classes.

PREMIÈRE CLASSE.

Alpes (Basses-).	Dordogne.	Lozère.
Alpes (Hautes-).	Gard.	Marne (Haute-).
Ardèche.	Gers.	Mont-Blanc.
Ariége.	Gironde.	Puy-de-Dôme.
Aude.	Hérault.	Pyrénées (Hautes-).
Aveyron.	Landes.	Sarthe.
Cantal.	Loire (Haute-).	Sèvres (Deux-).
Charente.	Loire-Inférieure.	Tarn-et-Garonne.
Charente-Inférieure.	Loiret.	Vendée.
Corrèze.	Lot.	Vienne.
Creuse.	Lot-et-Garonne.	

DEUXIÈME CLASSE.

Ain.	Garonne (Haute-).	Meuse.
Allier.	Ille-et-Vilaine.	Morbihan.
Apennins.	Indre.	Ombrone.
Arno.	Indre-et-Loire.	Pyrénées (Basses-).
Aube.	Isère.	Pyrénées-Orientales.
Bouches-du-Rhône.	Jura.	Saône (Haute-).
Cher.	Loire.	Seine-et-Marne.
Côtes-du-Nord.	Loir-et-Cher.	Tarn.
Doubs.	Maine-et-Loire.	Var.
Drôme.	Méditerranée.	Vaucluse.
Finistère.	Meurthe.	Vosges.

TROISIÈME CLASSE.

Aisne.	Marne.	Rhône.
Alpes-Maritimes.	Mayenne.	Sarre.
Ardennes.	Montenotte.	Saône-et-Loire.
Côte-d'Or.	Mont-Tonnerre.	Seine.
Doire.	Moselle.	Seine-et-Oise.
Eure.	Nièvre.	Sésia.
Eure-et-Loir.	Oise.	Stura.
Forêts.	Pô.	Taro.
Gênes.	Rhin (Bas-).	Vienne (Haute-).
Léman.	Rhin (Haut-).	Yonne.
Marengo.	Rhin-et-Moselle.	

QUATRIÈME CLASSE.

Bouches-de-l'Elbe.	Bouches-du-Rhin.	Calvados.
Bouches-de-l'Escaut.	Bouches-du-Weser.	Dyle.
Bouches-de-la-Meuse.	Bouches-de-l'Yssel.	Ems-Occidental.

Ems-Oriental.
Ems-Supérieur.
Escaut.
Frise.
Jemmapes.
Lippe.
Lys.

Manche.
Meuse-Inférieure.
Nèthes (Deux-).
Nord.
Orne.
Ourthe.
Pas-de-Calais.

Roër.
Sambre-et-Meuse.
Seine-Inférieure.
Somme.
Yssel-Supérieur
Zuyderzee.

---

16 MARS 1813. = **Décret qui charge la régie des droits réunis de surveiller la fabrication, la circulation et la vente des salpêtres** (1).

Art. 1er. La surveillance attribuée, par le décret du 24 août dernier, à la régie des *droits réunis*, sur la fabrication, la circulation et la vente, dans toute l'étendue de l'*empire*, des poudres étrangères ou fabriquées hors des poudrières du gouvernement, s'exercera aussi et de la même manière sur la fabrication, *la circulation et la vente* des salpêtres.

Art. 2. Les employés des *droits réunis* sont autorisés, en conséquence, à entrer en tout temps dans les ateliers, fabriques et magasins des fabricans, marchands et débitans, qui, aux termes des lois, sont tenus de justifier de l'emploi des poudres *et salpêtres* qu'ils ont en leur possession. Ils pourront aussi, conformément à l'article 83 *de la loi du 5 ventose an* 12 (2), faire des visites chez les particuliers soupçonnés de fraude, en se faisant assister par un officier de police.

Tout particulier, autre que les salpêtriers, chez lequel il serait trouvé du salpêtre, sans pouvoir justifier qu'il l'a acheté dans les magasins de l'administration des poudres, ou qu'il l'a importé en vertu de l'article 11 de l'arrêté du 27 pluviose an 8, encourra la confiscation des matières ; et, en cas de récidive, il sera condamné à une amende de 500 francs, peine portée par l'article 15 de la loi du 13 fructidor an 5 contre celui qui exploiterait du salpêtre sans autorisation.

---

(1) Il y a inexactitude dans ce titre, qui ne fait point mention des poudres à feu. Quant aux salpêtres, la circulation et la vente sont dégagées de toute formalité, depuis la loi du 10 mars 1819.

(2) Art. 237 de la loi du 28 avril 1816.

Art. 3. Toutes contraventions aux lois et arrêtés concernant les poudres et salpêtres, seront constatées par des procès-verbaux rédigés *concurremment au nom de l'administration des poudres et salpêtres*, et au nom de l'administration des *droits réunis.*

Toutes les formalités relatives à la rédaction de ces procès-verbaux et aux suites à y donner, seront conformes à celles qui sont établies, par le décret du 1er germinal an 13, pour l'administration des *droits réunis.*

Art. 4. Les instances relatives aux fraudes et contraventions seront portées devant les tribunaux de police correctionnelle, où elles seront suivies, à la requête *des deux administrations* (1), par les défenseurs ou préposés supérieurs de l'administration des *droits réunis*, dans les formes propres à cette dernière.

Art. 5. Les tribunaux correctionnels prononceront, dans tous les cas, à raison des fraudes et contraventions, les peines établies envers les contrevenans par les lois et arrêtés relatifs aux poudres et salpêtres.

Lorsque des employés des *droits réunis, des poudres et salpêtres,* des douanes, des agens de police, des gendarmes ou autres agens publics ayant le droit de verbaliser, auront seuls découvert la contravention et opéré la saisie, le produit des amendes et confiscations appartiendra exclusivement aux saisissans.

Lorsque plusieurs préposés des administrations ou agens publics ci-dessus désignés auront concouru à une saisie, la répartition de l'amende et de la confiscation sera faite par portions égales entre les diverses administrations et les agens dépendant d'une même autorité, sans égard au nombre respectif des saisissans. Les simples particuliers qui auront découvert des contraventions et fait opérer des saisies, de la manière prescrite par le décret du 10 septembre 1808 (2), auront

---

(1) De l'administration des contributions indirectes. Voyez l'ordonnance du 25 mars 1818.

(2) Ce décret est ainsi conçu : « La municipalité sera tenue de

droit, comme les préposés et agens susdésignés, à la totalité du produit des amendes et confiscations.

Les agens de police et les gendarmes qui ne seront appelés que pour assister à la saisie, n'auront droit à aucun partage des amendes.

Art. 6. Les transactions sur procès auront lieu dans la même forme et d'après les mêmes règles que celles qui sont établies pour la régie des *droits réunis; mais elles ne pourront être consenties par les directeurs de cette régie que provisoirement et de concert avec les commissaires de l'administration des poudres et salpêtres. Ces derniers consentiront seuls les transactions dans tous les cas où les employés des droits réunis n'auront point contribué à la découverte des délits; mais les arrangemens qu'ils auront faits ne seront définitifs qu'après avoir été approuvés par l'administration des poudres.*

Art. 7. Les personnes qui, en vertu de commission de la régie, sont autorisées à avoir en leur possession des *poudres et salpêtres*, à la charge de justifier de l'emploi, feront cette justification dans les formes qui seront déterminées par des instructions administratives à la première réquisition *des agens de l'administration des poudres et salpêtres,* et des employés de la régie des *droits réunis.*

Art. 8. Les formalités relatives aux transports des poudres et salpêtres continueront, comme par le passé, à être remplies dans les lieux de départ, de passage et d'arrivée, par les officiers municipaux; mais les employés des *droits réunis* seront prévenus de ces transports par ceux qui les auront ordonnés.

---

déférer à cette réquisition; en conséquence, elle fera procéder à une visite dans la maison désignée. Cette visite ne pourra s'exécuter qu'en plein jour, par le maire ou son adjoint, assisté d'un commissaire de police ou de la gendarmerie, etc...... »

29 AOUT 1813. = **Décret relatif à la fixation des cautionnemens des employés des droits réunis et des octrois.**

Art. 1er. Les cautionnemens des receveurs principaux et receveurs particuliers sédentaires de l'administration des droits réunis, compris dans l'état n° 1er annexé au présent décret, sont définitivement fixés conformément audit état, et seront fournis en numéraire.

Le cautionnement des receveurs centraux spéciaux des droits d'entrée et d'octroi sera le même que celui fixé pour les receveurs principaux des mêmes résidences, et fourni en numéraire.

Les cautionnemens des receveurs particuliers de la navigation intérieure et de celle du Rhin seront en numéraire, et de la quantité fixée par l'état n° 2.

Art. 2. Les cautionnemens des receveurs spéciaux des droits d'entrée et d'octroi seront, dans toutes les résidences,

SAVOIR :

Pour ceux de 1re classe............................ 3,000 fr.
Pour ceux de 2e classe............................ 2,000
Pour ceux de 3e classe............................ 1,000

Il sera fourni, soit en numéraire ou en inscriptions sur le grand-livre, soit en immeubles.

Art. 3. Le cautionnement des receveurs spéciaux des droits d'entrée et d'octroi de notre bonne ville de Paris reste fixé aux quotités déterminées par l'état n° 3.

Il sera également fourni, soit en numéraire ou en inscriptions sur le grand-livre, soit en immeubles.

Art. 4. Les cautionnemens provisoires fournis jusqu'à ce jour en numéraire, en exécution du décret du 22 frimaire an 13, viendront en déduction des fixations déterminées par l'article 1er du présent décret.

Art. 5. Les cautionnemens en numéraire fixés par l'article 1er du présent décret seront versés ou complétés à la caisse d'amortissement, conformément à notre décret du 11 janvier 1811 ; l'intérêt en demeure fixé à 4 p. 0/0, conformément à l'article 21 de la loi du 15 septembre 1807 ; il courra à dater de l'époque du versement.

Art. 6. Les cautionnemens en numéraire, ou la somme nécessaire pour les compléter, seront acquittés, savoir : moitié dans quatre mois, à compter de la date du présent décret, et l'autre moitié dans les huit mois suivans.

Art. 7. Les receveurs dont les versemens en numéraire à la caisse d'amortissement excèdent la quotité fixée par les états n°s 1 et 2, pourront réclamer cet excédant, en justifiant, par un certificat de l'administration, qu'ils ont rendu leurs comptes de 1812, sans débet.

Art. 8. Lorsqu'un préposé de la régie réunira plusieurs recettes, il ne sera tenu qu'au cautionnement de la recette principale.

> Pour la fixation générale des cautionnemens, voyez le tableau placé à la suite de la circulaire n° 123, du 10 février 1836 (*Annales* 1836-37, page 52).

---

25 SEPTEMBRE 1813. = **Décret** qui proroge jusqu'au 1er janvier 1815 divers modes précédemment autorisés ou établis pour la perception des octrois.

---

11 NOVEMBRE 1813. = **Décret portant augmentation de diverses contributions (Extrait du).**

Art. 4. A compter de ce jour, il sera perçu deux nouveaux décimes par kilogramme de sel, et dix centimes par addition, tant aux perceptions de la régie des droits réunis non assujéties au décime de guerre, qu'aux tarifs des octrois autres que ceux par abonnement et cotisation.

---

27 AVRIL 1814. = **Décret de S. A. R. MONSIEUR, lieutenant général du royaume, concernant les droits réunis.**

Art. 1er. Le décime de guerre imposé par addition aux taxes dont la perception est confiée à la régie des droits réunis cessera d'être perçu à dater de la publication du présent.
Le mode de perception de ces taxes subira en outre les modifications suivantes.
Art. 2. Il ne sera jamais exigé qu'un seul droit de mouvement pour un même transport de boissons, à moins qu'il n'y ait changement de destination.
Art. 3. Il sera accordé, à l'arrivée des boissons, une déduction pour coulage de route, laquelle sera déterminée d'après la distance parcourue, l'espèce de boisson, les moyens employés pour le transport, sa durée, et la saison dans laquelle il aura été effectué.
La régie se conformera, à cet égard, aux règles adoptées par les tribunaux de commerce

LÉG. ANC. 21

Art. 4. Dans les villes ou communes où il est perçu, aux entrées, des droits au profit du trésor, ou des droits d'octroi, les
exercices seront supprimés, ainsi que le droit de mouvement
pour les transports opérés dans l'enceinte de la commune,
moyennant la perception, en remplacement du droit de détail,
d'une taxe additionnelle aux droits d'entrée, laquelle sera calculée de manière à assurer au trésor l'équivalent du droit remplacé, sauf la déduction des frais de perception.

Les tarifs de cette taxe, pour les villes ou communes de chaque département, seront soumis à notre approbation dans le
plus bref délai, par M. le commissaire au département des finances.

Art. 5. Les conseils municipaux des villes et communes qui
ne voudront pas profiter du bénéfice de l'article précédent, seront tenus de le déclarer au préfet dans la huitaine qui suivra
la notification qui leur aura été faite du tarif adopté.

Dans ce cas, la perception du droit de détail y sera continuée
par la voie des exercices.

Art. 6. Dans les lieux où le mode de perception autorisé par
l'article 4 sera établi, le compte des boissons reçues ou expédiées
par les négocians qui réclameront la faculté de l'entrepôt, sera
tenu au bureau de la régie; et les employés feront seulement,
chaque trimestre, les vérifications nécessaires pour reconnaître
les boissons restant en magasin, et établir le décompte des
droits dus sur celles vendues à l'intérieur.

Art. 7. Dans les lieux qui demeureront soumis à l'exercice, le
droit à la vente en détail des vins, cidres, poirés, eaux-de-vie,
esprits et liqueurs, au lieu d'être perçu d'après la déclaration
du prix de vente, sera réglé par départemens, sur la valeur
moyenne de chaque espèce de boisson, conformément au tarif
qui sera, sans délai, soumis à notre approbation par le commissaire au département des finances.

Il sera, au surplus, contracté des abonnemens avec tous ceux
des débitans qui offriront de payer l'équivalent des droits dont
ils pourront être redevables.

Art. 8. Le droit de fabrication des bières sera perçu à raison
de 2 francs par hectolitre, au lieu de 5 francs.

Art. 9. La déduction accordée aux brasseurs pour ouillage,
coulage et autres accidens, est portée à 20 p. 0/0 de la contenance brute de la chaudière, quels que soient l'espèce de bière
fabriquée et le temps de l'ébullition.

Art. 10. Le droit de timbre des expéditions délivrées par la
régie ne sera plus perçu qu'à raison de 5 centimes au lieu de 10
par chaque expédition ou quittance.

Art. 11. Les redevables seront tenus d'acquitter tous les droits
constatés à leur charge, jusqu'au jour de la notification des nouveaux tarifs.

17 MAI 1814.=Ordonnance du roi qui supprime les directions générales des douanes et des droits réunis, et porte que leurs attributions sont réunies sous le titre de **DIRECTION GÉNÉRALE DES CONTRIBUTIONS INDIRECTES** (1).

---

17 MAI 1814 = Ordonnance du roi qui fixe le prix de vente du tabac de cantine et autorise les propriétaires des tabacs en feuilles ou des tabacs dénués des marques légales à les vendre à la régie ou à es exporter (Extrait de l').

Art. 1er. A l'avenir, le tabac des troupes, connu sous le nom de *cantine*, sera délivré au prix réduit de 4 francs le kilogramme, y compris la remise de 50 centimes.

Le surplus de l'ordonnance indiqué par le titre n'était que transitoire.

---

9 JUIN 1814.=Ordonnance du roi concernant les droits réunis.

Elle portait autorisation de faire délibérer les conseils municipaux de plusieurs communes sur la possibilité du remplacement local des droits réunis.

---

8 DÉCEMBRE 1814. = Loi sur les boissons (2).

TITRE Ier.— Droit a la circulation des boissons.

Art. 1er. Aucun enlèvement ni transport de boissons ne pourra

---

(1) Voyez le décret du 25 mars 1815, qui a séparé la direction générale des douanes de celle des contributions indirectes.

(2) Cette loi, dont l'article 148 fixait la durée du 1er janvier 1815 au 1er janvier 1816, a été prorogée pendant quelques mois et remplacée par la loi du 28 avril 1816. Celle-ci, quant aux chapitres qui concernent les boissons, est, avec plus de développement toutefois, la reproduction ou à peu près de celle de 1814.

Les tarifs, en général, étaient augmentés par la loi de 1816, ex-

être effectué sans déclaration préalable de la part du propriétaire, du vendeur ou de l'acheteur. Le conducteur sera tenu de
se munir d'un congé, d'un passavant ou d'un acquit-à-caution.
Il suffira d'une seule de ces expéditions pour plusieurs voitures
ayant la même destination et marchant ensemble.

Art. 2. Il ne sera délivré de passavant, congé ou acquit-à-
caution, que sur des déclarations énonçant les quantités, espèces
et qualités des boissons, les lieux de l'enlèvement et de la destination, les noms, prénoms, demeures et professions des expéditeurs, voituriers et destinataires.

Art. 3. Les voituriers, bateliers et autres conducteurs de
boissons, seront tenus de représenter, à toute réquisition des
employés, les congés, acquits-à-caution ou passavans dont ils
doivent être porteurs.

Art. 4. Tous les préposés des impôts indirects et des octrois
pourront exiger la représentation des congés, passavans ou ac-
quits-à caution ; en cas de fraude ou de contravention, ils saisiront le chargement, les voitures, chevaux et autres objets servant au transport. Les marchandises faisant partie du chargement qui ne seront pas en fraude, seront rendues aux propriétaires.

Art. 5. L'obligation de déclarer l'enlèvement des boissons et
de prendre des expéditions n'est pas applicable aux transports
de vendanges ou de fruits.

Art. 6. Les délais pour effectuer le transport des boissons
seront fixés d'après les distances à parcourir et les voies et
moyens de transport.

---

cepté celui du droit de circulation. Ce dernier droit et le droit
proportionnel sur le prix de vente des eaux-de-vie ont été remplacés par un droit uniforme de consommation.

Les autres différences notables sont celles-ci :

1° Dans les villes assujéties au droit d'entrée, les introductions
pouvaient, en toute saison, être faites depuis cinq heures du matin
jusqu'à dix heures du soir ;

2° Moyennant dénaturation préalable, il y avait exemption d'impôt sur les eaux-de-vie employées dans les fabriques et manufactures;

3° Le système des déductions était moins large;

4° Les bières pouvaient être imposées aux bacs refroidissoirs ou
dans la cuve guilloire, moyennant déduction de 10 et de 5 p. 0/0;

5° Le coût du timbre des expéditions ne dépassait pas 5 centimes ;

6° Enfin, un minimum était fixé pour la rétribution des receveurs buralistes, et les communes, en certains cas, participaient à
cette dépense.

Ces délais seront prolongés en cas de séjour des boissons pendant le cours du transport.

Art. 7. Il ne sera perçu aucun droit sur les vins, cidres, poirés ou eaux-de-vie au-dessous de vingt-huit degrés, qui seront enlevés de chez un propriétaire, colon partiaire ou fermier, pourvu qu'ils proviennent de sa récolte, quels que soient le lieu de la destination et la qualité du destinataire. Dans ce cas, l'expéditeur sera tenu de se munir, pour les vins, cidres ou poirés, d'un passavant, et, pour les eaux-de-vie, d'un acquit-à-caution. Le coût des passavans ou acquits-à-caution sera de 25 centimes par expédition, le droit de timbre compris.

Art. 8. La même exemption sera accordée aux négocians, marchands en gros, courtiers, facteurs, commissionnaires, distillateurs, débitans et autres, pour les boissons qu'ils feront transporter de l'une de leurs caves dans une autre, située dans l'étendue du même département.

Art. 9. Il ne sera délivré de passavant ou d'acquit-à-caution, dans le cas prévu par l'article 7, que sur des déclarations dans lesquelles il sera fait mention que l'expéditeur est réellement propriétaire, fermier ou colon partiaire, récoltant, et non marchand en gros ni débitant, et que les boissons expédiées proviennent de sa récolte.

Art. 10. Il sera perçu à l'enlèvement des vins, cidres, poirés et eaux-de-vie au-dessous de vingt-huit degrés, dans tous les cas autres que ceux désignés dans les articles 7 et 8, un droit à la circulation, conformément au tarif annexé à la présente loi ; et il sera délivré un congé pour les vins, cidres ou poirés, et un acquit-à-caution pour les eaux-de-vie.

Art. 11. Le droit à la circulation sera perçu dans tous les cas sur les eaux-de-vie de vingt-huit degrés et au-dessus, ainsi que sur les esprits et liqueurs composées d'eau-de-vie ou d'esprit, suivant le tarif annexé à la présente loi, et il sera délivré un acquit-à caution.

Art. 12. Le droit à la circulation sera payé à l'enlèvement, et ne pourra être exigé qu'une seule fois jusqu'à la destination déclarée, quelle que soit la durée du transport, lors même qu'il y aurait séjour en route ou changement de voie et de moyens de transport.

Art. 13. Les boissons devront être conduites à la destination déclarée. Lorsqu'un transport de boissons sera interrompu par une cause quelconque, le conducteur sera tenu de faire, dans les vingt-quatre heures, et avant le déchargement des boissons, une déclaration de transit, et de déposer les congés au bureau de la régie, pour n'être visés et remis qu'au moment de la reprise du transport, et après vérification des boissons, qui devront être représentées aux employés à toute réquisition.

Art. 14. Les opérations que la conservation des boissons exige en route, telles que les transvasions, le rabattage des pièces et l'ouillage, seront permises pour les boissons déclarées en transit. Ces opérations ne pourront être faites qu'en présence des employés, qui devront en faire mention au dos des congés, passavans ou acquits-à-caution. Si les employés étaient absens, le buraliste pourrait les suppléer. Dans le cas où un accident de force majeure nécessiterait le prompt déchargement d'une voiture ou d'un bateau, ou la transvasion immédiate des boissons, ces opérations pourront avoir lieu sans déclaration préalable, moyennant que le conducteur fasse constater l'événement par les employés de la régie, ou, à défaut, par le maire ou l'adjoint de la commune la plus voisine.

Art. 15. Les réclamations en déduction pour coulage de route seront réglées d'après les distances parcourues, l'espèce de boisson, les moyens employés pour le transport, sa durée, la saison dans laquelle il aura été effectué, et les accidens légalement constatés. La régie se conformera, à cet égard, aux usages du commerce.

Art. 16. Les eaux-de-vie, esprits et liqueurs, ne pourront circuler qu'accompagnés d'acquits-à-caution, lorsqu'ils seront destinés à des marchands en gros, débitans et autres redevables.

Lorsque ces mêmes boissons seront adressées à un simple consommateur, il sera délivré un congé, et les droits à la circulation et à la vente en détail seront perçus au lieu de l'enlèvement, à moins que l'expéditeur ne réclame un acquit-à-caution.

Art. 17. Le renvoi des acquits-à-caution, dûment déchargés, sera fait par les employés de la régie : les expéditeurs et les cautions ne seront pas responsables du retard ni de la perte desdits acquits, si les destinataires ont eu soin de déclarer l'arrivée des boissons, ou d'acquitter les droits, et de remettre au bureau de la régie les acquits à-caution dont il leur sera donné acte de dépôt.

Art. 18. Le droit à la circulation ne sera pas perçu sur les boissons exportées à l'étranger : seulement l'expéditeur sera tenu de prendre un acquit-à-caution, qui sera déposé au bureau de sortie, revêtu du certificat de décharge, et renvoyé au receveur du lieu d'enlèvement.

Art. 19. Les voyageurs ne seront pas tenus de se munir d'expéditions pour les vins destinés à leur usage pendant le voyage, pourvu qu'ils n'en transportent pas au delà de trois bouteilles par personne.

Art. 20. Les contraventions aux dispositions du présent titre seront punies de la confiscation des boissons saisies, et d'une amende de 100 francs à 600 francs, suivant la gravité des cas.

TITRE II.—Droit d'entrée.

§ 1er. — *De la perception.*

Art. 21. Il sera perçu, au profit du trésor public, dans les villes et bourgs d'une population agglomérée de deux mille ames et au-dessus, non compris celle éparse dans les hameaux et villages dépendans de la commune, un droit d'entrée sur les boissons spécifiées dans les articles 10 et 11 : ce droit sera perçu suivant le tarif annexé à la présente loi

Les classemens des départemens, fixés par les tarifs annexés à la présente loi, contre lesquels il s'élevera des réclamations, pourront être rectifiés par le ministre secrétaire d'état des finances, sur l'avis du directeur général des impôts indirects, lorsqu'il sera reconnu qu'il y a eu erreur dans les calculs ou les bases qui ont déterminé la classification.

Art. 22. Ce droit sera perçu dans les faubourgs des lieux sujets à ce droit; mais les dépendances rurales entièrement détachées du lieu principal en seront affranchies.

Art. 23. S'il s'élève des difficultés sur la question de savoir si, par sa population, une ville ou un bourg doit être sujet au droit d'entrée, s'il doit, en raison de sa population, changer de classe, et sur les limites à fixer à l'extrémité des faubourgs, la réclamation de la commune sera soumise au préfet, qui, après avoir pris l'avis du sous-préfet, la transmettra avec ses observations au directeur général des impositions indirectes; et le ministre des finances statuera sur l'avis de ce dernier.

Art. 24. Les vendanges et fruits à cidre ou poiré seront soumis au même droit, à raison de trois hectolitres de vendanges pour deux hectolitres de vin, et de cinq hectolitres de pommes ou de poires, pour deux hectolitres de cidre ou de poiré.

Art. 25. Le conducteur des boissons destinées à la consommation d'un lieu sujet au droit d'entrée sera tenu, avant de les y introduire, de représenter aux employés établis aux portes les congés, passavans ou acquits-à-caution, et de payer les droits d'entrée, dont il lui sera délivré quittance

Art. 26. Dans les villes où la perception est faite à bureau central, les conducteurs ne pourront décharger les voitures, ni introduire les boissons au domicile du destinataire, avant d'avoir acquitté les droits audit bureau.

Art. 27. Les boissons destinées pour un lieu sujet au droit d'entrée ne pourront y être introduites avant cinq heures du matin ou après dix heures du soir.

§ 2. — *Du passe-debout.*

Art. 28. Le conducteur d'un chargement de boissons qui voudra traverser seulement un lieu sujet au droit d'entrée, ou y séjourner moins de vingt-quatre heures, sera tenu de se munir d'un permis de passe-debout, qui sera délivré sur le cautionnement ou la consignation des droits.

La restitution des sommes consignées, ainsi que la libération de la caution, s'opéreront au bureau de sortie.

Lorsqu'il sera possible de faire escorter les chargemens de boissons, le conducteur sera dispensé de consigner ou de faire cautionner les droits.

Art. 29. Les boissons conduites à un marché, dans un lieu

où il est perçu des droits d'entrée, ne seront soumises au paiement de ces droits qu'autant que la sortie ultérieure ne serait pas justifiée.

§ 3. — *Du transit.*

Art. 30. En cas de séjour des boissons au delà de vingt-quatre heures, le transit sera déclaré conformément à ce qui est prescrit par l'article 15 de la présente ; mais la consignation ou le cautionnement des droits d'entrée subsisteront pendant toute la durée du séjour.

§ 4. — *De l'entrepôt.*

Art. 31. Tout négociant ou propriétaire qui réclamera l'entrepôt à domicile ne pourra l'obtenir qu'en entreposant au moins neuf hectolitres de vin ou de cidre, ou quatre hectolitres d'eau-de-vie. Il sera soumis au droit d'entrée pour toutes les boissons manquantes à ses charges, et qu'il ne justifiera pas avoir fait sortir de la commune.

La durée de l'entrepôt sera illimitée.

Art. 32. Tout propriétaire ou négociant qui fera conduire des boissons dans un lieu sujet au droit d'entrée, pour n'y être qu'entreposées jusqu'à leur sortie ultérieure, sera tenu d'en faire la déclaration au bureau de la régie, de prendre un bulletin d'entrepôt, de désigner les caves, celliers ou magasins où il voudra déposer les boissons.

Les employés sont autorisés à faire les vérifications nécessaires dans les caves, celliers et magasins des entrepositaires. Les dispositions de l'article 88 du titre IV de la présente loi leur sont applicables.

Art. 33. La faculté d'entreposer des boissons sera aussi accordée aux personnes qui introduiront dans les lieux sujets au droit d'entrée des vendanges et fruits, et qui destineront les boissons en provenant à être transportées hors de la commune.

Art. 34. Cette même faculté pourra être accordée à des particuliers qui auraient reçu des boissons pour être conduites, peu de temps après leur arrivée, soit à la campagne, soit dans une autre résidence. Dans l'un ou l'autre de ces cas, la déclaration devra en être faite au moment de l'arrivée des boissons.

Art. 35. Les boissons introduites dans les lieux sujets au droit d'entrée, pour y être converties en eau-de-vie ou esprits, ne seront pas soumises à ce droit, pourvu que l'entrepôt ait été réclamé.

Art. 36. Le produit de la distillation, constaté par l'exercice des commis chez les bouilleurs et distillateurs, sera considéré comme pouvant avoir une destination extérieure, et ne sera soumis au droit d'entrée que dans le cas où les eaux-de-vie seraient livrées à la consommation intérieure.

Il en sera de même du produit des distillations de grains marcs, lies, fruits et autres substances.

Art. 37. L'entrepôt à domicile pourra être accordé même dans les villes où il existe un entrepôt public (Paris excepté).

Art. 38. Il sera accordé, pour ouillage et coulage, aux propriétaires qui jouiront de l'entrepôt pour les boissons de leur récolte, la même déduction que celle allouée aux marchands en gros par l'article 90 de la présente loi.

Art. 39. La totalité des manquans reconnus sera passée en décharge, lorsque les boissons seront placées dans les entrepôts réels, sous la clef de la régie.

Art. 40. Dans les villes ouvertes où la perception des droits d'entrée sur les vendanges, pommes ou poires, ne peut être opérée au moment de l'introduction, la régie pourra accorder l'entrepôt général, et sera autorisée à faire faire, après la récolte, chez les propriétaires récoltans, un recensement pour constater les quantités de vin ou de cidre fabriquées : il en sera de même à l'égard des vendanges et fruits récoltés dans l'intérieur d'un lieu sujet.

Art. 41. Les employés de la régie se borneront, chaque année, à faire deux recensemens chez les propriétaires qui n'entreposent que les seuls produits de leur cru, l'un avant, l'autre après la récolte.

Art. 42. Les piquettes, aussi appelées demi-vins, fabriquées, par les propriétaires récoltans, avec de l'eau jetée sur des marcs, ne seront pas prises en charge à leur compte, et seront conséquemment exemptes du droit.

Art. 43. Dans les lieux sujets au droit d'entrée, où le mode de remplacement du droit à la vente en détail, autorisé par l'article 81, sera établi, le compte des boissons reçues ou expédiées par les négocians qui réclameront la faculté de l'entrepôt, sera tenu au bureau de la régie. Les employés feront seulement, chaque trimestre et en présence du propriétaire, les vérifications nécessaires pour reconnaître les boissons restant en magasin, et établir le décompte des droits sur celles vendues à l'intérieur.

Art. 44. Le droit d'entrée sera constaté et perçu sur les boissons manquantes aux charges des entrepositaires, après déduction des quantités accordées pour ouillage et coulage, s'ils ne justifient pas les avoir fait sortir de la commune, ou avoir acquitté le droit à mesure des enlèvemens pour l'intérieur, comme ils y sont obligés.

§ 5. — *Dispositions particulières.*

Art. 45. Les personnes voyageant à pied, à cheval ou en voitures particulières et suspendues, ne seront pas assujéties aux visites des commis à l'entrée des villes sujettes au droit d'entrée.

Art. 46. Les courriers ne pourront être arrêtés à leur passage sous prétexte de la perception ; mais ils seront obligés d'acquitter les droits dus sur les objets qui y seront sujets. A cet effet, les employés pourront assister à l'arrivée des courriers et à la remise des paquets.

Tout courrier pris en contravention sera poursuivi comme fraudeur, et sa destitution sera en outre prononcée par l'autorité compétente.

Art. 47. Les contraventions aux dispositions du présent titre seront punies d'une amende de 100 francs à 200 francs, et de la confiscation des objets saisis.

TITRE III.—Droit a la vente en détail.

§ 1er. — *De la perception.*

Art. 48. Il sera perçu, lors de la vente en détail des vins, cidres, poirés, eaux-de-vie, esprits, et liqueurs composées d'eau-de-vie ou d'esprit, un droit de 15 p. 0/0 du prix de ladite vente.

Art. 49. Les vendans en détail seront tenus de déclarer aux commis le prix de leurs ventes, chaque fois qu'ils en seront requis; lesdits prix seront inscrits tant sur les portatifs et registres que sur une affiche apposée par le débitant, dans le lieu le plus apparent de son domicile.

Art. 50. En cas de contestation entre les employés et les débitans, relativement à l'exactitude de la déclaration des prix de vente, il en sera référé au maire de la commune, lequel prononcera sur le différend, sauf le recours, de part et d'autre, au préfet en conseil de préfecture, qui statuera définitivement dans la huitaine, après avoir pris l'avis du sous-préfet et du directeur des impositions indirectes.

Le droit sera provisoirement perçu d'après la décision du maire, sauf rappel ou restitution.

§ 2. — *Des débitans.*

Art. 51. Les cabaretiers, aubergistes, traiteurs, restaurateurs, maîtres d'hôtels garnis, cafetiers, liquoristes, buvetiers, débitans d'eau-de-vie, concierges et autres, donnant à manger au jour, au mois ou à l'année, ainsi que tous autres qui voudront se livrer à la vente en détail des boissons spécifiées en l'article 48, seront tenus de faire leur déclaration au plus prochain bureau de la régie, et de désigner les espèces et quantités de boissons qu'ils auront en leur possession, dans les caves ou celliers de leur demeure ou autres, ainsi que le lieu de la vente, comme aussi d'indiquer par une enseigne ou bouchon leur qualité de débitant.

Art. 52. Les cantiniers des troupes seront tenus de se conformer aux dispositions de l'article précédent, à l'exception de ceux établis dans les camps, forts et citadelles, pourvu qu'ils ne reçoivent que des militaires, et qu'ils aient une commission de cantinier du ministre de la guerre.

Art. 53. Toute personne qui vend en détail des boissons de

quelque espèce que ce soit, est sujette aux visites et exercices des employés de la régie.

Art. 54. Toutes les boissons qui arriveront pendant le cours du débit ne pourront être introduites dans le domicile des débitans, leurs caves ou celliers, qu'en vertu de congés, passavans ou acquits-à-caution, qui seront représentés aux employés lors de leurs visites et exercices, et seront relatés dans les actes de charge.

Les débitans domiciliés dans les lieux sujets au droit d'entrée seront tenus, en outre, de représenter aux employés les quittances de ces droits pour les boissons qu'ils auront reçues.

Art. 55. Les boissons seront prises en charge aux registres portatifs des commis ; les futailles seront comptées, jaugées et marquées, les boissons dégustées, et le degré des eaux-de-vie vérifié.

Art. 56. Les débitans seront tenus d'avoir un registre sur papier libre, coté et paraphé par le juge de paix, et les commis d'y consigner le résultat de leurs exercices, ou de mentionner dans leurs actes, sur le portatif, le refus qu'aura fait le débitant de représenter ledit registre.

Art. 57. Le débit de chaque pièce sera suivi par diminution. Les manquans, à mesure des ventes, seront constatés comme les charges, par des actes réguliers, qui devront être signés de deux commis, inscrits aux registres portatifs, et relatés à ceux des débitans.

Art. 58. Les vendans en détail ne pourront établir le débit des vins et eaux-de-vie sur des vaisseaux d'une contenance supérieure à cinq hectolitres, ni en avoir chez eux d'une contenance inférieure à un hectolitre.

Art. 59. Ils ne pourront jamais mettre en vente, ni avoir en perce à la fois, plus de trois pièces de boisson de chaque nature.

Art. 60. Il est défendu aux vendans en détail de faire aucun remplissage sur les tonneaux, soit marqués, soit démarqués, hors la présence des commis.

Art. 61. Les débitans ne pourront avoir qu'un seul râpé raisin de trois hectolitres au plus, pourvu qu'ils aient au moins trente hectolitres de vin dans la cave de leur débit.

Ils ne pourront y verser du vin hors la présence des commis.

Art. 62. Les pièces vides ne pourront être enlevées qu'elles n'aient été préalablement démarquées.

Art. 63. La mise des boissons en bouteilles est permise aux débitans. Les bouteilles seront cachetées du cachet de la régie : le débitant fournira la cire et le feu.

Art. 64. Les débitans de boissons ne pourront vendre en gros qu'en futailles contenant au moins un hectolitre : dans ce cas, il sera fait acte de décharge aux portatifs, sur la représentation des congés ; mais les boissons ainsi vendues ne pourront être enlevées que les vaisseaux n'aient été démarqués par les commis, sous peine de payer le double du droit à la vente en détail.

Le compte des débitans sera également déchargé des quantités de boissons gâlées ou perdues, lorsque la perte sera dûment justifiée.

Art. 65. Il sera accordé aux débitans, pour tout déchet et consommation de famille, 3 p. 0/0 sur le produit des droits qu'ils auront à payer.

Art. 66. Il est défendu aux vendans en détail de recéler des boissons dans leurs maisons ou ailleurs, et à tous propriétaires ou principaux locataires de laisser entrer chez eux des boissons appartenant aux débitans, sans qu'il y ait bail par acte authentique pour les caves, celliers, magasins et autres lieux où seront placées lesdites boissons. Toutes communications intérieures entre les maisons des débitans et les maisons voisines sont interdites : les commis sont, en conséquence, autorisés à exiger qu'elles soient scellées.

Art. 67. Lorsqu'il y aura impossibilité d'interdire les communications, le voisin du débitant pourra être soumis aux exercices des commis et au paiement du droit à la vente en détail, lorsque la consommation apparente sera évidemment supérieure à ses facultés et à la consommation réelle de sa famille, d'après les habitudes du pays.

Art. 68. Dans le cas prévu par l'article précédent, et avant de procéder à aucune opération, les employés feront, par écrit, un rapport à leur directeur, qui autorisera l'exercice, s'il y a lieu, chez le voisin du débitant, mais seulement pour mémoire, et fera part de cet ordre au préfet. Les employés ne pourront procéder à cet exercice sans exhiber l'ordre qu'ils en auront reçu de leur directeur.

Art. 69. Si le résultat de cet exercice fait reconnaître une consommation apparente, évidemment supérieure à la consommation réelle de la maison de l'individu exercé, le directeur des impositions indirectes en référera au préfet, qui, sur son rapport et après avoir pris l'avis du sous-préfet et du maire, déterminera, chaque trimestre, la quantité qui sera allouée pour consommation et celle qui sera assujétie au paiement du droit.

Art. 70. Les débitans qui auront refusé de souffrir les exercices des employés seront contraints, nonobstant les suites à donner aux procès-verbaux de refus, d'acquitter le droit à la vente en détail pendant tout le temps que les exercices auront été suspendus, sur le pied de la somme payée par eux pendant le plus fort trimestre de l'année précédente.

A l'égard des débitans qui n'auraient pas été soumis aux exercices de l'année précédente, ils pourront être obligés d'acquitter le même droit que celui payé par le débitant le plus imposé de la commune où ils résident.

Les procès-verbaux rapportés pour refus d'exercice seront présentés, dans les vingt-quatre heures, au maire de la commune, qui sera tenu de viser l'original.

Art. 71. La vente en détail des boissons ne pourra être faite par les bouilleurs et distillateurs pendant le temps que durera leur fabrication : cette vente pourra toutefois être autorisée, si le lieu du débit est totalement séparé de l'atelier de distillation.

Art. 72. Les débitans de boissons d'achat qui auront déclaré cesser leur débit seront tenus de retirer leur enseigne ou bouchon, et resteront soumis, pendant les trois mois suivans, aux exercices des commis.

En cas de contravention, ils seront contraints, pour tout le temps écoulé depuis la cessation du débit, au paiement des droits, proportionnellement aux sommes constatées à leur charge pendant le trimestre précédent.

§ 3.— *Abonnement des débitans.*

Art. 73. Il pourra, selon les localités, être consenti, de gré à gré, des abonnemens avec les débitans qui offriront de payer l'équivalent des droits dont ils seront passibles.

Art. 74. Le prix des abonnemens consentis par la régie sera payé par trimestre et d'avance. Ces abonnemens seront faits par écrit; ils ne seront définitifs qu'après l'approbation de la régie : ils ne pourront attribuer à l'abonné le privilége de vendre par exclusion à tout autre débitant qui voudrait s'établir dans la même commune. Ces actes seront révoqués de plein droit, en cas de fraude dûment constatée.

§ 4.—*Propriétaires vendant en détail les boissons de leur cru.*

Art. 75. Les propriétaires qui voudront faire la vente en détail des boissons de leur cru jouiront d'une remise de 25 p. 0/0 sur les droits qu'ils auront à payer : ils devront, dans la déclaration préalable à laquelle ils seront tenus, indiquer la quantité de boissons de leur cru qu'ils auront en leur possession, et celles dont ils entendent faire la vente en détail, et se soumettre, en outre, à ne vendre aucune autre boisson que celle de leur cru. Ils devront faire leurs ventes par eux-mêmes ou par des domestiques à leurs gages, dans des maisons à eux appartenant, ou qu'ils auront louées par bail authentique.

Art. 76. Ils ne pourront fournir aux buveurs que les boissons déclarées, avec des bancs et tables, et seront libres d'établir leur vente en détail sur des vaisseaux d'une contenance supérieure a cinq hectolitres. Ils seront assujétis à toutes les obligations imposées aux autres vendans en détail. Néanmoins, les visites et exercices des commis n'auront pas lieu dans l'intérieur de leur domicile, pourvu que le local où leurs boissons seront vendues en détail en soit séparé.

§ 5.—*Perception du droit à la vente en détail sur les eaux de vie.*

Art. 77. Il sera perçu un droit général de consommation, égal à celui de détail fixé par l'article 48, sur toutes les quantités d'eau-de vie, d'esprit, ou de liqueur composée d'eau-de-vie ou d'esprit, qui seront adressées à des personnes autres que celles assujéties aux exercices des employés de la régie.

Si ce droit n'a pas été perçu au lieu de l'enlèvement, il le
sera à l'arrivée des boissons, d'après les prix courans de la vente
en détail au lieu de la destination ; et les acquits-à-caution seront immédiatement déchargés.

Art. 78. Le droit à la vente en détail ne sera point perçu sur
les eaux-de-vie, esprits et liqueurs exportés à l'étranger.

Art. 79. Le même droit ne sera point exigé des personnes non
soumises aux exercices en cas de transport d'eau-de-vie, d'esprit
ou de liqueurs, de l'une de leurs maisons dans une autre, ou
dans un nouveau domicile, en justifiant toutefois aux employés
appelés à décharger les acquits-à-caution, de leurs droits à cette
exemption.

Art. 80. Les eaux-de-vie versées sur les vins seront également
affranchies du droit à la vente en détail, pourvu que la quantité employée n'excède pas un vingtième de la quantité de vin
soumise à cette opération, qui ne pourra se faire qu'en présence des employés de la régie. La même exemption sera accordée pour les eaux-de-vie et esprits employés par des fabricans ou manufacturiers dans leurs établissemens, à charge par
eux de les dénaturer en présence desdits employés, de manière
à ce qu'ils ne puissent plus être livrés à la consommation.

§ 6. — *Dispositions particulières.*

Art. 81. Dans les villes murées ou reconnues fermées, sur la
demande des conseils municipaux, les exercices chez les débitans de boissons pourront être supprimés, ainsi que le paiement
du droit à la circulation pour les transports opérés dans l'intérieur, moyennant la perception aux portes, en remplacement du
droit de vente en détail, d'une taxe additionnelle aux droits d'entrée, laquelle sera calculée de manière à assurer au trésor public l'équivalent du droit remplacé.

Art. 82. La taxe en remplacement aux entrées ne pourra être
mise à exécution par la régie qu'après l'approbation du ministre
des finances.

Art. 83. Il n'y aura pas, dans l'intérieur de la ville de Paris,
d'exercices sur les boissons autres que les bières. Les droits établis par la présente y seront remplacés par une taxe établie aux
entrées, à raison de

Par hectolitre de vin en cercles................. 8 fr.
Par hectolitre de vin en bouteilles............... 10
Par hectolitre de cidre ou poiré................. 4
Par hectolitre d'eau-de-vie simple au-dessous de
    vingt-deux degrés.......................... 15
Par hectolitre d'eau-de-vie rectifiée à vingt-deux
    degrés et au-dessus, et d'esprit, d'eau-de-vie de
    toute espèce en bouteilles, et de liqueurs compo-
    sées d'eau-de-vie ou d'esprit, tant en cercles qu'en
    bouteilles............................. 30

Art. 84. Les personnes convaincues de faire le commerce des boissons en détail, sans déclaration préalable, seront condamnées à une amende de 300 fr. à 1,000 francs ; les boissons trouvées en leur possession seront saisies et confisquées : elles pourront en obtenir la main-levée en payant une somme de 1,000 francs indépendamment de l'amende prononcée par le tribunal.

Toute autre contravention aux dispositions du présent titre sera punie de la confiscation des objets saisis, et d'une amende qui ne pourra être moindre de 50 francs ni supérieure à 300 francs, et qui sera toujours de 500 francs en cas de récidive.

TITRE IV.—DES MARCHANDS EN GROS.

Art. 85. Les négocians, les marchands en gros, courtiers, facteurs, commissionnaires, dépositaires, distillateurs, bouilleurs de profession et autres, qui voudront faire le commerce des boissons en gros (qu'ils jouissent ou non de l'entrepôt), seront tenus de déclarer les quantités, espèces et qualités des boissons qu'ils possèdent, tant dans le lieu de leur domicile qu'ailleurs.

Art. 86. Sera considéré comme marchand en gros tout particulier qui recevra et expédiera, soit pour son compte, soit pour le compte d'autrui, des boissons en futailles d'un hectolitre au moins, ou en caisses et paniers de vingt-cinq bouteilles et au-dessus.

Ne seront pas considérés comme marchands en gros les particuliers recevant accidentellement une pièce, une caisse ou un panier de vin, pour le partager avec d'autres personnes, pourvu que, dans sa déclaration, l'expéditeur ait énoncé, outre le nom et le domicile du destinataire, ceux des copartageans et la quantité destinée à chacun d'eux.

La même exception sera applicable aux personnes qui, dans le cas de changement de domicile, vendront les boissons qu'elles auront reçues pour leur consommation.

Elle le sera également aux personnes qui vendraient immédiatement après le décès de celle à qui elles auraient succédé, les boissons dépendantes de sa succession et provenant de sa récolte ou de l'approvisionnement de sa famille, pourvu qu'elle ne fût ni marchand en gros, ni débitant en détail ou fabricant de boissons

Art. 87. Les redevables dénommés dans l'article 85 pourront transvaser, mélanger et couper leurs boissons, hors la présence des employés ; les pièces ne seront pas marquées à l'arrivée, ni démarquées à la sortie : il sera tenu, seulement pour les boissons en leur possession, un compte d'entrée et de sortie, dont les charges seront établies sur les congés qu'ils seront tenus de représenter, et les décharges sur les quittances du droit à la circulation.

Les eaux-de-vie et esprits en la possession de ces mêmes redevables, seront suivis par degrés ; les charges seront accrues, lors du réglement de compte, en proportion de l'affaiblissement du degré des quantités expédiées ou restant en magasin.

Art. 88. Les employés pourront faire toutes les vérifications nécessaires à l'effet de constater les quantités de boissons restant en magasin, et le degré des eaux-de-vie et esprits. Indépendamment de ces vérifications, ils pourront également faire, dans le cours du trimestre, toutes celles qui seront nécessaires pour connaître si les boissons reçues ou expédiées ont été soumises au paiement du droit à la circulation, et aux autres droits dont elles pourraient être passibles.

Ces vérifications n'auront lieu que dans les magasins, caves, celliers, et seulement depuis le lever jusqu'au coucher du soleil.

Art. 89. Les ventes de vin, cidre, poiré, eau-de-vie, esprit et liqueurs, faites accidentellement par les dénommés en l'article 85, seront assujéties à la taxe à la vente en détail, lorsque la quantité expédiée sera inférieure à un hectolitre, si elle est en cercles, ou à vingt-cinq litres, si elle est en bouteilles. Les vins en bouteilles expédiés en la quantité de vingt-cinq litres et au-dessus, devront être contenus dans des caisses ou paniers fermés et emballés, suivant les usages du commerce.

Art. 90. Il sera accordé aux marchands en gros, pour ouillage et coulage, une déduction de 4 p. 0/0 par an sur les eaux-de-vie au-dessous de vingt-huit degrés ;

5 p. 0/0 par an, sur les eaux-de-vie rectifiées et esprits, de vingt-huit degrés et au-dessus ;

4 p. 0/0 par an, sur les vins, cidres et poirés.

Le décompte de cette déduction sera établi à la fin de chaque trimestre, en raison de la durée du séjour des boissons en magasin.

La régie pourra accorder une plus forte déduction pour les vins qui éprouvent un déchet supérieur à la remise ci-dessus fixée.

Art. 91. Les quantités de boissons manquantes aux charges des dénommés en l'article 85 de la présente, après la déduction accordée pour ouillage et coulage, seront tirées en produit et passibles de la taxe à la vente en détail, d'après les bases fixées par l'article 77.

Art. 92. Toute personne qui fera le commerce des boissons en gros, sans déclaration préalable, ou qui, ayant fait une déclaration de marchand en gros, exercera réellement le commerce des boissons en détail, sera punie d'une amende de 500 francs à 2,000 francs, sans préjudice de la saisie et de la confiscation des boissons en sa possession : elle pourra en obtenir la mainlevée en payant une somme de 2,000 francs, indépendamment de l'amende prononcée par le tribunal.

Toute autre contravention aux dispositions du présent titre sera punie de la confiscation des objets saisis, et d'une amende qui ne pourra être moindre de 50 francs ni supérieure à

500 francs, et qui sera toujours de 500 francs en cas de récidive.

TITRE V. — DES BRASSERIES.

Art. 93. Il sera perçu, à la fabrication des bières, un droit
de 1 franc 50 centimes par hectolitre de bière forte, et de
75 centimes par hectolitre de petite bière.

Art 94. Il n'y aura lieu à faire l'application de la taxe de
75 centimes que lorsqu'il sera fabriqué plusieurs brassins avec
la même drèche et avec des métiers résultant de trempes entièrement distinctes. Un seul brassin jouira de cette faveur; et
elle ne sera appliquée qu'à celui qui aura été fabriqué dans la
plus petite chaudière, s'il n'a pas été employé pour tous des
chaudières de même capacité.

Art. 95. La quantité des bières passibles du droit sera évaluée,
pour les bières avec ébullition, d'après la contenance de la chaudière, et, pour les bières par infusion, d'après la contenance de
la cuve qui sert à réunir les trempes pour les faire fermenter.

On comptera, pour chaque brassin, la contenance de la chaudière ou de la cuve, quand même elle ne serait pas entièrement
pleine : il sera seulement déduit 20 p. 0/0 pour tenir lieu de
tous déchets de fabrication, de ouillage, de coulage et autres accidens.

Art. 96. Les employés auront la faculté de vérifier, dans les
bacs et cuves, ou à l'entonnement, le produit de la fabrication
de chaque brassin : il ne devra, dans aucun cas, excéder la contenance de la chaudière ou de la cuve sur laquelle le droit sera
assis. Tout excédant à cette contenance sera saisi et confisqué ;
et s'il est de plus d'un dixième, il supposera la fabrication d'un
brassin non déclarée, et le droit sera perçu en conséquence, indépendamment des amendes et saisies encourues.

Les quantités reconnues aux bacs refroidissoires pourront
être soumises au droit, sous la déduction de 10 p. 0/0, et celles
constatées dans la cuve guilloire ou à l'entonnement, sous la
déduction de 5 p. 0/0, si le résultat de ces vérifications donne un
excédant aux quantités passibles du droit d'après l'article précédent.

L'entonnement de la bière ne pourra avoir lieu que pendant
le jour.

Art 97. Il ne pourra être fait d'un même brassin qu'une
seule espèce de bière. Le brassin sera retiré de la chaudière et
mis aux bacs refroidissoires sans interruption : les décharges
partielles sont en conséquence défendues.

Art. 98. La petite bière fabriquée sans ébullition, sur des
marcs qui auront déjà servi à la confection de plusieurs brassins,
sera exempte de tous droits, pourvu qu'elle ne soit que le produit d'eau froide versée dans la cuve-matière sur ces marcs,
qu'elle ne soit fabriquée que de jour, qu'elle n'excède pas en
quantité le huitième des bières assujéties au droit pour un des

brassins précédens, et qu'en sortant de la cuve-matière, elle soit livrée de suite à la consommation, sans être mélangée d'aucune autre espèce de bière.

A défaut d'une de ces conditions, toute la petite bière fabriquée sera soumise au droit de 75 centimes par hectolitre, indépendamment des peines encourues pour fausse déclaration, s'il y a lieu.

Art. 99. Les bières destinées à être converties en vinaigre sont assujéties aux mêmes droits de fabrication que les autres bières.

Les excédans aux quantités imposables, reconnus dans les bacs et cuves, ou à l'entonnement, ne seront point passibles des droits : il sera déduit, dans tous les cas, 20 p. 0/0 sur la contenance de la chaudière ou de la cuve, pour tous déchets de fabrication, de ouillage, de coulage, d'évaporation et autres accidens.

Art. 100. Il est défendu de se servir, pour la fabrication de la bière, de chaudières qui ne seraient pas fixées à demeure et maçonnées.

Les brasseries ambulantes sont interdites.

A dater du 1er janvier 1815, il ne pourra être fait usage que de chaudières de six hectolitres et au-dessus.

Art. 101. Tout brasseur devra, avant de pouvoir brasser, déclarer par écrit le nombre et la contenance de ses chaudières, cuves, bacs et reverdoirs.

Les employés procéderont, par empotement, à la vérification des contenances, et dresseront procès-verbal de leurs opérations en présence du brasseur, lequel fournira l'eau et les ouvriers nécessaires pour faire l'épalement.

Chaque vaisseau portera un numéro, et l'indication de sa contenance en hectolitres.

Art. 102. Il est défendu de changer, modifier ou altérer la contenance des chaudières, cuves, bacs et reverdoirs, ou d'en établir de nouveaux, sans en avoir fait la déclaration par écrit, vingt-quatre heures d'avance : cette déclaration contiendra la soumission du brasseur de ne faire usage desdits ustensiles qu'après que leur contenance aura été déclarée et vérifiée, conformément à l'article précédent.

Art. 103. Le feu ne pourra être allumé sous les chaudières dans les brasseries, que pour la fabrication de la bière.

Art. 104. Tout brasseur sera tenu, chaque fois qu'il voudra mettre le feu sous ses chaudières, de déclarer, au moins quatre heures d'avance dans les villes, et douze heures dans les campagnes,

1° Le numéro et la contenance des chaudières qu'il emploiera, et l heure de la mise de feu sous chacune ;

2° Le nombre de brassins qu'il devra fabriquer avec la même drêche ;

3° L'heure de l'entonnement de chaque brassin ;

4° Le moment où l'eau sera versée sur les marcs pour fabriquer la petite bière sans ébullition, exempte du droit, et celui où elle sortira de la brasserie ;

5° Si le brassin se fait par infusion, la contenance de la cuve où seront réunies les trempes pour fermenter.

Le préposé qui aura reçu la déclaration, en remettra une ampliation, signée par lui, au brasseur, lequel sera tenu de la représenter à toute réquisition des employés pendant la durée de la fabrication.

Art. 105. La mise de feu sous une chaudière supplémentaire pourra être autorisée sans donner ouverture au paiement du droit de fabrication, si elle ne sert qu'à chauffer les eaux nécessaires à la confection de la bière et au lavage des ustensiles de la brasserie.

Le feu sera éteint sous la chaudière supplémentaire, et el'e sera vidée aussitôt que l'eau destinée à la dernière trempe en aura été retirée.

Art. 106. Les brasseurs sont autorisés à se servir de hausses mobiles, qui ne seront point comprises dans l'épalement des chaudières, pourvu qu'elles n'aient pas plus d'un décimètre de hauteur (environ quatre pouces), qu'elles ne soient placées sur les chaudières qu'au moment de l'ébullition de la bière, et qu'on ne se serve point de mastic ou autres matières pour les soutenir ou pour les augmenter.

Art. 107. Toutes constructions en charpente, maçonnerie ou autrement, qui seront fixées à demeure sur les chaudières et qui s'étendront sur plus de la moitié de leur contour, seront comprises dans l'épalement. Les brasseurs devront, en conséquence, faire les dispositions convenables pour qu'elles puissent être épalées, ou les détruire.

Art. 108. Toute brasserie en activité portera une enseigne sur laquelle sera inscrit le mot *Brasserie*.

Les brasseurs de profession apposeront sur leurs tonneaux une marque particulière, dont une empreinte sera par eux déposée au bureau de la régie, au moment où ils feront la déclaration prescrite par l'article 101.

Art. 109. Les brasseurs seront soumis aux visites et vérifications des employés, et tenus de leur ouvrir, à toute réquisition, leurs maisons brasseries, ateliers, magasins, caves et celliers, ainsi que de leur représenter les bières qu'ils auront en leur possession. Ces visites ne pourront avoir lieu dans les maisons non contiguës aux brasseries ou non enclavées dans la même enceinte.

Art. 110. Ils sont également tenus de faire sceller toute communication des brasseries avec les maisons voisines autres que leur maison d'habitation.

Art. 111. Les brasseurs pourront avoir un registre en papier libre, coté et paraphé par le juge de paix, sur lequel les employés consigneront le résultat des actes inscrits à leurs portatifs.

Art. 112. La régie aura avec les brasseurs des comptes ouverts, qui seront réglés et soldés à la fin de chaque mois.

Le paiement des sommes dues pourra être effectué en obligations dûment cautionnées, à trois, six ou neuf mois de date, pourvu que chaque obligation soit au moins de 300 francs.

Art. 113. Les particuliers qui ne brassent que pour leur consommation, les colléges, maisons d'instruction et autres établissemens publics, sont assujétis aux mêmes taxes que les brasseurs de profession, et tenus aux mêmes obligations, excepté au paiement de la licence établie par l'article 119 du titre VII.

TITRE VI — DES DISTILLERIES.

L'article 114 est reproduit textuellement par l'article 138 de la loi du 28 avril 1816.

§ 1er.—*Des distilleries de grains, pommes de terre et autres substances farineuses.*

Les articles 115 et 116 sont devenus les articles 139 et 140 de la loi du 28 avril 1816.

—*Des distilleries de vins, cidres, poirés, marcs, lies et fruits.*

Les articles 117 et 118 sont devenus, avec l'addition du mot *mélasses*, les articles 141 et 142 de la loi du 28 avril 1816.

TITRE VII. — DU DROIT DE LICENCE.

Art. 119. Nul brasseur, distillateur ou bouilleur de cru ou de profession, ne pourra commencer sa fabrication qu'après avoir obtenu une licence, qui ne sera valable que pour un seul établissement, et pour l'année où elle aura été délivrée.

Il sera payé comptant, pour droit de licence, une somme de 10 francs, à quelque époque de l'année que soit faite la déclaration.

Art. 120. Toute contravention aux dispositions des titres V, VI et VII, relatives aux brasseries, aux distilleries et au droit de licence, sera punie d'une amende de 300 francs, laquelle, en cas de fraude, sera augmentée du quadruple des droits fraudés.

•Les bières et eaux-de-vie trouvées en fraude seront en outre saisies et confisquées, ainsi que les chaudières qui ne seraient pas fixées à demeure et maçonnées.

TITRE VIII. — DES OCTROIS.

Art. 121. L'administration directe et la perception des octrois, à compter du 1er janvier 1815, rentreront dans les attributions des maires, sous la surveillance immédiate des sous-préfets et sous l'autorité du gouvernement. *Dans aucun cas, et jusqu'à ce qu'il ait été*

statué par une loi sur le mode d'administration des reve-
nus des communes, les octrois ne seront affermés ni con-
fiés à des régies intéressées.

Art. 122. Les maires pourront, avec l'autorisation
du ministre des finances, traiter de gré à gré avec la
régie des *impositions* indirectes, pour qu'elle se charge
de la perception de leurs octrois.

Art. 123. Les communes qui voudront supprimer
leurs octrois, en feront la demande, par l'intermédiaire des sous-préfets et des préfets, au ministre de
l'intérieur, qui autorisera la suppression, s'il y a lieu.

Art. 124. Les moyens que les communes proposeront en remplacement des octrois, ne pourront être
admis qu'en vertu d'une autorisation formelle et nécessaire du ministre des finances.

Art. 125. Les réglemens d'octrois ne devront contenir aucune disposition contraire à celles relatives à
la perception du droit d'entrée.

Les préposés des octrois seront tenus, sous peine de
révocation immédiate, de percevoir le droit d'entrée
pour le compte du trésor public.

Art. 126. Le prélèvement de 10 p. 0/0, autorisé
par l'article 75 de la loi du 24 avril 1806 sur le produit
net des octrois, continuera d'avoir lieu.

Art. 127. Les lois, décrets et réglemens généraux
concernant les octrois, continueront à être exécutés
en ce qui n'est pas contraire aux dispositions de la
présente.

TITRE IX.

DISPOSITIONS GÉNÉRALES.

Art. 128. La régie établira un bureau de déclaration dans
toutes les communes qui en demanderont et qui indiqueront,
en même temps, un habitant solvable qui consente à remplir
les fonctions de buraliste. Ces receveurs jouiront d'une indemnité de 50 francs par an, au moins, qui sera complétée par la
commune, lorsque la rétribution de 25 centimes, accordée pour
la délivrance des passavans, ne s'élèvera pas à cette somme.

Art. 129. Les buralistes chargés de recevoir les déclarations
et de délivrer les passavans, congés ou acquits-à-caution, seront

tenus de résider dans leur bureau depuis le lever jusqu'au coucher du soleil, les jours ouvrables seulement.

Art. 130. La régie pourra exiger le paiement des sommes dues à l'époque de la cessation du commerce d'un redevable, à la fin de chaque mois, ou même, à l'égard des débitans, au fur et à mesure de la vente, ou quand des boissons auront été mises en vente dans les foires , marchés ou assemblées. Dans tous les cas, le compte de chaque redevable sera arrêté à la fin de chaque trimestre.

Art. 131. Les exercices et vérifications que les employés sont autorisés à faire chez les contribuables ne pourront avoir lieu que pendant le jour. Cependant ils pourront aussi être faits la nuit dans les brasseries et distilleries, lorsqu'il résultera des déclarations que ces établissemens sont en activité ; et chez les débitans, pendant tout le temps que les cabarets seront ouverts au public.

Art. 132. Les visites et vérifications des employés qui doivent être faites pendant le jour ne pourront avoir lieu que dans l'intervalle de temps ci-après fixé, savoir :

Pendant les mois de mai , juin, juillet et août, depuis cinq heures du matin jusqu'à huit heures du soir ;

Pendant les mois de mars, avril, septembre et octobre, depuis six heures du matin jusqu'à sept heures du soir ;

Et pendant les mois de janvier, février, novembre et décembre, depuis sept heures du matin jusqu'à cinq heures du soir.

Art. 133. Les employés pourront procéder à leurs exercices, même les dimanches et jours de fête, excepté pendant les heures du service divin.

Art. 134. En cas de suspicion de fraude dans l'intérieur de l'habitation des particuliers, les employés pourront faire des visites en se faisant assister du juge de paix, ou du maire ou de son adjoint, qui seront tenus de déférer à la réquisition par écrit qui leur en sera faite, et qui sera transcrite en tête du procès-verbal. Ces visites ne pourront avoir lieu que d'après l'ordre d'un employé supérieur, du grade de contrôleur au moins, qui rendra compte des motifs au directeur de son département.

Art. 135. Les rebellions ou voies de fait contre les employés seront poursuivies devant les tribunaux , qui ordonneront l'application des peines prononcées par le Code pénal, indépendamment des amendes ou confiscations qui pourraient être encourues par les contrevenans.

Quand les rebellions ou voies de fait auront été commises par un débitant, le tribunal ordonnera en outre la clôture du débit pendant un délai de trois mois au moins, et de six mois au plus.

Art. 136. A défaut de paiement des droits, il sera décerné, contre les redevables, des contraintes qui seront exécutoires, nonobstant opposition et sans y préjudicier.

Art. 137. Les employés n'auront aucun droit au partage du produit net des amendes et confiscations. Un tiers de ce produit appartiendra à la caisse des retraites ; les deux autres tiers feront partie des recettes ordinaires de la régie.

Art. 138. Les registres portatifs tenus par les employés de la régie seront cotés et paraphés par les juges de paix : les registres de perception ou de déclaration, et tous autres pouvant servir à établir les droits du trésor et ceux des redevables, seront cotés et paraphés dans chaque arrondissement de sous-préfecture, par un des fonctionnaires publics que les sous-préfets désigneront à cet effet.

Art. 139. Les actes faits par les employés dans le cours de leurs exercices pour assurer la perception des droits, auront foi en justice jusqu'à inscription de faux. Il en sera de même des procès-verbaux en ce qui concernera des fraudes ou contraventions ; et quant aux faits de rebellion, injures ou mauvais traitemens, ces actes n'auront foi que jusqu'à preuve contraire.

Art. 140. Les expéditions et quittances délivrées par les employés seront marquées d'un timbre spécial, dont le prix est fixé à 5 centimes. Ces expéditions et quittances seront détachées des registres à souche.

Art. 141. Les bouteilles seront comptées chacune pour un litre ; les demi-bouteilles, chacune pour un demi-litre ; et les droits perçus en raison de ces contenances.

Art. 142. Tout ce qui concerne les acquits-à-caution délivrés par la régie, sera réglé suivant les dispositions de la loi du 22 août 1791.

Art. 143. S'il s'élève quelque contestation sur la contenance des vaisseaux, les redevables auront la faculté de requérir qu'il soit fait un nouveau jaugeage, en présence d'un officier public, par un expert nommé par le juge de paix du canton, qui recevra son serment. En cas de réclamation de la régie, l'opération de cet expert pourra être vérifiée par un autre expert nommé par le président du tribunal d'arrondissement, sur la présentation, en nombre triple, du directeur des impositions indirectes. Les frais de l'une et de l'autre vérification seront à la charge de la partie qui aura élevé une mauvaise contestation.

Art. 144. Les préposés ou employés de la régie, prévenus de crimes ou délits commis dans l'exercice de leurs fonctions, seront poursuivis et traduits, dans les formes communes à tous les autres citoyens, devant les tribunaux compétens, sans autorisation préalable de la régie : seulement le juge-instructeur, lorsqu'il aura décerné un mandat d'arrêt, sera tenu d'en informer le directeur des impositions indirectes du département de l'employé poursuivi.

Art. 145. Les autorités civiles et militaires, et la force publique, prêteront aide et assistance aux employés, pour l'exercice de leurs fonctions, toutes les fois qu'elles en seront requises.

Art. 146. Toutes les instances concernant la perception des

impositions indirectes, à l'exception de celles relatives aux douanes, seront poursuivies ou terminées, soit par jugement, soit par transaction, conformément aux lois, décrets et réglemens actuellement en vigueur, jusqu'à la prochaine session, où il sera présenté un projet de loi sur cet objet, en cas de prorogation de l'impôt.

Art. 147. Des réglemens d'administration publique, contresignés par le ministre des finances, et publiés dans la forme ordinaire, détermineront, sous les peines portées par les lois, les mesures nécessaires à l'exécution de la présente.

Art. 148. L'exécution de la présente loi commencera au 1er janvier 1815; elle n'aura d'effet que jusqu'au 1er janvier 1816.

Art. 149. Les dispositions des lois antérieures et contraires à la présente, relatives à la perception, pour le compte du trésor public, des droits sur les boissons, sont rapportées.

N° 1er.—*TARIF des droits à percevoir par hectolitre, à la circulation des boissons.*

Ce tarif est le même que celui qui est annexé à la loi du 28 avril 1816.

N° II. — *TARIF des droits d'entrée à percevoir sur les boissons, dans les villes et communes de 2,600 ames de population agglomérée et au dessus*

| POPULATION DES COMMUNES. | PAR HECTOLITRE DE VIN EN CERCLES dans les départemens | | | | | | | | | | | | | | Par hectolitre de vin en bouteilles ou de vin de liqueur, tant en cercles qu'en bouteilles. | | Par hectolitre de cidre et poiré. | | Par hectolitre d'eau-de-vie en cercles au-dessous de 20 degrés. | | Par hectolitre d'eau-de-vie en cercles de 20 degrés jusqu'à 28 degrés exclusivement. | | Par hectolitre d'eau-de-vie rectifiée à 28 degrés et au-dessus, d'eau-de-vie de toute espece en bouteilles, d'eau de senteur et de liqueurs composées d'eau-de-vie et d'esprit, tant en cercles qu'en bouteilles. | |
| | de 1re classe | | de 2e classe. | | de 3e classe. | | de 4e classe. | | | | | | | | | | | |
	fr.	c.	fr.	c.	fr.	c.	fr.	c.	fr.	c.	fr.	c.	fr.	c.	fr.	c.	fr.	c.
De 2,000 à 4,000 ames....	»	40	»	50	»	60	»	70	»	80	»	25	1	»	1	50	2	»
De 4,000 à 6,000 —	»	60	»	70	»	80	»	90	1	20	»	30	1	50	2	25	3	»
De 6,000 à 10,000 —	»	80	»	95	1	10	1	25	1	60	»	45	1	80	2	70	3	60
De 10,000 à 15,000 —	1	»	1	20	1	40	1	60	2	»	»	60	2	40	3	60	4	80
De 15,000 à 20,000 —	1	40	1	60	1	75	2	»	2	80	»	80	3	50	5	25	7	»
De 20,000 à 30,000 —	2	»	2	20	2	40	2	70	4	»	1	10	5	»	7	50	10	»
De 30,000 à 50,000 — ...	2	60	2	90	3	20	3	60	5	20	1	50	6	60	9	90	13	20
De 50,000 et au-dessus.....	3	30	3	00	4	»	4	50	6	60	2	»	8	40	12	60	16	80

N° III. — *TABLEAU des départemens du royaume, divisés en quatre classes.*

PREMIÈRE CLASSE.

Var.
Alpes (Basses-).
Vaucluse.
Bouches-du-Rhône.
Gard.
Hérault.
Aude.
Pyrénées-Orientales.
Tarn.
Garonne (Haute-).
Ariége.
Lot.
Tarn-et-Garonne.
Gers.
Pyrénées (Hautes-).
Dordogne.
Lot-et-Garonne.
Charente-Inférieure.
Charente.
Gironde.
Landes.
Pyrénées (Basses-).

DEUXIÈME CLASSE.

Drôme.
Ardèche.
Aveyron.
Puy-de-Dôme.
Allier.
Cher.
Indre.
Vienne.
Sèvres (Deux-).
Vendée.
Loire-Inférieure.
Maine-et-Loire.
Indre-et-Loire.
Loir-et-Cher.
Loiret.
Yonne.
Côte-d'Or.
Aube.
Marne (Haute-).
Marne.
Meuse.
Meurthe.
Moselle.
Ille-et-Vilaine.
Côtes-du-Nord.
Morbihan.
Finistère.

TROISIÈME CLASSE.

Alpes (Hautes-).
Isère.
Mont-Blanc.
Ain.
Jura.
Doubs.
Saône (Haute-).
Saône-et-Loire.
Nièvre.
Rhône.
Loire.
Sarthe.
Seine.
Seine-et-Oise.
Seine-et-Marne.
Eure-et-Loir.
Creuse.
Vienne (Haute-).
Corrèze.
Cantal.
Loire (Haute-).
Lozère.

QUATRIÈME CLASSE.

Rhin (Bas-).
Rhin (Haut-).
Vosges.
Nord.
Pas-de-Calais.
Somme.
Ardennes.
Aisne.
Oise.
Seine-Inférieure.
Eure.
Calvados.
Orne.
Manche.
Mayenne.

9 DÉCEMBRE 1814. = **Ordonnance du roi portant règlement sur les octrois.**

TITRE Ier.

DISPOSITIONS TRANSITOIRES

Art. 1er. En exécution de l'article 121 de la loi du 8 décembre 1814, le service des octrois sera remis aux maires, le 1er janvier 1815, par la régie des impositions indirectes. Cette remise et celle des maisons, ustensiles, effets de bureau et autres, servant à la perception des octrois, seront constatées par un procès verbal rédigé en quadruple expédition, lequel sera signé par le maire et le préposé en chef de la régie dans chaque résidence, ou par des commissaires délégués à cet effet, de part et d'autre, dans les villes où cela sera jugé nécessaire. Un des procès-verbaux sera déposé à la mairie; un autre sera remis au directeur des impositions indirectes dans le département; le troisième sera adressé au préfet, et le quatrième à la régie des impositions indirectes.

Art. 2. Dans les communes où le maire voudra traiter de gré à gré avec cette régie pour la perception de l'octroi, conformément à l'article 122 de la loi précitée, la remise du service n'aura pas lieu, moyennant que le maire souscrive une déclaration formelle de cette intention, et que, dans le mois de janvier, pour tout délai, il adresse sa demande au préfet, ainsi qu'il sera statué par l'article 94 : jusqu'à ce que ce traité ait été conclu, les frais d'administration et de perception seront payés à la régie au prorata de ce qu'ils auront été en 1814.

Art. 3. La régie des impositions indirectes fera rendre aux communes, par ses receveurs, dans le premier trimestre de 1815, le compte des perceptions de 1814, et verser immédiatement les sommes dont ils seront reliquataires. En cas d'avance de la part de la régie ou de ses préposés, pour quelque cause que ce soit, elle exercera son recours contre le receveur de la commune, par toutes les voies de droit, même par forme de contrainte.

Art. 4. Les registres, bordereaux et autres pièces relatives à l'administration ou à la perception des octrois, resteront déposés chez les contrôleurs principaux des impositions indirectes. Les maires ou leurs délégués pourront en prendre communication, toutes les fois qu'ils le jugeront convenable, mais sans déplacement.

TITRE II. — DE L'ÉTABLISSEMENT DES OCTROIS.

Art. 5. Les octrois sont établis pour subvenir aux dépenses qui sont à la charge des communes : ils doivent être délibérés d'office par les conseils municipaux.

Cette délibération peut aussi être provoquée par le préfet, lorsqu'à l'examen du budget d'une commune, il reconnaît l'insuffisance de ses revenus ordinaires, soit pour couvrir les dépenses annuelles, soit pour acquitter les dettes arriérées, ou pourvoir aux besoins extraordinaires de la commune.

Art. 6. Les délibérations portant établissement d'un octroi sont adressées par le maire au sous-préfet, et renvoyées par celui-ci, avec ses observations, au préfet, qui les transmet également, avec son avis, à notre ministre de l'intérieur, lequel permet, s'il y a lieu, l'établissement de l'octroi demandé, et autorise le conseil municipal à délibérer les tarifs et réglemens.

Art. 7. Les projets de réglement et de tarif délibérés par les conseils municipaux, en vertu de l'autorisation de notre ministre de l'intérieur, parviennent de même aux préfets, avec l'avis des maires et des sous-préfets. Les préfets les transmettent à notre directeur général des *impositions* indirectes, pour être soumis à notre ministre des finances, sur le rapport duquel nous accordons notre approbation, s'il y a lieu (1).

Art. 8. Les changemens proposés par les maires ou les conseils municipaux, aux tarifs ou réglemens en vigueur, et ceux jugés nécessaires par l'autorité supérieure, ne peuvent être exécutés qu'ils n'aient été délibérés et approuvés de la manière prescrite par les articles précédens.

Art. 9. Si les conseils municipaux refusent ou négligent de délibérer sur l'établissement d'un octroi reconnu nécessaire, ou sur les changemens à apporter aux tarifs et réglemens, il nous en sera rendu compte, dans le premier cas, par notre ministre de l'intérieur, et, dans le deuxième, par notre ministre des finances,

---

(1) L'établissement des taxes, la modification de celles qui existent, ainsi que les réglemens de perception, ne sont soumis à la sanction roya e qu'après examen et discussion par le conseil d'état. (*Loi du 11 juin* 1842, art. 8.)

sur les rapports desquels nous statuerons ce qu'il appartiendra.

Art. 10. Les frais de premier établissement, de régie
et de perception des octrois des villes sujettes au droit
d'entrée (1), seront proposés par le conseil municipal,
et soumis, par la régie des *impositions* indirectes, à
l'approbation de notre ministre des finances : dans les
autres communes, ces frais seront réglés par les préfets. Dans aucun cas, et sous aucun prétexte, les maires ne pourront excéder les frais alloués, sous peine
d'en répondre personnellement.

TITRE III —Des matières qui peuvent être soumises au droit
d'octroi.

Art. 11. Aucun tarif d'octroi ne pourra porter que
sur des objets destinés à la consommation des habitans
du lieu sujet. Ces objets seront toujours compris dans
les cinq divisions suivantes ;

SAVOIR :

1º Boissons et liquides ;
2º Comestibles ;
3º Combustibles ;
4º Fourrages ;
5º Matériaux (2).

Art. 12. Sont compris dans la première division les
vins, vinaigres, cidres, poirés, bières, hydromels, eaux-
de-vie, esprits, liqueurs et eaux spiritueuses.

Les droits d'octroi sur les vins, cidres, poirés, eaux-
de-vie et liqueurs, ne pourront excéder ceux perçus
aux entrées des villes sur les mêmes boissons pour le
compte du trésor public (Paris excepté) (3).

---

(1) Celles dont la population agglomérée est de quatre mille
ames au moins. (*Loi du 12 décembre* 1830, *art.* 3.)

(2) En cas de nécessité, d'autres objets peuvent être imposés à
l'octroi, après avoir consulté les chambres de commerce. (*Instruction du ministre des finances du 25 septembre* 1809.)

(3) Voyez la loi du 11 juin 1842, art. 9.

Les vendanges ou fruits à cidre ou à poiré seront assujétis aux droits, à raison de trois hectolitres de vendange pour deux hectolitres de vin, et de cinq hectolitres de pommes ou de poires pour deux hectolitres de cidre ou de poiré.

Art. 13. Les eaux-de-vie et esprits doivent être divisés, pour la perception, *d'après les degrés,* conformément au tarif des droits d'entrée (1).

Les eaux dites de Cologne, de la reine d'Hongrie, de mélisse et autres dont la base est l'alcool, doivent être tarifées comme les liqueurs.

Art. 14. Dans les pays où la bière est la boisson habituelle et générale, celle importée, quelle que soit sa qualité, ne pourra être, au plus, taxée qu'au quart en sus du droit sur la bière fabriquée dans l'intérieur.

Art. 15. Les huiles peuvent aussi, suivant les localités, être imposées : la taxe en est déterminée suivant leur qualité ou leur emploi.

Art. 16. Sont compris dans la deuxième division les objets servant habituellement à la nourriture des hommes, à l'exception toutefois des grains et farines, fruits, beurre, lait, légumes et autres menues denrées.

Art. 17. Ne sont point compris dans ces exceptions les fruits secs et confits, les pâtes, les oranges, les limons et citrons, lorsque ces objets sont introduits dans les villes en caisses, tonneaux, barils, paniers ou sacs, ni le beurre et les fromages venant de l'étranger (2).

Art. 18. Les bêtes vivantes doivent être taxées par tête. Les bestiaux abattus au dehors et introduits par quartier paieront au prorata de la taxe par tête. A l'égard des viandes dépecées, fraîches ou salées, elles sont imposées au poids.

Art. 19. Les coquillages, le poisson de mer frais, sec ou salé de toute espèce, et celui d'eau douce, peuvent être assujétis aux droits d'octroi, suivant les usages

---

(1) Voyez la loi du 24 juin 1824, art. 9.

(2) La libre désignation des objets à imposer est attribuée aux conseils municipaux par l'article 147 de la loi du 28 avril 1816.

locaux, soit à raison de leur valeur vénale, soit à raison du nombre ou du poids, soit par paniers, barils ou tonneaux.

Art. 20. Sont compris dans la troisième division, 1° toute espèce de bois à brûler, les charbons de bois et de terre, la houille, la tourbe et généralement toutes les matières propres au chauffage; 2° les suifs, cires et huiles à brûler.

Art. 21. La quatrième division comprend les pailles, foins et tous les fourrages verts ou secs. de quelque nature, espèce ou qualité qu'ils soient. Le droit doit être réglé par botte ou au poids.

Art. 22. Sont compris dans la cinquième division les bois, soit en grume, soit équarris, façonnés ou non. propres aux charpentes, constructions, menuiserie, ébénisterie, tour, tonnellerie, vannerie et charronnage.

Y sont également compris les pierres de taille, moellons, pavés, ardoises, tuiles de toute espèce, briques craies et plâtre.

Art. 23. Pour toutes les matières désignées au présent titre, les droits doivent être imposés par hectolitre, kilogramme, mètre cube ou carré, ou stère, ou par fractions de ces mesures. Cependant, lorsque les localités ou la nature des objets l'exigent, le droit peut être fixé au cent ou au millier, ou par voiture, charge ou bateau.

Art. 24. Les objets récoltés, préparés ou fabriqués dans l'intérieur d'un lieu soumis à l'octroi, ainsi que les bestiaux qui y sont abattus, seront toujours assujétis par le tarif au même droit que ceux introduits de l'extérieur.

TITRE IV. — De la perception.

Art 25. Les réglemens d'octroi doivent déterminer les limites de la perception, les bureaux où elle doit être opérée, et les obligations et formalités particulières à remplir par les redevables ou les employés en raison des localités, sans toutefois que ces règles particulières puissent déroger aux dispositions de la présente ordonnance.

Art. 26. *Les droits d'octroi seront toujours perçus dans les faubourgs des lieux sujets ; mais les dépendances rurales entièrement détachées du lieu principal en seront affranchies* (1). Les limites du territoire auquel la perception s'étendra, seront indiquées par des poteaux, sur lesquels seront inscrits ces mots, OCTROI DE.....

Art. 27. Il ne pourra être introduit d'objets assujétis à l'octroi, que par les barrières ou bureaux désignés à cet effet. Les tarifs et réglemens seront affichés dans l'intérieur et à l'extérieur de chaque bureau, lequel sera indiqué par un tableau portant ces mots, BUREAU DE L'OCTROI.

Art. 28. Tout porteur ou conducteur d'objets assujétis à l'octroi sera tenu, avant de les introduire, d'en faire la déclaration au bureau, d'exhiber aux préposés de l'octroi les lettres de voiture, connaissemens, chartes-parties, acquits-à-caution, congés, passavans et toutes autres expéditions délivrées par la régie des *impositions* indirectes, et d'acquitter les droits, sous peine *d'une amende égale à la valeur de l'objet soumis au droit* (2). A cet effet, les préposés pourront, après interpellation, faire sur les bateaux, voitures et autres moyens de transport, toutes les visites, recherches et perquisitions nécessaires, soit pour s'assurer qu'il n'y existe rien qui soit sujet aux droits, soit pour reconnaître l'exactitude des déclarations.

Les conducteurs seront tenus de faciliter toutes les opérations nécessaires auxdites vérifications.

La déclaration relative aux objets arrivant par eau contiendra la désignation du lieu de déchargement,

---

(1) Annulé par les articles 147 et 152 de la loi du 28 avril 1816.

(2) De confiscation des objets soumis aux droits, d'une amende de 100 à 200 francs, et, de plus, mais selon les circonstances accessoires, de la saisie des ustensiles, chevaux, voitures, etc., comme aussi de l'arrestation des fraudeurs. (*Loi du 21 mai 1831.*)

lequel ne pourra s'effectuer que les droits n'aient été acquittés, ou au moins valablement soumissionnés.

Art. 29. Tout objet sujet à l'octroi, qui, nonobstant l'interpellation faite par les préposés, serait introduit sans avoir été déclaré, ou sur une déclaration fausse ou inexacte, sera saisi (1).

Art. 30. Les personnes voyageant à pied, à cheval *ou en voiture particulière suspendue* (2), ne pourront être arrêtées, questionnées ou visitées sur leurs personnes ou en raison de leurs malles ou effets. Tout acte contraire à la présente disposition sera réputé acte de violence; et les préposés qui s'en rendront coupables, seront poursuivis correctionnellement, et punis des peines prononcées par les lois (3).

Art. 31. Tout individu soupçonné de faire la fraude à la faveur de l'exception ordonnée par l'article précédent, pourra être conduit devant un officier de police, ou devant le maire, pour y être interrogé, et la visite de ses effets autorisée, s'il y a lieu.

Art. 32. Les diligences, fourgons, fiacres, cabriolets et autres voitures de louage, sont soumis aux visites des préposés de l'octroi.

Art. 33. Les courriers ne pourront être arrêtés à leur passage, sous prétexte de la perception; mais ils seront obligés d'acquitter les droits sur les objets soumis à l'octroi qu'ils introduiront dans un lieu sujet. A cet effet, des préposés de l'octroi seront autorisés à assister au déchargement des malles.

Tout courrier, tout employé des postes, ou de toute autre administration publique, qui serait convaincu d'avoir fait ou favorisé la fraude, outre les peines re-

---

(1) Indépendamment des peines indiquées dans la note 2 de la page précédente.

(2) La loi du 24 mai 1834, art. 9, a supprimé toute distinction entre les voitures publiques et les voitures particulières.

(3) 50 francs d'amende et six mois de détention. (*Loi du 27 frimaire an 8, art. 12.*)

sultant de la contravention, sera destitué par l'autorité compétente.

Art. 34. Dans les communes où la perception ne pourra être opérée à l'entrée, il sera établi au centre, suivant les localités, un ou plusieurs bureaux. Dans ce cas, les conducteurs ne pourront décharger les voitures ni introduire au domicile des destinataires les objets soumis à l'octroi, avant d'avoir acquitté les droits auxdits bureaux.   .

Art. 35. Il est défendu aux employés, sous peine de destitution et de tous dommages et intérêts, de faire usage de la sonde dans la visite des caisses, malles et ballots annoncés contenir des effets susceptibles d'être endommagés : dans ce cas, comme dans tous ceux où le contenu des caisses ou ballots sera inconnu ou ne pourrait être vérifié immédiatement, la vérification en sera faite, soit à domicile, soit dans les emplacemens à ce destinés.

Art. 36. Toute personne qui récolte, prépare ou fabrique dans l'intérieur d'un lieu sujet, des objets compris au tarif, est tenue, sous peine de l'amende (1) *prononcée par l'article* 28, d'en faire la déclaration, et d'acquitter immédiatement le droit, si elle ne réclame la faculté de l'entrepôt (2).

Les préposés de l'octroi peuvent reconnaître à domicile les quantités récoltées, préparées ou fabriquées, et faire toutes les vérifications nécessaires pour prévenir la fraude. A défaut de paiement du droit, il est décerné, contre les redevables, des contraintes, qui sont exécutoires nonobstant opposition et sans y préjudicier.

TITRE V.—Du passe-debout et du transit.

Art. 37. Le conducteur d'objets soumis à l'octroi,

---

(1) De 100 à 200 francs et de la confiscation. (*Loi du* **24** *mai* **1834**, *art.* 9.)

(2) Voir le paragraphe 2 de l'article 41.

qui voudra traverser seulement un lieu sujet, ou y séjourner moins de vingt-quatre heures, sera tenu d'en
faire la déclaration au bureau d'entrée, conformément
à ce qui est prescrit par l'article 28, et de se munir
d'un permis de passe-debout, qui sera délivré sur le
cautionnement ou la consignation des droits. La restitution des sommes consignées, ainsi que la libération
de la caution, s'opéreront au bureau de la sortie.

Lorsqu'il sera possible de faire escorter les chargemens, le conducteur sera dispensé de consigner ou de
faire cautionner les droits.

Art. 38. En cas de séjour au delà de vingt-quatre
heures, dans un lieu sujet à l'octroi, d'objets introduits
sur une déclaration de passe-debout, le conducteur
sera tenu de faire, dans ce délai et avant le déchargement, une déclaration de transit, avec indication du
lieu où lesdits objets seront déposés, lesquels devront
être représentés aux employés à toute réquisition. La
consignation ou le cautionnement du droit subsisteront
pendant toute la durée du séjour.

Art. 39. Les réglemens locaux d'octroi pourront désigner des lieux où les conducteurs d'objets en passe-
debout ou en transit seront tenus de les déposer pendant la durée du séjour, ainsi que des ports ou quais
où les navires, bateaux, coches, barques et diligences
devront stationner.

Art. 40. Les voitures et transports militaires chargés d'objets assujétis aux droits sont soumis aux règles
prescrites par les articles précédens, relativement au
transit et au passe-debout.

TITRE VI.—De l'entrepôt.

Art. 41. L'entrepôt est la faculté donnée à un propriétaire ou à un commerçant de recevoir et d'emmagasiner dans un lieu sujet à l'octroi, sans acquittement
du droit, des marchandises qui y sont assujéties et
auxquelles il réserve une destination extérieure.

L'entrepôt peut être réel, ou fictif, c'est-à-dire à

domicile (1) : il est toujours illimité. Les réglemens locaux doivent déterminer les objets pour lesquels l'entrepôt est accordé, ainsi que les quantités au-dessous desquelles on ne peut l'obtenir (2).

Art. 42. Toute personne qui fait conduire dans un lieu sujet à l'octroi des marchandises comprises au tarif, pour y être entreposées, soit réellement, soit fictivement, est tenue, sous peine de l'amende *prononcée par l'article* 28 (3), d'en faire la déclaration préalable au bureau de l'octroi, de s'engager à acquitter le droit sur les quantités qu'elle ne justifierait pas avoir fait sortir de la commune, de se munir d'un bulletin d'entrepôt, et en outre, si l'entrepôt est fictif, de désigner les magasins, chantiers, caves, celliers ou autres emplacemens où elle veut déposer lesdites marchandises.

Art. 43. L'entrepositaire est tenu de faire une déclaration au bureau de l'octroi, des objets entreposés qu'il veut expédier au dehors, et de les représenter aux préposés des portes ou barrières, lesquels, après vérification des quantités et espèces, délivrent un certificat de sortie.

Art. 44. Les préposés de l'octroi tiennent un compte d'entrée et de sortie des marchandises entreposées : à cet effet, ils peuvent faire à domicile, dans les magasins, chantiers, caves, celliers des entrepositaires, toutes les vérifications nécessaires pour reconnaître les objets entreposés, constater les quantités restantes, et établir le décompte des droits dus sur celles pour lesquelles il n'est pas représenté de certificat de sortie. Ces droits doivent être acquittés immédiatement par les entrepositaires ; et, à défaut, il est décerné contre eux des contraintes, qui sont exécutoires nonobstant opposition et sans y préjudicier.

---

(1) L'entrepôt réel ou public pour les boissons est exclusif des entrepôts à domicile. (*Loi du* 28 *juin* 1835, *art.* 9.)

(2) Sauf pour les villes sujettes au droit d'entrée, s'il y a lieu à l'application de l'article 59 de la loi du 21 avril 1832.

(3) Voyez la note 1 de la page 214.

Art. 45. Lors du réglement de compte des entrepositaires, il leur est accordé une déduction sur les marchandises entreposées dont le poids ou la quantité est susceptible de diminuer. Cette déduction, pour les boissons, est la même que celle fixée par *l'article* 38 *de la loi du* 8 *décembre* 1814 (1), relativement aux droits d'entrée. La quotité doit en être déterminée, pour les autres objets, par les réglemens locaux.

Art. 46. Dans les communes où la perception des droits sur les vendanges, pommes ou poires, ne peut être opérée au moment de l'introduction, l'administration de l'octroi accordera l'entrepôt à tous les récoltans, et sera autorisée à faire faire un recensement général pour constater les quantités de vin, de cidre ou de poiré fabriquées (2). Les préposés de l'octroi se borneront, dans ce cas, à faire chaque année deux vérifications à domicile chez les propriétaires qui n'entreposent que les seuls produits de leur cru, l'une avant, l'autre après la récolte.

Art. 47. Dans le cas d'entrepôt réel, les marchandises pour lesquelles il est réclamé sont placées dans un magasin public, sous la garde d'un conservateur *ou* (3) sous la garantie de l'administration de l'octroi. laquelle est responsable des altérations ou avaries qui proviennent du fait de ses préposés.

Art. 48. Les objets reçus dans un entrepôt réel sont, après vérification, marqués ou rouannés, et inscrits par le conservateur sur un registre à souche, et avec indication de l'espèce, la qualité et la quantité de l'objet entreposé, des marques et numéros des futailles ou colis, et des noms et demeure du propriétaire : un récépissé détaché de la souche, contenant les mêmes

---

(1) Voyez l'ordonnance du 21 décembre 1838 et les deux tableaux y annexés.

(2) Ainsi qu'il est réglé en matière de droit d'entrée par l'article 40 de la loi du 28 avril 1816.

(3) Il y a erreur dans le texte de l'ordonnance ; la fin de l'article démontre qu'il faut lire *et sous la garantie,* etc.

indications, et signé par le conservateur, est remis à l'entrepositaire.

Art. 49. Pour retirer de l'entrepôt les marchandises qui y ont été admises, l'entrepositaire est tenu de représenter le récépissé d'admission, de déclarer les objets qu'il veut enlever, et de signer sa déclaration pour opérer la décharge du conservateur : il est tenu, en outre, d'acquitter les droits pour les objets qu'il fait entrer dans la consommation de la commune, de se munir d'une expédition pour ceux destinés à l'extérieur, et de rapporter au dos un certificat de sortie, délivré par les préposés aux portes.

Art. 50. Les cessions de marchandises pourront avoir lieu dans l'entrepôt, moyennant une déclaration de la part du vendeur et la remise du récépissé d'admission : il en sera délivré un autre à l'acheteur, dans la forme prescrite par l'article 48.

Art. 51. L'entrepôt réel sera ouvert en tout temps aux entrepositaires, tant pour y soigner leurs marchandises que pour y conduire les acheteurs.

Art. 52. Les rouliers ou conducteurs qui déposeront à l'entrepôt réel des marchandises refusées par les destinataires pourront obtenir de l'administration de l'octroi le paiement des frais de transport et des déboursés dûment justifiés.

Art. 53. A défaut, par le propriétaire d'objets entreposés, de veiller à leur conservation, le conservateur se fera autoriser par le maire à y pourvoir. Les frais d'entretien et de conservation seront remboursés à l'administration de l'octroi sur les mémoires et états réglés par le maire.

Art. 54. Les propriétaires d'objets entreposés sont tenus d'acquitter, tous les mois, les frais de magasinage, lesquels doivent être déterminés par le réglement général de l'octroi, ou par un réglement particulier, approuvé de notre ministre des finances

Art. 55. Si, par suite de dépérissement d'objets entreposés ou par toute autre cause, leur valeur, au dire d'experts appelés d'office par l'administration du l'octroi, n'excède pas moitié en sus des sommes qui peuvent être dues pour frais d'entretien , frais de transport ou magasinage, il sera fait sommation au propriétaire ou à son représentant de retirer lesdits objets ; et à défaut, ils seront vendus publiquement par ministère d'huissier. Le produit net de la vente, déduction faite des sommes dues, avec intérêt à raison de 5 p. 0/0 par an , sera déposé dans la caisse municipale, et tenu à la disposition du propriétaire.

TITRE VII.—Du personnel.

Art. 56. Conformément à l'article 4 de la loi du 27 frimaire an 8, la nomination des préposés d'octroi sera faite de la manière suivante :

Notre directeur général des impositions indirectes est autorisé à établir et à commissionner, lorsqu'il le jugera nécessaire, un préposé en chef auprès de chaque octroi (1).

Notre ministre des finances est également autorisé à nommer et commissionner, sur la proposition du directeur général des impositions indirectes, un directeur et deux régisseurs pour l'octroi et l'entrepôt de Paris (2).

Les autres préposés d'octroi sont nommés par les préfets, sur une liste triple présentée par le maire (3).

Art. 57. Les préfets sont tenus de révoquer immédiatement, sur la demande de notre directeur général des *impositions* indirectes, tout préposé d'octroi signalé comme prévaricateur dans l'exercice de ses fonctions, ou comme ne les remplissant pas convenablement (4).

Art. 58. Les préposés de l'octroi doivent être âgés au moins de vingt-un ans accomplis. Ils sont tenus de prêter serment devant le tribunal civil de la ville dans laquelle ils exerceront, et, dans les lieux où il n'y a

---

(1) Changé. Voyez l'article 155 de la loi du 28 avril 1816.

(2) Modifié par les articles 1er et 2 de l'ordonnance du 22 juillet 1831, concernant l'octroi de Paris.

(3 et 4) Voyez l'article 156 de la loi du 28 avril 1816.

pas de tribunal, devant le juge de paix. Ce serment est enregistré au greffe, sans qu'il soit nécessaire d'employer le ministère d'avoué.

Il est dû seulement un droit fixe d'enregistrement de trois francs (1).

Art. 59. Le cas de changement de résidence d'un préposé arrivant, il n'y a pas lieu à une nouvelle prestation de serment : il lui suffit de faire viser sa commission, sans frais, par le juge de paix ou le président du tribunal civil du lieu où il doit exercer.

Art. 60. Les préposés d'octroi doivent toujours être porteurs de leur commission, et sont tenus de la représenter lorsqu'ils en seront requis.

Le port d'armes est accordé aux préposés d'octroi dans l'exercice de leurs fonctions, comme aux employés des *impositions* indirectes.

Art. 61. Les créanciers des préposés d'octroi ne pourront saisir, sur les appointemens et remises de ces derniers, que les sommes fixes déterminées par la loi du 21 ventose an 9.

Art. 62. Tous les préposés comptables des octrois sont tenus de fournir un cautionnement en numéraire ou en 5 p. 0/0 consolidés, dont la quotité est déterminée par le réglement, et qui ne peut être au-dessous de 1,000 francs. Lorsque ces préposés font en même temps des perceptions pour le compte du trésor public, leur cautionnement est fixé par notre ministre des finances. Ces cautionnemens sont versés à la caisse d'amortissement, qui en paie l'intérêt au taux fixé pour les employés des impositions indirectes (2).

Art. 63. Il est défendu à tous les préposés d'octroi, indistinctement, de faire le commerce des objets compris au tarif.

Tout préposé qui favorisera la fraude, soit en recevant des présens, soit de toute autre manière, sera mis en jugement, et condamné aux peines portées par le

---

(1) Plus 1 décime par franc, d'après les lois actuelles sur les finances.

(2) Modifié par l'article 159 de la loi du 28 avril 1816.

Code pénal contre les fonctionnaires publics prévaricateurs (1).

Art. 64. Tout préposé destitué ou démissionnaire sera tenu, sous peine d'y être contraint par corps, de remettre immédiatement sa commission, ainsi que les registres et autres effets dont il aura été chargé, et, s'il est receveur, de rendre ses comptes.

Art. 65. Les préposés de l'octroi sont placés sous la protection de l'autorité publique. Il est défendu de les injurier, maltraiter, et même de les troubler dans l'exercice de leurs fonctions, sous les peines de droit. La force armée est tenue de leur prêter secours et assistance, toutes les fois qu'elle en est requise (2).

TITRE VIII. — DES ÉCRITURES ET DE LA COMPTABILITÉ DES OCTROIS.

Art. 66. Tous les registres employés à la perception ou au service de l'octroi seront à souche. Les perceptions ou déclarations y seront inscrites sans interruption ni lacune. Les quittances ou expéditions qui en seront détachées continueront à n'être marquées que du timbre de la régie des *impositions* indirectes, dont le prix, fixé par la loi à *cinq centimes* (3), sera acquitté par les redevables, et son produit versé dans les caisses de la régie.

Art. 67. Les recettes de l'octroi seront versées à la

---

(1) Dégradation civique et condamnation à une amende double de la valeur des promesses agréées ou des choses reçues, sans que ladite amende puisse être inférieure à 200 francs. (*Art.* 177 *du Code pénal.*)

(2) Tout commandant, tout officier ou sous-officier de la force publique qui, après en avoir été légalement requis par l'autorité civile, aura refusé de faire agir la force à ses ordres, sera puni d'un emprisonnement d'un mois à trois mois, sans préjudice des réparations civiles qui pourraient être dues aux termes de l'article 10 du présent code (*Art.* 234 *du Code pénal.*)

(3) 10 centimes. (*Art* 243 *de la loi du* 28 *avril* 1816.)

caisse municipale tous les cinq jours au moins (1), et plus souvent même dans les villes où les perceptions seront importantes.

Art. 68. La régie des *impositions* indirectes déterminera le mode de comptabilité des octrois, ainsi que la forme et le modèle des registres, expéditions, bordereaux, comptes et autres écritures relatives au service des octrois : elle fera faire la fourniture de toutes les impressions nécessaires, sur la demande des maires.

Art. 69. Tous les registres servant à la perception des droits d'entrée sur les vins, cidres, poirés, esprits et liqueurs, aux déclarations de passe-debout, de transit, d'entrepôt et de sortie pour les mêmes boissons ; ceux employés pour recevoir les déclarations de mise de feu de la part des brasseurs et distillateurs ; enfin les registres portatifs tenus pour l'exercice des redevables soumis en même temps aux droits d'octroi et à ceux dus au trésor seront communs aux deux services. La moitié des dépenses relatives à ces registres sera supportée par l'octroi, et payée sur les mémoires dressés par la régie des *impositions* indirectes, approuvés par notre ministre des finances.

Art. 70. Les registres autres que ceux dont l'usage est commun aux octrois et aux droits d'entrée seront cotés et paraphés par le maire : ils seront arrêtés par lui le dernier jour de chaque année, déposés à l'administration municipale, et renouvelés tous les ans. A l'égard des autres registres, les maires pourront en prendre communication sans déplacement, et en faire faire des extraits pour ce qui concerne les recettes des octrois.

Art. 71. Les états et bordereaux de recettes et de dépenses des octrois seront dressés aux époques qui auront été déterminées par la régie des *impositions* in-

---

(1) Sauf le cas d'affermement, en conséquence de l'article 147 de la loi du 28 avril 1816.

directes. Un *double* (1) de ces états et bordereaux, signé du maire, sera adressé au préposé supérieur de cette régie, pour être transmis au directeur du département, et par celui-ci à son administration.

Art. 72. Les comptes des octrois seront rendus par les receveurs aux maires, et arrêtés par ces derniers dans les trois mois qui suivront l'expiration de chaque année (2).

Art. 73. Le montant des 10 p. 0/0 du produit net des octrois revenant au trésor royal, conformément à l'article 126 de la loi du 8 décembre 1814, sera établi sur les recettes brutes de toute nature, déduction faite des frais de perception et autres prélèvemens autorisés. Les 10 p. 0/0 ne seront pas prélevés sur la partie des produits de l'octroi à verser au trésor, en remplacement de la contribution mobilière (3).

Art. 74. Le recouvrement des 10 p. 0/0 se poursuivra par la saisie des deniers de l'octroi, et même par voie de contrainte à l'égard du receveur municipal (4).

TITRE IX. — Du contentieux.

Art. 75. Toutes contraventions aux droits d'octroi seront constatées par des procès-verbaux, lesquels pourront être rédigés par un seul préposé et auront foi en justice (5). Ils énonceront la date du jour où ils sont rédigés, la nature de la contravention, et, en cas de saisie, la déclaration qui en aura été faite au prévenu ; les noms, qualités et résidence de l'employé verbalisant et de la personne chargée des poursuites ; l'espèce, poids ou mesure des objets saisis ; leur évaluation approximative ; la présence de la partie à la description, ou la sommation qui lui aura été faite d'y assister ; le nom, la qualité et l'acceptation du gardien ; le

---

(1) Modifié par les instructions subséquentes, et notamment par le cahier des charges, en cas de ferme ou de régie intéressée.

(2) Abrogé par l'ordonnance du 25 juillet 1826.

(3) Remplacé par l'article 153 de la loi du 28 avril 1816.

(4) Ainsi ordonné par l'article 157 de la même loi.

(5) Jusqu'à inscription de faux. (Voyez l'article 8 de la loi du 27 frimaire an 8.)

lieu de la rédaction du procès-verbal et l'heure de la
clôture.

Art. 76. Dans le cas où le motif de la saisie portera
sur le faux ou l'altération des expéditions, le procès-
verbal énoncera le genre de faux, les altérations ou
surcharges : lesdites expéditions, signées et paraphées
du saisissant, NE VARIETUR, seront annexées au procès-
verbal, qui contiendra la sommation faite à la partie de
les parapher, et sa réponse.

Art. 77. Si le prévenu est présent à la rédaction du
procès-verbal, cet acte énoncera qu'il lui en a été
donné lecture et copie : en cas d'absence du prévenu,
si celui-ci a domicile ou résidence connue dans le lieu
de la saisie, le procès-verbal lui sera signifié dans les
vingt-quatre heures de la clôture. Dans le cas contraire,
le procès-verbal sera affiché, dans le même délai, à la
porte de la maison commune.

Ces procès-verbaux, significations et affiches pourront être faits tous les jours indistinctement.

Art. 78. L'action résultant des procès-verbaux en
matière d'octroi, et les questions qui pourront naître
de la défense du prévenu, seront de la compétence exclusive, *soit du tribunal de simple police, soit du tribunal*
correctionnel du lieu de la rédaction du procès-verbal,
suivant la quotité de l'amende encourue (1).

Art. 79. Les objets saisis par suite des contraventions
aux réglemens d'octroi seront déposés au bureau le
plus voisin ; et si la partie saisie ne s'est pas présentée
dans les dix jours, à l'effet de payer la quotité de l'a-
mende par elle encourue, ou si elle n'a pas formé, dans
le même délai, opposition à la vente, la vente desdits
objets sera faite par le receveur, cinq jours après
l'apposition à la porte de la maison commune et autres

---

(1) Depuis que l'amende est de 100 à 200 francs, non compris
la confiscation (*art. 9 de la loi du 24 mai 1834*), toute fraude ou
contravention en matière d'octroi est du ressort des tribunaux correctionnels.

lieux accoutumés, d'une affiche signée de lui, et sans aucune autre formalité.

Art. 80. Néanmoins, si la vente des objets saisis est retardée, l'opposition pourra être formée jusqu'au jour indiqué pour ladite vente. L'opposition sera motivée, et contiendra assignation à jour fixe devant le tribunal *désigné en l'article 78, suivant la quotité de l'amende encourue,* avec élection de domicile dans le lieu où siége le tribunal. Le délai de l'échéance de l'assignation ne pourra excéder trois jours.

Art. 81. S'il s'élève une contestation sur l'application du tarif ou sur la quotité du droit réclamé, le porteur ou conducteur sera tenu de consigner, avant tout, le droit exigé, entre les mains du receveur ; faute de quoi, il ne pourra passer outre, ni introduire dans le lieu sujet l'objet qui aura donné lieu à la contestation, sauf à lui à se pourvoir devant le juge de paix du canton. Il ne pourra être entendu qu'en représentant la quittance de ladite consignation au juge de paix, lequel prononcera sommairement et sans frais, soit en dernier ressort, soit à la charge d'appel, suivant la quotité du droit réclamé (1).

Art. 82. Dans le cas où les objets saisis seraient sujets à dépérissement, la vente pourra en être autorisée, avant l'échéance des délais ci-dessus fixés, par une simple ordonnance du juge de paix sur requête.

Art. 83. Les maires seront autorisés, sauf l'approbation des préfets, à faire remise, par voie de transaction, de la totalité ou de partie des condamnations encourues, même après le jugement rendu. Ce droit appartient exclusivement à la régie des *impositions* indirectes, et d'après les règles qui lui sont propres, toutes les fois que la saisie a été opérée dans l'intérêt

---

(1) **Texte de la loi du 25 mai 1838 :**

« Les juges de paix connaissent de toutes actions purement personnelles ou mobilières, en dernier ressort, jusqu'à la valeur de **100** francs, et, à charge d'appel, jusqu'à la valeur de 200 francs. »

commun des droits d'octroi, et des droits imposés au profit du trésor.

Art. 84. Le produit des amendes et confiscations pour contravention aux réglemens de l'octroi, déduction faite des frais et prélèvemens autorisés, sera attribué, moitié aux employés de l'octroi pour être répartie d'après le mode qui sera arrêté, et moitié à la commune.

TITRE X.—DES DEMANDES EN SUPPRESSION OU EN REMPLACEMENT D'OCTROI.

Art. 85. Les communes qui voudront supprimer leur octroi, ou le remplacer par une autre perception, en feront parvenir la demande, par le maire, au préfet, qui, après en avoir reçu l'autorisation de notre ministre de l'intérieur, autorisera, s'il y a lieu, le conseil municipal à délibérer sur cette demande.

Art. 86. La délibération du conseil municipal, accompagnée de l'avis du sous-préfet et du maire, sera adressée par le préfet, avec ses observations et l'état des recettes et des besoins des communes, à notre ministre de l'intérieur, qui statuera provisoirement (1) sur lesdites propositions. Il fera connaître immédiatement sa décision à notre ministre des finances, pour que celui-ci, après avoir soumis le tout à notre approbation, prescrive, tant dans l'intérêt des communes que dans celui du trésor, les mesures convenables d'exécution.

Art. 87. Les droits d'octroi continueront à être perçus jusqu'à ce que la suppression de l'octroi ait été autorisée, ou jusqu'à la mise à exécution du mode de remplacement.

TITRE XI. — DE LA SURVEILLANCE ATTRIBUÉE A LA RÉGIE DES IMPOSITIONS INDIRECTES, ET DES OBLIGATIONS DES EMPLOYÉS DE L'OCTROI, RELATIVEMENT AUX DROITS DU TRÉSOR.

Art. 88. La surveillance générale de la perception

---

(1) Sauf la restriction prononcée par l'article 87.

et de l'administration de tous les octrois du royaume est formellement attribuée à la régie des *impositions* indirectes : elle l'exercera sous l'autorité du ministre des finances, qui donnera les instructions nécessaires pour assurer l'uniformité et la régularité du service, et régler l'ordre de la comptabilité particulière à ces établissemens.

Art. 89. Les traitemens et les frais de bureau des préposés en chef nommés par le directeur général des impositions indirectes seront à la charge des communes : ils seront proposés par les conseils municipaux, et approuvés par notre ministre des finances, qui pourra les réduire ou les augmenter s'il y a lieu (1).

Art. 90. Les receveurs d'octroi dans les communes sujettes au droit d'entrée seront tenus de faire en même temps la recette de ce droit (2). Le produit des remises qui seront accordées par la régie des *imposi-tions* indirectes pour cette perception sera réparti entre tous les préposés d'octroi d'une même commune, dans la proportion qui sera déterminée par le maire.

Art. 91. Les employés des *impositions* indirectes suivront, dans l'intérêt des communes comme dans celui du trésor, les exercices, dans l'intérieur du lieu sujet (3), chez les entrepositaires de boissons, et chez les brasseurs et distillateurs. Il sera tenu compte par l'octroi, à la régie des *impositions* indirectes, de partie des dépenses occasionnées pour ces exercices (4).

Art. 92. Les préposés des octrois sont tenus, sous peine de destitution, d'exiger de tout conducteur d'objets soumis aux impôts indirects, comme boissons, tabacs, sels et cartes, la représentation des congés, passavans, acquits-à-caution, lettres de voiture et autres

---

(1) Remplacé par l'article 155 de la loi du 28 avril 18 6.

(2) Voir la même loi, art. 153 et 157.

(3) Aux droits d'entrée. Voyez *Annales*, tome II (*Code des octrois*), page 37.

(4) Sur le pied de 5 p. 0/0 des produits constatés par ces exercices pour le compte de l'octroi. (*Décision du ministre des finances du* 20 *décembre* 1816.)

expéditions ; de vérifier les chargemens, de rapporter
procès-verbal des fraudes ou contraventions qu'ils découvriront ; de concourir au service des *impositions*
indirectes, toutes les fois qu'ils en seront requis, sans
toutefois pouvoir être déplacés de leur poste ordinaire ; enfin, de remettre chaque jour à l'employé en
chef des *impositions* indirectes un relevé des objets
frappés du droit au profit du trésor, qui auront été introduits.

Les employés des *impositions* indirectes concourront également au service des octrois, et rapporteront
procès-verbal pour les fraudes et contraventions relatives aux droits d'octroi, qu'ils découvriront

Art. 93. Les préposés des octrois se serviront, pour
l'exercice de leurs fonctions, des jauges, sondes, rouan-
nes et autres ustensiles dont les employés des *impositions* indirectes font usage.

La régie leur fera fournir ces ustensiles, dont le
prix sera payé par les communes.

TITRE XII.—DE LA PERCEPTION DES OCTROIS POUR LESQUELS LES
COMMUNES AURONT A TRAITER AVEC LA RÉGIE DES IMPOSITIONS
INDIRECTES.

Art. 94. Les maires qui jugeront de l'intérêt de leur
commune de traiter avec la régie des *impositions* indirectes, pour la perception et la surveillance particulière de leur octroi (1), adresseront, par l'intermédiaire du sous-préfet, leurs propositions au préfet :
celui-ci les communiquera au directeur des *impositions*
indirectes pour donner ses observations, et les soumettra ensuite, avec son avis, à notre directeur général
des *impositions* indirectes, qui proposera, s'il y a lieu,
à notre ministre des finances, d'y donner son approbation.

Art. 95. Les conventions à faire entre la régie et
les communes ne porteront que sur les traitemens

____

(1) Voir l'article 158 de la loi du 28 avril 1816.

fixes ou éventuels des préposés : tous les autres frais
généralement quelconques seront intégralement acquittés par les communes sur les produits bruts des
octrois.

La conséquence de ces conventions sera de remettre la perception et le service de l'octroi entre les
mains des employés ordinaires des *impositions* indirectes. Cependant, dans les villes où il sera nécessaire
de conserver des préposés affectés spécialement au
service de l'octroi, ces préposés continueront à être
nommés par les préfets, sur la proposition des maires,
et après avoir pris l'avis des directeurs des *impositions*
indirectes. Leur nombre et leur traitement seront fixés
par cette régie : ils seront révocables, soit sur la demande du maire, soit sur celle du directeur. Lorsque
le préfet ne jugera pas convenable de déférer à la demande de ce dernier, il fera connaître ses motifs à
notre directeur général desdites *impositions*, qui prononcera définitivement.

Les maires conserveront le droit de surveillance sur
les préposés, et celui de transiger sur les contraventions, dans les cas déterminés par la présente ordonnance (1).

Art. 96. Les traités conclus avec les communes
subsisteront de plein droit, jusqu'à ce que la commune
ou la régie en ait notifié la cessation : cette notification aura toujours lieu, de part ou d'autre, six mois
au moins à l'avance.

Art. 97. Les receveurs verseront le montant de
leurs recettes, pour le compte de l'octroi, dans la
caisse municipale, aux époques déterminées par l'article 67, sous la déduction des frais de perception con-
venus par le traité, et dont ils compteront comme de
leurs autres recettes pour le trésor.

Art. 98. La remise du service des octrois pour la
perception desquels il aura été conclu un traité avec

____

(1) Voyez l'article 83.

la régie des *impositions* indirectes, lui sera faite de la manière prescrite par l'article 1er.

TITRE XIII.

DISPOSITIONS GÉNÉRALES.

Art. 99. Les réglemens et tarifs d'octroi, en ce qui concerne les boissons, ne pourront contenir aucune disposition contraire à celles prescrites par les lois et ordonnances pour la perception des *impositions* indirectes (1).

Art. 100. Les préfets veilleront à ce que les objets portés aux tarifs des octrois de leur département soient, autant que possible, taxés au même droit dans les communes d'une même population

Art. 101. Tous les tarifs et réglemens d'octroi seront successivement révisés et régularisés conformément aux dispositions de la présente ordonnance, et soumis à notre approbation par notre ministre des finances.

Art. 102. Il sera présenté à notre approbation par notre ministre des finances, avant le 1er janvier prochain, un réglement particulier d'organisation pour l'octroi et l'entrepôt de Paris.

Art. 103. Les approvisionnemens en vivres, destinés pour le service de la marine, ne seront soumis dans les ports à aucun droit d'octroi. Ces approvisionnemens seront introduits dans les magasins de la marine de la manière prescrite pour les objets admis en entrepôt : le compte en sera suivi par les employés d'octroi, et les droits exigés sur les quantités qui seraient enlevées pour l'intérieur du lieu sujet et à toute autre destination que les bâtimens de l'état.

Art. 104. Les matières servant à la confection des poudres ne seront également frappées d'aucun droit d'octroi.

---

(1) Reproduit dans la loi du 28 avril 1816, art. 150.

Art. 105. Nulle personne, quels que soient ses fonctions, ses dignités ou son emploi, ne pourra prétendre, sous aucun prétexte, à la franchise des droits d'octroi.

---

17 DÉCEMBRE 1814. = **Loi relative aux douanes**
(**Extrait de la**).

TITRE IV. — SELS.

Art. 29. Les juges de paix de l'arrondissement seront seuls compétens, sauf appel, s'il y a lieu, pour connaître des contraventions à la loi du 24 avril 1806, et à tous les réglemens relatifs à la perception de la taxe établie sur les sels, excepté dans les cas prévus par les articles suivans.

L'amende de 100 francs prononcée par l'article 57 de ladite loi du 24 avril 1806 est individuelle.

Art. 30. Si la fraude est commise par une réunion de trois individus et plus, il y aura lieu à l'arrestation des contrevenans, et à leur traduction devant le tribunal correctionnel ; et, indépendamment de la confiscation des sels et moyens de transport, et d'une amende individuelle qui ne pourra être moindre de 200 francs ni excéder 500 francs, ils seront condamnés à un emprisonnement de quinze jours au moins et de deux mois au plus.

Art. 31. Les peines portées en l'article précédent seront prononcées contre tout individu qui, traduit devant le juge de paix, en conformité de l'article 29, et reconnu, soit par le rapport dûment rédigé et non argué de faux, soit par l'instruction, être coupable de récidive, devra être renvoyé par ledit juge de paix devant le tribunal correctionnel.

Art. 32. Les préposés des douanes pourront, conformément à l'article 8 du réglement du 11 juin 1806, rechercher les dépôts de sels formés dans le rayon où s'exerce leur surveillance ; mais ces dépôts ne pourront être saisis qu'autant qu'il s'y trouvera une quantité de cinquante kilogrammes de sel au moins, pour laquelle il ne sera point justifié du paiement des droits. Ces recherches et visites ne pourront d'ailleurs être faites, dans les maisons habitées, qu'après le lever et avant le coucher du soleil, et avec l'assistance d'un officier municipal. Elles sont, dans tous les cas, interdites dans les communes au-dessus de deux mille ames.

Art. 33. Les dispositions des lois du 24 avril 1806 et de tous les actes du gouvernement en matière de sels, continueront à être exécutées en tout ce qui n'est pas contraire au présent titre.

---

24 DÉCEMBRE 1814. — **Loi sur les tabacs (Extrait de la).**

TITRE Ier. — De la fabrication et de la vente du tabac.

> Les articles 172 à 176 de la loi du 28 avril 1816 ont reproduit textuellement les cinq premiers articles de cette loi de 1814, dont toutes les autres dispositions ont été, d'ailleurs, renouvelées ou modifiées.

Art. 6. La régie est autorisée à vendre, au prix du tabac de cantine, des feuilles indigènes aux pharmaciens, aux propriétaires de bestiaux et aux artistes vétérinaires.

Art. 7. Les entreposeurs principaux et particuliers, et les débitans de tabacs, continueront d'être assujétis à un cautionnement. La régie pourra également en exiger, si elle le juge convenable, des préposés comptables en matières, pour garantie de leur gestion.

Art. 8. La régie pourra vendre les tabacs, soit en feuilles, soit fabriqués, avec condition de les exporter, aux prix qui seront déterminés par le ministre des finances.

TITRE II. — De la culture des tabacs.

Art. 9. La quantité de terre qui pourra être plantée en tabac sera déterminée par le ministre des finances, en proportion des besoins de la fabrication.

Le ministre désignera les départemens et arrondissemens de sous-préfecture dans lesquels les plantations de tabac seront exclusivement autorisées, et fera connaître aux préfets le nombre d'hectares qui pourra y être employé.

Art. 10. Tout particulier qui voudra cultiver du tabac sera tenu d'en faire la déclaration au sous-préfet de son arrondissement, avant le 1er février.

I! ne sera pas reçu de déclaration au-dessous de quarante ares ; chaque pièce de terre sera au moins de vingt ares.

Les déclarans seront tenus de justifier qu'ils en sont propriétaires ou fermiers en vertu de conventions par écrit.

Art. 11. Les déclarations énonceront la situation et la contenance de chaque pièce de terre, le nombre des pieds qui seront plantés, et la distance que les pieds auront entre eux.

Elles énonceront, en outre, l'engagement par les déclarans de livrer fidèlement la totalité des produits de leurs récoltes en tabacs.

Art. 12. Les cultivateurs obtiendront la décharge, en tout ou en partie, des pieds de tabacs détériorés ou détruits sur pied, s'ils ont préalablement appelé les employés de la régie à constater par procès-verbal, en présence du maire, et de concert avec lui, la détérioration ou la destruction des tabacs.

Art. 13. Dans les quinze premiers jours de février, le sous-préfet adressera au préfet le relevé en double des déclarations qu'il aura reçues.

Un double de ce relevé sera remis immédiatement au directeur des impositions indirectes, qui fournira au préfet, avant le 1er mars, ses observations et son avis sur chacune desdites déclarations.

Art. 14. Le préfet, après avoir pris l'avis du directeur des impositions indirectes, délivrera, avant le 1er mai, les permis de cultiver, dans la proportion de terre qui lui aura été indiquée par le ministre des finances pour chaque arrondissement, conformément à l'article 9, sans pouvoir excéder cette proportion.

Art. 15. Le sous-préfet remettra les permis de cultiver à ceux qui les auront obtenus, et notifiera par écrit aux particuliers dont les déclarations n'auraient pas été admises, que la culture leur est interdite.

Art. 16. Avant le 1er juin, le préfet fera remettre au directeur des impositions indirectes un état par lui certifié des permis délivrés, contenant les indications portées aux articles 10 et 11.

Art. 17. A moins d'une autorisation motivée sur l'intempérie de la saison, laquelle sera donnée par le préfet, sur la proposition du directeur des impositions indirectes du département, il ne pourra plus être fait de plantations après le 30 juin : à partir de cette époque, celles permises seront vérifiées.

Art. 18. Les plantations faites sans permis seront détruites aux frais des cultivateurs, sur l'ordre que le sous-préfet donnera à la réquisition du contrôleur principal de la régie dans l'arrondissement : les planteurs seront, en outre, condamnés à une amende de 100 francs si la plantation est faite sur un terrain ouvert, et de 300 francs s'il est clos de murs.

Art. 19. Lorsque la vérification de culture fera reconnaître qu'il y a eu inexactitude d'un cinquième en plus dans la déclaration d'un planteur, il perdra ses droits à la fixation des prix publiés par le ministre des finances.

La totalité de sa récolte sera mise à part dans les magasins de la régie, pour être achetée par elle de gré à gré, si mieux n'aime le propriétaire la faire exporter.

Art. 20. Dans les cas prévus par les articles 18 et 19, les cultivateurs perdront tout droit à obtenir, à l'avenir, des permis de culture.

Il en sera de même pour tout cultivateur qui aura soustrait tout ou partie de sa récolte.

Art. 21. Chaque cultivateur sera tenu d'arracher et détruire, à mesure qu'il fera ses récoltes, les tiges et souches de sa plantation, ainsi que les feuilles de pied et celles non marchandes : sur son refus, l'opération sera exécutée de la manière prescrite en l'article 18.

Art. 22. Il ne pourra être fait des semis de tabac qu'après une déclaration préalable au plus prochain bureau de la régie ; ces semis seront soumis aux visites des employés de la régie, et détruits par les semeurs le 15 juillet au plus tard.

Les semis ne pourront avoir lieu que dans les départemens où la culture est autorisée.

Les contraventions au présent article seront punies d'une amende de 50 francs.

Art. 23. Les charges des cultivateurs, c'est-à-dire les quantités de tabac qu'ils devront livrer pour l'accomplissement de leurs déclarations, seront établies, dans chaque département, par des vérifications et un inventaire dont le mode sera arrêté par le ministre des finances, sur la proposition du préfet, qui est tenu de prendre l'avis de notables cultivateurs et du directeur des impositions indirectes.

Art. 24. Les tabacs inventoriés seront portés au compte de chaque cultivateur, sur des registres à souche, qui seront cotés et paraphés par le sous-préfet.

Ces registres seront, après l'inventaire, déposés dans le magasin où les tabacs devront être livrés.

Art. 25. Le compte du cultivateur sera déchargé du tabac avarié chez lui, pourvu qu'il le présente au magasin de la régie, où il sera reconnu et détruit en présence des employés, qui en dresseront procès-verbal.

Art. 26. Lors de la livraison, les tabacs livrés seront portés à la décharge du compte du cultivateur, ainsi que les déductions légalement établies.

Art. 27. Le déficit résultant de la balance des charges et des décharges sera payé par le cultivateur, et, pour chaque kilogramme manquant, au prix du tabac fabriqué de seconde qualité.

Art. 28. Les sommes dues par les cultivateurs par suite de l'article précédent seront recouvrées dans la forme des impositions directes, sur un état remis par le directeur des impositions indirectes au préfet, qui le rendra exécutoire.

Art. 29. Les cultivateurs seront recevables, pendant le délai
d'un mois, à porter leurs réclamations contre la fixation des dé-
ficits devant le conseil de préfecture, qui devra prononcer dans
les deux mois qui suivront.

TITRE III. — De l'estimation des tabacs et de la fixation
des prix.

Art. 30. Dans le courant de janvier, le ministre des finances
fera connaître, par voie de publication et d'affiches, les prix fixés
pour les tabacs de la récolte prochaine, par chaque arrondissement où la culture aura été autorisée.

Art. 31. Les prix seront déterminés par première, seconde et
troisième qualités.

Art. 32. Dans les arrondissemens où la culture a été autorisée, les cultivateurs qui auront obtenu des permis de planter,
ou qui se seront conformés aux dispositions de l'ordonnance
du 29 juin 1814, recevront les prix fixés au mois de janvier
dernier.

Quant aux arrondissemens où la culture n'a pas été autorisée, le ministre des finances arrêtera, dans le courant de décembre 1814, les prix de la récolte de cette année. Ils ne pourront
être réduits de plus d'un quart au-dessous des prix les plus bas
accordés précédemment par la régie.

Dans le cas où les cultivateurs de ces arrondissemens préfére-
raient exporter leurs tabacs, ils en auront la faculté, en se conformant aux mesures qui seront indiquées à cet effet.

TITRE IV.—De la livraison et du paiement des tabacs.

Art. 33. Du 1er novembre au 1er mars suivant, la régie prendra livraison des tabacs récoltés.

Chaque cultivateur sera tenu de les faire conduire au magasin qui lui aura été indiqué et à l'époque fixée par la régie : il
ne pourra être obligé à les conduire hors du département, à
moins que la distance du magasin désigné n'excède pas trois
myriamètres.

Art. 34. A leur entrée dans les magasins, les tabacs seront
vérifiés et classés par des experts nommés, moitié par le sous-
préfet sur l'avis des dix principaux planteurs de tabac de l'arrondissement, moitié par la régie, et qui seront départagés, en
cas d'avis différent, par un tiers expert nommé d'avance par le
préfet.

Art. 35. Il sera remis à chaque cultivateur un récépissé énonçant les quantités qu'il aura livrées et le prix de l'estimation :
dès ce moment, les tabacs seront aux compte et risques de la
régie.

Les tabacs que les experts auront déclarés détériorés et reconnus impropres à la fabrication seront anéantis, et le compte du cultivateur en sera déchargé.

Art. 36. Les feuilles dites de pied et celles reconnues non marchandes par les experts, mais propres à être employées, pourront être achetées de gré à gré par la régie, au-dessous des fixations déterminées par le ministre, conformément aux articles 30, 31 et 32.

Si le propriétaire de ces feuilles n'est pas satisfait des prix que la régie en offrira, il sera libre de faire exporter ces tabacs en remplissant les formalités voulues pour l'exportation.

Art. 37. Les cultivateurs seront payés comptant, au bureau du receveur de la régie, du montant de leurs livraisons, à la présentation de leurs récépissés et sur leurs quittances.

Art. 38. Les experts nommés par le sous-préfet, et le tiers expert, pourront être salariés au moyen d'une retenue faite sur le prix des livraisons.

Cette retenue ne pourra, dans aucun cas, excéder un centime par kilogramme; et le montant en sera versé dans la caisse du receveur général des contributions, qui paiera lesdits experts sur les ordonnances du préfet.

TITRE V.

DISPOSITIONS GÉNÉRALES

Art. 39. Les tabacs en feuilles ne pourront circuler sans acquit-à-caution, si ce n'est pour être transportés du domicile du cultivateur au magasin de réception de la régie; et, en ce cas, ils seront accompagnés d'un passavant.

Les tabacs fabriqués ne pourront circuler sans acquit-à-caution, toutes les fois qu'ils excéderont la quantité de dix kilogrammes.

Art. 40. Les tabacs circulant en contravention de l'article précédent seront saisis et confisqués, ainsi que les chevaux, voitures, bateaux et autres objets servant au transport.

Les délinquans seront condamnés en outre à une amende qui ne pourra être moindre de 100 francs, ni excéder 1,000 francs.

Tout individu convaincu d'avoir fourni le tabac saisi en fraude sera passible des mêmes peines.

Art. 41. Les cultivateurs reconnus par l'accomplissement des formalités prescrites peuvent seuls avoir chez eux des tabacs en feuilles, et seulement depuis la récolte jusqu'au jour où ils auront terminé la livraison à la régie.

Art. 42. Nul particulier ne pourra avoir en provision des tabacs fabriqués autres que ceux des manufactures royales, et cette provision ne pourra excéder dix kilogrammes, à moins qu'ils ne soient revêtus des marques et vignettes desdites manufactures

Art. 43. Les contraventions aux articles 41 et 42 seront punies par la confiscation, et en outre par une amende de 10 francs par chaque kilogramme de tabac saisi sans pouvoir excéder la somme de 3,000 francs.

Art. 44. Tout particulier qui aura chez lui des ustensiles de fabrication, tels que moulin, râpes, hache-tabac, presse à carotte et autres, de quelque forme qu'ils puissent être, sera tenu d'en faire dans les quinze jours, à compter de la publication de la présente, la déclaration au bureau de la régie le plus voisin de son domicile, pour être lesdits ustensiles mis sous le scellé.

Tous ces ustensiles de fabrication qui, passé ledit délai, seront découverts, seront saisis et confisqués, et les détenteurs condamnés à une amende qui ne pourra être moindre de 50 francs, ni excéder 500 francs.

Art. 45. Seront considérés et punis comme fabricans frauduleux, les particuliers chez lesquels il sera trouvé à la fois et des instrumens propres à la fabrication ou pulvérisation, et des tabacs en feuilles ou en préparation, quelle qu'en soit la quantité, ou plus de dix kilogrammes de tabac fabriqué non revêtu des marques de la régie.

En ce cas, les tabacs et ustensiles de fabrication trouvés en fraude seront saisis et confisqués, et les contrevenans condamnés en outre à une amende de 1.000 à 3,000 francs.

En cas de récidive, l'amende sera double.

Art. 46. Le directeur et les agens supérieurs de la régie des impositions indirectes pourront autoriser des visites chez tout particulier soupçonné de faire ou favoriser la fraude ; mais les visites ne pourront avoir lieu qu'en présence du juge de paix, du maire ou de son adjoint, qui seront tenus de déférer à la réquisition par écrit qui leur en sera faite, et qui sera transcrite en tête du procès-verbal.

Art. 47. Les procès-verbaux constatant les contraventions et infractions à la présente loi seront rédigés et poursuivis d'après les règles établies pour les autres perceptions confiées à la régie des impositions indirectes.

Art. 48. Les employés des impositions indirectes et des douanes, les gendarmes, les préposés forestiers, les gardes champêtres, et généralement tout employé assermenté, pourront constater la fraude et le colportage des tabacs, procéder à leur saisie et arrêter les fraudeurs et les colporteurs.

Art. 49. Lorsque, conformément à l'article 48, les employés auront arrêté un colporteur de tabac, ils seront tenus de le conduire sur-le-champ devant un officier de police judiciaire, ou de le remettre à la force armée, qui le conduira devant le juge compétent, lequel statuera de suite, par une décision motivée, sur son emprisonnement ou sa mise en liberté.

Néanmoins, si le prévenu offre bonne et suffisante caution de se présenter en justice, et d'acquitter l'amende encourue suivant les cas, aux termes de l'un des articles 40, 43, 44 ou 45, ou s'il consigne lui-même le montant de ladite amende, il sera mis en liberté, s'il n'existe aucune autre charge contre lui.

Art. 50. Tout individu condamné pour fait de contrebande en tabac sera détenu jusqu'à ce qu'il ait acquitté le montant des condamnations prononcées contre lui : cependant le temps de la détention ne pourra excéder six mois, sauf le cas de récidive, où le terme pourra durer un an.

Art. 51. La contrebande de tabac avec attroupement et port d'armes sera poursuivie et punie comme celle en matière de douanes.

Art. 52. Des ordonnances du roi détermineront, sous les peines portées par les lois, les mesures nécessaires à l'exécution de la présente.

Art. 53. Les préposés aux entrepôts et à la vente des tabacs, qui seraient convaincus d'avoir falsifié des tabacs des manufactures royales, par l'addition ou le mélange de matières hétérogènes, seront destitués, sans préjudice des peines portées par l'article 178 du Code pénal.

Art. 54. La présente loi n'aura d'effet que jusqu'au 1er janvier 1816.

Art. 55. Les lois et décrets antérieurs à la présente, relatifs aux tabacs sont et demeurent supprimés.

----

13 JANVIER 1815. = **Ordonnance du roi qui accorde une amnistie aux individus poursuivis, détenus ou condamnés pour avoir pris part, dans le courant de 1814, aux désordres qui ont eu pour objet de provoquer l'abolition des droits réunis.**

----

10 FÉVRIER 1815. = **Ordonnance du roi qui exempte des droits d'octroi les matériaux destinés à la réparation des ponts, routes et chaussées rompus par suite des derniers événemens militaires.**

----

17 FÉVRIER 1815. = **Ordonnance du roi qui exempte des droits de circulation et de consommation les boissons destinées pour les colonies françaises.**

Article unique. Les droits de circulation et de consommation ne seront point perçus sur les boissons destinées pour les colonies françaises ; l'expéditeur sera seulement tenu, comme dans le cas d'exportation à l'étranger, de prendre un acquit-à-caution sur lequel sera désigné le lieu de sortie. Ce lieu ne pourra être changé sans donner ouverture au droit de circulation.

L'acquit-à-caution, revêtu du certificat de décharge, sera déposé au bureau de sortie, et renvoyé par le préposé de la régie au receveur du lieu d'enlèvement.

---

25 MARS 1815 = **Décret** qui sépare la direction générale des douanes de celle des contributions indirectes, etc. (1).

---

8 AVRIL 1815. = Décret sur les boissons.

Art. 1er. A partir du 1er juin prochain, le droit de circulation sur les boissons, et le droit de consommation générale sur l'eau-de-vie, seront supprimés. En conséquence, les expéditeurs ou conducteurs seront affranchis de l'obligation de se munir de congés, passavans, acquits-à-caution ou autres expéditions quelconques, pour le transport des boissons.

Art. 2. A dater de la même époque, les exercices à domicile et toutes autres formalités auxquelles sont actuellement soumis les débitans, brasseurs, distillateurs, marchands en gros, courtiers, facteurs, commissionnaires, et tous autres faisant un commerce quelconque de boissons, seront également supprimés.

Art. 3. Les droits d'entrée sur les boissons au profit du trésor cesseront, au 1er juin prochain, d'être perçus dans les lieux dont la population est au-dessous de quatre mille ames. Ils continueront de l'être dans les villes et bourgs d'une population agglomérée de quatre mille ames et au-dessus, conformément au tarif annexé au présent décret (2).

Art. 4. Les droits d'octroi sur les boissons, dans les communes de quatre mille ames et au dessus, seront, à dater de la même époque, réduits d'une somme égale à l'augmentation portée au nouveau tarif des droits d'entrée, de manière que la somme totale des deux taxes réunies reste exactement la même.

Art. 5. Lorsque les besoins des communes exigeront que la réduction prescrite par l'article précédent du tarif de leur octroi sur les boissons soit remplacée, en tout ou en partie, par une augmentation de quelques-unes des autres taxes établies, ou en imposant de nouveaux objets de consommation locale, les

---

(1) Voyez l'ordonnance du 17 mai 1814.

(2) Ce tarif, qui, comme le décret lui-même, n'a eu qu'un effet transitoire, n'est pas reproduit dans ce recueil, non plus que celui du droit de licence énoncé en l'article 13.

conseils municipaux en proposeront les moyens, suivant les formes prescrites par les réglemens.

Art. 6. Néanmoins, pour les villes et communes où les besoins du service exigeraient un remplacement immédiat, les préfets assembleront de suite les conseils municipaux pour délibérer et proposer le mode de remplacement. Les préfets pourront approuver et faire exécuter provisoirement les délibérations prises par les conseils municipaux, à la charge toutefois de les transmettre, sans délai, à notre ministre des finances, pour y être statué définitivement, conformément à notre décret du 17 mai 1809.

Art. 7. Les droits à la vente en détail des boissons, et ceux à la fabrication des bières, seront remplacés à l'avenir au moyen d'une répartition entre les débitans et les brasseurs. Le montant des droits acquittés en 1812, dans chaque département, sous la déduction d'un dixième pour frais de régie, servira de base à cette répartition.

Art. 8. Le directeur des contributions indirectes de chaque département remettra au préfet l'état divisé par communes des droits perçus dans chacune d'elles pendant l'exercice 1812; cet état sera certifié par le directeur et arrêté par le préfet.

Art. 9. Le maire de chaque commune, à la réception de l'extrait de l'état général, arrêté par le préfet, et d'après les renseignemens remis au maire, par le préposé de la régie, sur la quotité des droits acquittés par chaque redevable en 1812, ou par tout débitant ou brasseur établi postérieurement, réunira les brasseurs et les débitans actuels, ou les syndics nommés parmi eux, et, eux entendus ou dûment appelés, procédera à la répartition d'après l'importance du commerce de chacun.

Art. 10. L'état de répartition arrêté par le maire sera exécutoire. Il sera remis au collecteur préposé pour chaque canton par l'administration des contributions indirectes, lequel sera chargé de faire à domicile le recouvrement des droits. Ils devront être acquittés par vingt-quatrième, à la fin de chaque quinzaine, sauf les modifications que les localités pourraient exiger.

Art. 11. Les collecteurs sont autorisés à décerner contre les retardataires, des contraintes qui seront exécutoires, nonobstant opposition et sans y préjudicier, après avoir été visées par les juges de paix.

Art. 12 Les réclamations des redevables seront remises au maire, qui, après avoir entendu les parties intéressées, et pris l'avis du collecteur du canton, adressera le tout, avec son avis, au préfet, pour être statué en conseil de préfecture, le directeur des contributions indirectes préalablement entendu.

Art. 13. Nul ne pourra, à compter du 1er juin prochain, vendre en détail des boissons ou fabriquer des bières, s'il n'a préalablement fait sa déclaration à la mairie, et obtenu une licence dont le prix sera payé conformément au tarif ci annexé (1). Ce prix sera acquitté à l'avance par quart, et exigible tant que le redevable continuera son commerce. Il n'en sera exigé que les sept douzièmes pour l'année courante.

Les licences seront renouvelées chaque année.

Art. 14. Les débitans qui s'établissent accidentellement sur les foires ou marchés, seront tenus de faire une déclaration chez le maire de la commune, avant l'ouverture de leur débit, et de consigner une somme équivalente aux droits qu'ils seront présumés devoir acquitter en raison des quantités de boissons en leur possession. Les maires et syndics détermineront, à l'expiration du débit, les droits à payer par chaque débitant, en proportion de ses ventes, et lui feront restituer par le collecteur l'excédant de la somme consignée.

Les droits ainsi recouvrés seront précomptés sur les sommes à répartir, pour le trimestre suivant, sur les débitans ordinaires de la commune.

Art. 15. Toute personne qui, après le 1er juin prochain, fabriquera de la bière ou vendra des boissons en détail, sans être pourvue de licence, sera passible de l'amende de 300 francs à 1,000 francs, et de la confiscation des boissons trouvées en sa possession, conformément à l'article 84 de la loi du 8 décembre 1814.

Art. 16. La contravention prévue par l'article précédent sera constatée par des procès-verbaux rapportés sur la réquisition de l'un des brasseurs ou débitans, ou du collecteur, ou même d'office, par le maire ou son adjoint, le juge de paix ou son suppléant, ou par tout autre officier de police judiciaire. Les instances auxquelles ces procès-verbaux pourront donner lieu, seront portées devant les tribunaux de police correctionnelle ; les condamnations seront prononcées au profit des redevables de la même commune.

Art. 17. Les employés des contributions indirectes qui ne pourront être maintenus en fonctions par l'effet du présent décret, obtiendront des pensions de retraite, qui seront liquidées conformément aux réglemens antérieurs au 1er avril 1814. Ceux des employés supprimés par la même cause, qui, aux termes des réglemens sur les retraites, n'auront pas droit à une pension, recevront une somme proportionnée à l'ancienneté de leurs services et à leur position domestique. Cette somme ne pourra être moindre de la moitié d'une année de leur traitement d'activité.

Art. 18. Les employés réformés seront appelés de préférence à tous autres à remplir les emplois vacans ; et, dans ce cas, les pensions qui leur auront été accordées, seront suspendues.

Art. 19. Tous les droits acquis au trésor jusqu'au 1er juin prochain, en vertu des lois actuellement en vigueur, seront exi-

(1) Voyez la note 2 de la page 299.

gés et recouvrés suivant les formes prescrites par les réglemens.

Art. 20. Les lois, décrets et réglemens antérieurs continueront à être exécutés dans toutes les dispositions qui ne sont pas
contraires à celles du présent décret.

---

27 AVRIL 1815 = **Décret qui met à la charge de ceux
qui les ont ordonnés ou y ont concouru tout prélèvement et emploi de fonds publics non autorisés par ordonnance ou autorisation préalable du ministre compétent.**

Art. 1er. Toute disposition et emploi de deniers publics contraires aux règles de la comptabilité, sont et
resteront à la charge de la responsabilité de ceux qui
les ont provoqués, et des comptables qui y ont concouru, jusqu'à ce que le ministre qui devait ordonner
ces dépenses ait été autorisé par nous, d'après le
compte qu'il nous en aura rendu, à les imputer sur les
fonds de son budget, et à les régulariser par ses ordonnances.

Art. 2. Tout prélèvement de fonds publics, à quelque titre qu'il ait lieu, lorsqu'il n'est pas autorisé par
une ordonnance ou autorisation préalable du ministre
compétent, est réputé violation de caisse : ceux qui y
prennent part en sont responsables et demeurent passibles des poursuites encourues pour l'emploi irrégu-
lier et le détournement des deniers de l'état.

---

19 MAI 1815. = **Décret qui accorde une prime à ceux
qui opéreront des saisies de tabac ou qui faciliteront
l'arrestation des colporteurs et contrebandiers de tabacs.**

Art. 1er. Il est accordé aux employés des douanes,
gendarmes, préposés forestiers, gardes champêtres et
préposés des octrois, qui ont opéré des saisies de tabac,
une prime de 20 centimes par kilogramme de feuilles,
et de 30 centimes par kilogramme de tabac fabriqué,
sans égard à la qualité, laquelle prime leur sera payée

comptant au moment du dépôt des tabacs au *contrôle principal*. Indépendamment des répartitions auxquelles ils ont droit, il leur est aussi accordé 6 *francs par individu* (1) pour chaque contrebandier ou colporteur qu'ils auront arrêté et constitué prisonnier. Les procès-verbaux seront rédigés dans les formes propres à l'administration à laquelle appartient chaque préposé.

Art. 2. Les débitans de tabac, les préposés étrangers à l'administration des *impositions* indirectes, et de même tous les individus qui faciliteront l'arrestation des colporteurs et contrebandiers de tabac, ou qui concourront à la saisie des tabacs prohibés, auront droit aux primes accordées par l'article précédent.

---

29 JUILLET 1815. = Ordonnance du roi qui maintient provisoirement, avec quelques modifications, les changemens apportés, par l'acte du 8 avril 1815, à la perception des droits sur les bo.ssons.

Art. 1er. Les changemens apportés par l'acte du 8 avril dernier, à la perception des droits sur les boissons, sont provisoirement maintenus.

Art. 2. Néanmoins, et en vertu de l'article 73 de la loi du 8 décembre 1814, la régie est autorisée, pour le quatrième trimestre de 1815, à réduire, en faveur des redevables d'une commune, la somme à répartir d'après l'article 7 du susdit acte, toutes les fois qu'il sera reconnu que ces redevables seraient imposés au delà de l'importance de leur commerce, si l'on prenait pour base unique les produits de 181?.

---

20 SEPTEMBRE 1815. = Ordonnance du roi qui accorde une prime pour les saisi.s de tabacs et pour arrestation de colporteurs.

Cette ordonnance n'est que la reproduction textuelle du décret du 19 mai 1815.

---

(1) 15 francs. (*Ordonnance du 31 décembre 1817, art. 1er.*)

---

11 OCTOBRE 1815. = Ordonnance du roi qui proroge jusqu'au 1er janvier 1817 la perception des octrois par abonnement.

---

27 MARS 1816. = Ordonnance du roi concernant les fonds de retenue et les pensions des employés des administrations des octrois des villes.

---

27 MARS 1816. = Ordonnance du roi relative à la suppression des entrepôts principaux de tabac.

FIN.

TABLE ANALYTIQUE DES MATIÈRES

PAR ORDRE ALPHABÉTIQUE.

A.

Abonnemens. — Voyez *Débitans de boissons, Détail (Droit de).*

Acquits-à-caution. = (DÉCRET DU **22 AOUT 1791**.) Soumission qu'ils doivent contenir ; plombs et cordes ; représentation et décharge des acquits ; certificats de décharge ; double droit ; justification des retards ; défaut d'identité des marchandises ; saisie, confiscation et amende ; rapport dans les délais des acquits-à-caution déchargés ; vérification à l'effet de constater la sincérité des certificats de décharge ; restitution des droits consignés ; production de certificats de décharge en bonne forme dans le terme de six mois après l'expiration du délai fixé par l'acquit-à-caution ; restitution des sommes payées ; contraintes : elles sont exécutoires nonobstant opposition, si ce n'est pour défaut de certificats de décharge, en consignant le simple droit, 2 à 6. = (DÉCRET DU **5 MAI 1806**.) Tout ce qui concerne les acquits-à-caution doit être réglé suivant la loi du 22 août 1791, 145. — Voyez *Circulation (Droit de)*, *Consommation (Droit de)*, *Dispositions générales*, *Sels.*

Adjudication des coupes de bois. = (DÉCRET DU **11 JANVIER 1808**.) Indemnité qui, dans certains cas, devait, aux termes de ce décret, être versée dans les caisses de la régie, 138.

Alimens. = (DÉCRET DU **4 MARS 1808**.) Alimens des débiteurs de l'état détenus en prison ; point de consignation particulière ; la dépense est comprise au nombre de celles du département de l'intérieur pour le service des prisons, 159.

Amendes et confiscations. — Voyez *Organisation.*

Amnistie. = (ORDONNANCE DU **13 JANVIER 1815**.) Amnistie relativement aux désordres qui, en 1814, ont eu pour objet de provoquer l'abolition des droits réunis, 298.

B.

Bacs et passages d'eau. = (LOI DU **16 BRUMAIRE AN 5**.) Fixation des droits de bac et de passage sur la rivière de Seine,

26.

à Paris et à Passy, 8. = (LOI DU **6** FRIMAIRE AN **7**.) Prise de possession par l'état des bacs et bateaux établis à la traverse des fleuves, rivières et canaux navigables, 50.—Etat, estimation et paiement du matériel de chaque passage d'eau, 50.—Exception pour les bateaux particuliers et pour les barques, batelets et bachots à l'usage de la marine marchande, 51.—Remise provisoire, sous caution et à titre de séquestre, dudit matériel à des abonnataires, 52. — Opérations préliminaires à la mise en ferme, 53. — Adjudications et fermes; énonciations des procès-verbaux d'adjudication; entretien du matériel; tarif du péage; poteau; niveau d'eau, 54, 55.—Administration, police et perception; passages communs à deux départemens; attributions administratives et judiciaires; visites annuelles des bacs, bateaux, etc., 56.—Réparations, reconstructions, vérifications des ingénieurs; changemens aux cales, ports, abordage et chemins; procès-verbal spécial, 57. — Changemens accidentels, 58. — Etablissement, en cas de nécessité, de nouveaux bacs et bateaux; suspension de passage pendant la nuit, et fermeture avec chaînes et cadenas des bacs et agrès; passage par exception durant la nuit et service des veilleurs ou quarts; mesures de police et de sûreté, 58.—Fixation du nombre de passagers et de la quantité de chargement afférens à chaque bac; police et mesures de sûreté; en cas de passage la nuit, exhibition des passeports des voyageurs; exception pour les voitures publiques, les courriers, etc.; garanties à exiger des mariniers; paiement des droits de passage, 59.—Exemptions: fonctionnaires auxquels elles sont applicables; dispositions pénales; perception supérieure à la taxe; amende et emprisonnement, 60. — Exaction accompagnée d'injures, menaces ou voies de fait; pénalité; responsabilité des adjudicataires; destitution; résiliation des baux; non-paiement de la taxe par les passagers; injures ou voies de fait, pénalité, tribunaux de police correctionnelle, 61. — Concours aux fraudes et contraventions; pénalité; consignation du montant des condamnations; mise en fourrière des voitures, chevaux et marchandises à défaut de consignation; restitution des consignations; comptabilité et destination des produits, 62. — Dispositions générales, 63. = (LOI DU **14** FLORÉAL AN **10**.) Droits sur les bacs et sur les ponts; fixation des tarifs; autorisation d'établissement des ponts, durée de jouissance, retour à l'état, 80. = (ARRÊTÉ DU **8** FLORÉAL AN **12**.) Baux des droits de bacs et passages d'eau; adjudication à l'enchère publique; durée des baux; estimation des effets mobiliers affectés au service des bacs, 105.

Bières (Droit de fabrication des). —Voyez *Brasseurs.*

Boissons. = (LOI DU **13** FLORÉAL AN **11**.) Etablissement d'une taxe sur les vins et eaux-de-vie dans le port de Cette pendant cinq ans, 86. = (LOI DU **5** VENTOSE AN **12**.) Inventaire annuel des vins, cidres et poirés, 91. — Ouverture des caves, celliers et magasins; remplacement facultatif de l'inventaire dans les villes murées ou reconnues fermées; droit d'inventaire; déduction de 10 p. 0/0 sur les quantités inventoriées; droit de

40 centimes par hectolitre à la vente des vins, et de 16 centimes par hectolitre à la vente des cidres et poirés; exemption pour les boissons faites avec de l'eau passée sur les marcs; représentation des quittances; déduction pour consommation de famille, 92. = (Décret du 1er germinal an 13.) Les vins, cidres et poirés, vendanges et fruits en nature, enlevés pendant la durée des inventaires, ne peuvent être introduits dans les villes à octroi sans y acquitter à l'entrée les droits d'inventaire; déduction pour consommation de famille sur les poirés; option entre la déduction sur les vins et celle sur les cidres ou poirés, 117. = (Décret du 13 fructidor an 13.) Les hospices, colléges, maisons d'instruction, etc., n'ont droit qu'à une déduction de 9 hectolitres de vin pour consommation de famille, 130. = (Décret du 1er vendémiaire an 14.) Paiement du droit d'inventaire sur les vins, cidres et poirés; transports que les propriétaires effectueront de leurs caves et celliers à leur domicile, 133. — Ouverture, pendant le temps des inventaires, des caves, celliers, magasins et autres endroits propres à recevoir des boissons; pénalité; déclaration exacte, lors du récolement, des quantités restantes de boissons comprises dans les précédens inventaires; pénalité, 134. = (Loi du 24 avril 1806.) Paiement du droit d'inventaire au moment de l'enlèvement, 135. — Droit de vente et revente en gros des vins, cidres, poirés, bières, eaux-de-vie, esprits et liqueurs; déclaration avant l'enlèvement; paiement du droit; congés et passavans; timbre (cinq centimes), exhibition; déclaration inexacte des prix de vente et de revente en gros, 136. = Décret du 5 mai 1806.) Enonciations des déclarations pour obtenir des passavans et congés; représentation de ces expéditions aux employés des droits réunis, des douanes et des octrois; cas d'exemption du droit de vente en gros, 139, 140.=(Loi du 21 novembre 1808.) Droits sur les vins et eaux-de-vie à percevoir dans le port de Cette et dans les autres ports du golfe, depuis l'embouchure du Rhône jusqu'aux côtes de l'Espagne, 166. = (Loi du 25 novembre 1808.) Suppression des droits d'inventaire et de vente et revente en gros; établissement du droit de mouvement payable à chaque enlèvement de vin, cidre, poiré, eau-de-vie, esprits et liqueurs; tarif de ce droit pour chaque espèce de boisson, 166. — Tableau des départemens divisés en quatre classes pour la perception du droit de mouvement sur les vins, 170. — Etablissement d'un droit d'entrée sur les mêmes boissons dans les villes et bourgs de deux mille ames et au-dessus, 167. — Tarif du droit d'entrée par espèce de boisson et d'après la population du lieu sujet, 167, 171. = (Décret du 21 décembre 1808.) Maintien des formalités relatives aux enlèvemens des boissons (la déclaration du prix de vente exceptée); cas d'exemption du droit de mouvement pour les propriétaires et négocians; interruption de transport de boissons, formalités, 172.—Voyageurs; franchise pour trois bouteilles; contravention et pénalité, 173. = (Décret du 12 octobre 1812.) Formalités pour la circu-

lation des eaux-de-vie, esprits et liqueurs ; acquit-à-caution
pour le transport ; double ou extrait de cet acquit à transmettre
du lieu d'expédition à celui de destination, 232. — Paiement du
droit de 15 p. 0/0 d'après les prix-courans de la vente ; obligations à trois, six ou neuf mois ; décharge de l'acquit-à-caution,
et, à défaut, avertissement et poursuites, 232. — Décharge de
l'acquit après paiement du droit ou prise en charge, 233. —
Franchise du droit pour les transports d'une cave à une autre
appartenant à la même personne ; déduction pour ouillage et
coulage accordée aux assujétis autres que les débitans, 233. —
Affranchissement des exercices pour les propriétaires de vignobles qui font convertir leurs vins en eaux-de-vie, 233.—Exemption du droit sur les eaux-de-vie exportées, 233. — Maintien des
droits établis aux entrées de plusieurs villes en remplacement
du droit de détail, 233.=(DÉCRET DU **5 JANVIER 1813**.) Tarif
du droit de mouvement sur les boissons divisé en quatre classes
de départemens, 234.—Tableau de ces classes, 236.—Tarif des
droits d'entrée sur les boissons, 234, 235.—Le droit à la vente
en détail des vins, cidres, poirés, eaux-de-vie, liqueurs, etc.,
est fixé à 16 centimes 2/3 de la valeur de ces boissons, 234.
— Tarif des droits fixes établis au profit du trésor aux entrées de plusieurs villes, en remplacement des droits de mouvement et de détail, 234.—Le droit de timbre de chaque expédition
et quittance est porté à un décime, 235.=(DÉCRET DU **27 AVRIL
1814**, DE S. A. R. MONSIEUR.) Il n'est dû qu'un seul droit de
mouvement pour un même transport de boissons, 241.—Déduction pour coulage de route accordée à l'arrivée des boissons et
réglée suivant les usages des tribunaux de commerce, **241**. —
Remplacement du droit de mouvement et de celui de détail, et
suppression des exercices (dans les villes ou communes où il est
perçu des droits d'entrée ou d'octroi) par une taxe additionnelle
aux droits d'entrée, 242.—Tarif de cette taxe dressé pour chaque
ville et commune ; adoption par les conseils municipaux ; dans
le cas contraire. maintien des exercices, 242. —Obligation des
entrepositaires dans les villes où les exercices ont cessé, **242**. —
Dans les lieux soumis aux exercices, la perception du droit de
détail, au lieu d'être faite d'après la déclaration du prix de
vente, est réglée, par départemens, sur la valeur moyenne de
chaque espèce de boisson, 242.—Abonnemens avec les débitans,
242.—Timbre des expéditions et quittances réduit à 5 centimes,
242.=(DÉCRET DU **8 AVRIL 1815**.) Mode exceptionnel de perception sur les boissons pendant la période dite des *Cent-Jours*;
suppression des droits de circulation, de consommation, de fabrication des bières et de détail, et suppression des exercices,
299, 300. —Remplacement de ces droits par une répartition du
montant des droits acquittés en 1812; mode d'opérer, 300. —
Suppression des droits d'entrée dans les villes ou communes de
moins de 4,000 ames; réduction des droits d'octroi dans les
mêmes lieux, 299.—Recouvrement des droits par des collecteurs;
contraintes, 300. — Déclaration et licence annuelle des débitans

et des brasseurs, 300.—Débitans forains, 301. — Contraventions et pénalité, 301.—Employés réformés ou supprimés ; retraite ou indemnité, replacement, 301. — Recouvrement des droits acquis au trésor en vertu des lois en vigueur, 301.—Maintien des dispositions antérieures non contraires au décret du 8 avril 1815, 302. = (ORDONNANCE DU 29 JUILLET 1815.) Maintien provisoire des dispositions du décret du 8 avril 1815 sur les boissons, 303.—Réduction du montant de la répartition qui pourrait être onéreuse à certains redevables. 303. – Voyez *Circulation (Droit de)*, *Consommation (Droit de)*, *Débitans*, *Décime*, *Détail (Droit de)*, *Dispositions générales*, *Entrée (Droit d')*, *Marchands en gros*, *Paris (Ville de)*, *Perceptions*.

Bouilleurs de cru.—Voyez *Boissons*.

Brasseurs. = (LOI DU 5 VENTOSE AN 12.) Déclarations à faire à la régie ; droit de fabrication des bières ; contenance de la chaudière ; déduction pour ouillage et autres accidens ; comptes des brasseurs ; réglement trimestriel des comptes et paiement en obligations cautionnées ; brasseries domestiques, exemption des droits ; déclaration, contraventions, pénalité, 93. = (DÉCRET DU 17 MESSIDOR AN 12) Traite à fournir par les brasseurs, 106. = (DÉCRET DU 1er GERMINAL AN 13.) Epalement des chaudières de fabrication ; entonnement de la bière pendant le jour, 118.—Restriction de l'exemption du droit de fabrication ; visites et exercices ; enseigne extérieure ; contravention et pénalité, 119. = (DÉCRET DU 20 FLORÉAL AN 13.) La déduction de 15 p. 0/0 sur la fabrication de la bière est portée à 18 p. 0/0 pour la bière rouge seulement, 126.—Exemption du droit pour la petite bière provenant d'eau versée sur les marcs, 126. = (DÉCRET DU 13 FRUCTIDOR AN 13.) Les hospices, colléges, maisons d'instruction et autres établissemens publics n'ont pas droit à l'exemption de la taxe, mais seulement à une déduction ; quotité de cette déduction, 130. =(LOI DU 24 AVRIL 1806.) Etablissement du droit à la vente et revente en gros, et à la vente en détail des bières, 136. = (DÉCRET DU 5 MAI 1806.) Congés, passavans, exercices pour la perception des droits sur les bières, 139.=(LOI DU 25 NOVEMBRE 1808.) Droit fixe de 2 francs par hectolitre à la fabrication des bières, quelle qu'en soit l'espèce ou la qualité, en remplacement des droits perçus jusqu'alors tant à la fabrication qu'aux ventes en gros et en détail ; petite bière, exemption, conditions ; déduction de 20 ou de 15 p. 0/0 ; brasseries domestiques, exemption ; perception du droit sur les bières destinées à être converties en vinaigre ; changement dans la contenance des chaudières, cuves et bacs, déclaration, nouveau jaugeage ; visites dans les brasseries avant le lever et après le coucher du soleil ; registres des brasseurs ; mesures transitoires, 168.—Paiement mensuel des droits ; obligations cautionnées à trois, six et neuf mois de date, de 300 francs au moins chacune ; bières fabriquées à Paris ; contraventions et pénalité, 169. = (DÉCRET DU 28 MAI 1809.) Remise des deux tiers du droit de fabrication sur la bière convertie en vinaigre

exporté à l'étranger ; formalités, acquits-à-caution, visa et décharge, 199. = (DÉCRET DU **5** JANVIER **1813**.) Droit de fabrication élevé à 3 francs par hectolitre, 234. = (DÉCRET DU
27 AVRIL **1814**, DE S. A. R. MONSIEUR.) Réduction du droit
de fabrication à 2 francs ; la déduction pour ouillage et coulage
est portée à 20 p. 0/0 de la contenance brute des chaudières,
242. = (LOI DU **8** DÉCEMBRE **1814**.) Tarif du droit de fabrication pour la bière forte et la petite bière, 257.—Comment appliquer la taxe sur la petite bière, 257.—Evaluations des quantités
passibles du droit, soit d'après la contenance de la chaudière,
soit d'après celle des cuves, 257.—Déduction de 20 p. 0/0 pour
déchets de fabrication ; vérifications, excédans imposables ou
saisissables ; entonnement de jour ; mise aux bacs ; décharges
partielles, 257.—Petite bière sans ébullition, 257. —Bières converties en vinaigre, 258.—Excédans reconnus dans les cuves et
bacs ou à l'entonnement ; chaudières fixes et maçonnées ; contenance, 258.—Brasseries ambulantes interdites, 258.—Déclaration de la contenance des chaudières, cuves et bacs ; vérification
par empotement ; changemens dans cette contenance, 258.—Déclaration de mise de feu, 258. — Chaudière supplémentaire ;
hausses mobiles ; enseigne ; marque des tonneaux, 259.—Visites
et exercices ; communication avec les maisons voisines, 259.—
Registre des brasseurs ; comptes ouverts avec la régie, 259.—
Paiement en obligations cautionnées, 259. — Brasseries domestiques, collèges, etc., 260. — Licence préalable et annuelle des
brasseurs, prix, 260. — Contraventions et pénalité, 260.=(DÉ-
CRET DU **8** AVRIL **1815**) Mode exceptionnel de perception
pendant la période dite des *Cent-Jours,* 299. — Suppression du
droit de fabrication des bières ; remplacement au moyen d'une
répartition (voyez au mot *Boissons* l'analyse de ce décret) ; déclaration et licence annuelles des brasseurs, 300, 301.—Contraventions et pénalité, 301.—Voyez *Contraintes, Décime, Dispositions générales, Obligations cautionnées.*

C.

Caisses. = (ARRÊTÉ DU **8** FLORÉAL AN **10.**) Dispositions
pour la sûreté des caisses et la responsabilité des comptables,
79.—Voyez *Comptables, Paiement, Passe de sacs.*
Cartes à jouer.=(ARRÊTÉ DU **3** PLUVIOSE AN **6**.) Droit de
timbre. Tarif, perception, 40. — Commissions des fabricans et
débitans de cartes ; registres, 41. — Obligations pour les entrepreneurs et directeurs de bals, réunions, clubs, billards, cafés
et autres lieux publics, d'inscrire leurs achats sur un registre
indiquant les noms des vendeurs ; visites et vérifications des
préposés de la régie, 42. — Les cartes ne peuvent entrer dans le
royaume ou en sortir sans l'empreinte du filigrane et du timbre,
42. — Contraventions et pénalité, 43. == (ARRÊTÉ DU **19** FLO-

RÉAL AN **6**.) Timbre, 44.—Défense à tous particuliers de vendre aucun jeu de cartes, sous bandes ou sans bandes, neuves ou ayant servi, 45. — Déclarations des fabricans; défense aux graveurs de graver aucun moule de cartes, sans déclaration préalable à la régie, 45. — Registre des débitans et des chefs de lieux publics; fabrication illicite et recoupe des cartes et tarots; cartes destinées pour l'étranger; contraventions et pénalité, 46. — Recherches de la fraude, 47. = (ARRÊTÉ DU **21** VENDÉMIAIRE AN **7**.) Prorogation de la faculté de vendre des cartes d'anciennes fabrications, 48. = (DÉCRET DU **11** THERMIDOR AN **12**.) Filigrane du papier des cartes, bandes à timbre sec, écusson, exergue, 106.=(DÉCRET DU **30** THERMIDOR AN **12**.) Remboursement des droits sur les cartes à jouer exportées a l'étranger, 106. — Règles et formalités, 107. = (DÉCRET DU **1**er GERMINAL AN **13**.) Les fabricans ne peuvent s'établir hors des chefs-lieux de direction de la régie; tous les moules doivent être déposés dans le principal bureau du lieu de la fabrique où les fabricans sont tenus de venir imprimer les cartes à figures; les cartes ne peuvent être fabriquées que sur du papier filigrané délivré par la régie, et dont le prix est réglé annuellement, 118.=(DÉCRET DU **4** PRAIRIAL AN **13**.) Contraventions et pénalité, 127. = (DÉCRET DU **13** FRUCTIDOR AN **13**.) Prix du papier filigrané; échantillons, 131. — Déduction; placement distinct dans les magasins des différentes natures de jeux et de papier. Prohibition des cartes fabriquées à l'étranger, 132. — Bande de contrôle à timbre sec; contraventions et pénalité, 133. = (DÉCRET DU **16** JUIN **1808**.) Moules uniformes à vingt-quatre cartes; suppression des anciens moules, 162.—Exception pour les tarots; dépôt dans les bureaux de la régie; ces cartes sont en papier libre; légende pour leur circulation intérieure; exportations, droit de 5 centimes, formalités; cartes usitées en France; circulation, déclarations, congés; mesures transitoires, 163.—Cartes recoupées ou réassorties, interdiction; contraventions et pénalité, 164. = (DÉCRET DU **9** FÉVRIER **1810**.) Feuilles de moulage fournies par la régie; enveloppes que les fabricans doivent mettre sur chaque jeu; dépôt de l'empreinte de cette enveloppe, tant au greffe que dans les bureaux de la régie; changement de la forme desdites enveloppes, déclaration et dépôts; fausses enveloppes, 203.—Enveloppes par sixain, en forme de bandes, laissant apparentes les bandes de contrôle de la régie; dessus de cartes en papier blanc; droit uniforme pour les cartes à portraits français; le papier et le moulage des cartes à figures sont gratuits; double droit sur les jeux manquans en fin d'année; droit uniforme pour les tarots et autres cartes dont les figures diffèrent de celles de France; simple droit de 5 centimes, en cas d'exportation; vente des cartes par les fabricans patentés ou par les débitans; commission de ces derniers, elle est révoquée en cas de fraude; moules faux ou contrefaits; contraventions et pénalité. Dépôt au greffe de l'empreinte des nouvelles cartes, 204.

Cassation (Cour de). — Voyez *Organisation judiciaire.*
Cassation (Pourvoi en). — Voyez *Organisation judiciaire.*
Cautionnemens. = (LOI DU **5** VENTOSE AN **12**.) Les comptables fournissent un cautionnement qui est déposé à la caisse d'amortissement, 96. = (DÉCRET DU **22** FRIMAIRE AN **13**.) Cautionnemens provisoires des directeurs receveurs généraux de la régie, 114. = (LOI DU **25** NIVOSE AN **13**.) Remboursemens ; mesures y relatives, 115.=(LOI DU **6** VENTOSE AN **13**.) Complément de la loi précédente , 117. = (LOI DU **24** AVRIL **1806**.) Les comptables ne peuvent être installés qu'après avoir versé leurs cautionnemens, 133. = (DÉCRET DU **29** AOUT **1807**.) Le cautionnement des receveurs particuliers sédentaires et ambulans est fixé à 3,000 francs, 156. = (DÉCRET DU **28** AOUT **1808**.) Ce cautionnement est affecté à la garantie de la gestion du titulaire, quel que soit le lieu où il exerce ses fonctions ; oppositions formées à la caisse d'amortissement et non ailleurs ; demande de remboursement, 165. = (DÉCRET DU **29** AOUT **1813**.) Fixation des cautionnemens des employés des droits réunis et des octrois, 240. — Ceux des receveurs principaux, des receveurs particuliers sédentaires, des receveurs centraux et spéciaux des droits d'entrée et d'octroi, et des receveurs particuliers de la navigation, sont en numéraire ; ils sont versés à la caisse d'amortissement ; intérêt fixé à 4 p. 0/0 ; dispositions transitoires touchant les versemens et les remboursemens : fixation des cautionnemens des receveurs spéciaux des droits d'entrée et d'octroi, lesquels peuvent être fournis, soit en numéraire ou en inscriptions sur le grand-livre, soit en immeubles, 240.—Quand un préposé réunit plusieurs recettes , il n'est tenu qu'au cautionnement de la plus forte, 241. — Voyez *Octrois, Organisation, Tabacs.*
Circulation (Droit de).=(LOI DU **8** DÉCEMBRE **1814**.) Tarif, 243, 264. — Déclarations au départ ; exhibition des expéditions en cours de transport ; délais de route ; libre circulation des vendanges ou fruits , 244. — Exemptions des droits, passavant, acquit-à-caution, 243.—Paiement du droit à l'enlévement et une seule fois, quelle que soit la durée du transport. Interruption des transports , opérations pour la conservation des boissons transportées, 245.—Coulage de route, 246. — Dispositions spéciales à la circulation des eaux-de-vie, 246. — Boissons exportées ; voyageurs : exemption, 246.—Contraventions et pénalité, 244, 246.—Suppression facultative du droit à la circulation dans les villes fermées, moyennant la perception d'une taxe additionnelle aux droits d'entrée, 254.—Contraventions et pénalité, 255. = (ORDONNANCE DU **17** FÉVRIER **1815**.) Boissons destinées pour les colonies françaises : exemption ; acquit-à-caution à déposer au bureau de sortie, 298.—Voyez *Boissons, Dispositions générales.*
Comptables. = (ARRÊTÉ DU **18** FRUCTIDOR AN **8**.) Paiemens faits sans une ordonnance régulière ; responsabilité, 78. = (DÉCRET DU **1**er GERMINAL AN **13**.) Nullité des saisies du

produit des droits entre les mains des préposés de la régie ou
dans celles des redevables. En cas d'apposition des scellés sur
les effets et papiers des comptables les registres de l'année courante seront seulement arrêtés et paraphés par le juge, 123. =
(DÉCRET DU **27 AVRIL 1815**.) Tout emploi de fonds publics
non régulièrement autorisé est mis à la charge de ceux qui
l'ont ordonné ou y ont concouru, 302. — Voyez *Caisses, Cautionnemens, Débets des comptables, Paiement.*

Conseil d'état. = (DÉCRET DU **22 JUILLET 1806**.) Réglement sur les affaires contentieuses portées au conseil d'état,
148.

Consommation (Droit général de). = (LOI DU **8 DÉCEMBRE
1814**.) Perception de ce droit sur toutes les quantités d'eau-
de-vie, d'esprit ou de liqueurs à la destination de personnes non
assujéties aux exercices, 253. — Est réglé à l'enlèvement ou à
l'arrivée, d'après les prix courans de la vente, 254. — Exemptions générales; exportations, transports d'une cave à une autre,
quantités versées sur les vins ou dénaturées, 254. = (ORDON-
NANCE DU **17 FÉVRIER 1815**.) Exemption pour les boissons
expédiées aux colonies françaises, 298. — Acquit-à caution, certificat de décharge, dépôt au bureau de sortie, 299.

Contraintes. = (DÉCRET DU **1er GERMINAL AN 13**.) Il en
est fait usage contre les redevables en retard, 123. — La contrainte est décernée par le directeur ou le receveur de la régie;
elle est visée et déclarée exécutoire sans frais par le juge de
paix; l'exécution ne peut être suspendue que par une opposition
régulière, 124. = (DÉCRET DU **10 BRUMAIRE AN 14**.) L'exécution des contraintes par suite d'obligations souscrites ne peut
être suspendue, 134. = (LOI DU **24 AVRIL 1806**.) Elles sont
exécutoires nonobstant opposition, 137. — Voyez *Dispositions
générales.*

Contrebande. = (LOI DU **13 FLORÉAL AN 11**.) Avec ou
sans attroupement et port d'armes; instrumens réputés armes,
85.

Contribution foncière. = (DÉCRET DU **11 AOUT 1808**)
Les bâtimens dont la destination a pour objet l'utilité publique
sont affranchis de la contribution foncière, 164. —Voyez *Navigation.*

D.

Débets des comptables. = (LOI DU **13 FRIMAIRE AN 8**.)
Poursuites à fin de recouvrement. Arrêtés à prendre, exécutoires par provision; semblables arrêtés contre les entrepreneurs,
fournisseurs, soumissionnaires et agens quelconques, 70, 71. —
Voyez *Comptables.*

Débitans de boissons. = (LOI DU **24 AVRIL 1806**.) Déclaration préalable des débitans, désignation des espèces et quau-

tités de boissons en leur possession; visites et exercices des employés, 136 — Contraventions et pénalité, 137. = (DÉCRET DU **5 MAI 1806**.) Les cabaretiers, aubergistes, traiteurs, débitans d'eau-de-vie et autres, sont tenus à déclarer leur profession, à désigner les espèces et quantités de boissons qu'ils possèdent et à indiquer, par une enseigne, leur qualité de débitans; exemption pour les cantiniers des forts, camps et citadelles; registre des débitans; prise en charge des boissons; marque des futailles; représentation des expéditions; débit constaté par des actes (sur un registre portatif) signés de deux employés; foi due à ces actes; ventes en gros; démarque des futailles; prix de vente; décompte mensuel des droits; paiement; déduction de 2 p. 0/0 pour consommation de famille; contrainte pour retard de paiement; exercices pendant les trois mois qui suivent la déclaration de cesser; recel, portes de communication, scellés, 141, 142. — Contenance des futailles, remplissage, râpéraisin, baissières. Interdiction de la vente en détail aux concierges, portiers et domestiques; responsabilité des maîtres; abonnemens à l'hectolitre ou à l'année, payables par trimestre et d'avance, 143.— Dégustation des boissons, 144.— Contraventions et pénalité, 144. = (DÉCRET DU **21 DÉCEMBRE 1808**) Débit des vins et eaux-de-vie, interdit sur des vaisseaux de plus de cinq hectolitres; les débitans ne peuvent avoir en perce plus de trois pièces; représentation des expéditions et quittances; démarque des pièces vides; déclaration du prix de vente; achat par la régie, en cas de déclaration frauduleuse; déclaration de cesser; exercices et paiement du droit de détail, pendant trois mois; communication, voisin, exercices et paiement du droit, 174. — Assujétissement des débitans aux visites des employés; contraventions et pénalité, 175. — Voyez *Boissons, Contraintes, Détail (Droit de), Propriétaires récoltans.*

Décime. = (LOI DU **6 PRAIRIAL AN 7**.) Établi à titre de subvention de guerre, en sus de certains droits, 67. = (DÉCRET DU **11 NOVEMBRE 1813**.) Extension du décime à toutes les perceptions de la régie, ainsi qu'aux tarifs des octrois autres que ceux par abonnement et cotisation, 241. = (DÉCRET DU **27 AVRIL 1814**, DE S. A. R. MONSIEUR.) Suppression, 241.

Déductions. = (DÉCRET DU **12 OCTOBRE 1812**.) Accordées aux marchands en gros et autres assujétis, autres que les débitans, pour ouillage et coulage sur les eaux-de-vie emmagasinées, 233. = (DÉCRET DU **27 AVRIL 1814**, DE S. A. R. MONSIEUR.) Accordées aussi pour coulage de route dans le transport des boissons, mais d'après les usages adoptés par les tribunaux de commerce, 241 — Voyez *Boissons, Entrée (Droit d'), Marchands en gros.*

Détail (Droit de) sur les boissons. = (LOI DU **24 AVRIL 1806**.) Établissement. Fixation au dixième du prix de vente en détail des boissons, 136. = (LOI DU **25 NOVEMBRE 1808**.) Élévation à 15 centimes pour franc; augmentation proportionnelle des droits perçus aux entrées de plusieurs villes, en rem-

placement du droit de détail; contraventions et pénalité, 167. ==
(DÉCRET DU **5 JANVIER 1813**.) Élévation à 16 centimes
2/3, 234. == (DÉCRET DU **27 AVRIL 1814**, DE S. A. R.
MONSIEUR.) Suppression facultative des exercices; taxe additionnelle en remplacement du droit de détail dans les communes
où il est établi des droits d'entrée ou d'octroi, 242. — Tarifs de
cette taxe et du droit de détail, d'après la valeur moyenne de
chaque espèce de boisson dans le département, 242. — Abonnemens, 242. == (LOI DU **8 DÉCEMBRE 1814**.) Droit au détail
des vins, cidres, poirés, eaux-de-vie, esprits et liqueurs, fixé à
15 p. 0/0 du prix de vente, 250.—Déclaration de prix; contestations, 250. — Ouverture de débits; déclaration; enseigne, 250.—
Cantiniers, 250. — Visites et exercices, 251. — Boissons introduites, expéditions, quittances du droit d'entrée, prise en
charge; registre des débitans, 251.— Constatation du débit par
des actes au portatif, 251.—Capacité et nombre des futailles en
débit; remplissages, râpé de raisin; pièces vides, enlèvement,
démarque, 251.— Mise en bouteilles, cachetage, vente en gros,
démarque, 251. — Déduction de 3 p. 0/0, 252. — Recel de boissons; communications intérieures; exercice du voisin, 252. —
Refus d'exercice; peine, 252. — Vente en détail par les bouilleurs et distillateurs, 252.—Déclaration de cesser; continuation
des exercices pendant trois mois, 253. — Abonnemens des débitans, 253.—Propriétaires vendant en détail les boissons de leur
cru, 253. —Remplacement facultatif du droit de détail par une
taxe additionnelle aux droits d'entrée, 254. — Ventes en détail
sans déclaration. Contraventions et pénalité, 255.—Voyez *Boissons*, *Consommation (Droit de)*, *Débitans*, *Dispositions générales*, *Paris (Ville de)*.

Directeurs de département. == (ARRÊTÉ DU **5 GERMINAL
AN 12**.) Nominations, 102.

Dispositions générales. == (LOI DU **8 DÉCEMBRE 1814**.)
Buralistes pour la délivrance des expéditions, 261.—Heures d'ouverture des bureaux, 261. — Paiement des sommes dues à la
régie, 262. — Temps des exercices et vérifications chez les rele-
vables, 262.—Visites chez les particuliers avec l'assistance d'un
officier public, et sur l'ordre d'un employé du grade de contrôleur au moins, 262. — Rébellions ou voies de fait, 262. — Contraintes à défaut de paiement des droits, 262. — Le produit des
amendes et confiscations attribué à la caisse des retraites et au
trésor exclusivement, 262.—Portatifs registres de perception,
par qui cotés et paraphés, 263. — Foi due aux actes des employés, 263 —Timbre spécial des expéditions et quittances; coût :
5 centimes, 263.—Bouteilles et demi-bouteilles, 263.—Acquits-à-
caution, 263. — Contestations sur le jaugeage; expertise : frais,
263—Crimes et délits commis par les employés, 263.—Aide et
assistance des autorités civiles et militaires, 263.—Instances devant les tribunaux, 263. — Réglemens d'administration publique
pour l'exécution de la loi, 264. — Abrogation de dispositions antérieures, 264.

Distilleries. =(Loi du **5 ventose an 12**) Déclaration préalable des distillateurs; licence; distilleries de grains et de cerises; droit, évaluation des quantités mises en distillation, 93.—Déclaration de cesser; paiement mensuel du droit en numéraire, 94.=(Décret du **14 fructidor an 12**.) Certificat de déclaration de cesser, 110. = (Décret du **3 vendémiaire an 13**) Distillation de grains, 111.=(Décret du **1er germinal an 13**) Distillation des pommes de terre dans laquelle on fait entrer du grain en proportion plus que suffisante pour le levain, 118.=(Décret du **20 floréal an 13**.) Suppression du droit proportionnel sur la distillation des cerises, 126. = (Décret du **28 messidor an 13**.) Les distillateurs de pommes de terre qui font entrer des grains dans leur distillation sont assujétis aux mêmes droits que les distillateurs de grains, 129. = (Loi du **24 avril 1806**.) Les distillateurs et bouilleurs de profession sont assujétis aux exercices des préposés de la régie, 136.=(Loi du **25 novembre 1808**.) Ouverture des distilleries avant le lever et après le coucher du soleil, formalités, 168 — Droit de 20 francs par mois par hectolitre de la contenance des chaudières en activité; déductions; suppression des abonnemens; déclarations de mises de feu; déclarations de cesser, scellés, 169. —Paiement en obligations cautionnées de 300 francs au moins; prise en charge du produit des distillations; déduction de 10 p. 0/0 pour ouillage et consommation de famille; contraventions et pénalité, 170. = (Loi du **20 avril 1810**.) Droit proportionnel de fabrication en remplacement de celui qu'avait fixé la loi précédente; déclaration du nombre de jours que doit durer la distillation; travaux de nuit; formules; présence des employés à toutes les opérations; jaugeage des chaudières, cuves et bacs; marque des vaisseaux; remise du droit de fabrication pour les eaux-de-vie exportées; contraventions et pénalité, 205. =(Loi du **8 décembre 1814**.) Déclaration préalable des distillateurs et bouilleurs de profession, 260.—Distilleries de grains, pommes de terre et autres substances farineuses, 260.—Enonciations des déclarations préalables, 260. — Exercices, vérifications et jaugeage, 260.—Distilleries de vins, cidres, poirés, marcs, lies et fruits; énonciations des déclarations de fabrication, 260. —·Bases d'évaluation, 260 —Contraventions et pénalité, 260. — Voyez *Boissons, Dispositions générales, Exportations.*

E.

Eaux-de-vie, esprits et liqueurs.—Voyez *Boissons.*
Entrée (Droit d'). =(Loi du **25 novembre 1808**.) Etablissement du droit d'entrée dans les communes de 2,000 ames agglomérées et au-dessus; tarif du droit par espèce de boissons et d'après la population du lieu sujet, 167, 171. = (Décret du **21 décembre 1808**.) Population agglomérée, population éparse; classement des communes, 172.—Réclamations; déci-

sions des préfets, approbation du ministre des finances; paiement du droit avant l'introduction, représentation des expéditions; passe-debout, transit, entrepôt, exercice; entrepôt général, 173. — Boissons à convertir en eaux-de-vie; produit des distillations; exemption, 174. — Exemption des visites pour les voyageurs, sauf le cas de soupçon de fraude; officier de police, 175. = (DÉCRET DU **5 JANVIER 1813**.) Tarif, 234, 235. = (LOI DU **8 DÉCEMBRE 1814**.) Fixation et tarif du droit d'entrée dans les communes de 2,000 ames et au-dessus, 246, 265. — Classement des départemens; faubourgs; contestations sur la population ou la classification d'une commune, 247. — Vendanges, fruits à cidre ou à poiré, 247. — Déclaration avant l'introduction, 247. — Bureau central, 247. — Heures d'introduction, 247. — Passe-debout, 247. — Transit; entrepôt, 248. — Villes ouvertes, inventaire et recensement annuels, 249. — Piquettes, 249. — Remplacement du droit de détail; vérifications trimestrielles, 249. — Perception sur les manquans après la déduction légale chez les entrepositaires, 249. — Visites à l'entrée des villes, exceptions, 249. — Courriers, 250. — Contraventions et pénalité, 250. — Voyez *Boissons, Dispositions générales, Paris (Ville de)*.

Entrepôt. — Voyez *Entrée (Droit d'), Octrois*.

Entrepreneurs de roulage ou de messageries. = DÉCRET DU **13 AOUT 1810**.) Leurs registres peuvent être vérifiés par les employés de la régie, pour s'assurer que les objets non réclamés et restés en dépôt pendant un certain délai ont été déclarés aux agens de l'administration de l'enregistrement, 206.

Exportations. = (LOI DU **24 AVRIL 1806**.) Les réglemens d'administration doivent protéger le commerce des vins et eaux-de-vie à l'étranger, 137. = (DÉCRET DU **5 MAI 1806**.) Franchise pour les exportations de vins et eaux-de-vie; les acquits-à-caution sont réglés suivant la loi du 22 août 1791, 145. — Prime d'exportation sur les eaux-de-vie de grains, 145. — Voyez *Brasseurs, Distilleries, Garantie*.

F.

Fabriques de soude. — Voyez *Sels*.

Frais judiciaires. = (DÉCRET DU **16 FÉVRIER 1807**.) Liquidation des dépens dans les matières ordinaires, 151. = (DÉCRET DU **5 SEPTEMBRE 1807**.) Recouvrement des frais de justice au profit du trésor public, en matière criminelle, correctionnelle et de police, 156. — Privilége du trésor sur les immeubles, meubles et effets des condamnés; créances privilégiées; hypothèques, 157. = (DÉCRET DU **18 JUIN 1811**.) Frais de translation des prévenus ou accusés, etc.; frais de garde de scellés et de mise en fourrière, 226. — Liquidation et recouvrement des frais de justice criminelle, 227.

Fraudes et contraventions. = (LOI DU **5 VENTOSE AN 13**.

Fraude des droits sur les vins, cidres et poirés, les bières, les eaux-de-vie, les voitures publiques, les cartes et la marque d'or et d'argent ; saisie et confiscation des objets de fraude, amende, 94.

G.

Garantie. = (LOI DU **16** BRUMAIRE AN **6**.) Dispositions relatives à la surveillance du titre et à la perception du droit sur les matières d'or et d'argent, 15. — Titres des ouvrages, 15. — Poinçons, 16 à 18.—Quotité du droit; importations; objets appartenant aux ambassadeurs; bijoux à l'usage personnel des voyageurs, 19. — Exportations; restitution de droits; ouvrages déposés au mont-de-piété; droit sur les lingots d'or et d'argent affinés, 20. — Suppression des maisons communes d'orfèvres, 21. —Nombre et placement des bureaux de garantie, 21.—Personnel (essayeur, receveur et contrôleur), 22.—Surveillance attribuée à l'administration des monnaies et à celle de l'enregistrement sur ces bureaux, 22. - Nomination aux emplois de la garantie, 22. — Rétribution de ces emplois; matériel et frais de bureau 23. — Caisse à trois clefs, 23.—Fonctions des employés; prises d'essai pour constater le titre de l'or ou de l'argent, 25 à 27 — Tenue des registres d'apposition de poinçon et de perception par le contrôleur et le receveur; recherches de la fraude, 27.—Obligations des fabricans et marchands d'ouvrages d'or et d'argent. 27.— Déclaration; insculpation du poinçon de maître; registres d'achats et de vente; présentation des ouvrages au bureau de garantie; extrait de la loi affiché dans le lieu le plus apparent du magasin; bordereau de vente à délivrer aux acheteurs, 28, 29.— Contraventions et pénalité, 29.—Dispositions applicables aux fabricans et marchands de galons, tissus, broderies ou autres ouvrages en fils d'or ou d'argent, 29.—Mesures transitoires, 30. — Dispositions spéciales pour les joailliers, 30.—En cas de décès ou de cessation de commerce, remise u poinçon de maître, 31. — Dépôt de ce poinçon au bureau de garantie, en cas d'absence de plus de six mois, 31. — Marchands ambulans, 31. — Fabrication du plaqué et doublé d'or et d'argent, 32. — Formes à observer dans les recherches, saisies et poursuites relatives aux contraventions, 33.—Présence d'un officier public; procès-verbal; mise des poinçoins et objets saisis sous le triple cachet de l'officier, des saisissans et du contrevenant; dépôt au greffe; vente, répartition, 34.— Saisie des ouvrages achevés et non marqués, de ceux sur lesquels les marques seraient entées, soudées ou contretirées, et des ouvrages marqués de faux poinçons, 34.—Pénalités applicables à ces différens cas, 34, 35.—Emploi, même de poinçons légaux, par des personnes autres que les préposés, 35.—Suppression de la ferme de l'affinage, 35. — Profession d'affineur, obligations à remplir; insculpation de leurs noms sur les lingots par eux affinés; essai, marques et paiement du droit, 36.

—Contraventions et pénalité, 56.—Prises d'essai ; envoi à l'administration de la monnaie pour qu'elle en fasse vérifier le titre, 36, 37.—Responsabilité de l'essayeur; destitution encourue à la troisième faute, 37.—Affinage pour le service des monnaies, 37. —Le public peut y faire affiner ou départir des matières d'or et d'argent contenant or, 37.—Nomination de l'affineur; inscription sur un registre spécial des matières apportées à l'affinage, 37.—L'affineur royal est tenu aux mêmes obligations que les affineurs libres, 37.— Il est tenu d'avoir un fonds en matière d'or et d'argent capable d'assurer le service ; il ne peut garder les lingots plus de cinq jours ; cautionnement de l'affineur royal ; remise des matières affinées au caissier de la chambre de délivrance des monnaies où elles sont empreintes du poinçon de l'état ; lingots appartenant à l'état, nom de l'affineur et désignation du titre ; frais d'affinage, 58.—Argue pour dégrossir et tirer les lingots d'argent et de doré, 59.—Tarif des prix de tirage, 59. —Entretien du service de l'argue, 59. = (LOI DU **26** FRIMAIRE AN **6**.) Fabrication des poinçons par le graveur des monnaies, sous la surveillance de l'administration des monnaies , 40. = (ARRÊTÉS DES **17** PLUVIOSE ET **25** VENTOSE AN **6**) Etablissement d'une argue à Trévoux et à Lyon, 43.=(LOI DU **13** GERMINAL AN **6**.) Traitement des essayeurs; conditions d'admissibilité à ces emplois ; cas où les fonctions d'essayeur sont remplies par le contrôleur, 44. = (ARRÊTÉ DU **15** PRAIRIAL AN **6**.) Etablissement des bureaux de garantie, 47. = (ARRÊTÉ DU **1**er MESSIDOR AN **6**) Désignation des ouvrages de joaillerie en or et en argent qui sont dispensés de l'essai et du paiement du droit, 47. = (LOI DU **13** PRAIRIAL AN **7**.) Fonctions des contrôleurs, 68. = (ARRÊTÉ DU **16** PRAIRIAL AN **7**.) Inscription sur des registres à ce destinés d'ouvrages déposés chez les orfevres, 68. = (**3** VENDÉMIAIRE AN **8**) Titre et marque des matières d'or et d'argent employées dans les manufactures d'horlogerie des départemens du Doubs et du Mont-Terrible, 70. = (ARRÊTÉ DU **19** MESSIDOR AN **9**.) Application d'un poinçon de recense sur les lingots d'or et d'argent affinés, 79. = (DÉCRET DU **28** FLORÉAL AN **13**.) Constatation et poursuites des contraventions et délits concernant la garantie, 126 = (DÉCRET DU **8** THERMIDOR AN **13**.) Vente publique des objets d'or et d'argent déposés au mont de-piété ; essai, marques et paiement du droit, ou bris desdits objets, 129.

I.

Inscription de faux.—Voyez *Poursuites et instances*

Insolvabilité. = (ARRÊTÉ DU **6** MESSIDOR AN **10**) Comment constater l'insolvabilité ou l'absence des redevables du trésor public, 82.

Inventaire (Droit fixe d'.—Voyez *Boissons.*

L.

Licence (Droit de).—Voyez *Boissons, Brasseurs.*

M.

Marchands en gros. = (Loi du **24 avril 1806**.) Assujétissement des marchands en gros, courtiers, facteurs et commissionnaires de boissons aux exercices des préposés de la régie, 136. — Contraventions et pénalité, 137. = (Décret du **5 mai 1806**.) Déclaration des quantités de boissons que les marchands en gros possèdent chez eux et ailleurs; registre d'entrée et de sortie des boissons; paiement du droit de vente en gros sur les boissons reçues; expéditions à représenter; envoi de boissons à des commissionnaires patentés, ou à l'étranger; jaugeage, prise en charge, marque et démarque des futailles; décharge au portatif, 140. — Droit de détail sur les ventes inférieures à vingt-cinq litres, 141.—Interdiction du commerce de gros aux courtiers, facteurs, dépositaires et commissionnaires, 141.=(Loi du **8 décembre 1814**.) Déclaration des quantités, espèces et qualités des boissons existant chez eux et ailleurs, 255.—Définition du commerce de gros; exceptions, 255.—Transvasions, mélanges et coupages; compte d'entrée et de sortie, 255.—Vérifications journalières et trimestrielles, 256.—Ventes accidentelles par petites quantités, 256.—Déduction pour ouillage et coulage, taux et décompte, 256.—Quantités manquantes et passibles du droit de détail, 256. — Commerce de gros sans déclaration ou après cessation, 256. — Contraventions et pénalité, 256. —Voyez *Boissons, Contraintes, Dispositions générales.*

Marine royale. = (Arrêté du **5 germinal an 11**.) Approvisionnemens en vivres pour le service de la marine, 83.

Mise en jugement. — Voyez *Organisation.*

Monnaies. = (Décret du **11 mai 1807**.) Prohibition de l'introduction des monnaies de cuivre et de billon de fabrique étrangère, 152. = (Décret du **18 aout 1810**.) La monnaie de cuivre et de billon, de fabrication française, ne peut être employée dans les paiemens que pour l'appoint de la pièce de 5 francs, 207.

Mouvement (Droit de). — Voyez *Boissons.*

N.

Navigation (Droit de). = (Loi du **28 fructidor an 5**.) Perception sur le canal du Centre (ci-devant Charolais), 12. =

(Loi du **30** floréal an **10**.) Établissement d'un droit de navigation intérieure sur les fleuves rivières et canaux, 80. — Emploi limitatif des produits; formation de tarif pour chaque cours d'eau, avis des négocians ou mariniers sur cet objet, 81. — Contestations; conseils de préfecture, 82. = (Arrêté du **5 floréal an 11**.) Contribution foncière des canaux. francsbords, magasins et maisons d'éclusiers, 84. = (Arrêté du **8 prairial an 11**.) Division de la navigation par bassins; attributions des préfets et des ingénieurs; tarifs de perception, 86. — Arrêtés spéciaux par arrondissement; placement des bureaux de perception; contrôleurs et receveurs, leurs fonctions; nomination par le ministre, commissions, enregistrement; cautionnement des receveurs; traitement des employés; versemens des recettes; registre à talon, 87.— Quittances et laissez-passer, représentation par les mariniers; contestations sur le paiement du droit; état mensuel des recettes; obligations du contrôleur; comptabilité du receveur général; compte annuel; rédaction des projets de dépenses par l'ingénieur en chef, avis des chambres de commerce ou des principaux commerçans et mariniers, 88.— Adjudication des travaux de navigation; paiement des dépenses; défense aux receveurs de traiter ou transiger sur la quotité du droit; pénalité en cas d'infraction de la part des mariniers, aide et assistance des autorités civiles et militaires, poursuites devant les tribunaux, 89.— Affirmation des procès-verbaux, 90.— Poteaux, tarifs de perception; obligation des maîtres de ponts ou de pertuis, 90. =(Décret du **17 prairial an 13**.) Produits de l'octroi de navigation, réunis à ceux de location des emplacemens occupés, tant sur la Seine que sur les ports et berges du fleuve, dans la ville de Paris, 127. =(Décret du **4° jour complémentaire an 13**.) Emploi et administration des produits du droit de navigation, 133. = (Décret du **1er septembre 1807**.) Prélèvement de 25 p 0/0 sur ces produits, pour les besoins généraux de la navigation, 156. = (Décret du **11 janvier 1808**.) Indemnité de 5 francs par stère de bois distrait du comptage à verser dans la caisse de la régie, en accroissement de l'octroi de navigation, 158. = (Décret du **4 mars 1808**.) Taxe proportionnelle et annuelle sur les bâtimens à quille, sur la Gironde, la Garonne et la Dordogne 159. — Exemption de tout autre droit de navigation sur le bassin de la Gironde; déclaration; désignation du bâtiment; vérification; marque; déclaration de cesser; exemption pour les canots, chaloupes, pontons, couralins, bâtimens plats ou sans quille, 160. — États mensuels convertis en rôle, après approbation du préfet; renouvellement des rôles; taxe annuelle de 1 franc par tonneau, payable par trimestre et d'avance; représentation des quittances; contraventions et pénalité, 161.—Consignation, main-levée, 162. =(Décret du **29 mai 1808**.) Remise à leurs propriétaires, après paiement des frais du tirage d'eau, des marchandises provenant d'épaves ou de sauvetage sur la rivière de Sèvre; vente des objets non réclamés et versement du produit à la caisse de la régie, 162. — Voyez *Pêches*, *francs bords*.

O.

Obligations cautionnées. = (DÉCRET DU 1er GERMINAL AN 13.) En cas de non-paiement, les redevables sont contraignables par corps, 125 = (DÉCRET DU 5 MAI 1806.) Chaque obligation doit être au moins de 300 francs, 144. — Voyez *Brasseurs, Distilleries, Sels.*

Octrois. = (LOI DU 27 VENDÉMIAIRE AN 7.) Établissement d'un octroi pour l'acquit des dépenses de la ville de Paris, 48.= (LOI DU 11 FRIMAIRE AN 7.) Établissement de taxes municipales dites *taxes indirectes et locales*, dans les communes formant à elles seules un canton; mode de procéder, compétence, 64. - Désignation des objets sur lesquels ces taxes peuvent porter, 65.— Approbation des tarifs 66. = (LOI DU 2 VENDÉMIAIRE AN 8.) Comment juger les contestations relatives au paiement des droits d'octroi, 69. = (LOI DU 27 FRIMAIRE AN 8.) Établissement d'octrois dans huit communes de France; réglemens pour la perception, 72. — Procès-verbaux, affirmation, foi due; préposé en chef; nomination des préposés en général; serment, commission, registres à souche, destitution des préposés; déclaration des objets tarifés et paiement des droits avant introduction, 73. — Contraventions, fraudes, pénalité, 73, 74. — Exemption des visites aux entrées; contestations sur l'application du tarif, compétence du juge de paix, consignation du droit, 74.— Opposition à l'exercice des fonctions des préposés, pénalité; prévarication, peines; versemens des recettes d'octroi; rétribution des receveurs, vérifications et arrêtés des registres; bordereau des versemens, 75. — Affranchissement du droit en cas de transit ou d'entrepôt, formalités et surveillance; tarifs affichés en placard à la porte et dans les bureaux d'octroi, 76. = (LOI DU 5 VENTOSE AN 8.) Établissement d'octrois dans les villes dont les hospices civils ont des revenus insuffisans, 76. = (ARRÊTÉ DU 13 THERMIDOR AN 8.) Mode d'approbation des tarifs et réglemens, 77. = (ARRÊTÉ DU 4 THERMIDOR AN 10.) Convocation extraordinaire des conseils municipaux touchant l'établissement des octrois, 82. = (ARRÊTÉ DU 24 FRIMAIRE AN 11.) Affectation d'une portion du produit à des distributions de pain, 82. — Prélèvement de 5 p. 0/0, dans les villes au-dessus de quatre mille ames, 83. = (ARRÊTÉ DU 23 NIVOSE AN 11) Troupes d'artillerie de la marine non embarquées : extension des dispositions de l'arrêté précédent sur le pain de la soupe des sous-officiers et soldats, 83. = (ARRÊTÉ DU 29 THERMIDOR AN 11.) Autorisation des préfets pour la mise en jugement des préposés, 91. = (ARRÊTÉ DU 29 GERMINAL AN 12.) Révision annuelle des tarifs, 105. = (DÉCRET DU 26 VENDÉMIAIRE AN 13.) La régie est chargée de recouvrer les 5 p 0/0 sur le produit des octrois, 112. = (Décret du **21 brumaire an 13**.) Frais de perception des octrois des villes ayant plus de 20,000 francs de revenu, 112. = (Décret du **1er germinal an 13**.) Les préposés d'octroi sont aptes à verbaliser en matière de droits réunis, 125. = (Décret du **16 messidor an 13**) Ils sont tenus de constater les contraventions concernant le timbre de l'enregistrement, 128. = (Loi du **24 avril 1806**.) Remplacement des taxes somptuaire et mobilière (dans les villes ayant un octroi) par une perception sur les consommations. Prélèvement pour le pain de soupe des troupes, porté à 10 p. 0/0 du produit net des octrois, 139. = (Décret du **16 juin 1806**.) Concours des préposés au service des ponts à bascule, 148. = (Réglement du **17 mai 1809**.) Établissement des octrois, 177. — Tarifs; boissons et liquides; comestibles, 179 — Combustibles; fourrages; matériaux, 180. — Dispositions générales pour les tarifs, 181. — Perception à l'entrée, 181. — Perceptions dans l'intérieur d'une commune; dispositions communes, 182. — Passe-debout, 183. — Transit, 184. — Entrepôt réel, 185. — Entrepôt fictif, 187. — Dispositions générales sur les passe-debout, transit et entrepôt, 188. — Crédits et restitutions, 188. — Administration des octrois : régie simple, régie intéressée, 189. — Ferme, 190. — Dispositions communes aux régies intéressées et aux fermes, 190. — Rapport des octrois avec l'administration des droits réunis, 195. — Personnel des octrois, 195. — Comptabilité : registres; états de produits, 197. — Contentieux; dispositions générales, 198. = (Décret du **7 août 1810**.) Dépense d'occupation des lits militaires, supportée par les communes où il existe un octroi, 205. = (Décret du **15 novembre 1810**.) Mode de recouvrement sur les régisseurs, fermiers, receveurs, etc. ; contraintes, visa, signification, 208 = (Décret du **25 mars 1811**.) Prélèvement de 1 p. 0/0, au profit de la caisse des invalides, sur les octrois et revenus des communes, 224. = (Décret du **23 juillet 1811**.) Mode de perception dudit prélèvement, 228. = (Décret du **8 février 1812**.) L'administration des droits réunis est chargée de la perception des octrois; incorporation des préposés; fonds des retraites, 229. — Frais de perception, réduits de 5 p. 0/0 au profit des communes; remise égale à la régie sur les augmentations, répartition de cette remise entre les employés, 229, 230. — Obligations des employés chargés de la perception; versemens des recettes, époques, 230. — Tenue des registres, surveillance municipale; cote et paraphe; vérifications et arrêtés; avis des conseils municipaux sur le mode et les frais de perception, 230. — Remise annuelle du compte de la perception au maire; examen en conseil municipal; surveillance des préfets et sous-préfets, 231. — Timbre des quittances et expéditions. Exécution des réglemens; contraventions, compétence; partage des amendes; tarifs et réglemens délibérés par les conseils municipaux, 231. = (Décret du **4 mai 1812**.) Prorogation du délai fixé pour faire cesser le mode de perception par abonnement, 251. = (DÉCRET DU **25 SEPTEMBRE 1813**.) Prorogation de divers modes précédemment autorisés ou établis pour la perception, 241. = (LOI DU **8 DÉCEMBRE 1814**.) Administration des octrois, rendue aux maires, sous la surveillance des sous-préfets, 260. — Ferme, régie intéressée interdites, 261. — Traités avec la régie des impositions indirectes pour la perception des octrois, 261. — Demande de suppression d'octrois; moyens de remplacement, 261. — Réglemens en harmonie avec la perception du droit d'entrée, 261. — Perception de ce droit, obligatoire pour les préposés d'octroi, 261. — Prélèvement de 10 p. 0/0, pour le trésor, sur le produit net des octrois, 261. = (ORDONNANCE DU **9 DÉCEMBRE 1814**.) Remise du service des octrois aux maires, 267. — Traités avec la régie pour la perception, 267. — Établissement des octrois; délibérations des conseils municipaux; projets de réglement et de tarif; propositions de changemens; refus de délibérer sur l'établissement d'un octroi, 268. — Frais de premier établissement, 269. — Matières qui peuvent être imposées, 269. — Le droit d'octroi ne peut, sur les boissons, excéder le droit d'entrée (Paris excepté), 269. — Perception; règles et dispositions y relatives, 271. — Passe-debout et transit, 274. — Entrepôt, 275. — Déclarations, 276. — Entrepôt à domicile, 277. — Entrepôt réel ou public, 277. — Dépérissement d'objets entreposés, 278. — Personnel: nominations, révocations, 279. — Age et serment des préposés, 279. — Commission dont ils doivent toujours être porteurs; port d'armes, 280. — Créanciers des préposés; saisies sur appointemens, 280. — Cautionnemens des préposés comptables, 280. — Commerce d'objets compris au tarif, 280. — Concussions et prévarications; destitution, 280, 281. — Protection et assistance dues aux préposés, 281. — Écritures et comptabilité, 281. — Timbre (5 centimes) des expéditions et quittances; il appartient à la régie, 281. — Versemens à la caisse municipale, 282. — La régie détermine le mode de comptabilité des octrois et fournit les impressions de service, 282. — Registres qui lui sont communs avec l'octroi; dépenses par moitié, 282. — Registres non communs, cotés, paraphés par le maire, 282. — Arrêtés annuellement par le maire, 282. — Déposés à l'administration municipale et renouvelés tous les ans, 282. — États et bordereaux de recettes, 282. — Comptes des octrois, 283. — Prélèvement de 10 p. 0/0 sur le produit net, recouvrable par la saisie des deniers, et même par voie de contrainte, 283. — Contentieux. Procès-verbaux; valablement rédigés par un seul préposé; énonciations principales, 283. — Faux ou altération des expéditions, 284. — Présence du contrevenant à la rédaction du procès-verbal, 284. — Signification à domicile ou par voie d'affiche, 284. — Action résultant des procès-verbaux; compétence des tribunaux, 284. — Dépôt et vente des objets saisis, 284. — Opposition à la vente, 285. — Contestations sur l'application du tarif, 285. — Remise, par voie de transaction, de tout ou partie des condamnations encourues, 285. — Partage du produit des amendes et confiscations; moitié aux saisissaus, 286. — Demandes en suppression ou en remplacement d'octrois, 286. — Surveillance attribuée à la régie et obligations des employés de l'octroi, 286. — Traitemens et frais de bureau du préposé en chef, à la charge des communes, 287. — Perception obligatoire des droits d'entrée par les receveurs d'octroi; remises pour cet objet, 287. — Exercices chez les entrepositaires par les employés de la régie, 287. — Indemnité pour cette dépense, 287. — Obligations des préposés; représentation des expéditions; lettres de voiture, etc., 287. — Vérifications des chargemens; procès-verbaux; concours au service de la régie; relevé journalier des introductions frappées du droit d'entrée, 288. — Concours réciproque des employés de la régie au service de l'octroi, 288. — Usage, par les préposés d'octroi, des instrumens dont se servent les employés de la régie; prix de ces instrumens, 288. — Perception des octrois pour lesquels les communes auront à traiter avec la régie, 288. — Les réglemens et tarifs doivent être en harmonie avec les lois et ordonnances concernant les impôts indirects, 290. — Égalité de taxes pour les communes d'une même population, 290. — Révision des tarifs et réglemens, 290. — Réglement particulier pour Paris, 290. — Exemption des droits pour les approvisionnemens en vivres du service de la marine, 290. — Franchise pour les matières servant à la confection des poudres, 290. — Personne ne peut prétendre à la franchise des droits, 291. = (ORDONNANCE DU 10 FÉVRIER 1815.) Exemption sur les matériaux destinés à la réparation des ponts, routes et chaussées, rompus par suite des événemens militaires, 298. = (ORDONNANCE DU 11 OCTOBRE 1815.) Prorogation de la perception par abonnement, 304. = (ORDONNANCE DU 27 MARS 1816.) Fonds de retenue et pensons des préposés des administrations d'octroi, 304. — Voyez *Décime, Dispositions générales, Paris (Ville de), Timbre de l'administration de l'enregistrement.*

Organisation. = (ARRÊTÉ DU 5 GERMINAL AN 12.) Création de la régie des droits réunis, 97. — Administration centrale à Paris; attributions du ministre des finances; un directeur général et cinq administrateurs; conseil d'administration, 98. — Directions départementales; personnel; nomination aux emplois; traitemens et remises, 99. — Fonctions des divers préposés, 100. — Amendes et confiscations; répartition du produit; transactions et approbations, 101. — Cautionnemens, quotité, 102. = (ARRÊTÉ DU 6 GERMINAL AN 12.) Nomination du directeur général, des administrateurs et du secrétaire général, 103. = (DÉCRET DU 9 AOUT 1806.) Formalités pour la mise en jugement des agens du gouvernement, 149. — Voyez *Directeurs de département, Dispositions générales, Régie des droits réunis.*

Organisation judiciaire. = (DÉCRET DU 16 AOUT 1790.) Les fonctions judiciaires sont distinctes et séparées des fonctions administratives. Les juges ne peuvent troubler les opérations des corps administratifs ni citer devant eux les administrateurs pour raison de leurs fonctions, 1 = (DÉCRET DU **16 FRUCTI-DOR AN 3.**) Défenses itératives aux tribunaux de connaître des actes d'administration , 7. = (DÉCRET DU **1er DÉCEMBRE 1790.**) Institution et fonctions du tribunal de cassation, 1. — En matière civile , le délai du pourvoi est de trois mois. Il ne peut être accordé de surséance , 2. == (DÉCRET DU **2 BRU-MAIRE AN 4.**) Le recours en cassation n'est ouvert qu'après le jugement définitif, 7. — Il n'est point admis de relief de laps de temps pour se pourvoir en cassation, 8. = (LOI DU **14 BRU-MAIRE AN 5.**) Pourvoi; consignation d'amende; quotité, 8. — Voyez *Poursuites et instances.*

P.

Paiement. = (DÉCRET DU **16 JUILLET 1793.**) Aucun paiement ne peut être fait par une caisse publique en exécution de jugemens attaqués par la voie de cassation, sans une caution préalable, 7.

Paris (Ville de). = (LOI DU **24 AVRIL 1806.**) Droits aux entrées de Paris sur les vins, cidres, poirés et eaux-de-vie, en remplacement de tout autre mode de perception, 137.=(DÉCRET DU **3 FÉVRIER 1810.**) Acquits-à-caution pour l'introduction des eaux-de-vie, esprits et liqueurs dans Paris, et pour leur transport dans un rayon de six myriamètres de cette ville; droit d'octroi exigible sur les manquans constatés après la déduction pour ouillage et coulage, chez les marchands en gros, commissionnaires, etc., dans le rayon de trois myriamètres de Paris; 10 p. 0/0 à payer à l'octroi de cette ville sur la valeur des eaux-de-vie, esprits et liqueurs vendus en détail dans le susdit rayon; assujétissement aux exercices des particuliers qui font venir au delà de quatre hectolitres des mêmes boissons dans l'année, 202.—Interdiction d'emmagasiner des eaux-de-vie. esprits et liqueurs dans les trois myriamètres du rayon de Paris. 202. — Brûlement des vins dans ce rayon, formalités ; contraventions et pénalité, 203 = (LOI DU **8 DÉCEMBRE 1814.**) Il n'y a pas , dans l'intérieur de Paris, d'exercices sur les boissons autres que les bières ; taxe de remplacement aux entrées, 254.

Passe-debout. — Voyez *Entrée (Droit d'), Octrois.*

Passe de sacs. = (DÉCRET DU **1er JUILLET 1809.**) Pour les paiemens de 500 francs et au-dessus (argent), le débiteur est tenu de fournir le sac et la ficelle; dimension des sacs; leur valeur à payer par celui qui reçoit est de 15 centimes, 200.

Pêches, francs-bords.=(DÉCRET DU **23 SEPTEMBRE 1810.**) Les produits d'affermement de la pêche, ainsi que ceux de francs-bords, etc., sont recouvrés par l'administration des droits réunis, 208. — Voyez *Navigation.*

Perceptions. = (DÉCRET DU **24 AVRIL 1811.**) Les droits réunis sont remplacés en Corse par une addition à la contribution personnelle et mobilière, 225. =(ORDONNANCE DU **8** JUIN **1814**.) Autorisation de faire délibérer les conseils municipaux de plusieurs communes sur la possibilité du remplacement local des droits réunis, 243 — Voyez *Régie des droits réunis.*

Personnel. —Voyez *Directeurs de département, Organisation, Régie des droits réunis.*

Police sur le roulage. —Voyez *Voirie (Grande).*

- *Ponts.* —Voyez *Bacs et passages d'eau.*

Ponts à bascule. = (DÉCRET DU **16** JUIN **1806**.) Préposés (y compris ceux des octrois) chargés de la conservation et de la manœuvre des ponts à bascule, 148.—Voyez *Octrois.*

Poudres et salpêtres. = (LOI DU **13** FRUCTIDOR AN **5**.) Exploitation des salpêtres pour le compte de l'état; obligations des salpêtriers; pénalité en cas d'infractions; possesseurs de nitrières; exploitation illégale des matériaux salpêtrés; confiscation et amende, 8, 9.—La vente des salpêtres se fait pour le compte de l'état, soit dans les magasins, soit par des débitans commissionnés, 11.—Les poudres sont fabriquées également au compte de l'état; direction et surveillance, 9. — Approvisionnemens des armateurs et corsaires, 9. — L'introduction des poudres étrangères est interdite; pénalité, 9.—Dépôt des poudres saisies, 10. — Fabrication interdite aux particuliers; de même, la vente et la possession d'un approvisionnement de plus de cinq kilogrammes; pénalité, 10. — Infractions que commettraient les gardes des arsenaux, les militaires, ouvriers et employés, 10.—Transport de poudre, formalités et pénalité, 11.—Poudres à bord; déclaration par les capitaines de navires; pénalité pour divers cas de fraude, 11. = (ARRÊTÉ DU **25** MESSIDOR AN **7**.) Circulation des poudres dans l'intérieur, 69. = (ARRÊTÉ DU **27** PLUVIOSE AN **8**.) Importation du salpêtre; ports désignés, acquits à-caution, formalités; interdiction de la vente du salpêtre, 76. = (ARRÊTÉ DU **10** PRAIRIAL AN **11**.) Transport des salpêtres, potasse, soufre et autres matières servant à la confection de la poudre, 90. = (DÉCRET DU **23** PLUVIOSE AN **13**.) Interdiction de la vente des poudres de guerre, 115. = (DÉCRET DU **16** FÉVRIER **1807**.) Salpêtriers travaillant pour le compte de l'administration des poudres et salpêtres; bordereaux et états mensuels du salpêtre fabriqué; paiement du droit en numéraire ou en obligations; déclarations; sel provenant du salpêtre; contraventions et pénalité, 152. = (DÉCRET DU **24** AOUT **1812**.) Recherche des poudres fabriquées hors des poudrières du gouvernement, 231. —Circulation et vente frauduleuse; prix des poudres saisies adjugé aux agens de la régie; réglement relatif aux saisies et amendes, 232. = (DÉCRET DU **16** MARS **1813**.) La régie des droits réunis est chargée de surveiller la fabrication, la circulation et la vente des salpêtres et des poudres à feu, 237.—Visites dans les ateliers, fabriques et magasins des fabricans, marchands et débitans; visites, avec assistance d'un officier de police, chez les particuliers soupçonnés de fraude, 237. — Détention illicite de salpêtre; amende et confiscation, 237.—Contraventions, procès-verbaux, forme ; instances devant les tribunaux correctionnels ; répartition du produit des amendes et confiscations ; découverte des contraventions par de simples particuliers; part, 238. — Assistance des agens de police et gendarmes aux saisies ; transactions sur procès, forme et règles ; détenteurs autorisés de poudres et salpêtres ; leurs obligations envers les employés, 239. — Transport des poudres et salpêtres ; formalités dans les lieux de départ, de passage et d'arrivée; officiers municipaux ; avis à donner aux employés des droits réunis, 239.

Poursuites et instances. = (LOI DU **22** FRIMAIRE AN **7**.) Solution des difficultés qui s'élèvent relativement à la perception avant l'introduction des instances ; contraintes, visa du juge de paix ; opposition à l'exécution des contraintes; introduction et instruction des instances devant les tribunaux civils, 66.—Simples mémoires respectivement signifiés pour cet objet; frais; délai pour la production des défenses ; jugement dans les trois mois et sans appel ; recours en cassation ; frais de poursuite tombés en non-valeur ; pièces justificatives de ces frais ; visa du tribunal, 67. = (LOI DU **27** VENTOSE AN **9**.) Instruction des instances par simples mémoires et sans le ministère des avoués, 79. = (LOI DU **5** VENTOSE AN **12**.) Forme de procéder devant les tribunaux ; contestations sur le fond des droits établis; recouvrement par voie de contrainte, 96 —Les contraventions entraînant confiscation ou amende sont poursuivies devant les tribunaux de police correctionnelle, 97. = (DÉCRET DU **1**er GERMINAL AN **13**.) Procédure judiciaire sur les procès-verbaux de contravention, 121.—Inscription de faux, 123.—Mode de poursuites en matière de canaux, navigation intérieure et bacs, 124. — Voyez *Dispositions générales.*

Prescription. = (DÉCRET DU **1**er GERMINAL AN **13**.) Acquise à la régie après le délai de deux années, et aux redevables après celui d'un an à compter de l'époque où les droits étaient exigibles ; la régie est déchargée de la garde des registres des recettes antérieures de trois années à l'année courante, 125.

Prévarication. = (LOI DU **5** VENTOSE AN **12**.) Peines applicables aux employés de la régie en cas de prévarication, 96. —Voyez *Dispositions générales.*

Primes pour saisies de tabacs et arrestations de colporteurs. = (DÉCRET DU **19** DÉCEMBRE **1811**.) Quotité des primes allouées aux employés des douanes, gendarmes, préposés forestiers, gardes champêtres et autres, 228. = (DÉCRET DU **19** MAI **1813**.) Même objet, 302. = (ORDONNANCE DU **20** SEPTEMBRE **1815**.) Reproduction textuelle du décret précédent, 303.

Privilége. = (DÉCRET DU **1**er GERMINAL AN **13**.) La régie a privilége et préférence sur les meubles et effets mobiliers des comptables et sur ceux des redevables pour les droits, sauf les frais de justice, le loyer de six mois et la revendication régulière des marchandises en nature encore sous balle et sous corde, 124.

Procès-verbaux. = (LOI DU **14** BRUMAIRE AN **7**.) Sur la taxe d'entretien des routes, 49. = (LOI DU **5** VENTOSE AN **12**.) Les procès-verbaux signés de deux employés font foi jusqu'à inscription de faux, 96. = (DÉCRET DU 1er GERMINAL AN 13.) Énonciations qu'ils doivent contenir, 119 —En cas de faux et altérations des expéditions, elles doivent être signées et paraphées *ne varietur* et annexées au procès-verbal; main-levée sous caution ou consignation ; lecture et copie du procès-verbal ; affiche à la porte de la maison commune en cas d'absence du prévenu ; les procès-verbaux et affiches peuvent être faits tous les jours indistinctement ; affirmation par deux saisissans au moins devant le juge de paix ; lecture de l'acte d'affirmation ; inscription de faux ; nullités ; les employés destitués ou démissionnaires sont tenus de rapporter leurs commissions, 120. — Voyez *Poursuites et instances.*

Propriétaires récoltans. = (LOI DU 24 AVRIL 1806.) Ceux qui vendent en détail les boissons de leur cru paient la moitié du droit de détail, 136. —Contraventions et pénalité, 137. = (DÉCRET DU 5 MAI 1806.) Transports de boissons avec passa-vans ; exercices des caves dont les propriétaires ont la jouissance, 140.—Vente en détail des boissons de cru ; déclarations ; la vente doit être faite par les propriétaires ou par des domestiques à leurs gages ; obligations et formalités, 143, 144. —Voyez *Détail (Droit de .*

<h3 style="text-align:center">R.</h3>

Receveurs des contributions indirectes.=(LOI DU 25 VENTOSE AN 8.) Leurs fonctions sont incompatibles avec celles de notaires, 77.

Régie des droits réunis. = (LOI DU 5 VENTOSE AN 12) Institution de cette régie, 95.—Les employés sont rétribués par des remises ou taxations progressives, 95. = (LOI DU 28 VENTOSE AN 12.) Elle ressortit au ministère des finances, 97. = (LOI DU 2 VENTOSE AN 13.) Les mesures nécessaires pour assurer la perception des droits réunis peuvent être prises par des réglemens d'administration publique, 116.=(DÉCRET DU 1er GERMINAL AN 13.) Les préposés de la régie doivent être âgés de vingt-un ans au moins ; serment ; enregistrement au greffe, transcription sur leur commission, 119.—La force publique est tenue de prêter assistance aux employés de la régie ; ces employés peuvent verbaliser en matière d'octroi, 125. = (DÉCRET DU 28 MESSIDOR AN 13.) Le directeur général peut autoriser la mise en jugement des préposés de la régie, 129.=(LOI DU 24 AVRIL 1806.) Mesures prises par des réglemens d'administration publique : elles doivent être converties en loi, 137. = (DÉCRET DU 9 AOUT 1806.) Formalités pour la mise en jugement des agens du gouvernement, 149. =(ORDONNANCE DU 17 MAI 1814.) Direction générale des contributions indirectes réunissant les attributions de celles des douanes et des droits réunis, 243. =(ORDONNANCE DU 9 DÉCEMBRE 1814.) Port d'armes accordé aux employés des impositions indirectes, 280.=(DÉCRET DU **25 MARS 1815.**) Séparation de la direction générale des douanes de celle des contributions indirectes, 299. — Voyez *Dispositions générales, Organisation.*

Répartitions. —Voyez *Organisation.*

Responsabilité. = (DÉCRET DU **17 MAI 1809**) Responsabilité morale et obligations des directeurs généraux et des administrateurs des régies, 176.

Retenues sur appointemens. = (LOI DU **5 VENTOSE AN 12.**) Pour pensions de retraite aux employés ou secours à leurs veuves et enfans, 96.

S.

Saisie sur inconnu. —Voyez *Tabacs.*

Saisies-arrêts. = (DÉCRET DU **18 AOUT 1807.**) Formes à suivre pour les saisies-arrêts ou oppositions entre les mains des receveurs ou administrateurs de caisses ou de deniers publics, 134.

Saisies du produit des droits. —Voyez *Comptables.*

Sels.=(DÉCRET DU **16 MARS 1806.**) Établissement du droit sur le sel (un décime par kilogramme), 134. = (DÉCRET DU **27 MARS 1806.**) Inventaire des sels et élévation du droit deux décimes par kilogramme au lieu d'un), 134. = (LOI DU **24 AVRIL 1806.**) L'impôt du sel, à l'extraction des marais salans, remplace la taxe d'entretien des routes, 137. — Mesures transitoires ; droit de 2 francs par quintal dans certains départemens en sus de la taxe ; régime exceptionnel pour les départemens au-delà des Alpes, 138. — Déclaration préalable des fabricans ; pénalité ; paiement du droit au comptant ou en obligations cautionnées ; acquit du droit ordinaire de balance du commerce pour les sels exportés, pour ceux qu'emploie la pêche maritime, ou pour les salaisons destinées aux approvisionnemens de la marine et des colonies, 138.—Transport par mer ; acquits-à-caution, entrepôt ; forme des procès-verbaux ; contraventions et pénalité ; réglemens d'administration publique ; affectation du produit de l'impôt sur le sel à l'entretien des routes, 139. = (DÉCRET DU **11 JUIN 1806**.) Surveillance distincte des administrations des douanes et des droits réunis pour la perception, 143.—Enlèvemens, transports, heures interdites, acquits-à-caution, congés, exhibition par les conducteurs, 146. — Exercices dans les salines et fabriques de l'intérieur ; déduction de 5 p. 0/0; déclaration préalable d'établissement de fabrique de sel ; saisies et confiscations, 147. — Registres et écritures des fabricans et des employés ; permis d'enlèvement ; contraventions et pénalité; inventaires des sels ; paiement des droits lors de la vente ; exigibilité immédiate sur les manquans ; fermeture des magasins sous double clef, 148. = (DÉCRET DU **6 SEPTEMBRE 1806.**)

Exploitation des salines de l'Est, 150. = (DÉCRET DU **25 JAN-VIER 1807**.) Surveillance des douanes sur la circulation intérieure des sels, 150. = (DÉCRET DU **1er JUIN 1807**.) Inventaires, approvisionnemens de famille, entreposeurs et magasiniers, 153. = (DÉCRET DU **6 JUIN 1807**.) Préposés des douanes, circulation des sels , surveillance, 153. = (DÉCRET DU **18 AOUT 1807**.) Comment constater les enlèvemens d'eaux salées dans les départemens où sont les salines de l'Est, 155. =(DÉCRET DU **13 OCTOBRE 1809**.) Affranchissement du sel employé à la fabrication de la soude ; déclaration des fabricans, 200.—Sels expédiés aux fabricans de soude ; sacs, plombs, acquit-à-caution , certificat d'arrivée, pesée, vérification, quadruple droit sur le sel manquant ; dépôt des sels dans un magasin fermé à deux clefs ; registres en double pour les entrées et sorties de sel, ainsi que pour la fabrication et la vente des soudes ; formalités pour les livraisons et sorties de soude ; il est accordé au plus cinquante kilogrammes de sel pour un quintal métrique de soude ; retrait de l'exemption du droit à défaut de preuve que le sel ait été employé à la fabrication de la soude, 201.—Indemnité annuelle de 4,000 francs à payer par chaque fabricant de soude, 202. = (DÉCRET DU **18 JUIN 1810**) La quantité de cinquante kilogrammes, énoncée dans le décret précité du 13 octobre, est élevée à soixante-sept kilogrammes, et l'indemnité de 4,000 francs est réduite à 1,500 francs , 205. = (DÉCRET DU **11 NOVEMBRE 1813**.) Perception de deux nouveaux décimes par kilogramme de sel, 241. = (LOI DU **17 DÉCEMBRE 1814**.) Contraventions ; compétence des juges de paix, 291.—Pénalité, 291. — Saisies par les préposés des douanes dans le rayon de surveillance des dépôts de sel de cinquante kilogrammes au moins, 291.—Temps et conditions des visites, 292.

Sucre indigène. = (DÉCRET DU **15 JANVIER 1812**.) Encouragement à la fabrication du sucre de betterave, 229.

T.

Tabacs. = (DÉCRET DU **5 SEPTEMRRE 1792**.) Saisies de tabacs sur inconnus ; confiscation, requête, jugement, 6. = (LOI DU **22 BRUMAIRE AN 7**.) Établissement d'une taxe sur les tabacs, 49. = (LOI DU **9 PRAIRIAL AN 7**.) Addition à la loi précédente, 68. = (LOI DU **29 FLOREAL AN 10**.) Droit d'entrée sur les tabacs en feuilles et droit de fabrication, 80. = (LOI DU **5 VENTOSE AN 12**.) Régime de fabrication libre, 91. = (DÉCRET DU **17 MESSIDOR AN 12**) Traites à fournir par les fabricans, 106. = (DÉCRET DU **30 THERMIDOR AN 12**.) Licences des débitans, 107. = (DÉCRET DU **3 NIVOSE AN 13**.) Déclaration et marque, 114 = (DÉCRET DU **4 MESSIDOR AN 13**.) Licence à prendre par les marcuauds ou commissionnaires en gros, 128. = (DÉCRET DU **26 FRUCTIDOR AN 13**.) Minimum de la licence des débitans pour l'an 14, 133. = (DÉCRET DU **4e JOUR COMPLÉ-**

MENTAIRE AN **13**.) Licence des fabricans de tabac pour l'an 14, 133. = (LOI DU **24 AVRIL 1806**) Augmentation de la taxe de fabrication ; marques et vignettes, 137. — Fabrication et vente exclusive du tabac au profit de l'état dans les départemens au-delà des Alpes, 138. = (DÉCRET DU **5 MAI 1806**.) Inventaire général des tabacs en feuilles, 144. = (DÉCRET DU **16 JUIN 1808**.) Culture, fabrication et vente du tabac, 164. = (DÉCRET DU **28 AOUT 1808**.) Culture, 166. = (DÉCRET DU **15 OCTO-BRE 1810**.) Pince servant à marquer les tabacs, emploi frau-duleux, 208. = (DÉCRET DU **29 DÉCEMBRE 1810**.) Achat, fa-brication et vente des tabacs attribués à la régie exclusivement, 209. — Culture du tabac en général, estimation, fixation des prix, 209. — Circulation des tabacs, acquit à caution ; marque des tabacs fabriqués , 211. — Détournement d'une partie de la récolte ; cas d'interdiction de la culture, 212. — Détention de tabac en feuilles, colportage et possession de tabac de fraude ; prohibition des tabacs étrangers ; amende et confiscation ; pré-varications des préposés ; contrebande avec attroupement, 212. = (DÉCRET DU **29 DÉCEMBRE 1810**.) Livraison des tabacs en feuilles à la régie ; classement en trois qualités ; destruction des tabacs avariés , prix fixés par une commission spéciale ; compo-sition de cette commission, 212, 213. — Inventaire des matières et ustensiles existant dans les fabriques ; scellés provisoires ; ta-bacs en cours de fabrication : achèvement ; droit sur les tabacs inventoriés ; tabacs invendus au 1er juillet : estimation et prise de possession par la régie, 214. — Inventaire chez les débitans ; droit sur les quantités inventoriées ; continuation de la vente jusqu'au 1er juillet ; fermeture du débit ; prise de possession des tabacs non vendus ; estimation ; pénalité, 214. = (DÉCRET DU **12 JANVIER 1811**.) Surveillance des achats, de la fabrication et de la vente des tabacs ; administration de ce service par un maître des requêtes, 214. — Ses attributions, 215. — Nomination aux divers emplois, 215. — Établissement de magasins de tabacs en feuilles ; attributions des gardes magasins et des contrôleurs, 216. — Dépense du magasin ; forme d'adjudication de ces dé-penses ; inventaire annuel, 216. — Manufactures impériales ; per-sonnel ; conseil d'administration ; délibérations, etc., 217. — Fonc-tions des préposés attachés aux manufactures, régisseur, contrô-leurs, gardes-magasins, chefs de fabrication, 219. — Entrepôts et bureaux de débit, 220. — Cautionnemens des entreposeurs et des débitans, 222. — Traitemens et remises des employés des manu-factures, des entreposeurs et des débitans, 223. — Frais d'expédi-tion des tabacs en feuilles et fabriqués ; acquittement des dé-penses en général, 224. — Poste militaire pour la garde des ma-nufactures et des magasins de tabacs en feuilles, 224. = (DÉCRET DU **9 MAI 1811**.) Prix des tabacs fabriqués pour l'année 1811, 228. = (DÉCRET DU **28 DÉCEMBRE 1811**.) Prix pour l'année 1812, 229. = (DÉCRET DU **29 DÉCEMBRE 1812**.) Prix à compter du 1er janvier 1813, 233. = (ORDONNANCE DU **17 MAI 1814**.) Tabac des troupes dit de cantine, réduction de prix, 243. =

(Loi du **24** décembre **1814.**) Fabrication, vente et prix des tabacs, 292.—Pharmaciens, propriétaires de bestiaux, vétérinaires, 292. — Exportations, 292. — Cautionnemens des employés, 292.—Culture, 292.—Estimation des tabacs et fixation des prix, 295.—Livraison et paiement, 295.—Circulation, 296.—Contraventions et pénalité, 296. — Détention de tabacs, marques et vignettes, 296. — Détention d'ustensiles propres à la fabrication, 297. — Pénalité, 297. — Visites chez les particuliers en cas de fraude, 297. — Rédaction et poursuites des procès-verbaux, 297. — Agens aptes à la répression de la fraude sur les tabacs; arrestation des colporteurs, mise en liberté sous caution, 297.—Détention jusqu'à complet acquittement des condamnations, 298. — Contrebande avec attroupement et port d'armes, 298.—Mesures pour l'exécution de la loi, déterminées par ordonnances, 298.— Falsification des tabacs par les préposés, 298. —Durée de la loi, 298.=(Ordonnance du **27** mars **1816.**) Suppression des entrepôts principaux, 304.— Voyez *Primes pour saisies, etc.*

Tarifs. — Voyez *Boissons.*

Taxations. =(Décret du **26** brumaire an **13**) Réglement provisoire sur les taxations des préposés de la régie, 113.

Taxe d'entretien des routes.=(Loi du **14** brumaire an **7.**) Procès-verbaux, 49. = (Loi du **24** avril **1806.**) Suppression et remplacement de la taxe d'entretien des routes par une taxe sur le sel, à l'extraction des marais salans, 137.—Voyez *Procès-verbaux, Sels.*

Timbre de l'administration de l'enregistrement. = (Loi du **13** brumaire an **7.**) Les actes civils et judiciaires, les pétitions et mémoires, même en forme de lettres, doivent être écrits sur papier timbré, 48. = (Décret du **16** messidor an **13.**) Vérification par les préposés d'octroi sur les lettres de voiture, les connaissemens, chartes-parties et police d'assurance de marchandises; procès-verbaux en cas de contravention, et part dans le produit des amendes, 128. = (Décret du **3** janvier **1809.**) Les lettres de voiture, connaissemens, etc., peuvent être écrits sur papier timbré de toute dimension; affranchissement du timbre pour les propriétaires relativement au produit de leur récolte, 175

Timbre de la régie. = (Décret du **31** août **1806.**) Dépôt au greffe de la cour criminelle de la Seine des empreintes du timbre des congés et passavans, 149.— Voyez *Boissons, Dispositions générales.*

Traitemens. = (Loi du **21** ventose an **9.**) Portion saisissable du traitement des fonctionnaires publics et des employés civils, 78.

Transactions. —Voyez *Organisation.*

Transit. — Voyez *Entrée (Droit d'), Octrois.*

Tribunaux. — Voyez *Organisation judiciaire, Poursuites et instances.*

V.

Vente en gros (*Droit de*). — Voyez *Boissons*.

Visites et exercices. = (LOI DU **5** VENTOSE AN **12**.) Temps pendant lequel ils peuvent avoir lieu; assistance d'un officier de police, 93. — Voyez *Dispositions générales*.

Voirie (*Grande*). = (DÉCRET DU **18** AOUT **1810**.) Les préposés aux droits réunis et aux octrois sont aptes à constater les contraventions en matière de grande voirie, de poids des voitures et de police sur le roulage, 207.—Affirmation des procès-verbaux devant le juge de paix, 207.

Voitures publiques. = (LOI DU **9** VENDÉMIAIRE AN **6**.) Établissement du droit de dixième sur le prix des places dans les voitures exploitées par des entrepreneurs particuliers, 13. — Déclarations des entrepreneurs, 13, 14. — Tarif du droit pour les voitures partant d'occasion et à volonté, 14. — Produit des voitures ; déduction d'un *quart* pour places vides ; paiement des droits dus ; fraudes et contraventions, pénalité, 14. — Abonnement des voitures d'eau ; règles spéciales, 14, 15. = (LOI DU **5** VENTOSE AN **12**.) Droit de dixième du prix de transport des marchandises, et constatation sur le vu des registres des entrepreneurs et des feuilles de route, 94. = (DÉCRET DU **14** FRUCTIDOR AN **12**.) Obligations des entrepreneurs de voitures publiques à destination fixe; tenue de registres, visa des employés ; estampilles ; constatation du droit de dixième du prix de transport des marchandises, 108. — Feuilles de route, inscription des objets chargés en cours de transport ; présence des employés aux chargemens et déchargemens ; vérifications des feuilles et registres; exception pour les courriers de l'administration des postes, 109. — Exception tant pour les voitures qui ne portent pas de voyageurs que pour celles restant sur place et purement de louage; laissez-passer, 108.—Voitures de remplacement par suite de réparations; faux enregistremens ; pénalité, remise et modération de peines par transaction; résistance, voies de fait ou insultes de la part des conducteurs, 110. = (DÉCRET DU **13** FRUCTIDOR AN **13**.) Abonnement, dans certains cas, pour les voitures de terre, 131.

FIN.

OBSERVATION ESSENTIELLE.

Le texte des lois, décrets et ordonnances a été revu sur le *Bulletin officiel* ou sur les documens authentiques : les dispositions abrogées, remplacées ou modifiées sont imprimées *en petits caractères*, lorsqu'elles forment un article ou un paragraphe complet ; et *en italiques*, lorsqu'elles ne s'appliquent qu'à une partie du texte.

ERRATUM.

Page 156, à la date de la loi relative au mode de recouvrement des frais de justice, etc , rétablissez le quantième, et lisez : 5 septembre 1807.

Paris, imprimerie de Paul Dupont, rue de Grenelle-St-Honoré, 45.

www.ingramcontent.com/pod-product-compliance
Lightning Source LLC
LaVergne TN
LVHW021227170726
843501LV00003B/694